Kohlhammer

Jula Well

Flüchtlinge rein –
Nazis raus

Ideologie und Rhetorik politischer Predigten
aus der Zeit der sogenannten
Flüchtlingskrise

Verlag W. Kohlhammer

1. Auflage 2024

Alle Rechte vorbehalten
© W. Kohlhammer GmbH, Stuttgart
Gesamtherstellung: W. Kohlhammer GmbH, Stuttgart

Print:
ISBN 978-3-17-044941-1

E-Book-Format:
pdf: 978-3-17-044942-8

Inhalt

Danksagung

Die vorliegende Studie wurde im Jahr 2023 an der Evangelisch-Theologischen Fakultät der Ruhr-Universität Bochum als Habilitationsschrift angenommen. Ihren Anfang nahm sie im Frühling 2016, inmitten der sog. Flüchtlingskrise und als die AfD zunehmend Wahlerfolge auf Landesebene verzeichnen konnte. Gemeinsam mit Kolleg*innen aus dem Bereich der Homiletik war ich zu diesem Zeitpunkt auf einer Tagung der Societas Homiletica. Rege wurde dort darüber diskutiert, wie in dieser politischen Situation gepredigt werden kann. Dabei zeigte sich, dass auch Kolleg*innen aus anderen Ländern vor dieser Frage stehen. Allerorten wurden Fremdenfeindlichkeit und Rechtsruck als eine große Herausforderung fürs Predigen wahrgenommen. Meine Neugierde am Thema war geweckt. Sechs Jahre spannender Forschung nahmen ihren Lauf.

Für den reichen Fundus an Predigtmaterial danke ich allen, die ihre Predigten im Internet veröffentlichen und damit für diese Studie zugänglich machten, bzw. mir ihre Predigten auf persönliche Anfrage hin zur Verfügung stellten. Dank ihres Engagements konnte eine praktisch-theologische Studie verwirklicht werden, die mithilfe des Fallbeispiels der sog. Flüchtlingskrise allgemein erörtert, wie eng Ideologie und Rhetorik miteinander verflochten sind und wie wichtig es ist, eine der Absicht entsprechende Sprache zu sprechen.

Mein besonderer Dank gilt Prof. Dr. Isolde Karle. Ohne sie gäbe es dieses Buch nicht. Dank ihr konnte ich am Lehrstuhl für Praktische-Theologie bzw. am Institut für Religion und Gesellschaft als Akademische Rätin arbeiten und mein Forschungsvorhaben verwirklichen. Und mit ihr hatte ich in all den Jahren eine überaus interessierte, motivierende, verständnisvolle und kritische Gesprächspartnerin und Ratgeberin an meiner Seite. Ihre Expertise und ihre Freundschaft sind mir ein großes Geschenk!

Auch meinen Kolleg*innen vom Lehrstuhl und von der Fakultät und den Student*innen meiner Seminare möchte ich danken. Die stets regen Diskussionen haben wichtige Impulse geliefert und mir immer wieder gezeigt, wie relevant das Forschungsthema ist. Auch Isolde Meinhard, deren Promotionsschrift „Ideologie und Imagination im Predigtprozess" grundlegende Impulse für die Analysemethode meiner Studie gab, danke ich sehr. Andrea Töcker danke ich für die Formatierung dieses Buches und dem Team vom Kohlhammer-Verlag für die Veröffentlichung.

Von Herzen danke ich meiner Familie. Meinem Mann, Philipp Well, und der Tagesmutter unserer Kinder, Claudia Janello, danke ich dafür, dass sie mir stets geduldig den Rücken freihielten. Meinen Eltern, Dr. Alfred Pobloth und Sigrid

Pobloth-Engelbert, danke ich fürs Korrekturlesen und für die finanzielle Unterstützung bei den Druckkosten. Ebenso danke ich meinen Schwiegereltern, Erika und Bernhard Well, für die finanzielle Unterstützung im Rahmen der Veröffentlichung dieses Buches.

Unna, im März 2024

I. Einleitung

Am Abend des 5. Januar 2015 blieb der sonst hell erleuchtete Kölner Dom dunkel. Das Erzbistum Köln nahm Teil an der Aktion „Licht aus für Rassisten". Für den Abend hatten die Veranstalter der „Patriotischen Europäer gegen die Islamisierung des jüdisch-christlichen Abendlands" (PEGIDA) zur größten Kundgebung im Westen Deutschlands eingeladen. Die PEGIDA demonstrierte gegen Islamisierung und Überfremdung und forderte den Stopp der Aufnahme von Einwander*innen – insbesondere jener muslimischen Glaubens. Der Domprobst Norbert Feldhoff aber schaltete den selbsternannten Rettern des Abendlandes das Licht aus und erklärte dazu: „[W]ir wollten nicht mit dem schönen hell erleuchteten Dom im Hintergrund wunderbare Bilder für diese Demonstration liefern."[1] Der dunkle Dom ist ein Symbol für die Klarheit, mit der sich die Kirchen in der Zeit der sogenannten Flüchtlingskrise gegenüber Fremdenfeindlichkeit positionieren. Die Abdunklungsaktion entzieht PEGIDA das Rampenlicht und rückt den dunklen Dom in den Vordergrund.

Auch wort- und tatkräftig leisteten die Kirchen Hilfe für Schutz- und Asylsuchende, die insbesondere im Jahr 2015 in erhöhter Zahl nach Europa kamen. Tausende ehrenamtliche Helfer*innen waren in Notunterkünften engagiert, Gemeinden öffneten ihre Gemeindehäuser und -küchen und Gemeindeglieder stellten Fremdenzimmer bereit. In Talk-Shows und Interviews, in schriftlichen Verlautbarungen und auf der Kanzel nahmen kirchliche Repräsentant*innen Stellung zur politischen Lage. Sie distanzierten sich von Fremdenfeindlichkeit und forderten stattdessen mehr Nächsten- und Fremdenliebe zugunsten Schutz- und Asylsuchender.

In den Leitmedien wurde das „sozial- und gesellschaftspolitische Problemthema [Flüchtlingskrise] in ein abstraktes Aushandlungsobjekt der institutionellen Politik überführt"[2] und entsprechend abgearbeitet. Die Konflikte in der Europapolitik und insbesondere die Differenzen unter den Koalitionspartnern

---

[1] kna/epd/bar, Art.: Altbischof Krause. Christliche Symbole bei Pegida-Demo „pervers", in: Die Welt vom 5. Januar 2015, veröffentlicht im Internet unter https://www.welt.de/regio nales/nrw/article136026490/Christliche-Symbole-bei-Pegida-Demo-pervers.html [Stand vom 27. März 2018].

[2] Haller, M., Die „Flüchtlingskrise" in den Medien. Tagesaktueller Journalismus zwischen Meinung und Information (Eine Studie der Otto Brenner Stiftung), Frankfurt a. M. 2017, 137, veröffentlicht im Internet unter: https://www.otto-brenner-stiftung.de/fileadmin/ user_data/stiftung/02_Wissenschaftsportal/03_Publikationen/AH93_Fluechtingskrise_Ha ller_2017_07_20.pdf [Stand vom 26.03.2018, Ergänzung in Klammern J. W.]. Analysiert wurden die Tageszeitungen Frankfurter Allgemeine Zeitung, Süddeutsche und Die Welt.

der deutschen Regierung standen dabei im Mittelpunkt. Die kirchlichen Akteure setzten im öffentlichen Diskurs einen anderen Fokus. Sie interpretierten die sogenannte Flüchtlingskrise allererst als Krise der Humanität. Was in Syrien passiert, was sich auf dem Mittelmeer ereignet, was an europäischen Grenzzäunen geschieht und auch, was vor mancher Asylunterkunft in Deutschland stattfindet, wurde zurückgeführt auf einen Mangel an Mitmenschlichkeit. Humanität aber ist das Gebot christlicher Verantwortung, wie die Erklärung der Leitenden Geistlichen der evangelischen Landeskirchen Deutschlands zur „aktuellen Situation der Flüchtlinge" vom November 2015 darlegte:

> „Gott liebt alle seine Geschöpfe und will ihnen Nahrung, Auskommen und Wohnung auf dieser Erde geben. Wir sehen mit Sorge, dass diese guten Gaben Gottes Millionen von Menschen verwehrt sind. Hunger, Verfolgung und Gewalt bedrücken sie. Viele von ihnen befinden sich auf der Flucht. So stehen sie auch vor den Toren Europas und Deutschlands. Sie willkommen zu heißen, aufzunehmen und ihnen das zukommen zu lassen, was Gott allen Menschen zugedacht hat, ist ein Gebot der Humanität und für uns ein Gebot christlicher Verantwortung."[3]

Für ihr Engagement wurden die Kirchen und die vielen Ehrenamtlichen gelobt, für ihre Grundhaltung der „Humanität ohne Obergrenze"[4] aber auch scharf kritisiert. Beispielsweise forderte der damalige bayerische Finanzminister Markus Söder von den Kirchen die Begrenzung ihres Engagements auf ihr eigenes Metier und kritisierte die Einmischungen der Kirchen in politische Angelegenheiten: „Es wäre für die Kirchen besser, sie würden sich stärker auf den Glauben konzentrieren und weniger Politik machen."[5] Söders Aussage impliziert, die Einmischung Geistlicher in politische Belange sei illegitim und stelle die Überschreitung von Verantwortungsbereichen dar. Söders zurechtweisende Worte sind Teil eines Machtdiskurses, der die sogenannte Flüchtlingskrise begleitete: Wem obliegt die Deutungshoheit über die politische Lage? Inwiefern dürfen sich

---

[3]   Evangelische Kirche von Westfalen, Zur aktuellen Situation der Flüchtlinge. Eine Erklärung der Leitenden Geistlichen der evangelischen Landeskirchen Deutschlands, in: Dossier „Flucht und Asyl", [2]2015, 4–5, veröffentlicht im Internet unter https://www.evangelisch-in-westfalen.de/fileadmin/user_upload/Service/Materialservice/EKvW_DOSSIER_Flucht_Asyl-2-Auflage-11-2015.pdf [Stand vom 27. März 2018].

[4]   Gaugele, J., Quoos, J. und Zinkler, D., Art.: Bedford-Strohm: „Für Humanität gibt es keine Obergrenze". Eine Verträglichkeitsprüfung für die Entscheidungen der neuen Regierung. Das fordert Heinrich Bedford-Strohm, Ratsvorsitzender der EKD, in: Berliner Morgenpost vom 29. Oktober 2017, veröffentlicht im Internet unter https://www.morgenpost.de/politik/article212380099/Bedford-Strohm-Fuer-Humanitaet-gibt-es-keine-Obergrenze.html [Stand vom 27. März 2018].

[5]   Christina Rietz und Merle Schmalenbach, Art.: „Kirchen sollten keine Ersatzpartei sein", in: zeit-online vom 11. November 2016, veröffentlicht im Internet unter http://www.zeit.de/2016/47/markus-soeder-kirche-glauben-engagement [Stand vom 1. Februar 2018].

die Kirchen in politische Diskurse einmischen? Und dürfen Prediger*innen politisch predigen?

Angesichts von Fremdenfeindlichkeit und Rassismus schwiegen Vertreter*innen der Kirchen nicht. Übergriffe auf Asylunterkünfte und Demonstrationen gegen die Aufnahme Schutzsuchender wurden interpretiert als Bekenntnisnotstand, als eine Situation also, in der die christlichen Grundüberzeugungen gegen Widerstand zu vertreten sind. Christen müssen sich als Christen erweisen. So warnte auch Nikolaus Schneider, der ehemalige Ratspräsident der EKD: „Christinnen und Christen haben [...] auf diesen Demonstrationen nichts zu suchen"[6] (gemeint sind Demonstrationen der PEGIDA). Erzbischof Ludwig Schick stimmte ein: „Christen dürfen dort nicht mitmachen"[7]. Und der Kölner Probst schaltete das Licht am Kölner Dom aus.

Als Reaktion auf die Verdunklungsaktion erreichten Mails empörter Christen das Erzbistum. Nicht alle Christen waren mit der Aktion einverstanden. Es gibt auch Christen in der PEGIDA. Es gibt auch Christen in der AfD. Manche drohten mit dem Kirchenaustritt, da sie sich abgewertet und missverstanden fühlten. Der Domprobst reagierte darauf in einem Interview mit folgenden Worten: „Ich freue mich natürlich nicht, wenn mitgeteilt wird, dass man aus der Kirche austritt, aber diese Reaktionen, gerade der – ich sag das jetzt mal – guten Katholiken, bestätigt mich darin, dass es richtig war, so zu handeln."[8]

Das Zitat zeigt, wie emotional die öffentliche Debatte ausgetragen wurde. Der Domprobst war offensichtlich empört über die politische Lage. Was sich vor dem Kölner Dom ereignete – eine Demonstration gegen die Aufnahme Schutzsuchender – widersprach in höchstem Maß seinen christlichen Überzeugungen. Auch vielen anderen erschienen die Demonstrationen gegen Einwanderer und Muslime unter Zuhilfenahme nationalistischer Slogans wie „Multikulti stoppen"[9],

---

[6] Schneider, N., zitiert nach tsp/epd/dpa, Art.: Pegida in Dresden. Kirchenvertreter nennen Pegida unchristlich, in: Der Tagesspiegel vom 5. Januar 2015, veröffentlicht im Internet unter: https://www.tagesspiegel.de/politik/pegida-in-dresden-kirchenvertreter-nennen-pegida-unchristlich/11185530.html [Stand vom 16. Mai 2018].

[7] Schick, L., zitiert nach tsp/epd/dpa, Art.: Pegida in Dresden. Kirchenvertreter nennen Pegida unchristlich, in: Der Tagesspiegel vom 5. Januar 2015, veröffentlicht im Internet unter: https://www.tagesspiegel.de/politik/pegida-in-dresden-kirchenvertreter-nennen-pegida-unchristlich/11185530.html [Stand vom 16. Mai 2018].

[8] Domprobst Dr. Norbert Feldhoff im Interview mit domradio.de am 02. Januar 2015, Art.: Dom soll keine Kulisse für Pegida-Bewegung sein. „Das ist eine Signalwirkung", in: Domaradio.de vom 2. Januar 2015, veröffentlicht im Internet unter https://www.dom radio.de/themen/k%C3%B6lner-dom/2015-01-02/domprobst-feldhoff-dom-soll-keine-ku lisse-fuer-pegida-bewegung-sein [Stand vom 27. März 2018].

[9] Slogan auf einem Plakat auf einer Demonstration der PEGIDA am 12. Januar 2015 in Dresden, Weiß, V., Art.: Sind sie das Volk? Pegida – die Patriotischen Europäer gegen die Islamisierung des Abendlandes, in: bpb.de (Bundeszentrale für Politische Bildung) vom 6. Januar 2015, veröffentlicht im Internet unter http://www.bpb.de/politik/extremismus/ rechtspopulismus/199153/sind-sie-das-volk-pegida-die-patriotischen-europaeer-gegen-die-islamisierung-des-abendlandes [Stand vom 24. Mai 2018].

„Überfremdung ist Völkermord"[10] und „Heimat-Orientierte Marschieren"[11] wie der wiedererwachende Albtraum vom Nationalsozialismus. Anders als so manche Christen in den 1930er und 40er Jahren aber wollten viele Gläubige jetzt nicht versäumen, den Schwachen, Heimatlosen und Verfolgten zu helfen – so auch der Dompropst. Daher gingen sie streng gegen Fremdenfeindlichkeit und nationalistische Ideen vor, verkündigten das Gebot der Fremden- und Nächstenliebe und übernahmen auch praktisch Verantwortung – wie an der umfassenden Nothilfe für Schutzsuchende, von den Kirchen und von Christen organisiert und getragen, zu erkennen war. Pauschal aber wurden dabei Einwände und Bedenken, Sorgen und Ängste gegenüber der Ankunft Schutz- und Asylsuchender dem Rassismus zugeordnet, als unmoralisch markiert und als der Rede nicht wert abgetan. Vermutlich war mit dieser Haltung der „konsequenten Ausgrenzung"[12] die Hoffnung verbunden, dass die so Ausgegrenzten eines Tages umkehren. Das aber ist nicht zu erwarten.

Vielmehr ist zu beobachten, dass die Diskussionsverweigerung die rechtspopulistische „Fabel von der Meinungsunterdrückung"[13] nährt und dass die großen Themen der Neuen Rechten – Antimultikulturalismus, Antipluralismus, Antiislamismus, Antigenderismus, – interessant sind für konservative Christen. Nicht alle rechtskonservativen Christen sind in der AfD oder demonstrieren mit PEGIDA und nicht alle AfD Mitglieder und Anhänger der PEGIDA sind Christen, dennoch besteht eine gewisse Affinität und Sympathie füreinander. „Gemeinsame Feindbilder sind etwa der ‚Genderwahn', die ‚Islamisierung des Abendlandes' und die ‚GEZ-Medien'. Viele dieser Menschen, wenngleich längst nicht alle, ziehen immerhin dann eine Grenze, wenn das Denken völkisch-rechtsradikal wird. [...] Das ändert aber nichts daran", so Liane Bednarz, „dass nicht wenige von ihnen typisch neurechte Topoi wie die ‚Überfremdung' oder die Unterscheidung zwischen dem ‚Eigenen' und dem ‚Fremden' längst in ihren Wortschatz übernommen haben und aktiv verwenden."[14] Außerdem präsentieren sich PEGIDA und AfD christlich orientiert. Anhänger*innen der PEGIDA verstehen sich selbst als Retter des jüdisch-christlichen Abendlandes und viele Mitglieder

---

[10] Slogan auf einem Plakat auf einer Demonstration der PEGIDA im Jahr 2015 in München, Dpa, Art.: Innenministerium zu Pegida-Ablegern. Von wegen besorgte Bürger. Rechtsextremisten steuern und beeinflussen Zusammenkünfte von Pegida. Vor allem sechs Bundesländer stehen dabei im Fokus, in: taz.de vom 2. Dezember 2015, veröffentlicht im Internet unter: http://www.taz.de/!5257729/ [Stand vom 24. Mai 2018].

[11] Slogan auf einem Plakat auf einer Demonstration der PEGIDA am 1. Dezember 2014 in Dresden, Leubecher, M., Art.: „Die Partei" kapert Pegida-Marsch mit Homo-Plakat, in: Welt.de vom 2. Dezember 2014, veröffentlich im Internet unter: https://www.welt.de/politik/deutschland/article134940066/Die-Partei-kapert-Pegida-Marsch-mit-Homo-Plakat.html [Stand vom 24. Mai 2018].

[12] Bednarz, L., Die Angstprediger. Wir rechte Christen Gesellschaft und Kirchen unterwandern, München 2018, 38.

[13] A. a. O., 62.

[14] A. a. O., 8.

der AfD machen sich bewusst als Christen erkennbar und begründen AfD-Positionen auch mithilfe der Bibel. So erscheint die AfD manchem Christen als neue konservative Kraft, die die europäische Kultur davor bewahrt, sich selbst abzuschaffen.[15]

Die Not Asyl- und Schutzsuchender, Asylproteste und Fremdenfeindlichkeit stellten eine Herausforderung für Vertreter*innen der Kirchen dar. Sie standen vor der Frage, wie mit rechten Positionen, auch innerhalb der eigenen Reihen, umgegangen werden kann. Aus homiletischer Perspektive stellt sich die Frage, wie der politischen Situation in Predigten begegnet wurde. Die vorliegende Studie geht dieser Frage nach. In ihrem Fokus liegen die in politischen Predigten zur sogenannten Flüchtlingskrise kommunizierten Weltbilder, Rollen und Beziehungsverhältnisse und ihre sprachlichen Präsentationen („ich" und „wir", „die anderen" und „die Flüchtlinge" usw.) und damit die „Ideologie" von Predigten. Es ist das Ziel dieser Arbeit, Typisches für die Predigtpraxis während der sogenannten Flüchtlingskrise zu beschreiben und mit Blick auf die vermutete Wirkung kritisch zu reflektieren. Dem vorausgehend wird bestimmt, was unter einer politischen Predigt zu verstehen ist.

1.   Die politische Predigt als heikle Rede

„Nichts ist gut in Afghanistan" – diese Worte in der Neujahrspredigt von Margot Käßmann aus dem Jahr 2010 riefen ein starkes öffentliches Echo hervor. Viele begrüßten die deutlichen Worte zur Lage in Afghanistan. Andere verbaten sich jegliche Einmischung Geistlicher in weltliche Belange. Eine derartige Bewertung der außenpolitischen Lage stehe allenfalls dem Verteidigungsminister zu, nicht aber einer Theologin. Dieser Kritik inhärent ist die Frage nach der Definition und Legitimität politischer Predigt, die auch für die vorliegende Studie grundlegend ist.

Der Begriff „Politik" entstammt der antiken Kultur Griechenlands und bezeichnet dort alles, was die Bürger (gr.: polites) betrifft, sich also auf das öffentliche Leben bezieht. Seit seinen Anfängen beschreibt der Begriff Politik „ein Handeln [...], das auf die richtige Gestalt des Zusammenlebens aller in der antiken Stadtgesellschaft (gr.: polis) und insofern auf das Wohl des Gemeinwesens (gr.: koinon) aus ist"[16]. Gegenstand der Politik sind folglich Fragen von überindividuellem, gesellschaftlichem Interesse – Fragen danach, wie wir leben wollen, was ein gutes Leben ausmacht, was dem Gemeinwohl dient und was der und die Einzelne von daher tun bzw. unterlassen sollte. Entsprechend ist für Aristoteles

---

[15]   Vgl. den Titel von Thilo Sarrazins Buch „Deutschland schafft sich ab", veröffentlicht im Jahr 2010.

[16]   Herms, E., Art.: Politik. I. Sozialwissenschaftlich, in: RGG[4], Bd. 6, Studienausgabe Tübingen 2003, 1449–1451, 1449 [Ergänzung in Klammern J. W.].

Politik „die Aufgabe, das gute Leben in einem Gemeinwesen zu führen"[17] und das bonum commune Ziel der Politik.

Von diesem Ursprung des Politikbegriffs her sind die meisten Lebensäußerungen der Kirche politisch zu nennen und so auch die Predigt. Eine Predigt ist öffentliche Rede und wendet sich an Christen, die zugleich auch Bürger*innen sind. Sie adressiert nicht bloß Gläubige, sondern wendet sich auch an das Zoon Politikon (an das Lebewesen in der Polisgemeinschaft). Geistliche und weltliche Existenz sind untrennbar miteinander verwoben. Jede Predigt nimmt insofern nicht nur Bezug auf das innerpsychische, individuelle religiöse Selbst, sondern potenziell immer auch auf das soziale Leben. Insofern eine Predigt folglich immer auch eine politische Dimension hat,[18] stellt die politische Predigt keine gesonderte Gattung dar, sondern den Normalfall.

Neben der allgemeinen politischen Dimension, die jeder Predigt inhärent ist, gibt es Predigten, die einen besonderen politischen Bezug haben. Dieser entwickelt sich aus der Auseinandersetzung mit der Predigtperikope oder der homiletischen Situation. Diese Predigten nehmen sich etwas Politisches zum Thema und sind doch von den Reden eines Politikers oder einer Politikerin zu unterscheiden.

Am Beginn der Ausdifferenzierung der Gesellschaft unternimmt Friedrich Daniel Ernst Schleiermacher eine präzise und für die moderne Gesellschaft notwendige Unterscheidung von politischer Rede und politischer Predigt. Eine politische Predigt ist nach Schleiermacher eine Predigt, die aus Perspektive der Religion etwas Politisches thematisiert. Schleiermacher erklärt: „Es kann [...] Umstände geben in denen der Geistliche bewogen wird das Interesse das die Gemeinde bewegt und gerade ein politisches ist, darzustellen in dem Zwekk es religiös zu stimmen. [...] Es giebt in dem politischen äußere und innere Verhältnisse, beide können ein allgemeines Interesse gewinnen, so daß der Geistliche es für nöthig findet sie auf die Kanzel zu bringen."[19]

Die politische Dimension der Predigt ist aber nicht politisch begründet, sondern religiös. Mit dieser Unterscheidung behauptet Schleiermacher das Primat der Religion für die Predigt und die Eigenständigkeit christlicher Verkündigung gegenüber einer Politisierung der Predigt durch staatliche Vorgaben, wie sie zur Zeit des landesherrlichen Kirchenregiments durchaus üblich waren: „Der Geistliche in der protestantischen Kirche, der unter der Vormundschaft der Regie-

---

[17] Theißen, G., Die politische Dimension des Wirkens Jesu. Ulrich Duchrow zum 65. Geburtstag, in: Stegemann, W. (u. a. Hg.), Jesus in neuen Kontexten, Stuttgart 2002, 112–122, 112.

[18] Vgl. Daiber, K.-F., Verschränkung der Orte. Politische Predigt, in: Ders. (Hg.), Predigt als religiöse Rede. Homiletische Überlegungen im Anschluss an eine empirische Untersuchung, München 1991, 172–185, 172.

[19] Schleiermacher, F., Die praktische Theologie nach den Grundsäzen der evangelischen Kirche im Zusammenhange dargestellt, aus Schleiermachers handschriftlichem Nachlasse und nachgeschriebenen Vorlesungen hrsg. v. Frerichs, J., 1850 Nachdruck Berlin/New York 1983, 209–210.

rung steht, wird auch als Diener des Staates angesehen, uns so macht man ihm zuweilen Zumuthungen seinen Reden eine andere als religiöse Richtung zu geben (Kuhpokkenimpfung; Gemeindesteuer). Auch solche Gegenstände ließen sich religiös ansehen; aber dies will man nicht, sondern verlangt ein Eingehen in die Sache selbst."[20]

Für die Predigt, so stellt Schleiermacher heraus, ist das Religiöse Grund und Ziel der Rede. Das Politische hingegen „ist etwas fremdartiges und muß eine untergeordnete Stelle in der Rede einnehmen und kann als Veranlassung zu einer anderweitigen Betrachtung angesehen werden."[21] Bei gesellschaftlichen Unruhen ist der Prediger allerdings verpflichtet, das Politische auf der Kanzel zu thematisieren. Schleiermacher erachtet es als „unverantwortlich es nicht zu thun."[22] Diese Verpflichtung ergibt sich aus der Bezogenheit der Predigt auf die Hörerschaft. So muss der Prediger als „Repräsentant der Gemeinde [...] ausgehen von der gemeinsamen Anregung"[23]. Zudem bewertet Schleiermacher politische Unruhen als einen Zustand, der „die Gewissen am leichtesten verwirrt", so dass eine „öffentliche Belehrung am nöthigsten ist"[24]. Derart eng definiert, ist eine Predigt politisch zu nennen, „die aufgrund eines biblischen Textes oder aus Anlaß einer Situation ein politisches Thema zum inhaltlichen Schwerpunkt macht."[25]

Das von Schleiermacher geforderte Primat der Religion für die Predigt beschreibt der Systemtheoretiker Niklas Luhmann als Konsequenz der funktionalen Differenzierung der Gesellschaft.[26] Mit der Säkularisierung und Ausdifferenzierung der westeuropäischen Gesellschaft haben sich auch die Systeme Religion und Politik voneinander gelöst. Die Kirchen erfahren dadurch einen Relevanzverlust, werden aber zugleich von fremden Vorgaben befreit. Denkt und lebt die vormoderne Gesellschaft in stratifikatorischen Differenzierungen, denkt und lebt die moderne Gesellschaft in der Differenzierung von Kommunikation bzw. Funktionen. Was in der vormodernen Gesellschaft durch die Religion gleichsam umfasst ist, ereignet sich heute weitgehend unabhängig voneinander. Recht, Politik, Wirtschaft, Pädagogik usw. haben sich von der Religion emanzipiert. Die Teilsysteme operieren nach ihrer eigenen, dem jeweiligen System innewohnenden Leitorientierung. Während das Religionssystem mit dem Code Transzendenz/Immanenz operiert, folgt das Politiksystem dem Code Macht/Ohnmacht. Entlang ihrer jeweiligen Leitdifferenz bearbeiten die Teilsysteme gesellschaftliche Probleme auf ihre eigene Art und Weise. Während sich die Politik auf die

---

[20]   A. a. O., 206.
[21]   A. a. O., 209.
[22]   A. a. O., 211.
[23]   A. a. O., 204.
[24]   A. a. O., 211.
[25]   Daiber, K.-F., Verschränkung der Orte, 172.
[26]   Vgl. Luhmann, N., Systemtheorie und Gesellschaft, hrsg. v. Schmidt J. und Kieserling, A., Berlin 2017.

Macht selbst und auf die Strategien, die Macht zu erlangen, zu erhalten und zu vermehren fokussiert, ist die Religion daran interessiert, das Leben und die Welt in Relation zur Transzendenz zu deuten. Kein anderes System übernimmt diese Funktion und da Leitdifferenzen nicht übertragbar oder austauschbar sind, sind die Kirchen folglich „frei von Fremdbestimmungen politischer, rechtlicher und moralischer Art" und können sich „endlich auf ihre eigenen religiösen Themen konzentrieren"[27].

Die Ausdifferenzierung der Systeme bedingt zugleich aber auch das Misstrauen gegenüber der politischen Predigt. Wer politisch predigt, steht unter dem Verdacht, den Verantwortungsbereich des Religiösen zu überschreiten. Exemplarisch dafür ist die Forderung Markus Söders, die Kirchen mögen sich auf die Glaubens- und Seelenpflege beschränken: „Es wäre für die Kirchen besser, sie würden sich stärker auf den Glauben konzentrieren und weniger Politik machen"[28]. Die Kritik impliziert, Religion und Kirchen gehörten zur Sphäre des Privaten und seien auf das individuelle, innerpsychische oder familiale Leben bezogen, wohingegen der Politik der öffentliche Raum zustehe. Diese Trennung von Individuum und Gesellschaft, von individuellen Fragen und sozialen, von öffentlich und privat ist aber nicht möglich. Das Individuum ist sozial und die Konsequenz des Versuchs, das Private dennoch vom Öffentlichen abzusondern, beschreibt Dietrich Bonhoeffer vor dem Hintergrund der politischen Lage seiner Zeit wie folgt:

> „Auf der Flucht vor der öffentlichen Auseinandersetzung erreicht dieser und jener die Freistatt einer *privaten Tugendhaftigkeit*. Er stiehlt nicht, er mordet nicht, er bricht nicht die Ehe, er tut nach seinen Kräften Gutes. Aber in seinem freiwilligen Verzicht auf Öffentlichkeit weiß er die erlaubten Grenzen, die ihn vor dem Konflikt bewahren, genau einzuhalten. So muß er seine Augen und Ohren verschließen vor dem Unrecht um ihn herum. Nur auf Kosten eines Selbstbetruges kann er seine private Untadeligkeit vor der Befleckung durch verantwortliches Handeln in der Welt reinerhalten. Bei allem, was er tut, wird ihn das, was er unterläßt, nicht zur Ruhe kommen lassen."[29]

Wie das Individuum schwerlich von seinen sozialen Bezügen getrennt werden kann und das Private vom Öffentlichen, so kann auch das Engagement der Kirchen nicht einfach von gesellschaftlichen Angelegenheiten separiert werden. Es ist nicht möglich, dass der Gottesdienst „eine Insel der erbaulichen Besinnlichkeit darstellen soll, während in der politischen Welt gefoltert und ausgebeutet,

---

[27] Karle, I., Funktionale Differenzierung und Exklusion als Herausforderung und Chance für Religion und Kirche, in: Soziale Systeme 7 (2001), 100–117, 100.

[28] Christina Rietz und Merle Schmalenbach, Art.: „Kirchen sollten keine Ersatzpartei sein", in: zeit-online vom 11. November 2016, veröffentlicht im Internet unter: http://www.zeit.de/2016/47/markus-soeder-kirche-glauben-engagement [Stand vom 1. Februar 2018].

[29] Bonhoeffer, D., Ethik, hrsg. v. Tödt, I. und Tödt, H. E. (u. a.), DBW 6, Gütersloh Sonderausgabe 2015, 66.

vergewaltigt und gemordet wird"[30]. So entspricht die Einmischung in öffentliche Angelegenheiten dem Selbstverständnis der Kirchen. Der Rat der Evangelischen Kirche in Deutschland begründet den Öffentlichkeitsauftrag der Kirche so:

> „Weil der Gott, an den die Menschen glauben, sich von der Welt nicht ab-, sondern ihr zuwendet, hat das Evangelium stets politische Bedeutung. Daraus erklären sich sowohl der Öffentlichkeitsanspruch des Evangeliums als auch der Öffentlichkeitsauftrag der Kirche."[31]

Dabei wird zwischen „politischem Mandat"[32] einerseits und „geistlichem Auftrag"[33] andererseits unterschieden, also zwischen Politik und Religion bzw. Staat und Kirche. Beide Systeme tragen, ihrer Eigenlogik folgend, Verantwortung für die „Humanität des Gemeinwesens"[34]. Sie unterscheiden sich voneinander in der Art und Weise sowie in den Zuständigkeiten und Mitteln, mit denen sie ihrer Verantwortung nachkommen. Beide aber – Religion und Staat – sind auf das bonum commune bezogen.

Die politische Grunddimension der Lebensäußerungen der Kirche und so auch der Predigt, wurzelt in der biblischen Tradition – im Wirken der Propheten und in der politischen Dimension des Handelns Jesu. Mit seiner Verkündigung des Reiches Gottes nimmt Jesus Teil am „Diskurs der Menschheit um Macht und Gewalt"[35]. Gemeinsam mit seinen Anhänger*innen stellt Jesus dem harten machtpolitischen Herrscherideal der Antike ein humanes Herrscherideal gegenüber. Der bestehenden Struktur aus Zwang und Unterdrückung stellt er die Feindesliebe und die Seligpreisung der Friedfertigen gegenüber, der Gewalt den Gewaltverzicht. Jesus erhebt aber nicht den Anspruch, selbst zu herrschen. Jesu Wirken wirkt politisch, geht aber nicht im Politischen auf.[36] Vielmehr handelt Jesus symbolpolitisch: „Einer seiner Exorzismen gilt dem Dämon ‚Legion', was an die Struktur des römischen Besatzungsheeres erinnert; Jesus spricht seinen Jüngern die Macht und Richterkompetenz über die zwölf Stämme Israels zu und nicht den gegenwärtigen Herrschern (Mt 19,28); Jesus zieht wie ein König in Jerusalem ein und entlegitimiert durch die Tempelreinigung die damalige Pries-

---

[30]   Josuttis, M., Zum Problem politischer Predigt, in: Evangelische Theologie 29 (1969), 509–522, 519.

[31]   Rat der Evangelischen Kirche in Deutschland, Das rechte Wort zur rechten Zeit. Eine Denkschrift des Rates der Evangelischen Kirche in Deutschland zum Öffentlichkeitsauftrag der Kirche, Gütersloh 2008, 60.

[32]   Rat der Evangelischen Kirche in Deutschland, Das rechte Wort zur rechten Zeit, 22.

[33]   Ebd.

[34]   Ebd.

[35]   Theißen, G., Die politische Dimension des Wirkens Jesu. Ulrich Duchrow zum 65. Geburtstag, in: Stegemann, W. (u. a., Hg.), Jesus in neuen Kontexten, Stuttgart 2002, 112–122, 122.

[36]   Vgl. Grözinger, A., Politische Predigt, in: Kusmierz, K. und Plüss, D. (Hg.), Politischer Gottesdienst (Praktische Theologie im reformierten Kontext, Bd. 8), Zürich 2013, 37–58, 52.

teraristokratie etc."[37] Jesu Symbolpolitik deckt Strukturen irdischer Politik auf und kritisiert die Ungleichverteilung von Macht und deren Missbrauch. Er hinterfragt die Machtverteilung in der Gesellschaft und die Machtausübung der Herrschenden seiner Zeit (der Römer, der Priester, der Familien usw.). Er tritt auf als Anwalt der Schwachen. Er wendet sich den Machtlosen, den Marginalisierten und Ausgestoßenen zu. Insbesondere hinterfragt Jesus die Anwendung von Zwang, Unterdrückung und Gewalt. Vor dem Hintergrund der Beobachtung, dass jeder, der über große Macht verfügt, zu Missbrauch verleitet werden kann,[38] stellt Jesus der irdischen Macht der Herrschenden die absolute Macht Gottes entgegen. Jesu Verkündigung ist zu beschreiben als ein Ringen um die Balance of Power, d. h. als ein Ringen um ein Gleichgewicht der Mächte in der Gesellschaft. Ein Beispiel dafür ist Jesu Antwort in Mk 12,17: „Gebt dem Caesar, was dem Caesar gehört, und Gott, was Gott gehört". Jesus unternimmt mit dieser Antwort eine delikate Unterscheidung zwischen Gott und König. „Auf der Oberfläche bedeutet diese Aussage eine Befürwortung der Steuerzahlung an Rom. Dieses Zugeständnis schützt die Existenz der Unterworfenen innerhalb der politischen Machtverhältnisse und vermeidet blutige Konflikte. Unterhalb der Oberfläche werden aber kritische Töne laut: Was bleibt noch für den Kaiser im Angesicht Gottes?"[39]. Die religiöse Perspektive auf die irdischen Machtinhaber hat die Relativierung ihrer Autorität und damit auch ihrer Macht zur Folge.

Die politische Predigt führt das Ringen um die Balance of Power fort. Sie mischt sich in Vorgänge kollektiver Willensbildung ein und zielt auf ein Gleichgewicht der Kräfte. In der Nachfolge Christi nehmen Prediger*innen Teil am „Diskurs der Menschheit um Macht und Gewalt."[40] Auf die Kritik an ihrer Neujahrspredigt („Nichts ist gut in Afghanistan") reagiert Margot Käßmann, entsprechend selbstbewusst mit der Gegenfrage: „Wenn Predigt bedeutet, Glaubenserfahrungen der biblischen Autoren mit der Lebenswirklichkeit unserer Zeit zu vermitteln, in einen Dialog zu bringen, ist politische Stellungnahme dann nicht eine Urform der Verkündigung?"[41] In diesem Sinne stellt die politische Predigt einen Beitrag der Öffentlichen Theologie dar, die sich nicht „auf eine

---

[37]   Ebd. und vgl. Theißen, G., Die politische Dimension des Wirkens Jesu. Ulrich Duchrow zum 65. Geburtstag, in: Stegemann, W. (u. a., Hg.), Jesus in neuen Kontexten, Stuttgart 2002, 112–122.

[38]   Jahrhunderte später bringt Lord Acton diese Erkenntnis in die prägnante Formel „Power corrupts. Absolute power corrupts absolutely".

[39]   Schreiber, S., Der politische Jesus. Die Jesusbewegung zwischen Gottesherrschaft und Imperium Romanum, in: Münchener Theologische Zeitschrift 64 (2013), 174–194, 185.

[40]   Grözinger, A., Politische Predigt, 52.

[41]   Käßmann, M., Politisch predigen, in: Dinkel, C. (Hg.), Kanzelreden. Vierte Predigtreihe, Stuttgart 2011, 13–17, 13.

fromme Innerlichkeit zurückzieht oder zurückdrängen lässt, sondern sich aktiv für das bonum commune engagiert."[42]

Öffentliche Theologie ist in Deutschland Ausdruck der einschneidenden Erfahrung, dass „die Kirche im Nationalsozialismus ihre Stimme denen hätte leihen sollen, die vom Regime zum Schweigen gebracht worden waren und dass sie der Verbannung der Religion aus der Öffentlichkeit ins Private zu wenig Widerstand entgegengesetzt hatte."[43] Vor dem Hintergrund der eklatanten Verfehlungen und Versäumnisse von Christen in der Zeit des Nationalsozialismus betonen Vertreter*innen der Öffentlichen Theologie, dass die Kirche keinen privaten Verein zur Seelenpflege ihrer Mitglieder darstellt, sondern ein „Organ des göttlichen Anspruchs auf das ganze Leben in der Welt."[44] Daher wird das, was die Gesellschaft bewegt, auch auf der Kanzel thematisiert. Die Stationierung von Pershing-Raketen in Deutschland, der Gau von Tschernobyl, die sogenannte Flüchtlingskrise oder der Terroranschlag auf dem Berliner Weihnachtsmarkt sind diskursive Ereignisse, die Fragen nach dem bonum commune aufwerfen und daher auch aus christlicher Perspektive diskutiert und gedeutet werden müssen. Die Aufforderung, aus Schwertern Pflugscharen zu machen, die Heilung von Marginalisierten, die Mahnungen und Hoffnungen der Propheten, die Seligpreisungen sind Worte der Bibel, die politisch sind: Sie hinterfragen bestehende Machtverhältnisse und fordern Prediger*innen dazu auf, teilzunehmen am Ringen um die Balance of Power. In der Nachfolge Christi tritt die politische Predigt als Anwältin der Ohnmächtigen auf und erhebt ihre Stimme für die, die keine Stimme haben.

Prediger*innen predigen nicht politisch, um selbst zu herrschen. Sie stellen vielmehr, wie Schleiermacher herausstellt, etwas Politisches dar in der Absicht, es religiös zu deuten und so das gesellschaftliche Zusammenleben mitzugestalten. Insofern sind Predigende tatsächlich parteiisch und keinesfalls neutral. Ihre „Parteilichkeit [...] ist Ausdruck der Parteinahme Gottes für das Leben des Menschen und gegen den Tod, für seine Freiheit gegen die Unterdrückung, für sein Heil gegen sein Verderben, für den Frieden gegen die Gewalt."[45] Eine unpolitische Predigt kann es folglich nicht geben, da eine Predigt vor dem Hintergrund des christlichen Gottes- und Menschenbildes „bestimmte Optionen des Miteinander- und In-der-Welt-Seins favorisiert und andere kritisiert"[46]. Zwar ist die Predigt in der säkularen Gesellschaft von systemfremden Vorgaben befreit, nicht aber davon, Predigt in der Welt zu sein. Entsprechend unternimmt die Bar-

---

[42]   Albrecht, C. und Anselm, R., Öffentlicher Protestantismus. Zur aktuellen Debatte um gesellschaftliche Präsenz und politische Aufgaben des evangelischen Christentums (Theologische Studien, Bd. 4), Zürich 2017, 27.

[43]   A. a. O., 27–28.

[44]   A. a. O., 27.

[45]   Engemann, W., Einführung in die Homiletik, Tübingen ²2011, 296.

[46]   A. a. O., 295.

mer Theologische Erklärung vor dem Hintergrund der politischen Lage in der
NS-Diktatur eine relevante Unterscheidung zwischen Politik und Religion:

> „Auf der einen Seite wird Gottes kräftiger Anspruch auf das ganze Leben betont. [...]
> [A]uf der anderen Seite wird der Bereich des Politischen durchaus in seiner Eigen-
> ständigkeit gewürdigt. [...] [D]er Staat hat für Recht und Frieden zu sorgen. Dem-
> gegenüber handelt die Kirche nicht direkt politisch. Sie steht aber durchaus in
> politischer Verantwortung, denn ‚sie erinnert an Gottes Reich, Gottes Gebot und
> Gerechtigkeit und damit an die Verantwortung der Regierenden und Regierten' was
> durchaus als eine Definition einer theologisch reflektierten politischen Predigt gel-
> ten kann."[47]

Für den Begriff der Seelsorge hat sich bewährt, zwischen dimensionaler und in-
tentionaler Seelsorge zu unterscheiden. Die dimensionale Seelsorge umfasst
Seelsorge als Grundeinstellung und als integraler Aspekt von Predigt, Unterricht
und Diakonie, während die intentionale Seelsorge das zielorientierte Handeln
einer Seelsorgerin bzw. eines Seelsorgers bezeichnet.[48] Ebenso kann auch in Bezug auf die politische Predigt zwischen Dimensionalität und Intentionalität unterschieden werden.[49] Die dimensionale politische Predigt umfasst das bonum
commune als integralen Aspekt der Predigt. Die intentionale politische Predigt
beinhaltet das zielorientierte und damit absichtsvolle Thematisieren politischer
Ereignisse und Fragen. Da die vorliegende Studie auf diese Art der politischen
Predigt bezogen ist, werden mit der Bezeichnung „politische Predigt" im Folgenden jene Predigten bezeichnet, die sich zielorientiert und absichtsvoll „in den
Diskurs um Legitimation und Ziele der in einer Gesellschaft sich immer schon
vorfindlichen politischen Machtverhältnisse"[50] einschalten.

Jede Predigt ist absichtsvoll und sollte eine Absicht haben wollen. „Wer redet, will etwas, beziehungsweise hat etwas zu wollen. Wer nichts beabsichtigt,
muss nicht öffentlich reden. Weil die Predigt eine Rede ist, hat auch sie etwas zu
wollen."[51] Eine politische Predigt aber bringt, im Vergleich zu anderen, ein noch

---

[47]   Grözinger, A., Politische Predigt, 45.
[48]   Vgl. Ziemer, J., Art.: Seelsorge I. Zum Begriff, in: RGG[4], hrsg. von Betz, H. D. (et al.), Band 7,
       Studienausgabe 2008, 1110–1111, 1111 und vgl. Morgenthaler, C., Seelsorge. Lehrbuch
       Praktische Theologie, Bd. 3, Gütersloh 2009, 26.
[49]   Aus rezeptionsästhetischer Perspektive ist zu ergänzen, dass letztlich die Rezipienten ihr
       eigenes Auredit der Predigt erstellen (vgl. Engemann, W., Einführung in die Homiletik, 11).
       Manche Predigt ohne politische Intention wird anders rezipiert und stellt sich damit als
       politisch dar. Umgekehrt ist auch denkbar, dass eine intentional politische Predigt nicht
       als solche rezipiert wird. Wie die Seelsorge ist auch die Predigt gekennzeichnet als Inter-
       aktion, die im Wesentlichen „durch die Deutung der interagierenden Personen konsti-
       tuiert" wird (Morgenthaler, C., Seelsorge, 17).
[50]   Grözinger, A., Politische Predigt, 38.
[51]   Conrad, R., Weil wir etwas wollen! Plädoyer für eine Predigt mit Absicht und Inhalt (Evan-
       gelisch-katholische Studien zu Gottesdienst und Predigt, Bd. 2), Neukirchen-Vluyn 2014, 9.

„stärkeres Movens"[52] mit sich. Daher wird die politische Predigt auch besonders kritisch betrachtet.

Die Skepsis, die der Intentionalität der politischen Predigt entgegengebracht wird, gründet im Respekt vor der Autonomie der Predigthörer*innen und in der Komplexität politischer Zusammenhänge. Auch aus theologischer Perspektive sind Vorbehalte gegenüber einer zu starken Intentionalität der Predigt anzumelden. Zuerst sind es die massiven Verfehlungen christlicher Prediger, insbesondere im Kontext der beiden Weltkriege, die ein Misstrauen gegenüber politischen Predigten nähren. Das Wort Gottes wurde in der Geschichte oftmals „zu politischer Propaganda degradiert"[53] und Kriegspredigten des vergangenen Jahrhunderts haben zur „Verbreitung nationalistischer, imperialistischer, faschistischer [und] auch kommunistischer Ansprüche"[54] erheblich beigetragen. Predigende haben sich gemein gemacht mit menschenfeindlichen politischen Programmen und dabei die Autorität des Wortes Gottes und des kirchlichen Amtes genutzt, um eine bestimmte politische Position zu verabsolutieren und zu oktroyieren – mit äußerst problematischen Folgen. Daher werden politische Predigten heute mit kritischer Aufmerksamkeit gehört. Und daher empfinden viele Predigthörer*innen Unbehagen, wenn in Predigten nicht ausreichend zwischen der Parteinahme Gottes und parteipolitischen Positionen unterschieden wird.

Eine einfache Unterscheidung der Art „politische Predigt ja, parteipolitische Predigt nein"[55] aber vermag das Problem der Parteilichkeit nicht einfach aufzulösen. Wenngleich die Nähe zu parteipolitischen Programmen nicht durch die Predigtperson intendiert sein mag, kommen Predigende doch nicht umhin, dass ihre „Aussagen als Votum für oder gegen ein Programm, eine Person oder Gruppe aufgenommen werden."[56] Jede ethische Stellungnahme kann parteipolitischen Positionen zugeordnet werden und alternierende Programme damit ausschließen. So ist es illusorisch anzunehmen, es gäbe eine „Proklamation humanitärer [oder christlicher] Werte jenseits einer politischen Position."[57] So ist und bleibt die politische Predigt eine heikle Rede. Wer politisch predigt, nimmt das Risiko auf sich, „sich zu irren [und] falsch zu interpretieren."[58] Von daher ist die der politischen Predigt entgegengebrachte Skepsis plausibel. Die besondere Aufmerksamkeit, mit der politische Predigten wahrgenommen werden, stellt ein Korrektiv auf Seiten der Hörerschaft dar, die dafür sensibilisiert ist, dass

---

[52] Pohl-Patalong, U., Was kann ich wollen? Politische Predigt zwischen Intentionalität der Predigenden und Freiheit der Hörenden, in: Keller, S. (Hg.), Parteiische Predigt. Politik, Gesellschaft und Öffentlichkeit als Horizonte der Predigt, Leipzig 2017, 125–136, 130.

[53] Josuttis, M., Zum Problem politischer Predigt, 516.

[54] Ebd. [Ergänzung in Klammern J. W.].

[55] A. a. O., 514.

[56] A. a. O., 515.

[57] A. a. O., 516 [Ergänzung in Klammern J. W.].

[58] Daiber, K.-F., Verschränkung der Orte, 177.

nicht alles, was im Namen Gottes verkündigt wird, auch mit diesem vereinbar ist.

Des Weiteren begründet der Respekt vor der Freiheit der Hörer*innen das Unbehagen gegenüber Predigten mit sehr starker Intentionalität. Wer heute predigt, spricht zu autonomen Individuen, die sich als „Beteiligte, Selber-Verstehende und Mündig-Urteilende wiederfinden"[59] wollen. Aus dieser Perspektive ist damit jedweder Übergriffigkeit und Bevormundung zu widersprechen. Aus kommunikationstheoretischer Perspektive ist eine direkte Übertragung der Rednerintention auf die Hörerschaft zudem weder möglich, noch wünschenswert. Anders als bei einer Gebrauchsanweisung[60] ist „ein eigenständiger Rezeptionsprozess der Subjekte"[61] konstitutiv für das Verstehen von Predigten. In Anerkennung der Souveränität der Hörerschaft können Predigende nicht wollen, dass sich die Predigthörer*innen unterordnen. Was Prediger*innen erreichen wollen, kann nicht ihr eigenes Werk sein, sondern nur durch die Hörer*innen selbst entstehen. Sie müssen entscheiden, was erstrebenswert ist oder nicht.[62] Folglich hat eine Predigt nicht die Aufgabe, zu proklamieren oder einseitig zu appellieren, sondern Verstehensräume zu eröffnen, innerhalb derer sich die Predigthörer*innen selbst bewegen und verorten können.

Die politische Predigt ereignet sich vor dem Hintergrund äußerst komplexer politischer Zusammenhänge. Eine einfache Moral der Art „das ist richtig und das nicht" kann dieser Komplexität nicht gerecht werden. Es gibt Situationen, in denen ein klares Bekenntnis angebracht und plausibel ist, in den allermeisten Fällen aber gibt es keine einfache Antwort auf schwierige Problemlagen. Wer dennoch so tut, als sei die Sache klar, erntet Ablehnung. Prediger*innen, die vorgeben, schon alles zu wissen und sich für alternative Argumente nicht interessieren zu müssen, die appellieren statt zu diskutieren, werden häufig als besserwisserisch und bevormundend empfunden. Sie reduzieren Komplexität zugunsten der eigenen Position. „Eine Situation wird dann nur noch unter dem Gesichtspunkt des Imperativs ‚Handle So!' wahrgenommen und damit ohne Rücksicht auf Umstände und Folgen für sich und für andere."[63] Als „Moralapostel" werden Prediger*innen wahrgenommen, die meinen, über einen überlegenen Standpunkt zu verfügen und die „Evidenz suggerieren, wo Plausibilisierung

---

[59]   Stetter, M., Wie sagen, was gut ist? Überlegungen zu drei Verfahren ethischer Predigt, in: Schwier, H. (Hg.), Ethische und politische Predigt. Beiträge zu einer homiletischen Herausforderung, Leipzig 2015, 159–183, 160.

[60]   Vgl. Theißen, G., Zeichensprache des Glaubens. Chancen der Predigt heute, Gütersloh 1994, 54.

[61]   Pohl-Patalong, U., Was kann ich wollen, 128.

[62]   Vgl. Luther, H., Predigt als Handlung. Überlegungen zur Pragmatik des Predigens, in: Beutel, A. (u. a. Hg.), Homiletisches Lesebuch. Texte zur heutigen Predigtlehre, Tübingen 1986, 222–239, 230.

[63]   Karle, I., Herausforderungen politischer Predigt, 1001.

gefordert wäre."[64] Wird die Autonomie der Adressat*innen aber missachtet, bricht Kommunikation ab. Die Hörer*innen fühlen sich bevormundet und bedrängt.[65]

Zuletzt ist auch aus theologischer Perspektive Einspruch gegenüber Predigten mit starker Intentionalität zu erheben. Da Gott den Menschen partnerschaftlich begegnet, ist auch das Evangelium partnerschaftlich zu verkünden und d. h. ohne menschliche Gewalt (Confessio Augustana 28, „sine vi humana, sed verbo"). Für die Kirche soll „das Wort vom Frieden Gottes mit den Menschen [...] der Maßstab ihrer internen Strukturen und Umgangsweisen sein."[66] Die Predigt kann daher keine autoritären Vorgaben machen. Sie kann nicht erzwingen, was sie erwartet. Die Offenheit der Predigt soll gewährleisten, dass sich die Hörer*innen als Partner*innen Gottes wahrnehmen können. So gleicht die Predigt einem Kunstwerk, das „nur um Zustimmung bitten, eine Atmosphäre eröffnen, eine Gemütsverfassung herbeirufen und eine bestimmte Deutung nahe legen"[67] kann. Die Offenheit der Predigt impliziert aber keine völlige Willkür der Interpretation. Umberto Eco führt aus: „Das Kunstwerk [...] bietet die Möglichkeit für eine Vielzahl persönlicher Eingriffe, ist aber keine amorphe Aufforderung zu einem beliebigen Eingreifen: es ist [...], die Einladung, sich frei in eine Welt einzufügen, die gleichwohl immer noch die vom Künstler gewollte ist."[68]

Jede Predigt, insbesondere die politische Predigt, steht somit vor der Aufgabe, den damit gegebenen Herausforderungen gerecht zu werden. Es gilt, die Intentionalität der Predigt einerseits und die Offenheit der Predigt andererseits so auszubalancieren, dass die Interpretationsautonomie der Hörer*innen und die Unbeliebigkeit der Deutung gewahrt sind. Pointiert fasst Josuttis die Herausforderung der politischen Predigt wie folgt zusammen:

> „Die Predigt dient dem Wort Gottes, eine politische Stellungnahme vertritt menschliche Meinung; die Predigt ist dem Letzten verpflichtet, politische Stellungnahmen bewegen sich im Bereich des Vorletzten; rechte Predigt ist wahr und im Glauben zu akzeptieren, jede politische Stellungnahme ist hingegen umstritten und muß diskutierbar bleiben."[69]

Angesichts der sogenannten Flüchtlingskrise stellt sich die Frage, ob tatsächlich jede politische Haltung diskutabel ist. Gibt es nicht doch auch eine rote Linie, jenseits derer die Diskussionsbereitschaft zu Recht endet? Was und wie wird gepredigt, wenn Asylunterkünfte in Brand gesteckt, wenn gegen die Aufnahme

---

[64] Stetter, M., Wie sagen, was gut ist, 160.

[65] Vgl. Karle, I., Herausforderungen politischer Predigt, 1001.

[66] Conrad, R., Art.: Sine vi, sed verbo. „Frieden" als Aufgabe christlicher Predigt, in: Deutsches Pfarrerblatt 5 (2016), 256–261, 257.

[67] Grözinger, A., Toleranz und Leidenschaft. Über das Predigen in der pluralistischen Gesellschaft, Gütersloh 2004, 25.

[68] Eco, U., Das offene Kunstwerk, Frankfurt a. M. 1977, 54f.

[69] Josuttis, M., Zum Problem politischer Predigt, 516.

von Asylsuchenden demonstriert wird, während Flüchtende im Mittelmeer ertrinken? Was passiert angesichts solch gravierender Menschenrechtsverletzungen auf den Kanzeln? Welche Kommunikationsabsichten werden erkennbar? Wie wird mit denen verfahren, die der sogenannten Willkommenskultur kritisch oder gar feindlich gegenüberstehen? Insgesamt stellt sich aus homiletischer Perspektive die Frage, wie und mit welchem Ziel der sogenannten Flüchtlingskrise auf der Kanzel begegnet wird.

2.   Die sogenannte Flüchtlingskrise als Herausforderung für die politische Predigt

Seit 2012 kamen vermehrt Schutz- und Asylsuchende aus dem Nahen Osten, aus Nordafrika und aus Subsahara-Afrika über das Mittelmeer und die Balkanroute nach Europa. Im Jahr 2012 wurden in Deutschland 64 539 Erstanträge auf Asyl gestellt, im Jahr 2014 hatte sich die Zahl der Erstanträge mit 173 072 mehr als verdoppelt. Im Jahr 2015 stieg die Anzahl der Erstanträge auf 441 899 und erreichte ihren Höchststand im Jahr 2016 mit 722 370 Anträgen. Im Zuge des sogenannten Türkeiabkommens und der Schließung der Grenze bei Idomeni (sogenannte Schließung der Balkanroute) war die Zahl der Asylanträge in Deutschland rückläufig. Von Januar bis September 2017 wurden in Deutschland 151 057 Erstanträge auf Asyl gestellt.[70] Die meisten Asylsuchenden kamen aus Syrien (35,9 % im Jahr 2015[71] und 36,9 % im Jahr 2016[72]). Im Jahr 2015 kamen die Schutzsuchenden zudem hauptsächlich aus Albanien (12,2 %), aus dem Kosovo (7,6 %) und aus Afghanistan (7,1 %). Im Jahr 2016 kamen die Asylsuchenden neben Syrien hauptsächlich aus Afghanistan (17,6 %) und aus dem Irak (13,3 %). Die häufigste Fluchtursache war die Angst vor gewaltsamen Konflikten und Krieg

---

[70] Für die Zahlen vgl. Bundesamt für Migration und Flüchtlinge (Hg.), Aktuelle Zahlen zu Asyl. Tabellen, Diagramme, Erläuterungen. Ausgabe September 2017, 4, veröffentlicht im Internet unter: http://www.bamf.de/SharedDocs/Anlagen/DE/Downloads/Infothek/Statistik/Asyl/aktuelle-zahlen-zu-asyl-september-2017.pdf?__blob=publicationFile [Stand vom 27. Oktober 2017].

[71] Vgl. Bundesamt für Migration und Flüchtlinge (Hg.), Aktuelle Zahlen zu Asyl. Tabellen, Diagramme, Erläuterungen. Ausgabe Dezember 2015, 8, veröffentlicht im Internet unter: http://www.bamf.de/SharedDocs/Anlagen/DE/Downloads/Infothek/Statistik/Asyl/aktuelle-zahlen-zu-asyl-dezember-2015.pdf?__blob=publicationFile [Stand vom 27. Oktober 2017].

[72] Vgl. Bundesamt für Migration und Flüchtlinge (Hg.), Aktuelle Zahlen zu Asyl. Tabellen, Diagramme, Erläuterungen. Ausgabe Dezember 2016, 8 veröffentlicht im Internet unter: http://www.bamf.de/SharedDocs/Anlagen/DE/Downloads/Infothek/Statistik/Asyl/aktuelle-zahlen-zu-asyl-dezember-2016.pdf?__blob=publicationFile [Stand vom 27. Oktober 2017].

(70 %). Daneben gab es politische Motive für die Flucht nach Europa wie Verfolgung (44 %), Diskriminierung (38 %) und Zwangsrekrutierung (36 %). Schlechte persönliche Lebensbedingungen (39 %) und die wirtschaftliche Situation im Herkunftsland (32 %) stellten weitere Motive für Emigration dar.[73]

Im Sommer 2015 kulminierte die Situation. Meldungen über Menschen, die auf dem gefährlichen Weg nach Europa zu Tode kamen, standen neben Meldungen über Protestmärsche gegen die europäische bzw. deutsche Asylpolitik und über Anschläge auf Asylunterkünfte. Die medialen Titelbilder waren extrem disparat: Da war das Bild von einem Kühllaster, abgestellt auf dem Seitenstreifen einer Autobahn in Österreich. Darin befanden sich die Leichen von 71 Menschen, die auf ihrer Flucht nach Europa im Laderaum erstickt waren. Daneben gab es Bilder vom Münchner Hauptbahnhof, von geflüchteten Kindern, die mit Teddybären beschenkt werden und Bilder von ehrenamtlichen Helfern, die Tag und Nacht in Notunterkünften Decken und heißen Tee verteilen. Ferner gab es Bilder von brennenden Asylunterkünften und von skandierenden Neonazis. Das bekannteste Bild des Sommers 2015 ist das eines ertrunkenen Kindes am Strand der Türkei.

Retrospektiv stellt der Sommer 2015 den Höhepunkt der sogenannten Flüchtlingskrise dar. Der Begriff „Flüchtlingskrise" bezeichnete im Wesentlichen dreierlei. Einerseits bezog sich der Begriff auf die Krise der Flüchtenden selbst, die versuchten, schlechten Lebensbedingungen, Gewalt und Krieg zu entrinnen und sich dabei selbst in Gefahr brachten. So gebraucht bezeichnete der Begriff die Not der Geflüchteten, ihre Schicksalsschläge, die Gefahren, die sie durchliefen und ihre Bedürftigkeit. Andererseits bezeichnete der Begriff auch die Krise europäischer Asylpolitik. Die Ein- und Durchreise von Menschen nach bzw. durch Europa führte zu Spannungen unter den Bündnispartnern. Welches Land sollte wie viele Schutz- und Asylsuchende aufzunehmen? Wer ist für ihre Versorgung und Unterbringung verantwortlich? In Deutschland bezeichnete der Begriff darüber hinaus die als krisenhaft wahrgenommenen innerpolitischen Zustände. Am 31. August 2015 bezeichnete Angela Merkel die Ankunft von Asyl-

---

[73] Die statistischen Angaben beruhen auf einer repräsentativen Befragung von 2349 Geflüchteten im Alter von über 18 Jahren, die vom Januar 2013 bis zum Februar 2016 nach Deutschland eingereist sind. Die Studie wurde vom Institut für Arbeitsmarkt- und Berufsforschung, dem Forschungszentrum des Bundesamtes für Migration und Flüchtlinge und dem Sozio-oekonomischen Panel am Deutschen Institut für Wirtschaftsforschung durchgeführt. IAB Kurzbericht. Aktuelle Analysen aus dem Institut für Arbeitsmarkt- und Berufsforschung, 24/2016, veröffentlicht im Internet unter: www.iab.de/161115, www.bamf.de/161115 und www.diw.de/161115 [Stand vom 6. November 2017]. Vgl. auch IAB, BAMF und SOEP, Art.: Geflüchtete Menschen habe eine hohe Bildungsorientierung. Erste repräsentative Befragung von seit 2013 eingereisten Geflüchteten, Presseinformation vom 15.11.2016, veröffentlicht im Internet unter: http://www.bamf.de/SharedDocs/Pressemit teilungen/DE/2016/20161115-052-pm_iab-bamf-soep-befragung-gefluechtete.html [Stand vom 6. November 2017].

und Schutzsuchenden in Deutschland als große nationale Aufgabe und versicherte: „Wir schaffen das"[74]. Ihre spontane Hilfsbereitschaft und ihre Zuversicht teilten hunderttausende ehrenamtliche Helfer*innen, die sich spontan in der Nothilfe für die Ankommenden engagierten. Daneben gab es auch Kritik und Skepsis. Im öffentlichen und privaten Raum wurde kontrovers diskutiert, wie viele Menschen Deutschland aufnehmen könne, ohne selbst Schaden zu nehmen. Auf übergeordneter Ebene wurde darüber debattiert, ob diese Frage überhaupt so gestellt werden kann und darf. Kann es eine Obergrenze der Humanität bzw. Nächstenliebe geben?

Laut mischten sich auch nationalistische Gedanken in die Debatte ein, vertreten durch sogenannte Rechtspopulist*innen in nahezu allen europäischen Ländern. Da der Begriff Populismus zur Beschreibung verschiedener politischer Phänomene gebraucht wird, bedarf es der Spezifikation. Beginnend bei der Farmerbewegung in den USA, über den postkolonialen Entwicklungsnationalismus bis hin zur rosa Welle der Palaststürmer in Lateinamerika ist von Populismus die Rede. Bei diesen Beispielen handelt es sich um politische Bewegungen des Volkes (lat.: *populus*), um einen Umsturz oder die Reform politischer Verhältnisse von unten nach oben, gegen etablierte Machtverhältnisse und Machthaber. Derartige Volksbewegungen streben nach Teilhabe und Gleichberechtigung, nach der Balance of Power angesichts politischer Strukturen, die unterdrückerisch und ausbeuterisch erlebt werden. Der Begriff Populismus in diesem Sinne – d. h. als Aufstand des sogenannten einfachen Volkes gegen die kapitalistischen Eliten – ist daher mancherorts, z. B. in den USA, positiv konnotiert. Für viele linke Amerikaner ist der Populismus eine „Graswurzel-Bewegung für mehr Demokratie oder zumindest eine erzdemokratische Verteidigung der Interessen der ‚Main Street' gegen jene der ‚Wall Street'."[75]

In Europa hingegen gilt Populismus allgemein als regressiv. Populismus hat hier mit Ausgrenzung und Schließung zu tun, wohingegen der Populismus in den USA als progressiv gilt. Jan-Werner Müller findet einen Ausweg aus dieser „(transatlantischen) Verwirrung"[76]. Müller definiert den Begriff Populismus nicht entlang der Selbstbeschreibung politischer Akteure, sondern mittels der Vorstellung von Politik, die von den politischen Akteuren vertreten wird. Müller beobachtet, dass nicht alles populistisch ist, was sich selbst so nennt. Nicht jeder, der die bestehenden Eliten ablehnt, ist ein Populist. Nicht jede, die auf komplexe Probleme mit einfachen Lösungen reagiert, ist eine Populistin. Und viele selbsternannte Populisten können laut Müller schlicht einer Richtung zugeordnet werden, die wir in Europa als Sozialdemokratie bezeichnen würden.

Anders verhält es sich mit dem Populismus, der in der Zeit der sogenannten Flüchtlingskrise in Europa von sich reden macht, dem Rechtspopulismus. Seine

---

[74]   Bundeskanzlerin Dr. Angela Merkel in der Bundespressekonferenz vom 31. August 2015.
[75]   Müller, J.-W., Was ist Populismus? Ein Essay, Berlin ³2006, 29.
[76]   A. a. O., 39.

Kennzeichen sind Antielitarismus, Antipluralismus und ein moralischer Alleinvertretungsanspruch. Während die Demonstranten in Leipzig im Jahre 1989 mit ihrer Parole „Wir sind das Volk" dem Alleinvertretungsanspruch der SED-Führung entgegenhielten „Auch wir sind das Volk" und die Machtelite damit daran erinnerte, dass es auch ein Volk jenseits der SED-Führung gibt, impliziert die Parole „Wir sind das Volk" im europäischen Populismus etwas anderes. Die populistische Parole erhebt den Anspruch, „Nur wir vertreten das Volk" und Jan-Werner Müller definiert: „Populismus [...] ist eine ganz bestimmte Politikvorstellung, laut der einem moralisch reinen, homogenen Volk stets unmoralische, korrupte und parasitäre Eliten gegenüberstehen – wobei diese Art von Eliten eigentlich gar nicht zum Volk gehören."[77] Der gegenwärtig in Europa zu beobachtende Populismus ist damit sowohl antielitär als auch antipluralistisch ausgerichtet und damit auch antidemokratisch.[78] Sein moralischer Alleinvertretungsanspruch gründet auf der Vorstellung, den wahren Willen des Volkes zu kennen und direkt repräsentieren zu können. Da es diesen einen Willen eines einvernehmlichen Volkes jedoch nicht gibt, muss „das wahre Volk" aus „der Gesamtheit der Bürger erst einmal herauspräpariert werden. Konkret heißt das dann: Nur die Fleißigen, [...] die Christlich-Nationalen [...] sind das wahre Volk."[79] Populisten unterscheiden ein gutes und wahres Volk damit von korrupten Eliten. Die Unterscheidungskriterien zwischen dem guten, wahren Volk und den anderen sind zumeist Produktivität und Tugendhaftigkeit, zum Beispiel im Gegensatz zum sogenannten Sozialschmarotzertum. Ein weiteres Unterscheidungsmerkmal ist tautologisch: Wer nicht zu den Populisten gehört, „gehört per definitionem gar nicht zum wahren Volk"[80]. Die populistische Selbstbeschreibung „Wir sind das Volk" impliziert so gebraucht gegenüber Personen, die anders denken, die Bewertung „und Ihr gehört nicht dazu".[81]

Die positive Konnotation des Populismus als Bewegung von unten nutzt der Rechtspopulismus, der zunehmend Einzug in die europäischen Parlamente nimmt. In Deutschland tritt der Populismus in der Zeit der sogenannten Flüchtlingskrise in Form der PEGIDA und der AfD auf. „Wir lassen uns nicht länger belügen, wir sind das Volk", verkündeten PEGIDA-Demonstranten in Dresden, ebenso beansprucht die AfD für sich: „Wir sind das Volk". Demensprechend verstehen sich die Mitglieder der AfD als einzig authentische Volksvertretung. Nach Marine Le Pen und ihrem Front National und nach Geert Wilders' Partij voor de Vrijheid hat sich die politische Lage also auch in Deutschland gewandelt. Neben der AfD, die sich selbst als national-konservative Partei bezeichnet, steht die PEGIDA. Weiter rechts und partiell überlappend mit AfD und PEGIDA steht der

---

[77] A. a. O., 42.
[78] Vgl. a. a. O., 44.
[79] A. a. O., 130.
[80] A. a. O., 53.
[81] Vgl. a. a. O., 133.

Rechtsradikalismus in Form kleinerer Gruppen und einzelner Individuen. Während der sogenannten Flüchtlingskrise machte dieser äußerste rechte Rand viel von sich reden durch Übergriffe auf Geflüchtete und Asylunterkünfte.[82] Insgesamt hatte sich die Zahl der Gewaltdelikte gegen Asylsuchende in diesem Zeitraum im Vergleich zum Vorjahr nahezu versechsfacht. Im Jahr 2014 wurden 199 Angriffe gegen Asylunterkünfte gezählt. Im Jahr 2015 waren es 1031.[83] Nicht wenige sehen hinter dem Erstarken der AfD eine neue rechts-nationale Zeit angebrochen. Der Historiker Paul Nolte vergleicht die Zustände gar mit denen in der Weimarer Republik.[84]

Im öffentlichen Raum bildete sich die politische Kontroverse mancherorts scharf ab. In Dresden beispielsweise protestierte PEGIDA gegen die Aufnahme von Asylsuchenden und in Dresden beispielsweise protestierte PEGIDA gegen die Aufnahme von Asylsuchenden und zeitgleich zog, unter dem Leitspruch „Herz statt Hetze", ein Bündnis aus Parteien, Gewerkschaften, Kirchen, Vereinen und Initiativen durch die Stadt. Die einen deuteten den Sommer 2015 als humanitäres Sommermärchen,[85] die anderen als Ausverkauf nationaler Integrität und Identität.

Insgesamt löste die Ankunft von Asyl- und Schutzsuchenden eine politische Grundsatzdebatte aus. In ihr ging es um mehr als um die Unterbringung und Versorgung von Geflüchteten in Europa. Europa selbst, die dort gepflegte Political Correctness und auch die Idee einer pluralen, multikulturellen Gesellschaft, wurden scharf kritisiert. Dabei wurde ehedem Unsagbares wieder sagbar. Unter dem Mantra „Das wird man ja wohl noch sagen dürfen", das mit Thilo Sarrazins Buch „Deutschland schafft sich ab" (2010) salonfähig geworden war, nahm rechtes Gedankengut Einzug in die öffentliche Debatte[86] und politische Kampfbegriffe prägten den Diskurs. Symptomatisch dafür wurde der Begriff Gutmensch zum Unwort des Jahres 2015 gewählt. Als Gutmenschen werden jene bezeichnet, die – so die Zuschreibung von außen – realpolitisch blind ihrer fremdenfreund-

---

[82] Vgl. Biermann, K. (u. a.)., Art.: Der Terror der anderen, Zeit Online vom 23. Februar 2016, veröffentlicht im Internet unter: http://www.zeit.de/politik/deutschland/2016-02/rassismus-gewalt-notunterkuenfte-gefluechtete-rechter-terror [Stand vom 15. September 2016].

[83] Für die Zahlen vgl. Kämper, V., Art.: Mehr als 1600 Delikte. Zahl rechter Gewalttaten gegen Flüchtlinge steigt dramatisch, in: Spiegel Online vom 15. Dezember 2015, veröffentlicht im Internet unter: http://www.spiegel.de/politik/deutschland/fluechtlinge-1610-delikte-in-zusammenhang-mit-unterkuenften-a-1067825.html [Stand vom 13. September 2016]. Der Spiegelartikel nimmt Bezug auf den Polizeibericht Drucksache 18/6992 des Bundestages, veröffentlicht im Internet unter: http://dipbt.bundestag.de/dip21/btd/18/069/1806992.pdf [Stand vom 13. September 2016].

[84] Vgl. Süddeutsche Zeitung, Warum die AfD-Erfolge an die Dreißiger Jahre erinnern. Paul Nolte im Gespräch, 22. Juni 2016, veröffentlicht im Internet unter: www.sueddeutsche.de/politik/paul-nolte-im-gespraech-warum-die-afd-erfolge-an-die-dreissiger-jahre-erinnern-1.30430 [Stand vom 28. September 2023].

[85] Vgl. Bendikowski, T., Helfen. Warum wir für andere da sind, München 2016, 19.

[86] Vgl. Bednarz, L., Die Angstprediger, 58.

lichen Gesinnung folgen und die Asylpolitik der Bundesregierung und die Nothilfe für Schutz- und Asylsuchende ohne Rücksicht auf erwartete, negative Konsequenzen befürworten und unterstützen. Die Jury der sprachkritischen Aktion
„Unwort des Jahres" begründete ihre Entscheidung wie folgt: „Mit dem Vorwurf
‚Gutmensch', ‚Gutbürger' oder ‚Gutmenschentum' werden Toleranz und Hilfsbereitschaft pauschal als naiv, dumm oder weltfremdes Helfersyndrom diffamiert.
Der Ausdruck ‚Gutmensch' floriert aber nicht mehr nur als Kampfbegriff im
rechtspopulistischen Lager, sondern wird auch hier und dort schon von Journa-
listen in Leitmedien verwendet. Die Verwendung dieses Ausdrucks verhindert
somit einen demokratischen Austausch von Sachargumenten. Im gleichen Zusammenhang sind auch die ebenfalls eingesandten Wörter ‚Gesinnungsterror'
und ‚Empörungs-Industrie' zu kritisieren."[87] Diese rhetorischen Kampfmittel
stigmatisieren und diffamieren politische Kontrahent*innen.[88]

Die so Angegriffenen standen zunehmend unter dem Druck, die Aufnahme
von Durchreisenden, Schutz- und Asylsuchenden zu rechtfertigen. „Ich muss
ganz ehrlich sagen: Wenn wir jetzt noch anfangen müssen, uns dafür zu ent-
schuldigen, dass wir in Notsituationen ein freundliches Gesicht zeigen, dann ist
das nicht mein Land"[89], verteidigte Angela Merkel ihren Kurs in der Flüchtlings-
und Asylpolitik und erklärte die wohlwollende Zuwendung zu Menschen in Not
zum Kennzeichen eines Landes, dem sie sich zugehörig fühlen kann. Auch
christliche Prediger*innen, die sich für die Aufnahme von Asyl- und Schutzsuchenden aufgrund des biblischen Gebots zur Fremden- und Nächstenliebe aussprechen, standen vor der Herausforderung, ihre Position unter dem Druck von
Asylkritik und Fremdenfeindlichkeit zu behaupten.

3. Die Zielsetzung der Untersuchung

Prediger*innen stehen jeden Sonntag vor der Herausforderung, mit ihren Hörer*innen im Horizont des Evangeliums ein Gespräch über ihr Leben zu führen.[90]

---

[87] Gesellschaft für deutsche Sprache e. V., Pressemitteilung vom 11. Dezember 2015, GfdS
wählt „Flüchtlinge" zum Wort des Jahres 2015, veröffentlicht im Internet unter https://
gfds.de/wort-des-jahres-2015/ [Stand vom 15. März 2020] und vgl. Duden, Das Suffix
„-ling", veröffentlich im Internet unter https://www.duden.de/sprachwissen/sprachrat
geber/Das-Suffix-ling [Stand vom 15. März 2020].

[88] Vgl. Hanisch, A. und Jäger, M., Das Stigma Gutmensch, in: Diss-Journal 22 (2011), veröffentlicht im Internet unter http://www.diss-duisburg.de/2011/11/das-stigma-gut
mensch/ [Stand vom 13. Dezember 2017].

[89] Bundeskanzlerin Dr. Angela Merkel auf der Pressekonferenz mit dem österreichischen
Bundeskanzler Werner Faymann am 15. September 2015, veröffentlicht im Internet unter:
https://www.bundesregierung.de/Content/DE/Mitschrift/Pressekonferenzen/2015/09/
2015-09-15-merkel-faymann.html [Stand vom 1. Juni 2018].

[90] Vgl. Lange, E., Zur Theorie und Praxis der Predigtarbeit, in: Ders., Predigen als Beruf. Aufsätze zu Homiletik, Liturgie und Pfarramt, hrsg. v. Rüdiger Schloz, München ²1987, 9–51.

In der Zeit der sogenannten Flüchtlingskrise kamen Prediger*innen daher kaum umhin, politisch zu predigen und damit das, was die Gesellschaft bewegt, aus religiöser Perspektive zu reflektieren. Und wenngleich die politische Predigt keinen Sonderfall, sondern vielmehr einen Normalfall des Predigens darstellt, zeigt die sogenannte Flüchtlingskrise Spezifika auf, die diesen politischen Fall für die Homiletik besonders machen:

Offen und laut tritt im Zuge der sogenannten Flüchtlingskrise eine Fremdenfeindlichkeit zu Tage, die sich christlicher Zeichen bedient (Kreuz bei Demonstrationen der PEGIDA) und Anspruch auf eine abendländisch-christliche Identität erhebt, in der Migrant*innen, insbesondere Muslime, nicht erwünscht sind und zwar auch dann nicht, wenn sie Not leiden oder in Lebensgefahr schweben. Diese politische Haltung steht der sogenannten Willkommenskultur diametral gegenüber, welche die Aufnahme von Asyl- und Schutzsuchenden befürwortet und unterstützt. Ein Protest gegen den Protest formiert sich, wie in Dresden sinnfällig wurde, wo auf einer Seite des Platzes PEGIDA demonstriert und auf der anderen das zivilgesellschaftliche Bündnis „Herz statt Hetze". Besonders die Vertreter*innen der Kirchen sahen sich herausgefordert, Stellung zu Gunsten Asyl- und Schutzsuchender zu beziehen und christliche Werte, insbesondere die Fremden- und Nächstenliebe, zur Geltung zu bringen.

Prediger und Predigerinnen, mit denen im Rahmen der Vorbereitung dieser Studie informell gesprochen wurde, berichten von einer starken, persönlichen Betroffenheit in Bezug auf das Schicksal der Asyl- und Schutzsuchenden und von Wut und Abscheu gegenüber Asylprotesten und Fremdenfeindlichkeit. Sie berichten, in dieser Zeit emotional und leidenschaftlich gepredigt zu haben. Die Bilder von Asylprotesten, bei denen christliche Symbole hochgehalten, gepaart mit Bildern von notleidenden und zu Tode gekommenen Menschen, haben die Predigenden aufgewühlt. „Ich fühlte mich", resümiert eine Predigerin, „total provoziert und dann bin ich auf die Kanzel und habe Stellung bezogen, unmissverständlich Stellung bezogen, was sich christlich nennen darf und was nicht."[91] Die sogenannte Flüchtlingskrise wurde als apologetische Situation wahrgenommen, deren besondere Herausforderung darin bestand, christliche Kernüberzeugungen zu verteidigen.

Die eingangs zitierten Reaktionen Kirchenleitender auf die Proteste der PEGIDA setzen auf Abgrenzung und Selbstvergewisserung. So rechtfertigte der Probst des Kölner Doms die Verdunkelungsaktion mit den Worten: „[D]iese Reaktionen, gerade der – ich sag das jetzt mal – guten Katholiken, bestätigt mich darin, dass es richtig war, so zu handeln" und auch Nikolaus Schneider, ehemaliger Ratsvorsitzender der EKD, stellte gegenüber den Asylprotesten klar: „Christinnen und Christen haben [...] auf diesen Demonstrationen nichts zu suchen". Aus homiletischer Perspektive ist zu erforschen, wie Predigten auf diese Konfliktlage Bezug nahmen. Welche Intentionen werden in politischen Predigten

---

[91]   Aus der Erinnerung zitiert.

aus dieser Zeit erkennbar? Wie wird das politische Problem auf der Kanzel verhandelt? Wie wird die Ankunft Asyl- und Schutzsuchender interpretiert und wie der Asylprotest? Wie ergreifen Predigten Partei für das Gebot der Fremden- und Nächstenliebe?

Eine politische Predigt stellt eine Herausforderung dar. Unter den Bedingungen der modernen und demokratischen Gesellschaft sollte, so legen einschlägige homiletische Überlegungen nahe, die Interpretationsautonomie ihrer Hörer*innen geachtet und auf einen „Zugewinn an Nachdenklichkeit"[92] gezielt werden. Idealtypisch verzichtet sie auf Zwang oder Appell. Vielmehr spricht sie besonnen, abwägend, argumentierend und diskussionsbereit. Sie will nicht befehlen oder verordnen, sondern den Hörer*innen die Möglichkeit bieten, selbst zu einem Urteil zu kommen. Wie aber sind Predigten aus der Zeit der sogenannten Flüchtlingskrise tatsächlich gestaltet? Wie wird in dieser apologetischen Situation gepredigt? Ist hier noch Platz für Diskussionen? Wie wird die Welt, wie sie ist, beschrieben? Und wie wird die Welt, wie sie sein sollte, dargestellt? Welche Identifikationsangebote werden den Hörer*innen gemacht? Wie werden christliche Kernüberzeugungen, wie die Fremden- und Nächstenliebe, zur Geltung gebracht?

Nachdem der Herausforderungshorizont der politischen Predigt ermittelt wurde (Kapitel I), wird zur Erforschung politischer Predigten aus der Zeit der sogenannten Flüchtlingskrise eine Analysemethode entwickelt (Kapitel II), die ermöglicht, Ideologie und Rhetorik ausgewählter Predigten detailliert zu untersuchen (Kapitel III). Im Fokus der Studie steht die „Idee von der Welt"[93], die in einer Predigt anhand der zu Tage tretenden Weltbilder, Rollen, Beziehungsverhältnisse usw. erkennbar wird. Diese Idee ist nicht anders zugänglich als in der konkreten Form, in der sie versprachlicht vorliegt. Da ein Zusammenhang besteht zwischen dem Sprachgebrauch in einer Predigt und einer spezifischen Vorstellung von Gesellschaft,[94] gehört zur Predigtanalyse auch die Analyse der sprachlichen Präsentation: Welche Bilder und Metaphern werden zur Beschreibung der politischen Lage gebraucht? Wie werden Akteure/Figuren charakterisiert? Wem wird was zugetraut? Welche Figur steht für welches Handeln? Wie werden Asyl- und Schutzsuchende, Asylkritiker und -gegner, Asylbefürworter sowie Vertreterinnen und Vertreter der sogenannten Willkommenskultur sprachlich präsentiert? In welches Verhältnis werden sie zueinander gesetzt? Mit Hilfe dieser und weiterer Analysefragen wird in der Zusammenschau be-

---

[92] Conrad, R., Weil wir etwas wollen, 139.

[93] Engemann, W., Einführung in die Homiletik, 379.

[94] Vgl. Meinhard, I., Ideologie und Imagination im Predigtprozess. Zur homiletischen Rezeption der kritischen Narratologie, Leipzig 2003, 44 und vgl. Engemann, W., Semiotische Homiletik. Prämissen, Analysen, Konsequenzen, Tübingen/Basel 1993, 132: „Die Art, wie der Prediger mit den zur Verfügung stehenden kulturellen Einheiten umgeht, die Art, wie er Sprache gebraucht, koinzidiert mit einer spezifischen Art, sich die Gesellschaft vorzustellen."

schreibbar, was für politische Predigten während der sogenannten Flüchtlingskrise typisch erscheint (Kapitel IV).

Nach diesen Arbeitsschritten, die einen tiefen, exemplarischen Einblick in
die Praxis der politischen Predigt während der sogenannten Flüchtlingskrise gewähren, wird reflektiert (Kapitel V), wie politisch die analysierten Predigten genau sind, welche Rollen die Predigtstimmen im politischen Konflikt einnehmen
und wen die Ideen von der Welt, die in den Predigten erkennbar werden, vermutlich ansprechen, d. h. wer sich mit ihnen identifizieren kann. Dazu werden
Stärken und Schwächen von Denkmustern bzw. Ideologien und deren sprachlichen Präsentationen diskutiert.

Zur Veranschaulichung der gewonnenen Erkenntnisse wird eine Predigt aus
der Zeit der sogenannten Flüchtlingskrise vorgestellt, die in Bezug auf ihre rhetorische Ausgestaltung im Kontrast zu den bisher analysierten Reden steht.
Diese Predigt ergänzt die vorgefundenen Möglichkeiten der Predigtpraxis um
einen weiteren Modus: Mithilfe der figurengebundenen Mitsicht kommen in ihr
von Flucht Betroffene selbst zu Wort (Kapitel VI).

Die Zusammenschau (Kapitel VII) bündelt, was typisch für die Predigtpraxis
in der Zeit der sogenannten Flüchtlingskrise erscheint und fasst Stärken und
Schwächen von Deutungsmustern und ihren sprachlichen Repräsentationen zusammen. Liegt die Absicht der Predigt beispielsweise in der Selbstvergewisserung und der Abgrenzung von Asylgegner*innen und -kritiker*innen, ist die
Rede anders zu gestalten, als wenn es darum geht, Asyl- und Schutzsuchenden
eine Stimme zu geben und/oder mit Personen, die anderer Meinung sind als die
Predigtstimme, ein Gespräch zu führen.

II. Die Methode der Datenerhebung und -auswertung

1. Der Entwurf einer kritisch-narratologischen Methode für die Analyse politischer Predigten

Um die Deutung der politischen Lage in Predigten aus der Zeit der sogenannten Flüchtlingskrise erheben, beschreiben und kritisch reflektieren zu können, bedarf es eines Instrumentariums, das dazu geeignet ist, die interesseleitenden Fragen möglichst objektiv und methodisch kontrolliert zu beantworten: Wie wird die sogenannte Flüchtlingskrise gedeutet? Wie wird die Lage beschrieben? „Wie lautet das Problem und seine ‚Lösung‘?"[1]

Eine diesem Vorgehen und den interesseleitenden Fragestellungen naheliegende Methode zur Predigtanalyse ist die kritisch-narratologische nach Isolde Meinhard. Diese Methode erscheint geeignet, da sie die für diese Studie interesseleitenden Fragestellungen teilt und weitere hilfreiche Fragen hinzufügt: „Wer spricht? [...] Wer spricht nicht? [...] Wer sieht? [...] Wer sieht (meint, glaubt, erkennt usw.) nicht? [...] Wer fokussiert die Handlung? [...] Wer bestimmt zur Handlung? [...] Wer handelt nicht? [...] In welcher Hierarchie stehen die Akteure? [...] Wer hat eine zentrale Position?"[2]

Die Methode wurde dazu entwickelt, eine Predigt daraufhin befragen zu können, welche Idee von der Welt in ihr zum Tragen kommt, welche Figurenkonstellationen und -charakterisierungen erkennbar werden und welche Identifikationsangebote zur Verfügung stehen. Die zu Tage tretenden Deutungsmuster und skizzierten Weltbilder werden Ideologien genannt. Die Bezeichnung Ideologie impliziert „noch keine ‚negative‘ Kritik, sondern ist als neutrale Aussage zu verstehen: Jeder Leser, jeder Ausleger, jeder Prediger tritt mit einer bestimmten *Idee von der Welt* an Texte heran [im Fall dieser Studie an die politische Situation], die er bei der Interpretation [...] ‚anwendet‘, modifiziert, vielleicht korrigiert; in keinem Fall wird er aber darauf verzichten können, sich schließlich doch für einen bestimmten ‚Weltentwurf‘ zu entscheiden"[3]. Um die Idee von der Welt erheben zu können, folgt die Studie dem kritisch-narratologischen Ansatz,

---

[1]   Engemann, W., Einführung in die Homiletik, 381.

[2]   Meinhard, I., Ideologie und Imagination im Predigtprozess. Zur homiletischen Rezeption der kritischen Narratologie, Leipzig 2003, 192–194.

[3]   Engemann, W., Einführung in die Homiletik, 379 [Ergänzung in Klammern J. W., Hervorhebung im Original].

der dazu konzipiert wurde, die einem Text implementierten Ideologien erfassen, beschreiben und kritisch reflektieren zu können.

Überdies spricht für diese Vorgehensweise, dass sie „eine Erzählung, auch einen Bericht oder eine Darstellung als Werkeinheit, gewöhnlich als Text"[4] betrachtet. Auch die Predigt wird in der vorliegenden Studie als Text wahrgenommen und damit aus ihrer konkreten Kommunikationssituation herausgelöst. Diese Loslösung kommt der vorliegenden Studie zugute, da sie das Werk von der ursprünglichen Hörerschaft und den ursprünglichen Prediger*innen distanziert. Der daraus resultierende Abstand ermöglicht die Analyse von Deutungsmustern, ohne Gefahr zu laufen, die Predigenden zu analysieren.[5] Vielmehr wird die Predigt als ein Text für sich und als eine kleine „Heils- und Unheilsgeschichte" ernstgenommen; so wie die „Welt des Textes" in der Literaturwissenschaft.[6] Ohne zu sehr ins Detail gehen zu wollen, sei schon an dieser Stelle angedeutet, wie die Distanznahme zu Autor*innen in der Erzähltheorie begründet wird und wie diese, auf die Predigtanalyse übertragen, erfolgt.

Für die Erzähltheorie der Gegenwart ist die Unterscheidung von Autor*in und Erzählinstanzen typisch. Diese Differenzierung geht so weit, dass der Autor bzw. die Autorin eines Werkes in der Textanalyse überhaupt nicht berücksichtigt wird. Zwischen Schreiber*innen und Erzählinstanzen zu unterscheiden, leuchtet in Bezug auf Erzählungen wie „Die Blechtrommel" (1959) von Günter Grass unmittelbar ein. In diesem Roman erzählt eine erfundene Figur (Oskar Matzerath) ihre Lebensgeschichte.[7] Günter Grass als der reale Autor des Romans unterscheidet sich ganz offensichtlich vom Erzähler der Geschichte, wie die Erzählstimme deutlich macht: „Zugegeben: Ich bin Insasse einer Heil- und Pflegeanstalt."[8] Mitnichten kann Günter Grass daher „für den Wahrheitsgehalt der in seinem Text aufgestellten Behauptungen verantwortlich gemacht werden, weil er diese zwar produziert, aber nicht behauptet – vielmehr ist es der fiktive Erzähler, der diese Sätze mit Wahrheitsanspruch behauptet."[9] Aber auch in weniger eindeutigen Fällen ist zwischen Autor*in und Erzählstimme zu unterscheiden. Der Erzähler symbolisiert die seit Kant etablierte erkenntnistheoretische Auffassung, „dass wir die Welt nicht ergreifen, wie sie an sich ist, sondern wie sie durch das Medium eines betrachtenden Geistes hindurchgegangen"[10] ist. Jede Weltbeschreibung liegt insofern nur in Form einer Perspektivierung vor,

---

[4]   Meinhard, I., Ideologie und Imagination, 102.
[5]   Im Gegensatz zur Predigtanalyse innerhalb der Klinischen Seelsorgeausbildung zielt die kritisch-narratologische Analyse nicht darauf ab, eine Predigt auf die Persönlichkeit des bzw. der Sprechenden zurückzuführen.
[6]   Vgl. Meinhard, I., Ideologie und Imagination, 188.
[7]   Vgl. Martínez, M. und Scheffel, M., Einführung in die Erzähltheorie, München [10]2016, 12.
[8]   Grass, G., Die Blechtrommel, Darmstadt (u. a.) 1959, 9.
[9]   Martínez, M. und Scheffel, M., Einführung in die Erzähltheorie, 20.
[10]   Friedemann, K., Die Rolle des Erzählers in der Epik, 1910, Nachdruck Darmstadt 1969, 25f, zitiert nach: Meinhard, I., Ideologie und Imagination, 103.

als Resultat einer Betrachtung aus einer bestimmten Warte heraus, mit der Dinge zu sehen gegeben werden. So stehen Prediger*innen vor der Herausforderung, sich für einen bestimmten Weltentwurf zu entscheiden, aus dem heraus die Figuren und Akteure, die Beschreibungen und Darstellungen in Szene gesetzt werden. Wir haben es also mit keiner objektiven, alles umfassenden Darstellung der Welt zu tun, sondern immer schon mit einer Selektionsleistung in Bezug auf die Fokalisierung für eine konkrete Rede in einer spezifischen Situation. Auch ist die Stimme, die in einer Predigt spricht, nicht gleichzusetzen mit dem Autor oder der Autorin, der oder die wesentlich mehr denken kann, als in einem Text vorkommt. Daher macht es Sinn, auch für die auf Deutungsmuster bzw. Ideologiekritik ausgelegte Analyse einer Predigt, Autor*innen auszuklammern.

Konsequent wird die Differenzierung von realer Person des Predigers bzw. der Predigerin und Erzählinstanz auch bei jenen Passagen einer Predigt angewandt, die im engen Sinne der Erzähltheorie nicht als Erzählen bezeichnet werden können. Dafür unterscheidet Meinhard zwischen „Predigtstimme" (beispielsweise: „Den Predigttext für das Pfingstfest haben Sie vorher als Schriftlesung gehört" oder „Den Zusammenhang muss ich erzählen"[11]), „Erzählstimme" (beispielsweise „Debora war 15 Jahre alt, als ihr Vater beschloß, sie zu verheiraten"[12]) und „Figurenrede" („Wie, du bittest mich um etwas zu trinken, du, der du Jude bist, und ich eine samaritanische Frau?"[13]). Es werden Subjektpositionen analysiert (welche Erzählinstanz gibt aus welcher Warte heraus etwas zu sehen?), nicht aber leibhaftige Prediger*innen. Zwar kann analysiert werden, wie die Predigtstimme „als Figur im Text der Predigt erscheint"[14], die reale Person dahinter aber ist nicht von Interesse für diesen Forschungsansatz, da dieser nach Deutungsmustern bzw. Ideologien sucht und nicht nach Persönlichkeitsstrukturen o. ä. fragt.

Wie Ideologien mithilfe der kritisch-narratologischen Analyse beschrieben und diskutiert werden können, zeigt Meinhard in ihrer Monographie „Ideologie und Imagination im Predigtprozess. Zur homiletischen Rezeption der kritischen Narratologie" (Leipzig 2003). Meinhard analysiert Predigten vor dem Hintergrund der Erzähltheorie Mieke Bals, auf deren Grundlage sie ein eigenes Manual für die Predigtanalyse konzipiert. Meinhard reflektiert kritisch, welche Idee von Frausein und Mannsein – welche Ideologie von Geschlecht also – in einer Predigt zu Tage tritt. Dazu erforscht sie die Beziehung zwischen Jesus und der samaritanischen Frau, wie sie in narrativen Passagen innerhalb von Predigten zu Joh 4,1–42 gezeichnet wird. Meinhard kommt zu dem Ergebnis, dass die Figuren in der Regel genderstereotyp konstruiert werden: „Jesus ist professionell kompetent, menschlich absolut integer, vollkommen uneigennützig, vollkommen un-

---

[11] Meinhard, I., Ideologie und Imagination, 107.
[12] Ebd.
[13] A. a. O., 111.
[14] A. a. O., 116 [Ergänzung in Klammern J. W.].

abhängig. Die Frau ist in allem die Empfangende."[15] Die samaritanische Frau ist Durchschaute, im Gegensatz zu Jesus, dem Durchschauenden; sie tritt auf als Klientin und Jesus als ihr Therapeut; sie erscheint als Kind, dem Jesus als Pädagoge gegenübersteht. Die Samaritanerin wird als Beziehungssüchtige, als Nicht-Verstehende und, als Gegenüber des Mannes und des Wortes, zur Sünderin schlechthin. „Die Seite des Mangels an Lebensfähigkeit, Glauben oder Wissen wird durch eine Frau verkörpert."[16] Umgekehrt ist die Seite der Kompetenz und Professionalität „eindeutig männlich konnotiert."[17] Dieses Deutungsschema hat erhebliche Konsequenzen für die Hörer*innen. Ihnen wird allein die zweifelhafte, da einseitig negative und somit wenig attraktive Identifikation mit der sündhaften Samaritanerin angeboten, sodass im Grunde keine Identifikationsfigur erkennbar wird, die den Hörer*innen zu einer Neugestaltung der gegebenen Ordnung inspirieren könnte. Stattdessen wird, so urteilt Meinhard, das hierarchische Gefälle zwischen Mann und Frau zementiert.

Es erscheint lohnenswert, der kritisch-narratologischen Analyse zu folgen, um beschreiben und kritisch reflektieren zu können, welche Deutung der politischen Lage in Predigten zum Tragen kommt, wie Figuren/Akteure charakterisiert werden und welche Identifikationsangebote und Gedankenimpulse sich daraus für die Hörer*innen ergeben. Insbesondere wird kritisch darauf geachtet, wie Personen, die eine divergierende Anschauung vertreten, beschrieben und angesprochen werden. Sind sie noch Teil der Kategorie Christen oder werden sie exkludiert? Wird von ihnen noch etwas erwartet oder schon nicht mehr?

Im Folgenden wird eine kritisch-narratologische Methode für die Analyse politischer Predigten entwickelt. Doch zunächst ist zu klären, inwiefern eine ganze Predigt, und nicht nur narrative Passagen innerhalb einer Predigt, mit Mitteln der Erzählforschung analysiert werden kann und welcher Ideologiebegriff der Studie zu Grunde liegt.

1.1 Predigt als Wirklichkeitserzählung

Im alltagssprachlichen Gebrauch wird eine „Art von mündlicher oder schriftlicher Rede, in der jemand jemandem etwas Besonderes mitteilt"[18] als Erzählen bezeichnet. Das Besondere der Mitteilung ist dadurch gekennzeichnet, dass das Geschehen, auf das sich die Mitteilung bezieht, der Rede zeitlich vorausliegt und somit in der Rede etwas Vergangenes vergegenwärtigt wird. Genauer definiert die literaturwissenschaftliche Erzähltheorie das Erzählen. Entlang der Unterschiede in Bezug auf den Realitätscharakter des Erzählten und in Bezug auf den

---

[15] A. a. O., 24.
[16] A. a. O., 25.
[17] Ebd.
[18] Martínez, M. und Scheffel, M., Einführung in die Erzähltheorie, 11.

Modus, in dem erzählt wird, werden Erzählungen kategorisiert. Erzählt werden kann etwas Erfundenes oder Reales in Form dichterischer oder nichtdichterischer Rede. Erzählen wird in der Erzähltheorie folglich entlang der „Merkmalspaare ‚real vs. fiktiv' und ‚dichterisch vs. nichtdichterisch'"[19] spezifischer definiert. Diese vier Merkmale wiederum lassen vier mögliche Kombinationen zu.

Als Normalfall der nichtdichterischen Erzählung gilt eine Rede, „die den Anspruch erhebt, von realen Vorgängen zu berichten"[20] wie ein Zeitungsbericht über einen Verkehrsunfall oder die Biographie einer historischen Person. Diese Art der wirklichkeitsnahen Erzählung wird als faktuale Erzählung bezeichnet.[21] Zu dieser Kategorie gehört auch der Sonderfall faktualen Erzählens: die Lüge oder Täuschung als nichtdichterische Erzählung erfundener Vorgänge. Anders verhält es sich mit Märchen oder Fabeln. Sie berichten in dichterischer Rede „von eindeutig erfundenen Vorgängen"[22]. Wenngleich sich diese Erzählungen nicht an der Realität ausrichten (sie erzählen von phantastischen und wundersamen Begebenheiten und Charakteren, von Ereignissen und Kräften, die den Naturgesetzen widersprechen), unterscheiden sie sich von Lüge oder Täuschung darin, dass diese Erzählungen Signale enthalten, die deren Inhalt als erdichtet markieren, mithin für Transparenz sorgen. So enthält die für Märchen bekannte Eingangsformel „Es war einmal" den in der abendländischen Kulturtradition unmissverständlichen Hinweis, „den Text als fiktional zu rezipieren"[23] (im Sinne der Aufforderung „Stellen sie sich bitte vor, dass einmal [...]"[24]). Auch Überschriften können diese, auf Dichtung hinweisende Funktion, übernehmen („A Winter's Tale").[25] Ebenfalls dichterisch aber zugleich mit dem Anspruch verbunden, einen Realitätsbezug aufzuweisen, sind Erzählungen wie die des New Journalism. So erzählt Truman Capote in seinem Text Cold Blood von 1965 eine authentische Geschichte, verwendet aber literarische Erzähltechniken, die im Grund einen allwissenden Erzähler voraussetzen und somit fiktional sind. „Capotes Anspruch, eine wahre Geschichte zu erzählen, wird durch diese fiktionalisierenden Elemente aber nicht außer Kraft gesetzt."[26]

Eine Predigt kann diesem literaturwissenschaftlichen Erzählmodell nicht einfach zugeordnet werden. Weder können Predigten der Literatur zugeordnet werden, noch stellt eine Predigt eine rein faktuale Erzählung oder fiktionale

---

[19] A. a. O., 12.

[20] Ebd.

[21] Vgl. ebd. nach der Unterscheidung durch Gérard Genette, vgl. Genette, G., Fiktion und Diktion, übers. v. Heinz Jatho, München 1992, 66.

[22] Martínez, M. und Scheffel, M., Einführung in die Erzähltheorie, 12.

[23] A. a. O., 18.

[24] A. a. O., 17.

[25] Vgl. Bal, M., Narratology. Introduction to the theory of narrative, Toronto/Buffalo/London ⁴2017, 14.

[26] Klein, C. und Martínez, M., Wirklichkeitserzählungen. Felder, Formen und Funktionen nicht-literarischen Erzählens, in: Klein, C. und Martínez, M. (Hg.), Wirklichkeitserzählungen. Felder, Formen und Funktionen nicht-literarischen Erzählens, Stuttgart 2009, 1–13, 4.

Dichtung dar. Eine Predigt ist eine Rede und besteht zumeist aus einer Mischung von Sprachformen. Selten erscheint eine Predigt in Form einer reinen Erzählpredigt. In der Regel wird in einer Predigt erzählt, häufiger noch aber dargestellt, geschildert, argumentiert, gefragt usw.[27] Inhalte werden sowohl diskursiv dargelegt als auch erzählerisch entfaltet. In diskursiven Abschnitten werden Sachverhalte erörtert, Informationen eingebracht und Argumente abgewogen. In ihren narrativen Passagen wird veranschaulicht, welche Bedeutung das diskursiv Entfaltete „im Alltag eines Menschen spielt, unter welchen Lebensumständen ein Einzelner mit ihm zu tun bekommt und [...] was dieser Inhalt praktisch für die Bildung von Entscheidungen bedeutet."[28] In diesem Sinne profitiert eine Predigt von guten Geschichten, die „deutlich machen, was konkret mit einem Leben aus Glauben gemeint ist"[29]. Die primäre Sprachform der Predigt aber ist das „Besprechen"[30]. Besprochen werden Texte, Situationen, Ereignisse und/oder Themen – auch mithilfe von narrativen Passagen.

Die Literaturwissenschaftler Christian Klein und Matías Martínez haben für derartige Reden, in denen erzählt wird, die sich dem engen Erzählbegriff aber entziehen, den Begriff der „Wirklichkeitserzählung" entwickelt. Anders als fiktive Geschichten beziehen sich Wirklichkeitserzählungen „auf unsere konkrete Wirklichkeit" und treffen „Aussagen mit einem spezifischen Geltungsanspruch: ‚So ist es (gewesen)'"[31] bzw. „so soll es sein" oder „so wird es sein". Zu Wirklichkeitserzählungen zählen beispielsweise „Reportagen des investigativen Journalismus, Selbstdarstellungen von Politikern im Wahlkampf, Erlebnisberichte in Internetblogs, Anamnesen im medizinischen Patientengespräch, Plädoyers vor Gericht, Vermittlungen von Verhaltensnormen in populärer Ratgeberliteratur, Heilserzählungen im Gottesdienst, Fallgeschichten in juristischen Lehrbüchern, ökonomische Prognosen von Kursverläufen"[32]. Wichtigstes Merkmal dieser Wirklichkeitserzählungen „ist ihr konkreter Bezug auf reale Begebenheiten, auf Wirklichkeit: Sie liefern Aussagen über konkrete Sachverhalte unserer Lebenswelt."[33] Derartige Reden erheben Geltungsanspruch und sind mit der Erwartung verbunden, dass die „dargestellten Ereignisse entweder (a) tatsächlich stattgefunden haben oder dass sie (b) stattfinden sollen oder dass sie (c) stattfinden werden."[34] Entsprechend unterscheiden Klein und Martínez drei Typen von Wirklichkeitserzählungen.

---

[27] Vgl. Engemann, W., Art.: Predigt. V. Kommunikationstheoretisch und rezeptionsästhetisch, in: RGG⁴, 1601–1606, 1602.
[28] Engemann, W., Einführung in die Homiletik, 180–181.
[29] A. a. O., 181.
[30] Egli, A., Erzählen in der Predigt. Untersuchungen zu Form und Leistungsfähigkeit erzählender Sprache in der Predigt, Zürich 1995, 118.
[31] Klein, C. und Martínez, M., Wirklichkeitserzählungen, 1.
[32] Ebd.
[33] A. a. O., 6.
[34] Ebd.

Deskriptive Wirklichkeitserzählungen verfolgen den Zweck, reale Sachverhalte darzustellen. Als Beispiele für diesen Typ nennen Klein und Martínez „Rekonstruktionen von Ereignissen in der Geschichtsschreibung oder im Journalismus"[35]. Die Leitunterscheidung deskriptiver Wirklichkeitserzählungen ist das Gegensatzpaar ‚wahr vs. falsch'. Normative Wirklichkeitserzählungen schildern einen unerwünschten Zustand von Wirklichkeit mit dem Ziel, gesellschaftliche oder individuelle Verhaltensweisen zurecht zu rücken bzw. zu verbessern. Die Leitunterscheidung normativer Wirklichkeitserzählungen ist das Gegensatzpaar „richtig handeln vs. falsch handeln". Beispiele für diesen Typ sind Verhaltensratgeber, moralische Handlungsnormen und juristische Gesetze.[36] Voraussagende Wirklichkeitserzählungen haben zum Ziel, Strukturmerkmale des künftigen Zustands der Wirklichkeit festzulegen. Entlang des Gegensatzpaares „plausibel vs. unplausibel" erzählen beispielsweise naturwissenschaftlich begründete Aussagen etwas über den Klimawandel und medizinische Prognosen über Erkrankungsrisiken einer Patientin.[37]

Selten treten die vorgestellten Typen in Reinform auf. Häufig sind Wirklichkeitserzählungen „hybride Texte"[38]. Zu Vermischungen kommt es einerseits auf der Ebene des Erzählten (histoire). So können Wirklichkeitserzählungen auch fiktive Geschichten beinhalten, wie zum Beispiel erfundene Fallgeschichten im juristischen Diskurs. Da diese fiktiven Geschichten aber „mit Bezug auf die außersprachliche Wirklichkeit funktionalisiert werden"[39], sind sie legitimer Teil der Wirklichkeitserzählung. Andererseits kommt es zu Vermischungen auf der Ebene des Erzählens (discours). Häufig finden sich hier nicht-erzählende Passagen wie Zustandsbeschreibungen oder Argumentationen. Diese nicht-narrativen Textteile werden dennoch als Teil der Wirklichkeitserzählung berücksichtigt, „insofern sie funktional in die jeweilige Wirklichkeitserzählung eingebettet sind."[40]

Eine Kombination der verschiedenen Typen von Wirklichkeitserzählungen ist auch typisch für Predigten. In der Regel wird in einer politischen Predigt beispielsweise die gegenwärtige Wirklichkeit beschrieben (deskriptiv) und vor dem Hintergrund des Evangeliums eingeschätzt und bewertet (normativ) mit dem Ziel, die Wirklichkeit so zu gestalten, wie sie nach dem Willen Gottes sein sollte (vorausschauend).[41]

---

[35]   Ebd.
[36]   Vgl. ebd.
[37]   Vgl. ebd.
[38]   A. a. O., 7.
[39]   Ebd.
[40]   Ebd.
[41]   Vgl. Mauz, A., In Geschichten verstrickt. Erzählen im christlich-religiösen Diskurs, in: Klein, C. und Martínez, M. (Hg.), Wirklichkeitserzählungen. Felder, Formen und Funktionen nicht-literarischen Erzählens, Stuttgart 2009, 192–216, 195.

Zusätzlich zur idealtypischen Einteilung in deskriptive, normative und
voraussagende Wirklichkeitserzählungen, integrieren Klein und Martínez Niklas
Luhmanns Theorie funktionaler Differenzierung in ihre Definition von Wirklichkeitserzählungen, um diese noch präziser beschreiben zu können. Im Vergleich
verschiedener Wirklichkeitserzählungen fällt auf, dass diese abhängig vom
jeweiligen funktionalen Teilsystem, auf das sie bezogen sind (Recht, Politik,
Wirtschaft, Wissenschaft, Erziehung, Religion, Kunst usw.), jeweils aus einer
ganz bestimmten, nämlich aus ihrer funktionsspezifischen Perspektive heraus
erzählen. Diese Perspektive ist durch ihre binäre Codierung gekennzeichnet. Die
binäre Codierung stellt eine für das jeweilige Teilsystem beobachtungsleitende
Grundunterscheidung dar. „So ist für Politik entscheidend, ob man Amt und Entscheidungsmacht innehat oder nicht, für Wirtschaft, ob man zahlt oder nicht,
für das Recht, ob etwas als rechtmäßig angesehen wird oder nicht, für Wissenschaft, ob eine Aussage wahr ist oder nicht, für Religion, ob etwas dem Heil oder
dem moralischen Standard dient oder nicht, für Erziehung, ob etwas im Hinblick
auf Chancen im Lebenslauf gelernt wird oder nicht."[42] Die Leitunterscheidungen
bestimmen folglich über das „Erzählen in den verschiedenen Feldern sozialer
Kommunikation"[43].

Damit hilft die systemtheoretische Betrachtungsweise, den religiösen Charakter der Predigt zu berücksichtigen. Anstelle der literaturwissenschaftlichen
Merkmalspaare „real vs. fiktiv" ist für das Verstehen einer Predigt die systemspezifische Leitunterscheidung „Transzendenz vs. Immanenz" bzw. „dem Heil
förderlich vs. dem Heil nicht förderlich" maßgeblich. So kann, wenngleich „im
Einzelfall äußerst strittig ist, ob [...] Erzählungen auf reale Geschehnisse rekurrieren"[44], der Status der Predigt als Wirklichkeitserzählung – nämlich als Wirklichkeitserzählung aus religiöser Perspektive – nicht bezweifelt werden.

Nicht alle Sprachformen einer Predigt können als Erzählen im engen literaturwissenschaftlichen Sinne bezeichnet werden können. Zugleich aber wird
nicht nur in den dezidiert narrativen, sondern auch in den erklärenden, informierenden oder argumentierenden Passagen eine bestimmte „Idee von der
Welt"[45] bzw. ein „Weltentwurf"[46] erkennbar – und das oftmals expliziter als in

---

[42] Binäre Codierungen kommen dabei nicht nur in den Systemen vor, „sondern sie sind es
      letztlich selbst, die die jeweiligen Teilsysteme als soziale Systeme konstituieren." Kneer, G.
      und Nassehi, A., Niklas Luhmanns Theorie sozialer Systeme. Eine Einführung, München
      1993, 132. „Man sieht jetzt deutlich, daß die Funktionssysteme sich nicht nur über eigene
      Kriterien des Richtigen, also nicht nur über Gesamtformeln ihrer Programme (Frieden
      bzw. Gemeinwohl, Wohlstand, Bildung, Gerechtigkeit etc.) ausdifferenzieren, sondern daß
      dies primär über binäre Codes geschieht." Luhmann, N., Gesellschaftsstruktur und Semantik. Studien zur Wissenssoziologie der modernen Gesellschaft, Bd. 3, Frankfurt a. M. ⁴2012,
      430.
[43] Klein, C. und Martínez, M., Wirklichkeitserzählungen, 12.
[44] Mauz, A., In Geschichten verstrickt, 194.
[45] Engemann, W., Einführung in die Homiletik, 379.
[46] Ebd.

narrativen Passagen. „Often, it is in such comments that ideological statements are made."[47] Zwar stellen Argumentationen und Narrationen unterschiedliche rhetorische Techniken dar, zugleich aber macht es wenig Sinn, sie gegeneinander auszuspielen. „In praxi überschneiden sie sich vielmehr häufig. Sie ergänzen einander, unterstützen sich und wirken zusammen."[48] So plädiert auch die Literaturwissenschaftlerin Mieke Bal dafür, den Beobachtungsgegenstand nur insofern einzugrenzen, als es dem Verstehen dient. „Classifying texts as a method of analysis [...] is a circular way of reasoning. There is no direct logical connection between classifiying and understanding texts. And understanding – if taken in a broad sense that encompasses cognitive as well as affective acts, precisely, not distinguished – is the point."[49] Textgattungen strikt voneinander zu unterscheiden kann dem Verstehen dienen – beispielsweise da, wo argumentative und narrative Strukturen miteinander verglichen werden sollen. Im Fokus dieser Studie aber stehen Deutungen und Darstellungen der politischen Lage und ihrer Akteure, mithin also die Wirklichkeitskonstruktion einer Predigt „im Sinne einer ‚Erzählung' über die Welt, wie sie ist bzw. sein sollte"[50]. Für die Analyse politischer Predigten erscheint es daher lohnenswert, „‚Erzählen' weit zu fassen und unabhängig von literarischen Kriterien zu verstehen"[51], und das von Meinhard entwickelte Analyseverfahren bzw. die Charakteristika des Erzählerischen auf eine ganze Predigt anzuwenden. So werden nicht nur narrative Passagen, sondern auch ein Bericht, eine Darstellung und eine Argumentation mit Hilfe narratologischer Methoden untersucht untersucht.

1.2   Die Ideologie der Predigt

Mit dem Ziel, politische Predigten mit Blick auf die darin zu Tage tretenden Denkmuster bzw. Ideologien zu analysieren, ist näher zu bestimmen, was mit dem Begriff Ideologie, der mit vielerlei Bedeutungen besetzt werden kann, im Kontext dieser Studie gemeint ist.

Umgangssprachlich prominent ist der diskreditierende Gebrauch des Begriffs. Von Ideologie ist zumeist da die Rede, wo die Aufrichtigkeit des politischen Gegners angezweifelt und entwertet wird (sog. partikularer Ideologiebegriff)[52] wo ein falsches Bewusstsein unterstellt und damit die Möglichkeit richti-

---

[47]   Bal, M., Narratology, 23.

[48]   Stetter, M., Wie sagen, was gut ist, 173.

[49]   Bal, M., Narratology, 226.

[50]   Engemann, W., Einführung in die Homiletik, 380.

[51]   Meinhard, I., Ideologie und Imagination, 101.

[52]   Sog. partikularer Ideologiebegriff, der eine Täuschungsabsicht bezeichnet, die sich auf psychologischer Ebene abspielt und, anders als die Lüge, nicht willentlich erfolgt, sondern

gen Denkens abgesprochen wird (sog. totaler Ideologiebegriff).[53] Der Begriff Ideologie dient so verwendet der Diskreditierung des politischen Gegners. Ähnlich wie beim landläufigen Gebrauch des Begriffs Propaganda handelt es sich um eine Zuschreibung, die nur in Bezug auf einen anderen Anwendung findet, während sich die so urteilende Instanz auf Seiten der Wahrheit bzw. des richtigen Bewusstseins wähnt.

Ursprünglich war der Terminus kein politischer Kampfbegriff. Eingeführt in Frankreich im 18. Jahrhundert, im Kontext von Aufklärung und französischer Revolution, bezeichnete der Begriff (zusammengesetzt aus den griechischen Vokabeln idea, d. h. Idee und logos, d. h. Wort, Lehre, Wissenschaft) die Lehre bzw. Wissenschaft von den Ideen (science des idées).[54] Ziel der damals inaugurierten, philosophischen Wissenschaft von den Ideen ist die Emanzipation der Geisteswissenschaften von der Metaphysik und ihre Ausrichtung an naturwissenschaftlichen Methoden. Die neue Wissenschaft „sollte über Ursprung und Genese der Ideen aufklären, das Wissen von Idolen und Vorurteilen befreien und die Befangenheit des Denkens in falschen Vorstellungen aufheben."[55] Dem darin enthaltenen sozialkritischen, gesellschaftsreformerischen und pädagogischen Impetus folgend kommt es dazu, dass Vertreter der Wissenschaft von den Ideen auch das Verhalten des französischen Kaisers analysieren und als cäsaristisch bezeichnen, woraufhin Napoleon die Anhänger der science des idées abwehrend und abwertend als Ideologen bezeichnet. Das Denken der Philosophen, so Napoleons vernichtendes Urteil, ist irreal: Es handelt sich um Hirngespinste von Fanatikern.[56] Mit derselben disqualifizierenden Absicht werden in Deutschland in der Zeit um 1848 solche Personen als Ideologen bezeichnet, die sich für eine Gesellschaftsreform im Sinne der Menschenrechte und der französischen Revolution einsetzen. Jenen, die an der althergebrachten Ständegesellschaft festhalten, erscheinen diese als Schwärmer, Prinzipienmenschen und Professoren.[57] Karl Marx vertieft die negative Deutung des Begriffs mit seiner Kritik an der Ideologie des liberalen Marktes. Marx bezeichnet mit Ideologie ein „Vorstellungssystem von notwendig falschen Widerspiegelungen der gesellschaftlichen Wirklichkeit."[58] Ideologie erscheint damit als ein klar abgrenzbares und andererseits

---

aufgrund von Täuschungsquellen, die beispielsweise der menschlichen Natur, der Gesellschaft oder Tradition zuzuordnen sind und eine Einsicht in das, was wahr ist, verunmöglichen. Vgl. Mannheim, K., Ideologie und Utopie, Frankfurt a. M. [3]1952, 56–59.

[53]   Sog. totaler Ideologiebegriff, der davon ausgeht, dass es ein „falsches Bewusstsein" geben kann, so dass die Bewusstseinsstruktur als Ganze diskreditiert wird. Vgl. a. a. O., 64.

[54]   Erfinder des Kunstbegriffs ist Antoine Destutt de Tracy (1754–186).

[55]   Kaufmann, R., Art.: II. Zur Debatte. Homo ideologicus und die Gefahr des Postideologischen, in: Rundbrief (Lehrstuhl für Religionsphilosophie und vergleichende Religionswissenschaft), Nr. 33, Dresden 2009, 15–27, 15.

[56]   Vgl. Dierse, U., Art.: Ideologie I., in: HWPh, Bd. 4, Basel 1976, 158–164, 159.

[57]   Vgl. a. a. O., 160.

[58]   Bohlender, M., Art.: Ideologie. I. Philosophisch, in: RGG[4], Bd. 4, Studienausgabe Tübingen 2001, 25–27, 26.

ethisch eindeutig bewertbares Phänomen: Die einen sind ideologisch, die anderen sind es nicht.[59] In dieser Tradition stehend hat der Begriff umgangssprachlich vor allen Dingen pejorativen Charakter und die Zuschreibung ideologisch fungiert im politischen Konfliktfall als rhetorisches Kampfmittel, das Personen lächerlich machen und Ideen abqualifizieren soll. Als Ideologen werden „fanatische, praxisfern räsonierende und theoretisierende Träumer, welt- und wirklichkeitsfremde Spekulanten sowie unrealistische Weltverbesserer, aber auch politische Schwindelköpfe, Demagogen und Revolutionäre"[60] bezeichnet.

Die Ideologiekritik bleibt aber nicht das „Privileg einer Partei"[61] bzw. eines Standpunktes. Auch der Marxismus wird von Seiten seiner Gegner ideologiekritisch analysiert und damit expandiert der Ideologiebegriff. Er verändert seine Bedeutung im Zuge der Erkenntnis, dass ein „System, das alle anderen für ideologisch erklärt, [...] darin seine eigene Ideologie zum Ausdruck"[62] bringt. Ideologisch ist damit nicht mehr nur der Standpunkt des Gegners, sondern ein jeder – d. h. auch der eigene –, da es sich bei einer Ideologie, allgemein gefasst, um Bewusstseins- und Denkstrukturen handelt, die Voraussetzungen unterliegen und an einen Standpunkt gebunden sind. Im Zuge dieser durch die Ideologiekritik gewonnenen Einsicht in die „‚Seinsgebundenheit' eines jeden lebendigen Denkens"[63] entwickelt sich aus der Ideologienlehre die Wissenssoziologie, die eine Ideologie im Grunde erst einmal wertfrei als „Voraussetzung zur Positionierung und zum Handeln"[64] versteht und „das Denken auf seine Voraussetzungen hin durchforscht"[65].

Von diesem wertfreien Verständnis aus ist es nicht mehr weit zu einer positiven Konnotation des Begriffs mit Blick auf den Nutzen von Ideologie: „Ideologie ist notwendig für die Interpretation und Aneignung der Realität, die überhaupt nicht als reine Faktizität erfahren werden könnte. Nur mithilfe einer Ideologie kann man die Wirklichkeit, die Vielfalt ihrer Informationen, begreifen und handelnd beantworten"[66]. Eine Ideologie ist demnach ein System von Überzeugungen, Ideen und Einstellungen, die bewusst oder unbewusst eingenommen werden und die Deutung der sozialen Welt formen.[67] Während die soziale Wirklichkeit bestimmt ist von einer hohen Vielfalt von Möglichkeiten, von Mitteln

[59] Vgl. ebd.
[60] Kaufmann, R., Art.: II. Zur Debatte. Homo ideologicus, 16.
[61] Mannheim, K., Ideologie und Utopie, 69.
[62] Stoellger, P., Art: Ideologie. II. Wissenssoziologisch. 1. Religionsphilosophisch, in: RGG[4], Bd. 4, Studienausgabe Tübingen 2001, 27–28, 28.
[63] Mannheim, K., Ideologie und Utopie, 71.
[64] Scholz, S., Ideologien des Verstehens. Eine Diskurskritik der neutestamentlichen Hermeneutiken von Klaus Berger, Elisabeth Schüssler Fiorenza, Peter Stuhlmacher und Hans Weder, Tübingen 2008, 44.
[65] Mannheim, K., Ideologie und Utopie, 79.
[66] Dierse, U., Art.: Ideologie III, in: HWPh, Bd. 4, Basel 1976, 173–185, 178.
[67] Vgl. Freedens, Art.: Ideology, in: Craig, E. (Ed.), Concise Routledge Encyclopedia of Philosophy, London/New York 2000, 381–382, 381.

und Zwecken und der damit verbundenen Vielzahl von Folgen und Nebenfolgen des Handelns, werden durch eine Ideologie, verstanden als Wertesystem, „die Möglichkeiten des Wirkens eingeengt, übersehbar, entscheidbar.“[68] Derart funktional bestimmt, wird der Begriff Ideologie nicht dem Begriff der Wahrheit gegenübergestellt. Vielmehr wird mit Ideologie ein „System von Ideen, Meinungen, Einstellungen und Wertsetzung [bezeichnet], das eigenes (politisches) Handeln legitimiert, fremdes als richtig oder falsch zu beurteilen erlaubt, den gegenwärtigen sozialen Zustand rechtfertigt oder Mittel und Ziele für seine Veränderung angibt und zur (Selbst-)Identifizierung und zum Zusammenhalt einer sozio-politischen Gruppe beiträgt.“[69] Diesem umfassenden Verständnis folgend hat eine Ideologie ordnende und konstituierende Funktion: Sie erlaubt, menschliches Denken, Fühlen, Meinen und Handeln positiv bzw. negativ zu bewerten, auszugrenzen und zu untersagen bzw. ins Zentrum zu rücken und zu legitimieren.

Kritisiert wird am allgemeinen und besonders am positiv gefassten Ideologiebegriff, dass diesem das kritische Movens verloren geht. Das entlarvende, aufdeckende Moment der Ideologieanalyse aber entwickelt sich im Zuge der Formulierung eines Erkenntnisinteresses und der damit verbundenen Auswahl von Aspekten. „Eine solche Diagnostik, wenn sie auch anfangs versucht, sich wertfrei zu gebärden, wird auf die Dauer sich in dieser Position nicht halten können und allmählich in eine wertende Haltung übergleiten.“[70] An diesem Verständnis von Ideologie (allgemein, so dass auch der eigene Standpunkt analysierbar ist) und Ideologiekritik (die Ideologie wird mit Blick auf ein Interesse hin befragt) setzt die vorliegende Untersuchung an:

In einer Predigt wird von einem gewissen Standpunkt aus (mindestens) eine Idee von der Welt (zu sein, zu denken und zu handeln) kommuniziert und folglich kann auch eine Predigt als ideologisch bezeichnet werden. Mit Blick auf politische Predigten, die sich mit der sogenannten Flüchtlingskrise auseinandersetzen, ist interessant zu erforschen, welche Ideologien darin zum Tragen kommen. Wie wird die Krise erklärt? Welche Probleme werden identifiziert und welche Problemlösungen avisiert? In welchem Verhältnis stehen Gott, Mensch und Welt, insbesondere Asyl- und Schutzsuchende, Asylgegner, Predigtstimme und Hörerschaft zueinander? Wie wird das eigene Fühlen, Meinen, Denken und Handeln legitimiert und wie wird legitimiert, anderes als richtig oder falsch zu beurteilen? Wie wird dem Gebot der Nächstenliebe unter dem Druck von Asylprotesten Geltung verschafft? Die aus den Analyseergebnissen skizzierbaren Grundmuster von der Welt, wie sie ist und sein sollte, zeigen auf, wer bzw. was (welches Verhalten, Meinen, Fühlen usw.) im ideologischen Schema innen oder

---

[68] Luhmann, N., Wahrheit und Ideologie, in: Ders., Soziologische Aufklärung, Bd. 1, Opladen 1970, 54–65, 57, zitiert nach: Dierse, U., Art.: Ideologie III, 180.
[69] Dierse, U., Art.: Ideologie III, 178 [Ergänzung in Klammern J. W.].
[70] Mannheim, K., Ideologie und Utopie, 82.

außen, oben oder unten, rechts oder links zum Stehen kommt und von daher positiv oder negativ bewertet wird.

Ideologiekritisch ist die Analyse insofern, als dass mögliche Wirkungen diskutiert werden. Von besonderem Interesse ist dabei der politische Dissens zwischen jenen, die die Aufnahme Asyl- und Schutzsuchender befürworten, und jenen, die anderer Meinung sind. Welche Identifikationsangebote werden in einer Predigt erkennbar? Wie werden Personen dargestellt, die eine widersprechende Ansicht vertreten? Welche Beweggründe werden ihnen zugeordnet? Wie wird ihre politische Einstellung bewertet? Wie werden sie angesprochen? Da Ideologien durch Bevorzugung und Ab- bzw. Ausgrenzung Orientierung im weiten Feld der Deutungsmöglichkeiten bieten, kann gezeigt werden, wo Personen bzw. Figuren im Grundmuster der Idee von Welt, wie sie ist und sein sollte, zum Stehen kommen, deren Meinung nicht mit der Einstellung der Predigtstimme harmoniert. Sind sie noch Teil von Wir (innen) oder schon nicht mehr (außen)? Wird von ihnen noch etwas erwartet oder schon nichts mehr? Wird von ihnen Wandel erhofft und treten sie als Gesprächspartner in den Blick oder haben sie sich durch ihre Haltung als Gesprächspartner disqualifiziert?

Der ideologiekritische Ansatz dieser Arbeit zielt darauf ab, positive und negative Effekte von Deutungsmustern zu diskutieren.[71] So wird beispielsweise gezeigt, dass Verfahren der Selbstvergewisserung („Christen sind Christen, keine Nazis"[72]) zwar dazu geeignet sind, den Zusammenhalt einer Gruppe zu stärken, zugleich aber dazu tendieren, ein Weltbild zu skizzieren, in dem keine Graustufen zwischen Menschfreunden und Nazis zu finden sind, so dass Bedenkenträger, Skeptiker und Zweifler drohen, aus der Normalität herauszufallen. Auch wird reflektiert, welche Auswirkungen beispielsweise der Begriff „die Flüchtlinge" hat – sowohl auf jene, die Geflüchtete betrachten, als auch auf Asyl- und Schutzsuchende selbst. Dazu werden sprachliche Präsentationen von politischen Kontrahent*innen und Geflüchteten kritisch durchleuchtet und mit Blick auf die Predigtpraxis diskutiert. Auch die Analyse des Gebrauchs von Kollektivsymbolen ist dabei von Bedeutung.

Kollektivsymbole stellen einen Vorrat an Bildern dar, der allen Mitgliedern einer Gesellschaft vertraut ist und der dem und der Einzelnen hilft, sich ein Gesamtbild von der gesellschaftlichen Wirklichkeit zu machen und diese zu deuten bzw. diese durch die Medien gedeutet zu bekommen.[73] Kollektivsymbole sind „kulturelle Stereotype"[74], die gemeinschaftlich gelernt, verstanden und benutzt

---

[71] Vgl. Iser, M., Gesellschaftskritik, in: Göhler, G., Iser, M. und Kerner, I. (Hg.), Politische Theorie. 25 umkämpfte Begriffe zur Einführung, Wiesbaden ²2011, 142–157, 147.

[72] Predigt Nummer 24.

[73] Vgl. Jäger, S., Kritische Diskursanalyse. Eine Einführung, Münster ⁷2015, 55.

[74] Drews, A., Gerhard, U. und Link, J., Moderne Kollektivsymbolik. Eine diskurstheoretisch orientierte Einführung mit Auswahlbibliographie, in: Internationales Archiv für Sozialgeschichte der deutschen Literatur, 1. Sonderheft Forschungsreferate, Tübingen 1985, 256–375, 265, zitiert nach Jäger, S., Kritische Diskursanalyse, 56.

werden. Sie begegnen als Zeichen im Text, beispielsweise in Predigt Nummer 10: „Manchmal allerdings geschehen Dinge, die den Panzer unserer Vergesslichkeit durchbrechen".

Das Grundschema der Kollektivsymbolik moderner Industriegesellschaften beschreibt der Diskurstheoretiker Jürgen Link als einen Kreis mit einer Mitte, von der aus betrachtet ein Innen und ein Außen bestimmt werden kann, ebenso ein Links und ein Rechts sowie ein Oben und Unten. Diese räumlichen Orientierungsangaben sind mit Bedeutungen versehen, die von denen verstanden werden, die im selben Deutungskollektiv sozialisiert wurden. So wird, was oben steht, verkettet mit Begriffen wie Licht und Sonne und in der Regel positiv gedeutet im Sinne von Wachstum und Fortschritt, während die Angabe unten verkettet wird mit Vorstellungen von Dunkelheit, Rückschritt, Mittelalter usw. Was im Innern des Kreises zum Stehen kommt, erscheint als Mitte und Motor, Team und Insel, während das, was von außen kommt, als Chaos, Flut, Feuer, Krankheit, Ratte und Ungeheuer in Erscheinung tritt.[75]

Im genannten Predigtzitat („Manchmal allerdings geschehen Dinge, die den Panzer unserer Vergesslichkeit durchbrechen") begegnet der Panzer als Symbol. Ob mit dem Begriff Panzer ein Kampffahrzeug oder die Panzerung eines Insekts gemeint ist, ist nicht entscheidend. Mit Blick auf den Kontext ist der Panzer ein Symbol für negative Eigenschaften: Er symbolisiert Härte und Verschlossenheit und ist verkettet mit weiteren Assoziationen wie Krieg und Waffen. Gegenwärtig sind diese Begriffe im kollektiven Bewusstsein negativ konnotiert. Was mit Krieg zu tun hat, wird im Grundschema der Kollektivsymbole unten angeordnet. Panzer, Krieg und Waffen bedeuten Sterben und Zerstörung. Was noch im Nationalsozialismus positiv assoziiert wurde („hart wie Kruppstahl"[76]), findet heute gesellschaftlich – und in der Kirche allzumal – mehrheitlich keine Anerkennung. Kollektivsymbole sind somit wandelbar und zugleich doch eindeutig lesbar. So ist der Begriff Panzer heute in Deutschland nach Jahrzehnten der Kriegsächtung und Friedensbewegung mit mehr negativen als positiven Bedeutungen verknüpft. Mit dem Gebrauch des Symbols Panzer lenkt die Predigtstimme somit die Wirkung auf Seiten der Zuhörer*innen: Es ist gut und richtig, sich beeindrucken, berühren und bewegen zu – in diesem Falle von der sogenannten Flüchtlingskrise.

Mit Blick auf die Studie ist festzuhalten, dass „alle Kollektivsymbole stets [...] elementar-ideologische Wertungen implizieren"[77] und folglich mit einer bestimmten Wirkung versehen sind. Im Kern geht es darum, dass „das Eigene und Vertraute in der Tendenz positiv, das Fremde aber negativ kodiert wird."[78] Kol-

---

[75]   Vgl. Jäger, S., Kritische Diskursanalyse, 57. Vgl. auch Link, J., Über Kollektivsymbolik im politischen Diskurs und ihren Anteil an totalitären Tendenzen, in: kultuRRevolution 17/18 (1988), 47–53.

[76]   Adolf Hitler über die Jugend in einer Rede vom 14. September 1935.

[77]   Link, J., Über Kollektivsymbolik, 48, zitiert nach: Jäger, S., Kritische Diskursanalyse, 62.

[78]   Jäger, S., Kritische Diskursanalyse, 62.

lektivsymbole innerhalb von Erzählungen lenken damit in hohem Maße die Rezeption. Sie ebnen die Wahrnehmung der Erzählung und bieten Orientierung für die Urteilsbildung. Mit Blick auf die mögliche Wirkung von Ideologien und ihre sprachlichen Präsentationen ist die Analyse von Predigten immer auch ein sprachkritisches Unternehmen.

1.3   Die Analyse von Figuren und Figurenkonstellationen

Die Analyse von Figuren und ihren Konstellationen ist von besonderem Interesse, da damit die ideologischen Züge der Wirklichkeitserzählung gut herausgearbeitet werden können.[79] Selten werden die einer Predigt zu Grunde gelegten Annahmen und Antworten auf die leitenden Fragen dieser Untersuchung (Was ist Ursache des politischen Dissens? Wer ist schuld an dem Problem? Wo liegt die Lösung des Problems? Wem wird zugetraut, das Problem zu lösen?) explizit durch die Predigtstimme dargelegt. Viel häufiger wird die Deutung der politischen Lage über die Konstruktion von Figuren und ihres Verhältnisses zueinander vermittelt (showing statt telling)[80]. Dementsprechend lässt sich die Ideologie einer Predigt anhand von Figuren und Figurenkonstellationen beobachten.

In der Film- und Literaturwissenschaft wird ein „wiedererkennbares fiktives Wesen mit einem Innenleben – genauer: mit der Fähigkeit zu mentaler Intentionalität"[81] als Figur bezeichnet. Figuren sind insofern immer fiktiv, als dass eine Figur aus strukturalistischer Perspektive eine Kombination von Zeichen innerhalb eines Textes oder eines Films darstellt. Sehr wohl können Figuren einen „faktualen Kern"[82] haben – beispielsweise, wenn die Konstruktion einer Figur eine reale Person nachzubilden beabsichtigt. Auch die an einer realen Person orientierte Figur stellt eine Fiktion dar; schließlich wird die Person durch Zeichen konstruiert, statt realleiblich aufzutreten. Es geht beim Begriff der Figur insofern nicht darum, ob sich dahinter etwas Reales verbirgt oder nicht. Aus narratologischer Perspektive ist vielmehr von Interesse, wie ein Wesen mit einem Innenleben zur Darstellung gebracht wird.

Figuren fungieren als Repräsentanten von Weltanschauungen und Werten, von Verhaltensweisen und Motivationslagen. Über Kennzeichen und Handlungen, die einer Figur zugeordnet werden, wird diese zu einem Charakter. So wird mithilfe einer Figur eine bestimmte Art zu denken, zu fühlen, zu meinen und zu handeln skizziert und plausibilisiert. In jeder Predigt treten Figuren auf. Diese

---

[79]   Vgl. Meinhard, I., Ideologie und Imagination, 166.
[80]   Vgl. Finnern, S., Narratologie und biblische Exegese. Eine integrative Methode der Erzählanalyse und ihr Ertrag am Beispiel von Matthäus 28 (Wissenschaftliche Untersuchungen zum neuen Testament, 2. Reihe, Bd. 285), Tübingen 2010, 153.
[81]   Eder, J., Die Figur im Film, Marburg ²2014, 64.
[82]   A. a. O., 76.

handeln oder es wird an ihnen wird gehandelt. Neben Menschen (beispielsweise einer Akteurin in einer Erzählung) können auch Entitäten (Heiliger Geist, Gott, Engel), Tiere und personifizierte Gegenstände Figuren sein.[83] Durch eine Erzählinstanz werden diese zur Anschauung gebracht. Beispielsweise kann eine Figur in Szene gesetzt werden, indem sie einen Namen erhält, ein Aussehen, eine Aktivität. Es kann von der Figur erzählt werden, wo diese wohnt, wen sie liebt und was sie sagt (sei es in Form der direkten oder indirekten Rede) oder gar denkt (mithilfe der auktorialen Erzählinstanz). „Diese im *discours* enthaltenen Angaben zur Figur können systematisch als *Zuschreibung einer Figureninformation* verstanden werden.“[84]

Manche Figur aktiviert schon mit der Nennung des Namens auf Seiten der Hörer*innen ein Reservoir an Vorwissen, Vorstellungen und Erwartungen. Zum Beispiel sind mit dem Namen „Jesus“ etliche Informationen, Bilder und Sinnformen verknüpft (Wanderprediger, Sohn Gottes, Nächstenliebe, Palästina vor langer Zeit, Problem mit Römern, Kreuzigung, Wunder, übers Wasser gehen usw.). Andere Figuren müssen, jenseits grundlegender Informationen („da ist das Mädchen“[85] skizziert eine weibliche, minderjährige Person), für die Hörer*innen mithilfe von Figureninformationen entworfen werden. Dabei kann eine Figur nicht in Gänze beschrieben werden. Selbst die ausführlichste Biographie stellt immer nur eine Auswahl möglicher Darstellungen bereit. Der Blick wird vielmehr auf das, was für die Erzählung von Bedeutung ist, gerichtet.

Mithilfe von Handlungen, Fähigkeiten, Erfahrungen und Eigenschaften, die einer Figur zugeschrieben werden, führt ein Text Regie darüber, wie sich die Hörer*innen eine Figur vorstellen können. Figureninformationen bieten Orientierungen für die „mentalen Modelle“[86], die sich die Zuhörenden von Figuren machen und so wird aus Zeichen (Worten, Textstruktur) „ein Gebilde erzeugt […], das nicht mit dem Text identisch und doch weitgehend von ihm abhängig ist.“[87] Aus den Figureninformationen, dem Wissen um die erzählte Welt und dem eigenen Weltwissen kreieren Rezipienten eine Figur in ihrer Vorstellung (Inferenzprozess). Die Figuren werden folglich weitergedacht als die Textoberfläche vorgibt: Ihr werden Handlungsweisen und Gedanken, Meinungen und Charaktermerkmale zugeschrieben, die nicht ausdrücklich genannt sind, sich für die Hörer*innen vor dem Hintergrund der zur Verfügung stehenden Informationen aber logisch ergeben. So legt die Figureninformation „das nigerianische Mädchen, das noch nicht lesen und schreiben kann, hat ein solch bezauberndes

---

[83] Vgl. Finnern, S., Narratologie und biblische Exegese, 125.
[84] Jannidis, F., Figur und Person. Beitrag zu einer historischen Narratologie (Narratologia Bd. 3), Berlin/New York 2004, 198 [Hervorhebung im Original].
[85] Predigt Nr. 17.
[86] Schneider, R., Grundriß zur kognitiven Theorie der Figurenrezeption am Beispiel des viktorianischen Romans, Tübingen 2000 und Jannidis, F., Figur und Person, 177–185.
[87] Jannidis, F., Figur und Person, 179.

Lächeln, dass mit ihr immer die Sonne aufgeht"[88] zumindest die Vorstellung von einer weiblichen minderjährigen Person nahe, die wenig Bildung erhalten hat und herzerwärmend lächeln kann. Die Hörer*innen ergänzen diese Bilder nun mit ihrer eigenen Menschenkenntnis (Alltagspsychologie) und ihrer eigenen Wissensbeständen in Bezug auf Politik, Geschichte, Literatur usw. und erstellen daraus das mentale Modell der Figur (Figurensynthese)[89]. Neben historisch-kulturellen und empirisch-praktischen Kenntnissen stellt die Alltagspsychologie (folk psychology) eine wichtige Quelle für die Ausgestaltung einer Figur dar.

Die Alltagspsychologie speist „intuitive Annahmen über das Innenleben von Personen und über den Zusammenhang zwischen Handlungen und ihnen zugrunde liegenden mentalen Zuständen."[90] Diese beobachtungs- und erfahrungsbezogenen Theorien darüber, wie sich reale Personen üblicherweise verhalten und fühlen, beeinflussen auch die Wahrnehmung von Figuren in erzählten Welten. So lässt die Figureninformation „das nigerianische Mädchen, das [...] so ein bezauberndes Lächeln hat" nicht die Ableitung zu, das Mädchen könne nicht lächeln bzw. nicht froh sein. Auch kann es sich aus Gründen der Plausibilität um kein aufgesetztes Lächeln handeln. Dieses würde mit der geschilderten Wahrnehmung, „dass mit ihr immer die Sonne aufgeht", nicht harmonieren. Das aufgesetzte Lächeln, so eine plausible, alltagspsychologische Erklärung, würde bemerkt werden. So wird, über die Kombination der Figureninformationen und die Ableitungen aus der Alltagspsychologie die Vorstellung nahegelegt, dass das Mädchen im Moment des Lächelns glücklich und sympathisch ist und dass seine Gegenwart als wohltuend, da erfreulich erlebt wird. Vor dem inneren Auge erscheint eine Person mit einer positiven und lebensbejahenden Ausstrahlung. Neben der Deutungsressource der Alltagspsychologie stehen für die Imagination von Figuren weitere Alltagstheorien zur Verfügung wie die Alltagsphysik[91] und die Alltagssoziologie[92]. Während die Alltagsphysik für Erklärungen bewegter physischer Objekte herangezogen wird, dient die Alltagssoziologie der Wahrnehmung und Einordnung von Figuren in Berufe, soziale Stände und Rollen und lässt darüber Ableitungen über den Habitus zu. Alle Konzeptionen, die für die Wahrnehmung und Imagination einer Figur zur Verfügung stehen, sind zudem kulturell bedingt. Abhängig von den kulturellen Codes, welche die Imagination rahmen, wird eine Figur typisiert (extrovertiert, introvertiert, femme fatale usw.) und sozial verortet (Arbeiter, Künstler, Akademiker, verheiratet, Single usw.). Auch das, was als mentaler Zustand attribuiert wird (bspw. zornig), ist nicht interkulturell stabil, „sondern jeweils eingebettet in ein Netz von Konzep-

---

[88] Predigt Nr. 17.
[89] Vgl. Finnern, S., Narratologie und biblische Exegese, 127.
[90] Martínez, M. und Scheffel, M., Einführung in die Erzähltheorie, 148.
[91] Vgl. Jannidis, F., Figur und Person, 186.
[92] Vgl. a. a. O., 187.

ten, Worten und den Regeln ihrer Verwendung sowie sozialen Praktiken des Ausdrucks."[93]

Eine Figur ist folglich im Lesen bzw. Hören immer schon mehr als eine Textstruktur. Sie ist eine „mentale Repräsentation"[94], die in einer narrativen Kommunikation gestaltet und insbesondere mithilfe der Alltagspsychologie und -soziologie mit Erklärungen und Beschreibungen von Verhalten und Gemütszuständen angereichert wird. Beabsichtigte und reale Rezeption fallen zusammen, wenn Erzähler*innen zumindest ein Verständnis von den Mechanismen des Fremdverstehens haben und entsprechend jene Techniken der Figurendarstellung anwenden, die der Intention entsprechen. Fehlt dieses Verständnis, können sich die intendierte und die tatsächliche Rezeption deutlich voneinander unterscheiden.[95] Wird der Vorgang der Figurendarstellung aber durch das notwendige Verständnis des Fremdverstehens begleitet, so reichen in der Regel schon Andeutungen aus, um eine bestimmte und intendierte Konkretion des Figurenmodells auf Seiten der Hörer*innen in Gang zu bringen.

Für die Analyse von Figurenvorstellungen greifen insbesondere kognitive Theorien der Figurenrezeption (wie das angeführte Beispiel der Alltagspsychologie, nach der Figuren ganz ähnlich wahrgenommen werden wie reale Personen), strukturalistische Theorien hingegen helfen bei der Analyse der Figurendarstellung. Im Fokus der Studie steht die Darstellungsseite und damit die Analyse der Textstruktur. Da aber erstens davon auszugehen ist, dass eine Figur immer mehr ist als ein Zeichenensemble im Text und da zweitens davon ausgegangen werden kann, „daß die Informationsverarbeitung von Lesern bei Figuren analog zur Wahrnehmung von Personen abläuft – und die kognitionswissenschaftliche Forschung macht diese Annahme zumindest plausibel –, [...] kann man [...] die Rezeption eines Textes beschreiben, wie sie sich bei einem bestimmten Wissensstand wahrscheinlich ereignet."[96] Ausgehend von dieser Prämisse ist eine Rekonstruktion des mentalen Modells aus den im Text enthaltenen Informationen möglich. Daher arbeitet diese Studie auch mit Vermutungen über mentale Modelle auf Seiten der Rezipient*innen, die aufgrund der gegebenen Textinformationen plausibel erscheinen. Eine dichte Beschreibung der Figurenkonzeptionen ist die dafür notwendige Voraussetzung.[97]

Aus der Zusammenschau aller im Text enthaltenen Figureninformationen (Was tut die Figur? Was tut sie nicht? Wie tut sie, was sie tut? Was sagt die Figur? Wie sagt die Figur, was sie sagt? Wie wird über die Figur gesprochen? Wie handelt und denkt und was sagt die Figur im Vergleich zu anderen Figuren? usw.) ergibt sich die Charakterisierung der Figur bzw. die Figurenkonzeption.

---

[93]   A. a. O., 193.
[94]   A. a. O., 185.
[95]   Vgl. a. a. O., 184.
[96]   Ebd.
[97]   Vgl. Geertz, C., Dichte Beschreibung. Beiträge zum Verstehen kultureller Systeme, Frankfurt a. M. 1978.

Eine erste Orientierung für die Analyse der Konzeptionen stellt die Unterscheidung zwischen flachen und runden Charakteren dar. Wenig differenziert beschriebene Figuren werden als flat characters bezeichnet. Sie sind einseitig dargestellt, ohne charakterliche Bandbreite. Round characters hingegen zeigen unterschiedliche Charakterzüge, werden ausführlich beschrieben und damit komplex und weit dargestellt.[98] Zwischen diesen Gegensätzen sind Mischtypen denkbar – Figuren also, die mehr oder weniger flach bzw. rund dargestellt sind. Tiefergehend wird die Figurenkonzeption entlang von Achsen bzw. Gegensatzpaaren analysiert. Die folgende Aufzählung gründet auf dem Modell des Medienwissenschaftlers Jens Eder und auf dessen Rezeption durch den Exegeten Sönke Finnern in einer für die Predigtanalyse überarbeiteten Form.[99] Da hier die Deutung der politischen Lage, wie sie in Figuren zur Darstellung kommt, im Vordergrund steht, begrenzt sich die Analyse der Figurenkonzeption auf den Aspekt der Konventionalität (typisiert bis individualisiert), der Veränderbarkeit (statisch bis dynamisch), der Dimensionalität (eindimensional bis mehrdimensional) und der Transparenz (geschlossen bis offen bzw. transparent bis mysteriös) der Figurendarstellung.

Die erste Achse zur Analyse von Figuren verläuft von typisiert nach individualisiert. Je mehr soziale und/oder kulturell etablierte und damit leicht verständliche Merkmale einer Figur zur Seite gestellt werden, desto mehr wird diese typisiert. Mit wenigen Zeichen wird eine Vorstellung kreiert: So reichen dunkle Haare, eine Baskenmütze und ein Baguette aus, um aus einem Mann einen Franzosen zu machen und mithin einen Charmeur, der etwas vom Kochen versteht.[100] Innerhalb der Typisierung werden Stereotypen (zum Beispiel das Latino-Stereotyp des Bandido), Archetypen (Held, Schatten, Mentor usw.) und funktionelle Typen voneinander unterschieden. Funktionelle Typen sind solche,

---

[98]   Vgl. Finnern, S., Narratologie und biblische Exegese, 156.

[99]   Die folgende Darstellung gründet auf dem Modell von Jens Eder und auf dessen Rezeption durch Sönke Finnern, vgl. Eder, J., Die Figur im Film, 375ff. und vgl. Finnern, S., Narratologie und biblische Exegese, 157ff.
Eder unterscheidet zehn Gegensatzpaare: 1. typisiert – individualisiert; 2. realistisch – nicht-/unrealistisch; 3. komplex – einfach; 4. kohärent – inkohärent; 5. flach – rund; 6. statisch – dynamisch; 7. transparent – opak; 8. geschlossen – offen; 9. symbolisch – nicht exemplifizierend; 10. psychologisch – transpsychologisch.
Sönke Finnern entwickelt daraus ein Modell mit acht Kategorien für die Analyse von Figuren im Rahmen der biblischen Exegese. Er unterscheidet 1. mit Blick auf die Veränderung der Figur zwischen dynamisch – statisch; 2. mit Blick auf die Detailliertheit der Figur zwischen knapp – detailliert; 3. mit Blick auf die Dimensionalität der Figur zwischen eindimensional und mehrdimensional; 4. mit Blick auf die Konventionalität der Figur zwischen typisch und individuell; 5. mit Blick auf die Transparenz einer Figur zwischen geschlossen/transparent und offen/mysteriös; 6. mit Blick auf den Realismus der Figur zwischen realistisch und nicht-/unrealistisch; 7. mit Blick auf die Kohärenz der Figur zwischen kohärent und inkohärent und 8. mit Blick auf Applikabilität der Figur zwischen übertragbar/transpsychologisch und spezifisch/psychologisch.

[100] Vgl. Eder, J., Die Figur im Film, 375.

die bewusst als Typen angelegt sind, um schnell etwas sehen zu lassen (der ein-
same Cowboy). Der Grund ihrer Verwendung liegt in ihrer „produktionstechni-
schen wie narrativen Ökonomie: Sie sind einfach zu verstehen, schnell etabliert,
ermöglichen also ein schnelles, ökonomisches Erzählen."[101]

Als individualisiert gilt eine Figur, wenn sie dem modernen Bild vom Menschen als Individuum entspricht, also einzigartig und facettenreich in Bezug auf
ihre körperlichen, geistigen und sozialen Eigenschaften dargestellt wird. Eine
derartige Persönlichkeit ist nicht leicht zu verstehen. Es braucht Einfühlungsvermögen, Fantasie und Aufmerksamkeit, um ein mentales Modell erstellen zu
können, das Individualität abbildet. Ob eine Figur eher typisiert oder eher individualisiert dargestellt ist, prägt folglich auch das Verhältnis der Rezipient*innen zur Figur, mithin die Art, wie die Figur wahrgenommen und beurteilt
wird.[102] Die zweite Achse zur Analyse einer Charakterisierung verläuft von statisch nach dynamisch. Die Darstellung der Figur wird daraufhin untersucht, ob
sich diese im Verlauf der Erzählung verändert. Bei einer statischen Figur bleiben
die Merkmale gleich. Bei einer dynamischen Figur kommt es zu Modifikationen.
Die Figur entwickelt sich. Dabei können sich sowohl die Eigenschaften der Figur
selbst verändern, als auch deren Verhältnis zu anderen Figuren. Eine Figur, die
immer wechselhaft und brüchig dargestellt wird, gilt wiederum als statisch.[103]
Die dritte Achse untersucht die Figurenkonzeption entlang des Gegensatzpaares
eindimensional und mehrdimensional. Hier findet sich die Unterscheidung von
flat und round character direkt wieder. Als eindimensional dargestellt gilt eine
Figur, wenn nur Merkmale eines bestimmten Bereichs erkennbar werden,
beispielsweise wenn von einer Frau nur in ihrer Rolle als Mutter gesprochen
wird. Eindimensionalität bzw. Flachheit gilt nicht automatisch als Abwertung.
Flache Figuren sind gut erkennbar und erscheinen nicht zwangsweise leb- oder
farblos – wie die durchaus eindimensional angelegten Charaktere in den
Erzählungen von Charles Dickens vor Auge führen. Mehrdimensional ist eine
Figur dann konzipiert, wenn eine Vielfalt von Eigenschaftsdimensionen
erkennbar wird. Eine Figur zeichnet sich dann „durch ungewöhnliche, nicht-
typische, aber glaubhafte Kombinationen von Eigenschaften"[104] als komplex und
individuell aus. Diese Figuren sind weniger berechenbar. Sie können überraschen und erlauben kein „starkes Urteil über einzelne Merkmale, sondern
schwächere Hypothesen über mehrere Eigenschaften."[105] Die vierte Unterscheidung zur Analyse der Charakterisierung von Figuren erfolgt mit Blick auf die
Verstehbarkeit einer Figur entlang der Unterscheidung von geschlossen und
offen bzw. transparent und mysteriös. Demnach wirkt eine Figur dann transpa-

---

[101] Ebd.
[102] Vgl. a. a. O., 376.
[103] Vgl. a. a. O., 393f.
[104] A. a. O., 392f.
[105] A. a. O., 392.

rent, wenn deren Charakterisierung keine störenden Lücken aufweist, mithin auf Seiten der Rezipient*innen keine Fragen offenbleiben. Eine „größtmögliche Geschlossenheit" einer Figur vermittelt den Rezipienten „ein angenehmes Gefühl der Orientierungsfähigkeit und Situationsmächtigkeit"[106]. Die offene Figur hingegen wirft Fragen auf, die sich aus den Figureninformationen nicht mit Sicherheit beantworten lassen: Warum handelt die Figur so, wie sie es tut? Was sind die Motive dieses Handelns? Aus welchen Persönlichkeitseigenschaften lassen sich diese Motive ableiten? Offene Figuren können interessanter sein als geschlossene, aber auch unverständlich wirken und damit weniger Identifikationspotenzial bereitstellen.

Zu den Figureninformationen als Regieanweisungen für mentale Modelle gehört auch der Kontext, insbesondere die Verortung der Figur in Bezug auf die geschilderte Handlung und weitere Figuren. So lässt sich eine Figur auch mit Blick auf ihre Wichtigkeit für die Handlung einordnen: Eine Figur mit zentraler Bedeutung für den Handlungsverlauf ist eine Hauptfigur. Eine für den Handlungsverlauf weniger wichtige Figur ist die Nebenfigur. Eine Figur, die allein dazu da ist, die Handlung voranzutreiben – ansonsten aber keine Bedeutung hat – ist eine Hilfsfigur und damit eine besondere Art der Nebenfigur. Eine Schaufigur kommt interessant daher, hat aber keine Funktion und Figuren, die nur „wie im Vorübergehen genannt werden"[107], stellen Randfiguren dar. Zu den Hintergrundfiguren zählen jene, über die nur gesprochen wird, aber nicht selbst auftreten. Episodenfiguren wiederum sind solche, die einmalig im Kontext einer bestimmten Szene auftreten.

Mit Blick auf die Handlung können Figuren überdies Funktionen bzw. Handlungsrollen zugeordnet werden. Jens Eder extrahiert aus den Gemeinsamkeiten zwischen dem strukturalistischen Aktantenmodell von Algirdas Julien Greimas, dem Problemlösungs-Modell des Drehbuchprogramms Dramatika und der Typologie des Hollywood-Dramaturgen Christopher Vogler einen heuristischen Kern zur Beschreibung der Handlungsfunktionen von Figuren.[108] Greimas teilt die funktionalen Handlungsrollen in drei Paare ein (Sender/Empfänger, Subjekt/Objekt, Helfer/Opponent). Nach dem Problemlösungs-Modell der Drehbuch-Software Dramatica Pro werden acht funktionale Rollen voneinander unterschieden, die als Gegensatzpaare angeordnet sind (der Protagonist und der Antagonist, der Wächter und der Contagonist, die Vernunft-Rolle und die Emotions-Rolle, der Sidekick und der Skeptiker). Die Typologie Voglers wiederum unterscheidet im Rahmen des Konzepts der „Heldenreise" sieben Typen (Held, Schatten, Mentor, Schwellenwächter, Bote, Gestaltwechsler und Trickser).

Eder erstellt aus diesen Vorlagen ein Modell, das prototypisch drei Rollen enthält: die Rolle des Protagonisten, die Rolle des Antagonisten und die Objekt-

---

[106] A. a. O., 395.
[107] Finnern, S., Narratologie und biblische Exegese, 148.
[108] Vgl. Eder, Jens, Die Figur im Film, 484ff.

rolle.[109] Der Protagonist hat die Subjektposition inne – es handelt sich um eine Figur, die etwas will, also ein Ziel hat und daher versucht, „einen erwünschten Zustand herzustellen."[110] Andere Figuren können in den erwünschten Zustand verwickelt sein in der Art, dass sie Zielobjekte darstellen. Es handelt sich um eine passive Objektposition. Derartige Objekte sind beispielsweise das Ziel der rettenden Handlung durch den Protagonisten. Stellen sich dem Protagonisten Widerstände entgegen, erfüllen diese die Funktion des Antagonisten. Die Widerstände können innerhalb der Figur selbst liegen – beispielsweise als Schwächen, wodurch der Protagonist zum eigenen Antagonisten wird – oder außerhalb in Form von Katastrophen oder Unfällen, zumeist aber in Form von Figuren, „die Konflikte mit den Protagonisten ausfechten."[111]

Dieser prototypische Kern wird in der Regel durch Helfer-Rollen ergänzt, sowohl auf Seiten der Protagonisten als auch auf Seiten der Antagonisten. Helfer des Protagonisten sind Mentoren. Diese sind dem Protagonisten auf gewisse Weise überlegen und helfen durch Rat und Schutz weiter. Weitere Helfer der Protagonisten sind Sidekicks. Diese sind dem Protagonisten in gewisser Hinsicht unterlegen, unterstützen und begleiten die Bemühungen der Subjektrolle aber mit Loyalität und praktischer Hilfe (so hat in der Erzählung ‚Star Wars' Luke Skywalker die Rolle des Protagonisten inne; ihm zur Seite steht Obi Wan Kenobi als Mentor und R2D2 als Sidekick). Der Helfer des Antagonisten erscheint prototypisch als Handlanger (äquivalent zum Sidekick des Protagonisten), als Schwellenwächter, der dem Protagonisten weitere Hindernisse in den Weg legt oder als Contagonist, der in Form des Verführers oder Skeptikers den Willen des Protagonisten zu irritieren, abzulenken und/oder zu schwächen versucht. In der Regel sind diese Helfer-Rollen mit Figuren besetzt. Aber auch glückliche Zufälle und günstige Umstände bzw. Unglücke und ungünstige Umstände können diese Funktion übernehmen.[112]

Überdies können in einer Erzählung weitere Handlungsrollen auftreten. Die Figur des externen Auslösers beispielsweise bringt den Protagonisten erst auf die Idee, ein Ziel verwirklichen zu wollen. Ebenso kann die Erzählung auch einen Empfänger beinhalten, der (neben dem Zielobjekt) von der Handlung profitiert – in dem Sinne, dass die Motive des Protagonisten nicht rein selbstbezüglich sind, sondern fremdbezogen (Eder nennt als Beispiel einen Helden, der Kinder für ihre Eltern rettet). Daneben kann es auch die Figur einer übermächtigen Instanz geben, die das Geschehen beeinflusst und die als Entscheider bezeichnet werden kann. Prominentes Bespiel eines solchen Entscheiders ist der ‚deus ex machina' der klassischen Antike, der die Funktion hat, Held*innen plötzlich und

---

[109] Ich folge darin Sönke Finnern, der Eders Modell für die Analyse von Figuren im Kontext biblischer Exegese nutz. Vgl. Finnern, S., Narratologie und biblische Exegese, 157ff.
[110] Eder, J., Die Figur im Film, 492.
[111] Ebd.
[112] Vgl. a. a. O., 493.

rettend zu unterstützen.[113] Allgemein anzumerken ist, dass eine Figur nicht nur eine, sondern auch mehrere der genannten Funktionen ausfüllen kann und in einer Erzählung nicht alle Handlungsrollen ausgefüllt sein müssen.

Neben der Analyse der Figur mit Blick auf die Handlung helfen auch die anderen Figuren in der erzählten Welt, eine Figur einzuordnen. Einerseits können Aussagen anderer Figuren den Informationsgehalt über eine Figur speisen bzw. anreichern. Andererseits gewinnt eine Figur im Zusammenspiel mit anderen Figuren an Kontur (beispielsweise im Vergleich von Protagonist und Antagonist).[114] So kann aus den im Text gegebenen Informationen auch ein Modell des Figurenverhältnisses sowohl in einer bestimmten Situation als auch mit Blick auf die gesamte erzählte Welt, rekonstruiert werden.[115] Übliche Strukturen von Figurenkonstellationen sind Kontrastpaare, Korrespondenzpaare und Dreieckskonstellationen. Diese Interaktionsmuster prägen auch biblische Erzählungen: zu denken ist an das Kontrastpaar reicher Mann und armer Lazarus in Lk 16,19–31, das Korrespondenzpaar Herodes und Pilatus in Lk 23,1–12 und das sogenannte „dramatische Dreieck"[116] vom Vater und seinen zwei Söhnen im Gleichnis vom verlorenen Sohn in Lk 15,11–32.[117]

Besonders wichtig für die Dechiffrierung der Ideologie einer Erzählung ist die Besetzung des Protagonisten und des Antagonisten und die damit einhergehende Konfliktkonstellation. Generell gilt, dass es in Erzählungen in der Regel immer einen Protagonisten bzw. eine Protagonistin gibt – kaum eine Erzählung kommt ohne sie aus. Es können auch zwei Protagonisten auftreten (beispielsweise im Sinne eines sich ergänzenden Duos wie bei David und Jonathan) oder auch ein Protagonisten-Verbund. Die häufigste Konstellation in Erzählungen stellt ein Protagonist mit einem oder mehreren Antagonisten dar.[118]

Für die Analyse der Figurendarstellung ist von besonderem Interesse, wie Fühlen, Denken und Handeln von Figuren bewertet werden, sei es in Form direkter Zuschreibungen durch die Erzählinstanz und andere Figuren oder in Form indirekter Zuschreibungen, wie sie in der Darstellung der Handlung einer Figur erkennbar werden. So wird über die unterschiedliche Verteilung von Verhaltensweisen miterzählt, wie eine Figur zu bewerten ist. Agiert die Protagonistin stets rational, ihr Antagonist hingegen impulsiv oder irrational, sind die Rezipienten angeleitet, die Protagonistin positiver zu bewerten als den Antagonisten. Dabei ist augenfällig, dass Bewertungen in hohem Maße abhängig sind

---

[113] Vgl. a. a. O., 494.
[114] Zum Figurenbestand gehören dabei auch Figuren, die nicht persönlich auftreten, die aber beispielsweise dadurch in Erscheinung treten, dass eine Figur von einer anderen spricht.
[115] Vgl. Finnern, S., Narratologie und biblische Exegese, 147f.
[116] Karpman, S., Fairy tales and script drama analysis, in: Transactional Analysis Bulletin 7/26, 1968, 39–43 und vgl. Schlegel, L., Handwörterbuch der Transaktionsanalyse. Sämtliche Begriffe der TA praxisnah erklärt, Freiburg i. Br. 1993, ²2002, 44f.
[117] Vgl. Finnern, S., Narratologie und biblische Exegese, 147.
[118] Vgl. Eder, Jens, Die Figur im Film, 498.

von kulturellen Codes: In einer Gesellschaft, die der Vernunft eine hohe Bedeutung zumisst, wird eine Protagonistin aufgrund ihrer rationalen Art zu handeln eher positiv bewertet. Und auch dann, wenn ein Rezipient persönlich eine andere Meinung über die Figur vertritt, ist aufgrund des sozialen und religiösen Wissens (als Wissen um den Kontext der Predig) anhand der Figurendarstellung „meist klar, worin diese Bewertung besteht und wie die Figur wirken *soll*"[119].

Über Eigenschaften, die einer Figur zuerkannt werden, über die Darstellung der Art und Weise ihres Verhaltens, über die Figurenrede, die Darstellung der Interaktion mit anderen Figuren usw. wird eine Figur folglich in eine Wertestruktur eingeordnet. Sie kommt auf einer Werteskala von positiv bis negativ zum Stehen. Im Vergleich mit anderen Figuren erhält die Figur sodann ihren Wertestatus innerhalb des Figurenbestands. Je eindeutiger die Werteverteilung zwischen Figuren dargestellt ist, desto eindeutiger lässt sich auch die Wertestruktur der Erzählung bestimmen.[120] Besonders eindeutige Werteverteilungen begegnen in Geschichten und Filmen, die politische Werte vermitteln wollen.[121] Dazu gehören viele Horror- und Kriminalromane, Superheldengeschichten und Anti-Kriegs-Filme. Die Werteverteilung ist hier stark zugespitzt, so kann der Werte-Status einer Figur eindeutig bestimmt werden. Die Struktur ist zentriert, d. h. einer Figur – in der Regel der Heldin bzw. dem Helden – werden durch und durch positive Eigenschaften, dem Antagonisten hingegen durchweg niederste Beweggründe zuerkannt. Das Wertespektrum ist überdies eng gefasst – in Bezug auf Eigenschaften und Verhaltensweisen einer Figur gibt es keine Variationsbreite (Held*innen können nicht anders, als gut zu handeln). Nicht zuletzt ist in polarisierten Wertestrukturen das moralische Gefälle zwischen Antagonistin und Protagonist sehr steil („Schwarzweißmalerei"[122]). Umgekehrt können Figuren auch weniger eindeutig gezeichnet werden. Das Fühlen, Denken und Handeln einer Figur kann ambivalent dargestellt werden, positive und negative Eigenschaften können gleichmäßig über den Figurenbestand verteilt sein (dezentrale Struktur) und moralische Werte können graduell abgestuft sein, d. h. einer Figur werden sowohl gute als auch schlechte Eigenschaften zugeordnet.

Figurenkonzeptionen und Konfliktkonstellationen, wie sie in Romanen oder Filmen begegnen, folgen üblicherweise den Regeln „unterhaltsamen Erzählens"[123]. Eine Figur bzw. ein Konflikt werden folglich so konstruiert, dass Aufmerksamkeit und Spannung generiert werden und – da bei Romanen und Filmen die ökonomische Perspektive oftmals von Relevanz ist – sich das Werk bestmög-

---

[119] A. a. O., 503 [Hervorhebung im Original].
[120] Vgl. a. a. O., 500–505.
[121] Vgl. a. a. O., 505.
[122] A. a. O., 504.
[123] A. a. O., 500.

lich verkaufen lässt. Wenngleich auch mit einer Predigt das Bemühen verbunden sein kann, unterhaltsam zu reden (delectare), so geht es bei der Predigt als Wirklichkeitserzählung doch eher um etwas anderes. Eine Predigt will nicht unbedingt gefallen; sie will das Evangelium kommunizieren. In ihr werden die Relevanzen der biblischen Überlieferung mit den Relevanzen der Hörerschaft so miteinander ins Gespräch gebracht, dass die Predigthörer*innen zu einer Verständigung über ihr Leben geführt und im Glauben gestärkt werden.[124] Ausgangspunkt der Predigt ist die „Christusverheißung, wie sie in der Schrift bezeugt ist"[125]. Entsprechend kann und will eine Predigt nicht primär am Unterhaltungswert gemessen werden.

Trotzdem sind die vorgestellten literatur- und medienwissenschaftlichen Modelle von Figurenrollen, -funktionen und -konstellationen für die Analyse politischer Predigten von Relevanz. Sie schärfen den Blick für implizierte Bewertungen und Figurenkonstellationen. Für die Predigtanalyse dienen die Vorüberlegungen als sensibilisierende Konzeptionen,[126] sie „vermitteln eine Vorstellung darüber, worauf im Forschungsprozess geachtet werden sollte."[127] Die Modelle regen mithin Fragen an, statt Lösungen darzustellen. So stellen sich vor diesem Hintergrund mit Blick auf die Predigtanalyse folgende Fragen: Welche Figuren treten auf? Wie werden die Figuren dem Problem der sogenannten Flüchtlingskrise gegenüber positioniert? Welche Figur steht für welches Fühlen, Denken und Handeln? Wem wird die Lösung des Problems zugetraut? Wer ist aktiv, wer passiv? Wird ein Protagonist/Antagonist erkennbar? Wer ist Objekt der Handlung? Wie werden Protagonist/Antagonist/Objekt dargestellt? In welchem Verhältnis stehen die Figuren zueinander? Welche Eigenschaften werden einander gegenübergestellt? Welche Motivlagen werden erkennbar? Wie sind die Figuren im Vergleich zueinander aufgestellt (symmetrisch oder asymmetrisch)? Ist ein moralisches Gefälle erkennbar? Wer überragt wen in den für die erzählte Welt relevanten Kriterien (beispielsweise gesellschaftliche Stellung, moralisches bzw. christliches Verhalten, kognitive Fähigkeiten)? Welcher moralische Status wird einer Figur zuerkannt?

---

[124] Vgl. Lange, E., Zur Theorie und Praxis der Predigtarbeit, 9–51.

[125] Lange, E., Zur Aufgabe christlicher Rede, in: Ders., Predigen als Beruf. Aufsätze zu Homiletik, Liturgie und Pfarramt, hrsg. v. Rüdiger Schloz, München ²1987, 52–67, 62.

[126] Vgl. Blumer, H., What's Wrong with Social Theory?, in: American Sociological Review 19 (1954), 3–10.

[127] Ludwig-Mayerhofer, W., Art.: Sensibilisierendes Konzept, sensibilisierender Begriff (engl.: Sensitizing Concept), veröffentlicht im Internet: ILMES – Internetlexikon der Methoden der empirischen Sozialforschung, http://wlm.userweb.mwn.de/Ilmes/ilm_s29.htm [Stand vom 26. April 2019].

1.4   Die Analyse der Fokalisierung

Um die Deutung der politischen Lage, wie sie in Predigten zu Tage tritt, rekonstruieren zu können, hilft neben der Figurenanalyse die Aufschlüsselung der Fokalisierung. Die Fokalisierung fungiert in einer Erzählung wie die Kamera in einem Film: Sie gibt zu sehen, was der implizite Zuschauer und die implizite Zuschauerin sehen soll. Aus der Perspektive der Kamera erhält das Publikum Einblick in das Geschehen. „Ohne Perspektive gibt es keine Geschichte."[128] Die Perspektive begrenzt ein Geschehen, das ansonsten form-, struktur- und endlos wäre. Aus den vielzähligen Möglichkeiten, die Welt in den Blick zu nehmen, wird mit der Fokalisierung jene markiert, die für die erzählte Welt von Bedeutung ist. Die Fokalisierung fungiert damit als Filter, der Wahrnehmung reguliert.[129] Für einen Film werden dazu Kameras platziert und mit Blick auf die Schärfe und Unschärfe, Tiefe und Weite usw. eingestellt. Hinzu kommt die Auswahl der Kulisse, der Kostüme, der Handlung usw. Es bleibt folglich nicht dem Belieben der Zuschauer*innen überlassen, was diese sehen. Die Welt wird vielmehr so gefiltert[130] und zu sehen gegeben, wie es für die Erzählung wichtig ist und der Intention entspricht.

Gleichzeitig ist die Kamera im Film bzw. die Fokalisierung in einem Text nicht mit der Erzählstimme identisch. Entsprechend wird zwischen Narration und Fokalisierung unterschieden. Die Frage „wer spricht?" bzw. „wer gibt das Geschehen wieder?" befasst sich mit dem Erzählakt (der Stimme), die Frage „wer sieht?" (im Sinne von „wer nimmt das Geschehen wahr?") beschäftigt sich hingegen mit dem Modus der Fokalisierung. Der fokalisierenden Instanz steht ein fokalisiertes Objekt gegenüber („was wird zu sehen gegeben/wahrgenommen?"). Des Weiteren ist zu untersuchen, wie das Objekt zu sehen geben wird („wie wird zu sehen gegeben, was zu sehen gegeben wird?"). Die Analyse der Fokalisierung folgt damit drei Leitfragen: Wer sieht (Subjekt)? Was wird zu sehen gegeben (Objekt)? Wie wird zu sehen gegeben (Modus)?

Auf der Suche nach dem Subjekt der Fokalisierung stellt sich die Frage „nach dem Standpunkt, von dem aus das Erzählte vermittelt wird"[131]. Dazu werden grundlegend zwei Standpunkte voneinander unterschieden: einerseits der Standpunkt der Wahrnehmenden in der erzählten Welt (im Sinne eines Figurenstandpunktes) und andererseits der Standpunkt des Erzählers bzw. der Erzählerin (im Sinne der narratorialen Perspektive).[132] Sowohl ein Erzähler*innen als

---

[128]   Schmid, W., Elemente der Narratologie, Berlin/Boston 2014, 121.
[129]   Vgl. Eder, J., Die Figur im Film, 617.
[130]   Vgl. Schmitz, B., Prophetie und Königtum. Eine narratologisch-historische Methodologie entwickelt an den Königsbüchern (Forschungen zum Alten Testament, Bd. 60), Tübingen 2008, 47.
[131]   Martínez, M. und Scheffel, M., Einführung in die Erzähltheorie, 67.
[132]   Vgl. ebd.

auch Figuren können Subjekte bzw. Instanzen der Fokalisierung sein. So ist es möglich, eine Figur allein über die Wiedergabe ihrer Handlungen und Äußerungen wahrzunehmen und sie von außen zu betrachten. Es ist aber auch möglich, die Figur über ihre Gedanken, ihre Erinnerungen und ihre eigene Wahrnehmung kennenzulernen und damit bis ins Innere der Figur sehen zu können. Im Falle der Perspektivierung durch eine Erzählinstanz nehmen Zuschauer*innen bzw. Zuhörende die Figuren und deren Umwelt als Konstrukte von Erzählinstanzen wahr, „die über mehr oder weniger Wissen als die Figuren verfügen und den Zuschauern bestimmte Auffassungen, Bewertungen, Wünsche und Gefühle hinsichtlich des Dargestellten suggerieren."[133] Erfolgt die Perspektivierung durch eine Figur innerhalb der Erzählung, erleben die Zuschauer*innen ähnlich wie diese Figur; sie nehmen die erzählte Welt aus der Figurenperspektive wahr, d. h. ganz so, als sähen sie die Welt aus den Augen und mit dem Bewusstsein der Figur.

In Bezug auf die Frage nach dem Modus der Fokalisierung („Wie wird zu sehen gegeben") sind – dem Modell Gérard Genettes folgend – drei verschiedene Modi denkbar: Die Nullfokalisierung, die interne Fokalisierung und die externe Fokalisierung.[134] Im Falle der Nullfokalisierung weiß bzw. sagt der Erzähler bzw. die Erzählerin mehr als irgendeine der Figuren wahrnimmt bzw. weiß.[135] Das Geschehen wird aus der *Übersicht* und somit aus Perspektive einer nicht unmittelbar beteiligten Erzählinstanz vermittelt. Aus analytischer Distanz heraus wird die Lage eingeschätzt und mit diagnostischem Blick werden Figuren Motive zugeschrieben, von denen sie selbst vermutlich nichts wissen. Die Erzählinstanz aber sieht die inneren Beweggründe und vermag so den aktuellen Konflikt zu kontextualisieren. So entsteht, mit Hilfe eines weiten Zooms, ein Gesamtbild der Lage. Im Modus der internen bzw. aktorialen Fokalisierung sagt der Erzähler nicht mehr als die Figur weiß.[136] Diese sogenannte figurengebundene *Mitsicht* ist dadurch charakterisiert, dass Personalpronomen Verwendung finden und zu sehen gegeben wird, was der Wahrnehmung der jeweiligen Figur entspricht und nichts darüber hinaus. Sagt die Erzählerin indes weniger als die Figur weiß, handelt es sich um die Verfahrensweise der externen Fokalisierung. In dieser sogenannten *Außensicht* wird eine Figur so zu sehen gegeben, wie sie sich äußerlich zeigt durch das, was sie tut oder sagt. Ein tieferer Einblick in das Innenleben der Figur wird nicht gewährt. Es wird nicht zu sehen gegeben, was die Figur denkt, fühlt und motiviert, so oder so zu handeln.

Der Modus der Fokalisierung steuert maßgeblich, wie Zuschauer*innen eines Films bzw. Zuhörer*innen einer Predigt an einer Figur Anteil nehmen. Figuren können unbeteiligt von außen, also distanziert, beobachtet werden oder

---

[133] Eder, J., Die Figur im Film, 624.
[134] Vgl. Genette, G., Die Erzählung. Aus dem Französischen v. Andreas Knop, hrsg. v. Vogt, J., München 1994.
[135] Für das Folgende vgl. Martínez, M. und Scheffel, M., Einführung in die Erzähltheorie, 68–69.
[136] Für das Folgende vgl. a. a. O., 69–70.

aber derart, dass man sich in die Figur hineinversetzen und sich ihr nahe fühlen kann. Der Vergleich der verschiedenen Verfahrensweisen zeigt, dass die interne Fokalisierung persönlicher und subjektiver erscheint als die externe. So bestimmt die Fokalisierung über die Möglichkeit, eine Figur verstehen und sich mit ihr identifizieren zu können und Nähe zu einer Figur zu empfinden. Umgekehrt kann die Art und Weise der Fokussierung auch dafür sorgen, dass eine „identifizierende Beziehung"[137] zu einer Figur erschwert oder verunmöglicht wird.

Mike Bal hat die Überlegungen Gérard Genettes weitergeführt und unterscheidet zwischen Fokalisator (wer sieht?) und fokalisiertem bzw. fokussiertem Objekt (was wird zu sehen gegeben?). Die Differenzierung zwischen „dem, der sieht" und „dem, was gesehen wird" ermöglicht eine noch detailliertere Beschreibung des Fokalisierungsvorgangs. Das fokalisierte Objekt ist alles, was aus Perspektive von Erzähler*innen oder Figuren wahrgenommen wird: alles Sichtbare (ein Gegenstand, eine Landschaft, eine Figur, ein Ereignis) und auch das Unsichtbare (kognitiv-emotionale Bewusstseinsinhalte einer Figur, die zum Beispiel in Form des inneren Dialogs oder der Erinnerung erkennbar werden). Die Art und Weise, wie ein Objekt dargestellt wird, gibt „sowohl Informationen über das fokalisierte Objekt als auch über die Fokalisierungsinstanz [...] preis – manchmal mehr über den Fokalisator als über das Objekt selbst."[138] Jeder Fokalisator formt das Bild, das die Rezipienten vom Objekt erhalten.[139] So ist keine Perspektive unvoreingenommen oder neutral. Vielmehr begegnet das Objekt dem Subjekt schon immer in Form einer Interpretation durch den Fokalisator. In diesem Sinne hat die Fokalisierung beeinflussende Auswirkungen.[140] Hilfreich für die Analyse dieser Formung des Objekts durch den Fokalisator sind die Fragestellungen: Was wird durch Erzähler*innen/Figuren zu sehen gegeben? Im Hinblick auf was bzw. in welcher Hinsicht wird zu sehen gegeben?

Jede Darstellung ist das Resultat von Fokalisierung. Von einer Figur wird zu sehen gegeben, was nötig ist, um ein der Intention adäquates mentales Modell kreieren zu können. Figureninformationen gleichen damit einem Extrakt, das am Ende eines Filterungsprozesses übrigbleibt. In diesem Prozess werden aus allen möglichen Figureninformationen jene entnommen, die die Aufmerksamkeit und Interpretationsleistung der Hörer*innen bzw. Zuschauer*innen in die gewünschte Richtung zu lenken vermögen. Diese Auswahl wird der Figur zuerkannt und von ihr wird sichtbar gemacht, was gesehen werden soll.

Über die Art der Fokalisierung wird auch die Anteilnahme an den Figuren gelenkt. So wird eine Figur ins Zentrum der Aufmerksamkeit gerückt, während eine andere Figur eher am Rande zum Stehen kommt. Auch kann nicht nur dar-

---

137 Meinhard, I., Ideologie und Imagination, 118.
138 Schmitz, B., Prophetie und Königtum, 140.
139 Vgl. Bal, M., Narratology, 137.
140 Vgl. a. a. O., 141.

gestellt werden, „*dass* eine Figur etwas erlebt, sondern auch, *wie* sie es erlebt"[141]. So kann eine bestimmte Figurenperspektive einsichtiger als andere gemacht werden und es kann damit auf Seiten der Rezipienten Zu- oder Abneigung gegenüber einer Figur evoziert werden. Von der Verstehbarkeit, Vorstellbarkeit und Nachvollziehbarkeit einer Figur ist wiederum abhängig, ob sich diese zur Identifikationsfigur eignet.

Unter der Maßgabe, dass zu sehen gegeben wird, was für die Erzählung und die Intention entscheidend ist, lässt die Analyse der Fokalisierung Rückschlüsse auf die Intention der Predigt zu: Wer steht im Fokus der Wirklichkeitserzählung, wer steht eher am Rand und wer taucht nicht auf? Wer wird in Aktion zu sehen gegeben und wessen Handeln bleibt unsichtbar? Wer sieht (nimmt wahr) und wer sieht nicht? Aus wessen Augen also wird das Geschehen zu sehen gegeben? Wer ist, bildlich gesprochen, die Kamera? Wessen Perspektive bleibt abgedunkelt und welcher Blickwinkel unbesetzt? Von der Fokalisierung unterschieden ist die Wahrnehmung der Stimme. Diese wiederum lässt Rückschlüsse auf das Bild zu, das sich Hörer*innen von Erzählinstanzen machen.

1.5   Die Analyse der Stimme

Entsprechend der Unterscheidung „wer sieht?" und „wer spricht?" werden im Folgenden unter der Kategorie Stimme jene Aspekte behandelt, die den Erzählakt und damit sowohl die Erzählstimmen als auch das Verhältnis Erzählstimme und Erzähltes und von Erzählstimme und Leser*innen bzw. Hörer*innen betreffen.[142] In Bezug auf die Analyse einer Predigt, die als Wirklichkeitserzählung behandelt wird, ist die historische Person hinter der Erzählstimme, d. h. die reale Person, die predigt, nicht von Interesse. In der Erzähltheorie werden Autorenschaft und Erzählinstanz voneinander unterschieden, da für alle Erzählkunst gilt, „dass der Erzähler nicht der Autor ist, sondern eine geschaffene Rolle"[143]. Der Erzähler ist eine Erfindung der Autorin und damit das Resultat der Entscheidung, die Idee von der Welt, wie sie ist bzw. sein sollte, so oder so zu vermitteln. Im Fokus narratologischer Überlegungen steht daher die Erzählinstanz, während die Frage nach dem Autor bzw. der Autorin ausgeklammert wird. Prediger*innen als Autor*innen der Predigt werden deshalb von der in der Predigt wahrnehmbaren Predigtstimme, als einer Erzählinstanz innerhalb einer Wirklichkeitserzählung, unterschieden.

Erzählstimmen stellen den übergeordneten Orientierungspunkt einer Erzählung dar und haben eine privilegierte Position inne. Eine Erzählstimme kann

---

[141] Eder, J., Die Figur im Film, 617 [Hervorhebung im Original].
[142] Vgl. Martínez, M. und Scheffel, M., Einführung in die Erzähltheorie, 72.
[143] Kayser, W., Das Problem des Erzählers im Roman, in: The German Quaterly 29, 1956, 229, zitiert nach: Meinhard, I., Ideologie und Imagination, 103.

Pläne und Wünsche von Figuren analysieren, diese kommentieren, ihnen zustimmen oder widersprechen und ihre ganz eigene Sicht auf das Geschehen mit-
teilen.[144] Gérard Genette folgend ist die Erzählinstanz die Quelle des narrativen
Aktes und wird mit Blick auf die Zeit, den Ort und die Stellung des Erzählers untersucht. Während die Analyse der Zeit („wann wird erzählt?") das Verhältnis
zwischen dem Zeitpunkt des Erzählens und dem Erzählten beschreibt und die
Analyse des Ortes („auf welcher Ebene wird erzählt?") das Gefüge von Erzählungen innerhalb von Erzählungen untersucht, wird mithilfe der Fragestellung „in
welchem Maße ist der Erzähler am Geschehen beteiligt?" die Stellung des Erzählers zum Geschehen erforscht.[145] Mit dem Ziel, unterschiedliche Stimmen, ihre
Einstellungen und Meinungen, ihr Denken, Fühlen und Handeln, voneinander
unterscheiden zu können, sind also auch die Analyse des Ortes und der Stellung
der Erzählinstanz für die vorliegende Studie von Interesse.

Unter der Fragestellung „in welchem Maß ist der Erzähler am Geschehen
beteiligt?"[146] werden Ort und Stellung, d. h. die Beziehung zwischen Erzählstimme und Erzähltem, analysiert. Grundlegend werden dazu zwei Arten von
Beziehungen voneinander unterschieden: Im ersten Fall ist die Erzählerin Teil
der erzählten Geschichte (homodiegetischer Erzähler). Im zweiten Fall gehört
die Erzählerin nicht zur erzählten Welt (heterodiegetischer Erzähler). In Kombination mit den möglichen Ebenen der Narration (extradiegetisch und intradie-
getisch) sind damit vier Erzählertypen möglich. Demnach ist die Erzählstimme
der Predigt entweder ein extradiegetischer-heterodiegetischer (außerhalb der
Geschichte stehender, die Geschichte anderer erzählender) Erzähler oder ein
extradiegetischer-homodiegetischer (ein außerhalb der Geschichte stehender,
seine eigene Geschichte erzählender) Erzähler wie im Falle einer Autobiogra-
phie. Der Erzähler bzw. die Erzählerin kann aber auch intradiegetisch-hetero-
diegetisch sein, d. h. die Erzählinstanz ist Teil der erzählten Welt, erzählt aber
die Geschichte eines anderen. Oder die Erzählinstanz kann intradiegetisch-
homodiegetisch sein im Sinne einer Figur innerhalb der erzählten Welt, die ihre
eigene Geschichte erzählt. Eine Besonderheit stellt die indirekte bzw. erlebte
Rede dar. In diesem Fall kann nicht immer klar zwischen Figurenrede und Erzählstimme unterschieden werden. Durch eine doppelte Perspektive gekennzeichnet vermischen sich in ihr die direkte Rede einer Figur und die Wiedergabe
dieser Rede durch die Erzählerin.[147]

Die Predigtstimme erklingt zumeist in nicht narrativen Passagen. Im Vergleich mit anderen Erzählinstanzen hat sie moderierende, verknüpfende Funktion. Durch Anschluss- und Gelenkstellen vermag sie, den Hörer*innen Orientierung in der Wirklichkeitserzählung zu bieten. Sie kann nahelegen, wie eine

---

[144] Vgl. Schmitz, B., Prophetie und Königtum, 56.
[145] Vgl. Martínez, M. und Scheffel, M., Einführung in die Erzähltheorie, 71–94.
[146] A. a. O., 85.
[147] Vgl. Meinhard, I., Ideologie und Imagination, 104.

Erzählung gedeutet werden soll, kann Figuren unterschiedlicher Erzählungen zusammenführen und lenkt damit die Wahrnehmung und Aufmerksamkeit. Sie stellt eine primäre Orientierungsinstanz für die Hörer*innen dar. Die Anrede „Liebe Gemeinde" verdeutlicht, dass es sich bei dieser Stimme um keine klassische Erzählinstanz handelt und so kann diese Stimme auch nicht einfach als Erzähler bezeichnet werden. Um der besonderen Anlage der Predigt nachzukommen, wird diese daher Predigtstimme genannt. Setzt in der Predigt eine Erzählung ein, vollzieht sich ein Rollenwechsel von der Predigtstimme zur Erzählstimme. Predigt Nummer 5 verdeutlicht diesen Wechsel der Stimme:

> „Liebe Gemeinde, Fischer, Fischer, wie tief ist das Wasser?! Sie ist neu in der Schule. Wahrscheinlich versteht sie noch nicht alles wegen der Sprache und sowieso ist alles neu für sie. Die schöne Schule, das Klassenzimmer mit den praktischen Tischen, die Schultaschen und die Kleidung der anderen. Die freundliche Lehrerin und die eiligen Kinder, die immer durch den Flur rasen. „Es ist schön in Deutschland, du wirst sehen", haben die Eltern gesagt auf der schrecklichen Flucht."

Unmittelbar nach der Anrede „liebe Gemeinde", vollzieht sich ein Rollenwechsel. In der Frage „Fischer, Fischer, wie tief ist das Wasser?!" überschneiden sich Predigtstimme und Erzählstimme zunächst. Die Frage wendet sich einerseits an die Hörerschaft, stellt zugleich aber den Beginn der nun einsetzenden Erzählung dar. Mit Auftreten des Personalpronomens „sie" („sie ist neu in der Schule") hat sich der Rollenwechsel vollzogen: Es spricht ein Erzähler. Im Moment der direkten Rede („Es ist schön in Deutschland, du wirst sehen"), tritt die Erzählstimme ihre Rede wiederum an Figuren (die Eltern) ab.

Für die Bestimmung der Beziehung der Predigtstimme zur erzählten Welt und zu ihren Figuren ist im Text insbesondere auf jene Zeichen zu achten, die Rückschlüsse auf die Einstellung der Predigtimme zulassen. Was gibt die Predigtstimme in dem, was sie sagt und wie sie es sagt, von sich selbst zu erkennen? Was für eine Figur entwirft die Stimme von sich selbst?

Besondere Beachtung findet der Gebrauch von Personalpronomen in der Rede der Predigtstimme. So ist beispielsweise beim Gebrauch des Pronomens Wir zu fragen, wer mit Wir gemeint ist, welcher Gruppe sich die Predigtstimme damit zuordnet bzw. welcher nicht und welche Funktion mit der Zuordnung verbunden sein kann.

In Bezug auf das Personalpronomen Ich in der Rede der Predigtstimme dienen die Überlegungen zum „Ich auf der Kanzel" von Manfred Josuttis als sensibilisierendes Konzept.[148] Demnach hat das verifikatorische Ich in einer Predigt die Funktion, Aussagen mithilfe eigener Erfahrungen zu beweisen. Das Ich dient als Zeuge der „Wahrheit des Zeugnisses"[149] („Es ist deshalb keine Blauäugigkeit, wenn ich sage, dass wir alle, die Flüchtlingen täglich begegnen, nicht bloß Pro-

---

[148]   Vgl. Josuttis, M., Praxis des Evangeliums, München 1974, 70–94.
[149]   A. a. O., 91.

bleme sehen, ja, die auch, sondern auch unglaublich bereichert werden."[150]). Das konfessorische Ich hat die Aufgabe, im Sinne der Wahrheit Gottes Position zu beziehen[151] („Mein Abendland hat tausende Ehrenamtliche, die der Not der Geflüchteten mit Taten begegnen statt mit Angstmache – so machen das Christen übrigens von Anbeginn so. Das ist mein Abendland"[152]). Das biographische Ich zeigt auf, inwiefern das, was in einer Predigt Thema ist, mit echten, menschlichen Erfahrungen zu tun hat[153] („Auch ich liebe Paris. [...] Vor einem Jahr habe ich „Je suis Charlie" gesagt. [...] All das ist Teil meines Lebens. Und deshalb: Ich liebe Paris. Paris ist ein Teil von mir und ich bin ein Teil dieser Stadt."[154]). Das repräsentative Ich steht stellvertretend für jeden und kann, da es nicht mit einer individuellen Person gefüllt ist, allen zur Identifikation dienen[155] („Ich, der ich mich selbst als Geretteten begreife, tue mich leichter, denjenigen zu erkennen, der jetzt im Augenblick meine Hilfe braucht"[156]). Das exemplarische Ich findet Verwendung, wenn sich die Predigtstimme deutlich in eine Darstellung mit einbezieht, um nicht unglaubwürdig zu wirken („Ich habe keine Lösung für das Problem IS, für die Lage in Syrien."[157]). Das exemplarische Ich formuliert hier beispielhaft für die Hörer*innen die eigene Betroffenheit und Ratlosigkeit („Ich habe keine Lösung"). Rhetorische Ich-Aussagen hingegen lassen keinen Rückbezug auf die Einstellung der Predigtstimme zu. Hinter dem Personalpronomen steht eine fiktive Figur, die probeweise durch die Predigtstimme bewohnt wird („Wenn ich Frust habe, dann kaufe ich was. Wenn meine Nerven bloßliegen, dann muss ich immer zum Kühlschrank"[158]).

Die Analyse der Predigtstimme lässt Rückschlüsse auf das Bild zu, das sich Hörer*innen von ihr machen. Wie nah oder fern steht die Predigtstimme den einzelnen Figuren in der erzählten Welt? Wie kann ihre Einstellung zur politischen Lage beschrieben werden? Welche Kategorien stellt die Predigtstimme auf: Wer ist Wir, Ich, Du, Sie? In welchem Verhältnis zum Problem positioniert sich die Predigtstimme? Wie spricht die Predigtstimme die Hörer*innen an? Wie ist das Verhältnis zwischen Predigtstimme und Hörerschaft zu beschreiben?

Die Predigtstimme wird mit denselben Mitteln untersucht wie eine Erzählstimme. Sie wird, mit Rücksicht auf die Besonderheiten einer Predigt im Vergleich zu einer rein fiktionalen Erzählung, gesondert bezeichnet. Dahinter aber verbirgt sich ebenso eine Figur wie hinter jeder anderen Instanz, die spricht. Alle Hinweise auf diese Figur sind dem Text zu entnehmen. Rückschlüsse auf die kon-

---

[150] Predigt Nummer 16.
[151] Vgl. Josuttis, M., Praxis des Evangeliums, 92.
[152] Predigt Nummer 24.
[153] Vgl. Josuttis, M., Praxis des Evangeliums, 92.
[154] Predigt Nummer 18.
[155] Vgl. Josuttis, M., Praxis des Evangeliums, 93.
[156] Predigt Nummer 4.
[157] Predigt Nummer 24.
[158] Beispiel entnommen aus: Meinhard, I., Ideologie und Imagination, 115.

krete Person, die predigt, lassen sich daraus nicht ableiten – schließlich ist eine
Person immer mehr als das, was sie in einer ca. fünfzehnminütigen Predigt sagen
kann und von sich zu sehen gibt. Jeder und jede, der oder die einen Text schreibt
– sei es einen Roman, einen Aufsatz oder eine Predigt – entwirft dafür eine Perspektive, aus der heraus etwas gesehen und gezeigt wird, und lässt eine Stimme
hören, mit der gesprochen wird. Der Entwurf der Predigtstimme erfolgt in der
Predigtvorbereitung und folgt Inszenierungsstrategien, also rhetorischen
Kunstregeln. So wird in einer Predigt in Szene gesetzt, was vor dem Hintergrund
der biblischen Tradition bzw. der Predigtperikope und der homiletischen Situation für die Gottesdienstgemeinde von Relevanz sein könnte. Entsprechend wird
eine Predigtstimme entwickelt, die ganz ähnlich wie die aus Filmen bekannte
voice over fungiert. Sie gibt Orientierung im Geschehen, kommentiert Figuren
und Handlungen, stellt Verknüpfungen zwischen Figuren und Szenen her und
legt dem Publikum bzw. Auditorium damit nahe, eine Angelegenheit so oder so
wahrzunehmen und zu bedenken und daher diese oder jene Schlüsse aus der
Darstellung zu ziehen.

Die detaillierte Analyse aller Stimmen, die in einer Predigt wahrzunehmen
sind, hilft, Einstellungen und Bewertungen unterschiedlicher Instanzen aus-
einanderhalten und miteinander vergleichen zu können: „Wer redet mit wem in
welchem Ton worüber?"[159] Wie positioniert sich die Erzähl- bzw. Predigtstimme
gegenüber dem, was zu sehen gegeben wird und wie es zu sehen gegeben wird
(Figuren, Handlungen, Beschreibungen usw.)? Abhängig von den im Text enthaltenen Informationen kann identifiziert werden, welcher Sprecher für welche
Inhalte steht, wie sich Sprecher ggf. voneinander abgrenzen und einander interpretieren. Zudem können aus den Beobachtungen Rückschlüsse gezogen werden
über das Bild, das sich die Hörer*innen von Figuren hinter Stimmen machen.

1.6   Die Analyseschritte der kritisch-narratologischen
Methode

Die vorliegende Studie analysiert eine Predigt auf ihre ideologischen Denkmuster und deren sprachliche Präsentationen mit Hilfe kritisch-narratologischer
Methoden. Im Fokus steht die Untersuchung der Idee von der Welt, wie sie ist
bzw. sein sollte, wie sie einer Predigt, die als Text vorliegt, entnommen werden
kann. Sowohl die in der Predigt auftretenden Figuren bzw. Akteure und ihre
Konstellationen (Wer kommt vor und wer nicht? Wer tut was? Wer ist aktiv, wer
ist passiv? Wer steht wem nahe? usw.) als auch Subjekt, Objekt und Modus von
Fokalisierungen (Wer sieht? Was wird zu sehen gegeben? Wie wird zu sehen gegeben? Wessen Augen sind blind?) und der Ort und die Stellung der Stimmen

---

[159]   Engemann, W., Einführung in die Homiletik, 381.

(Wer spricht? Wie wird über wen gesprochen? Wer hat keine Stimme bzw. findet kein Gehör? Wessen Stimme ist bei wem erfolgreich?) stehen im Fokus der Untersuchung. Mithilfe dieser Parameter wird die Idee von der Welt mit Blick auf die Deutung der politischen Lage ermittelt: Was ist das Problem? Worin liegt der Grund des Problems/Wer ist schuld an dem Problem? Worin liegt die Lösung des Problems? Wie wird die sogenannte Flüchtlingskrise erklärt? Wie werden diejenigen dargestellt und angesprochen, die die sogenannte Willkommenskultur ablehnen? Welche Rolle kommt den Hörer*innen angesichts der politischen Lage zu?

Die detaillierte Analyse der Textstruktur ermöglicht auch, Vermutungen über die Intention der Predigt aufzustellen und kritisch zu überlegen, wie die Idee von der Welt, wie sie ist bzw. sein sollte, von den Hörer*innen wahrgenommen wird. Wer fühlt sich wie angesprochen? Wer sind wir, ich und die (die Asyl- und Schutzsuchenden, die Christen, die Anderen)? Zu wem können die Hörer*innen eine Beziehung aufbauen? Insbesondere wird darauf geachtet, wie Personen, die andere Meinungen vertreten als die Predigtstimme, angesprochen werden und in der erzählten Welt in Erscheinung treten. Welche Identifikationsangebote bestehen für sie? Zu wem können sie eine Beziehung aufbauen?

Die Analyseschritte, die im Folgenden dargestellt werden, orientieren sich an dem Analyseraster von Isolde Meinhard, welches wiederum auf den von Mike Bal vorgelegten Arbeitsschritten zur Analyse textueller Subjektivität beruht.[160] Für die vorliegende Studie wird dieses Raster dahingehend modifiziert, dass vor allen Dingen jene Parameter im Vordergrund stehen, die für das Forschungsinteresse leitend sind (Figuren, Fokalisierung, Stimme).

1. Schritt: Lektüre der Predigt und Sammlung des ersten Eindrucks. Wie ist die Predigt aufgebaut, was ist ihr Hauptthema, welche Unterthemen sind erkennbar? Was könnte Aussage des Textes sein? Fällt etwas Interessantes oder Überraschendes auf? Inwiefern nimmt die Predigt auf die sogenannte Flüchtlingskrise Bezug? Gibt es Passagen in der Predigt, die sich als Untersuchungsgegenstand besonders gut eignen?[161]

2. Schritt: Die Analyse von Figuren und Figurenkonstellationen. Wer kommt in der Predigt vor (Figurenbestand)? Sind Rollenverteilungen erkennbar (Held, Antiheld o. ä.)? Wie werden die einzelnen Figuren dargestellt, welche Informationen werden den Figuren zur Seite gestellt? Was tut die Figur? Wie tut sie, was sie tut? Was sagt die Figur? Wie handelt und denkt die Figur? Wie stellt sich die Figur im Vergleich mit anderen Figuren dar? Welche Figur steht für welches Denken, Fühlen, Meinen, Handeln? Wie verhalten sich die Figurenrollen zu einander? Sind Figurengruppen erkennbar? Wie kann das Verhältnis zwi-

---

[160]   Vgl. Meinhard, I., Ideologie und Imagination, 192–193.

[161]   Vgl. Stübing, J., Art.: Theoretisches Sampling, in: Bohnsack, R., Marotzki, W. und Meuser, M. (Hg.), Hauptbegriffe Qualitativer Sozialforschung, Opladen & Farmington Hills ²2006, 154–156, 154.

schen einzelnen Figuren und Figurengruppen beschrieben werden (Hierarchie)? „Bei wem liegen die Möglichkeiten des Eingreifens in die Wirklichkeit? Was wird wem zugetraut bzw. zugemutet?"[162] Und wer „diagnostiziert, entdeckt, denkt?"[163]

3. Schritt: Die Analyse der Stimme. Wer spricht? Wer spricht in welcher Rolle? Wer spricht wie oft? Wer spricht hauptsächlich und wer kommt eher selten zu Wort? Gibt es eine Figur ohne Stimme? Wie oft und in welcher Weise kommt die Predigtstimme zu Wort? Wie tritt sie auf? Wie spricht die Predigtstimme zu den Hörer*innen und zu wem baut sie eine Beziehung auf? Wessen Rede hat bei wem Erfolg? „Wer redet mit wem in welchem Ton worüber?"[164]

4. Schritt: Die Analyse der Fokalisierung. Wer sieht bzw. durch wessen Augen wird zu sehen gegeben? Was wird zu sehen gegeben? Wie wird zu sehen gegeben, was zu sehen gegeben wird? Welche Stellung hat der jeweilige Fokalisator zum Geschehen? Wechselt die Fokalisierung oder ist sie starr? Wer hat den Hauptstandpunkt inne und welche Figur wird aus Perspektive der Hörer*innen besonders plausibel? „Wer entwickelt die entscheidenden Perspektiven?"[165]

5. Schritt: Die Analyse der Identifikationsangebote. Mit Blick auf die Hörer*innen wird untersucht, welche Identifikationsmöglichkeiten ihnen zur Verfügung gestellt werden. Dazu werden, wo dies aufschlussreich erscheint, einzelne Passagen der Predigt noch detaillierter mithilfe der Leitfragen zu den Parametern Figuren, Fokalisierung und Stimme analysiert.

6. Schritt: Die Gesamtauswertung. Zusammenfassend wird formuliert, welches Bild von der sogenannten Flüchtlingskrise gezeichnet wird, wie die Krise erklärt und welche Problemlösungen imaginiert werden. Es wird dargestellt, welche Figuren für welches Handeln stehen und welche Identifikationsangebote sich daraus ergeben.

7. Schritt: Der Vergleich. Zuletzt werden die bisher analysierten Predigten miteinander verglichen. Damit wird ersichtlich, was für die analysierten Predigten typisch erscheint. Welche Problemerklärung kommt häufig vor, welche Figuren begegnen oft und welche Erwartungen an die Hörerschaft wiederholen sich? Im Vergleich der Predigten können typische Strategien im Umgang mit der sogenannten Flüchtlingskrise auf der Kanzel beschrieben und kritisch reflektiert werden.

---

[162] Engemann, W., Einführung in die Homiletik, 381.
[163] Ebd.
[164] Ebd.
[165] Ebd.

2.   Die Erhebung des Analysematerials

Für die vorliegende Studie wurden Predigten aus dem Zeitraum von August 2015 bis März 2016 gesammelt, da diese Monate eine besonders virulente Phase der sogenannten Flüchtlingskrise beinhalten. Zunehmende Berichterstattungen von Schutzsuchenden, die auf der Flucht ums Leben kamen, sorgten für Aufsehen wie auch die Zunahme von Protestmärschen, Anschlägen auf Asylunterkünfte bzw. Gewalt gegenüber Asyl- und Schutzsuchenden.

Im Fokus der Studie stehen evangelische Predigten aus dem skizzierten Zeitraum, die sich explizit und ausführlich mit der sogenannten Flüchtlingskrise auseinandersetzen in der Art, dass sie sich für die Aufnahme Schutz- und Asylsuchender aussprechen und/oder sich kritisch mit Positionen auseinandersetzen, die die Aufnahme von Schutz- und Asylsuchenden ablehnen. Es handelt sich um Predigten, die in dieser angespannten Situation dem Gebot der Fremden- und Nächstenliebe Geltung verschaffen wollen.[166]

Die Suche nach geeignetem Material erfolgte zweigleisig. Einerseits wurde das Internet nach Predigten durchsucht, andererseits wurden Prediger*innen persönlich angesprochen. Im Internet erfolgte die Suche unter Anwendung der Stichworte Predigt und Flucht bzw. Predigt und Flüchtling, Migration, Not, Asyl, Mittelmeer, Krise, PEGIDA, Protest, Fremdenfeindlichkeit, Grenze, EU, AfD, Unterkunft, Krieg, Syrien, Hunger, Afghanistan, Schleuser, Seenotrettung, Flüchtlingshilfe u. a. Überdies wurden einschlägige Predigtportale im Netz sowohl mithilfe derselben Stichworte als auch entlang der Sonntage, die in den abgesteckten Zeitraum fallen, nach wertvollem Material durchsucht (www.predigt-preis.de, www.theologie.uzh.ch/predigten, www.predigten.evangelisch.de, www.zentrum-verkuendigung.de, www.kanzelgruss.de u. a.).

Im Internet wurde auch gezielt nach Predigten gesucht, die in Gemeinden bzw. Orten gehalten wurden, die im Zuge der sogenannten Flüchtlingskrise hervortraten. Die Fokussierung auf diese Orte ist durch die Annahme geleitet, dass Vorkommnisse vor Ort Predigten evozieren, die sich auf die sogenannte Flüchtlingskrise beziehen. Mithilfe der journalistischen Berichterstattung aus der Zeit der sogenannten Flüchtlingskrise wurde eine Liste interessanter Orte und der dazugehörigen Kirchengemeinden erstellt. Dazu gehören beispielsweise München, wo viele Asyl- und Schutzsuchende ankamen, und auch Dresden, wo der Widerstand gegen die Aufnahme Asyl- und Schutzsuchender in Form der PEGIDA öffentlich sichtbar wurde. Zudem wurden Predigtarchive prominenter Predigtstätten nach geeignetem Material durchforstet wie beispielsweise das Predigt-

---

[166] Predigten, die sich gegen die Aufnahme von Asyl- und Schutzsuchenden aussprechen, wird es vermutlich auch geben. Diese sind aber nicht Gegenstand der Studie, da es im Interesse der Forscherin liegt zu rekonstruieren und kritisch zu beleuchten wie auf Kanzeln versucht wird, die Akzeptanz gegenüber mobilen Menschen zu mehren und zu Hilfehandeln gegenüber Asyl- und Schutzsuchenden zu motivieren.

archiv des Berliner Doms. Es wurde auch anhand der Namen weithin bekannter Prediger*innen nach geeignetem Material gesucht in der Annahme, dass an Orten, wo Asylproteste stattfanden oder gar Übergriffe auf Asyl- und Schutzsuchende sowie von Predigtpersonen, die im Fokus des öffentlichen Interesses standen, explizite Auseinandersetzungen mit Fremdenfeindlichkeit und Asylkritik zu erwarten sind.

Da bei Weitem nicht alle Predigten im Internet veröffentlich werden, wurde Material auch mittels persönlicher Ansprache kollektiert. In der Erwartung, dass Prediger*innen, die direkt mit der Aufnahme von Asyl- und Schutzsuchenden befasst und/oder mit Asylprotesten konfrontiert waren, nicht umhinkonnten, dies im Rahmen einer Predigt zu thematisieren, wurden Pfarrer*innen, deren Gemeinden nahe an Hotspots der sogenannten Flüchtlingskrise lagen, telefonisch bzw. schriftlich gebeten, ihre Predigten aus dem für die Studie relevanten Zeitraum zur Verfügung zu stellen. Von besonderem Interesse waren Gemeinden bzw. Orte, in denen Asylproteste oder Übergriffe auf Asyl- und Schutzsuchende bzw. Asylunterkünfte stattfanden. Von ihnen war zu erwarten, dass sie aus direkter Betroffenheit heraus die Akzeptanz für Asyl- und Schutzsuchende stärken und Fremdenfeindlichkeit begegnen wollen. Umgekehrt wurden auch Predigten von Pfarrer*innen erbeten, in deren Gemeinden keine Proteste stattfanden, die sich aber in der Hilfe für Asyl- und Schutzsuchende engagieren wollten. So wurden auch Predigten von Prediger*innen wahrgenommen, die Asyl- und Schutzsuchenden nahestanden und zugleich aus einer gewissen lokalen Distanz zu Asylprotesten heraus die politische Lage reflektierten.

Das Ziel der Erhebung des Analysematerials besteht darin, häufig auftretende Muster und maximale Kontraste rekonstruieren zu können. Die „theoretische Sättigung"[167] war erreicht, als 70 Predigten kollektiert waren und die darüber hinaus erhobenen Materialien keine neuen Erkenntnisse beinhalteten. Mithilfe der wiederholten und vergleichenden Lektüre des Analysematerials wurden daraus 29 Predigten ausgewählt, die widerspiegeln, was für die 70 erhobenen Predigten typisch erscheint. Daneben wurde eine Predigt identifiziert, die einen maximalen Kontrast zum übrigen Material darstellt.

Die vorliegende Studie untersucht somit einzelne Fälle mit dem Ziel, Typisches für politische Predigten aus der Zeit der sogenannten Flüchtlingskrise aufzeigen zu können. Anders als quantitative Verfahren, die mittels großer Fallzahlen nach Häufigkeiten und damit nach repräsentativen Ergebnissen suchen, zielt der qualitative Zugang darauf ab, die Gesetzlichkeit des individuellen Falls zu

---

[167]   Strübing, J., Art.: Theoretisches Sampling, in: Bohnsack, R., Marotzki, W. und Meuser, M. (Hg.), Hauptbegriffe Qualitativer Sozialforschung, Opladen & Farmington Hills ²2006, 154–156, 155.

rekonstruieren.[168] Die Studie arbeitet folglich mit der Annahme, dass eine einzelne Predigt, auch wenn sie kontingent ist, als eine „*geschichtlich* gewordene Realität zu verstehen ist" und eine „quasi objektive Gesetzlichkeit bildet"[169]. Im Sinne des Pars pro Toto vermag die Analyse einiger Predigten, die aus der großen Vielzahl von Predigten ausgewählt wurden, Zutreffendes über die Praxis der politischen Predigt in der Zeit der sogenannten Flüchtlingskrise aufzuzeigen, ohne den Anspruch zu erheben, die gesamte Predigtpraxis abzubilden, d. h. repräsentativ zu sein.

---

[168] So liegt dem qualitativen Zugang die galileische Vorstellung des strengen Gesetzes zugrunde, die die Gesetzlichkeit des individuellen Falls behauptet, vgl. Bude, H., Art.: Fallrekonstruktion, in: Bohnsack, R., Marotzki, W. und Meuser, M. (Hg.), Hauptbegriffe Qualitativer Sozialforschung, Opladen & Farmington Hills ²2006, 60–61.

[169] Vogd, W., Systemtheorie und rekonstruktive Sozialforschung – eine Brücke, Opladen & Farmington Hills ²2011, 15, [Hervorhebung im Original].

III. Die kritisch-narratologische Analyse politischer Predigten aus der Zeit der sogenannten Flüchtlingskrise

Auf der Suche nach Material, das gute Chancen bietet, typische Wirklichkeitserzählungen rekonstruieren zu können, wurden die 29 ausgewählten Predigten wiederholt gelesen[1] und mit analytischer Intuition fünf Predigten ausgewählt,[2] die aufgrund ihrer Figurenbeschreibungen und Figurenkonstellationen und aufgrund ihrer Deutungen der sogenannten Flüchtlingskrise viel Material boten. Sie zeigen Ähnlichkeiten mit fast allen anderen Predigten auf und unterscheiden sich zugleich so voneinander, dass typische Schwerpunkt- bzw. Akzentsetzungen in den Wirklichkeitserzählungen deutlich werden.

Diese fünf Predigten fungierten als Leitpredigten. Sie wurden zuerst und in aller Breite mit Blick auf ihre Wirklichkeitserzählungen, die darin enthaltenen Figurenkonzeptionen und -konstellationen, Fokalisierungsstrategien und Stimmen, Problemanalysen und Problemlösungsvorschläge analysiert und anschließend miteinander verglichen. Jede Predigtanalyse sensibilisierte so für die nachfolgende Analyse auf der Suche nach Ähnlichkeiten und Unterschieden.

Im Anschluss wurden die übrigen 24 Predigten mit den Leitpredigten verglichen, um zu erforschen, ob sich neben den bereits explorierten Wirklichkeitserzählungen noch weitere finden lassen bzw. welche Ideen von der Welt, Figuren und Perspektiven das weitere Material bietet. Der Vergleich endete, als die theoretische Sättigung erreicht war, also keine weiteren, neuen Beobachtungen gemacht werden konnten. Abschließend wurden die Wirklichkeitserzählungen, die für die vorliegende Predigtsammlung typisch erscheinen, in ihrem Grundschema rekonstruiert.

---

[1] Vgl. Strübing, J., Art.: Theoretisches Sampling, 154.

[2] Robert Merton bezeichnet die analytische Intuition als einen Spürsinn, der dem Forscher bzw. der Forscherin sagt, hier auf etwas, für das Forschungsanliegen Relevantes, gestoßen zu sein. Vgl. Blumer, H., Der methodologische Standort des symbolischen Interaktionismus, in: Arbeitsgruppe Bielefelder Soziologen (Hg.), Alltagswissen, Interaktion und gesellschaftliche Wirklichkeit, Bd. 1, Reinbek b. H. 1973, 80–146 und vgl. Strübing, J., Art.: Theoretisches Sampling, 154.

1. Krieg und Frieden. Die Analyse der Predigt Nummer 2

Die Predigt Nummer 2 trägt die Überschrift „Krieg und Frieden" und wurde am 30. August 2015 gehalten. Die Auswahl der Predigtperikope folgt der Perikopenordnung für den 13. Sonntag nach Trinitatis. Die der Predigt zugrundeliegende Bibelstelle ist Lk 10,25–37, das Gleichnis vom barmherzigen Samariter.

1.1 Das Gleiche tun wie der Mann aus Samaria. Der erste Eindruck

Die Predigt ist in vier drei Teile geteilt (Einleitung, 1. Hauptteil, 2. Hauptteil, Schluss). Auf die Begrüßung folgt unmittelbar der erste Hauptteil, der eine Erzählung beinhaltet. In dieser wird der Film ,Kriegerin' durch eine Erzählinstanz nacherzählt. Die Protagonistin der Erzählung ist Marisa. Sie stammt aus Ostdeutschland und gehört einer Clique von Neonazis an. Fremdenfeindlich eingestellt drangsaliert sie ausländisch aussehende Menschen. Eines ihrer Opfer ist Rasul. Als Marisa Rasul aber näher kennenlernt, wandelt sich ihre Einstellung. Marisa entwickelt Mitgefühl für Rasul und wird seine Fluchthelferin.

Im Anschluss an die Erzählung führt die Predigtstimme Marisa und die Figur des barmherzigen Samariters zusammen, indem Analogien zwischen beiden Figuren aufgezeigt werden („Ich lese den Film als eine moderne Fortschreibung der Geschichte vom Samariter: Marisa ist eine Frau, die heute in die Spuren des Samariters tritt"[3]), die mittels narrativer Passagen veranschaulicht werden („Der Anblick des Opfers rührt das Herz des Samariters, er trifft ihn in seinem Inneren. [...] Marisa, die Kriegerin, begreift, dass Rasul wirklich in Not ist").

Am Beginn des zweiten Hauptteils spricht die Predigtstimme die Gemeinde direkt an und fragt: „Lassen wir uns anrühren von dem, was dem Menschen neben uns passiert, und helfen wir ihm? Sind wir bereit, unser Herz zu öffnen und uns sein Schicksal nahe gehen zu lassen?" Sie verbindet das Gleichnis vom barmherzigen Samariter und die Erzählung von Marisa mit der aktuellen Situation Geflüchteter. Zur Veranschaulichung werden zwei Bespielgeschichten aufgeführt, in denen Personen (Caroline und Tobias) Geflüchteten spontan und engagiert helfen. Der Schluss der Predigt beinhaltet den Appell, Geflüchteten „wirklich" zu begegnen und „das Gleiche zu tun, wie der Mann aus Samarien".

Als Hauptintention ist der Predigt der Appell zu entnehmen, Mitgefühl mit Geflüchteten zu empfinden und im Umgang mit der gegebenen politischen

---

[3]   Zur besseren Lesbarkeit werden, wo es nötig ist, die der Analyse zu Grunde liegenden Predigten im Hinblick auf Rechtschreibung und Zeichensetzung in korrigierter Form zitiert.

Situation den guten Beispielen (dem barmherzigen Samariter, Marisa, Caroline und Tobias) tatkräftig zu folgen und damit das Gesetz Gottes zu erfüllen.

1.2 Helfen statt vorbeizugehen. Die Analyse von Figuren und Konstellationen

Die Predigt besteht aus vier Erzählungen, die korrelativ miteinander verknüpft sind, indem die Predigtstimme Ähnlichkeitsbeziehungen zwischen ihren Protagonisten bzw. Protagonistinnen herstellt: Marisa, Caroline und Tobias gleichen dem barmherzigen Samariter.

Der Samariter ist die Hauptfigur der Binnenerzählung aus Lk 10,25–37. Er hat zentrale Bedeutung für den Handlungsverlauf. Als Protagonist hat der Samariter die Subjektposition inne. Sein Ziel ist die Rettung des Überfallenen, der die Objektrolle innehat. Dem Protagonisten zur Seite steht der Wirt, der den Überfallenen versorgt und damit eine Helferrolle innehat. Bei Priester und Levit handelt es sich um Episodenfiguren. Sie treten einmalig auf. Ihr Verhalten ist von großer Bedeutung für die Botschaft der Erzählung, nicht aber für die rettende Handlung, schließlich tun sie nichts für den Überfallenen. Im Vergleich von Samariter, Priester und Levit fällt auf, dass Priester und Levit typisiert dargestellt werden. Über Priester und Levit wird nicht mehr ausgesagt, als dass es sich um einen Priester und einen Leviten handelt. Beide Figuren sind damit skizzierte Stereotypen: Die Hörerschaft muss nicht mehr über diese Figuren wissen, als dass sie der religiösen Elite Israels angehören, folglich die Gebote der Schrift kennen und dass beide den Überfallenen sehen und weitergehen. Die inneren Beweggründe für dieses Verhalten werden nicht einsichtig. Die Figuren werden bloß von außen betrachtet und bleiben so in ihrem Verhalten unverständlich.

Der Samariter hingegen wird individualisierter und transparenter dargestellt. Dem Stereotyp „Ein Samariter" werden Figureninformationen zugeordnet, die das typisierte Bild aufbrechen („Ein Samariter *aber*") und einen Charakter zeichnen: Der Samariter wird zu einer Figur mit Gefühlen, die den Zuhörenden zugänglich sind („und als er ihn sah, jammerte er ihn"). Der Samariter zeigt überdies Tatkraft, Mut und guten Willen („und er ging zu ihm, goss Öl und Wein auf seine Wunden und verband sie ihm, hob ihn auf sein Tier und brachte ihn in eine Herberge und pflegte ihn"). Er zeigt sich als ambitionierter Retter, der auch langfristig Verantwortung übernimmt, ohne dafür eine Gegenleistung zu erwarten („Am nächsten Tag zog er zwei Silbergroschen heraus, gab sie dem Wirt und sprach: Pflege ihn; und wenn du mehr ausgibst, will ich dir's bezahlen, wenn ich wiederkomme").

Als Nebenfiguren haben Priester und Levit kontrastierende Funktion: Ihr Verhalten steht dem Mitgefühl und dem Hilfehandeln des Samariters diametral entgegen. Als sie den Überfallenen sehen, kümmern sie sich nicht um das Opfer, sondern gehen vorüber. Der Samariter hingegen sieht den Überfallenen, empfindet Mitgefühl, geht hin und hilft. Auf der moralischen Achse kommen Levit und Priester folglich am negativen Ende zum Stehen: Obgleich sie das Gebot der Nächstenliebe kennen, gehen sie wortlos vorbei. Der Samariter hingegen kommt am positiven Ende der moralischen Achse zum Stehen: Wenngleich er aus der Perspektive von Priester und Levit als religiös fehlgeleitet gilt, handelt er durch und durch richtig. Er lässt sich anrühren, wendet sich zu und hilft aktiv und praktisch. Weder die Räuber noch kulturelle Unterschiede halten ihn davon ab.

Marisa, die Protagonistin der zweiten Erzählung, ähnelt zunächst den Räubern aus dem Gleichnis vom barmherzigen Samariter. Marisa ist Mitglied einer Clique von Neonazis und die Freundin des Anführers der Gruppe. Gemeinsam verprügeln sie Menschen, die ausländisch aussehen. So greifen sie eines Tages auch zwei Brüder aus Pakistan an. Dann aber lernt Marisa einen der beiden Brüder, Rasul, besser kennen und es entwickelt sich eine Freundschaft. Marisa distanziert sich von der Neonazi-Clique und wird Rasuls Retterin: Sie gibt ihm Essen, sichert so sein Überleben in Deutschland und bezahlt schlussendlich Schlepper, damit Rasul zu Verwandten nach Schweden fliehen kann. Ob seine Flucht gelingt, bleibt offen. Die Erzählung endet damit, dass Marisa von ihrem Ex-Freund erschossen wird.

Marisa wird veränderlich und mehrdimensional dargestellt. Sie entwickelt sich im Laufe der Erzählung von einer Täterin zur Retterin, von einer negativen Figur zu einer Heldin und schlussendlich zur Märtyrerin. Es wird eine Vielfalt von Eigenschaften erkennbar und ihre ungewöhnliche Kombination (Ausländer verprügeln, Rasul helfen) verleiht der Heldin einen komplexen Charakter, Einzigartigkeit und damit auch Glaubwürdigkeit. Entsprechend der Figurenentwicklung wandelt sich auch der Antagonist. Zuerst ist Rasul Marisas feindliches Gegenüber, schließlich ist ihr Ex-Freund, der Anführer der Neonazis, der Antiheld, der die Heldin am Ende der Geschichte tötet. Marisa erscheint damit als eine Figur, die anfangs als Täterin typisiert und statisch dargestellt wird, sich dann aber zur Retterin und damit zu einer komplexen Figur entwickelt. Im Gegensatz zum Rest der Neonazi-Gruppe, der fremdenfeindlich bleibt, zeigt sich Marisa irritierbar und veränderlich in ihren Eigenschaften und Beziehungen und in ihrer Wahrnehmung des Fremden und des Eigenen: „Das bringt sie dazu nachzudenken und ihre Ideologie und die ihrer Freunde in Frage zu stellen."

Durch die Predigtstimme werden Marisa und der Samariter in ein korrelatives Verhältnis gesetzt. Marisa wird gedeutet als „eine Frau, die heute in die Spuren des Samariters tritt." Der relevante Korrelationspunkt zwischen Samariter und Marisa liegt in der Fähigkeit, das Leid anderer wahrzunehmen und Mitgefühl zu empfinden: „Sie und der Mann aus Samaria haben gemeinsam, dass sie bereit sind, den anderen anzusehen. Sie nehmen wahr, was dem anderen geschehen ist [...]. Marisa und der Samariter sehen einen Menschen, der am Ende ist und nicht mehr weiter kann. Und dann geschieht das Entscheidende: ‚Er jammerte ihn‘".

Die Erzählstimme beschreibt das „Jammern", indem ein Einblick in die Hauptfiguren gegeben wird. Aufgebaut in Form eines Parallelismus wird zuerst erzählt, was in dem Samariter vorgeht, als er den Überfallenen sieht: „Der Anblick des Opfers rührt das Herz des Samariters, er trifft ihn in seinem Inneren. Er lässt sich das nahe gehen, was dem anderen passiert ist, und ändert seine Pläne, um dem Mann zu helfen."

Dann wird erzählt, was in Marisa vorgeht, als sie Rasul begegnet: „Marisa [...] begreift, dass Rasul wirklich in Not ist [...]. Sie kapiert zum ersten Mal, wie sich ein Ausländer in Deutschland fühlt, wenn ihm nur Ablehnung entgegen schlägt. Und sie merkt, dass er nicht so ist, wie sie sich bisher Ausländer vorgestellt hat [...]. Rasul wird ihr sympathisch." Während der Samariter direkt spürt und fühlt, muss Marisa erst verstehen und begreifen. Beide aber gehen den Dreischritt aus sehen, zuwenden und helfen. Sie zeigen die Fähigkeit und Bereitschaft, sich in das Fühlen anderer Personen hineinzuversetzen und werden so zu Vorbildern.

Im deutlichen Kontrast dazu stehen Priester, Levit und die Gruppe der Neonazis. Auch sie sehen das Opfer, nehmen die Not aber nicht wahr und lassen sich folglich auch nicht dazu bewegen, Hilfe zu leisten. Neonazis, Priester und Levit korrelieren in diesem Punkt und stellen damit die Antihelden. Wichtigstes Figurenmerkmal der Antihelden ist die Apathie als mangelnde Wahrnehmungsfähigkeit und als Fehlen von Mitgefühl. Im Unterschied zu Marisa werden die Antihelden eindimensional dargestellt: Allein ihre negativen Eigenschaften werden benannt, was den Hörer*innen ein starkes Urteil über sie erlaubt.

Das Schema von Empathie und Apathie findet sich auch in der Beispielsgeschichte von Caroline wieder. Die Erzählstimme beschreibt sie als eine Frau, die spontan bereit ist, Geflüchteten zu helfen, indem sie jenen, die gerade über die Grenze nach Deutschland gekommen sind, Essen anbietet. Wie Marisa und der Samariter geht sie den Dreischritt aus sehen, zuwenden und helfen: „Eines Morgens sah sie in ihrem Vorgarten 17 Leute sitzen [...]. Als sie zu ihnen hinging [...]. Nach einigen Augenblicken begriff sie [...]. Sie [...] schmierte [...] für ihre Gäste Brote. [...] Es sollte nicht die einzige Gruppe von Flüchtlingen bleiben, um die sie sich kümmerte."

Im Kontrast dazu stehen „einige Nachbarn", von denen erzählt wird, dass sie ihre Fenster und Türen geschlossen halten, „weil sie Angst haben oder weil sie mit dem Schicksal dieser Menschen nichts zu tun haben wollen". Die geschlossenen Fenster und Türen der Nachbarn bilden eine Parallele zum Wegsehen und Vorübergehen von Priester und Levit.

Auch in der Beispielgeschichte von Tobias wird die moralische Achse aus empathisch und apathisch erkennbar. Tobias, so wird erzählt, koordiniert ein Programm für geflüchtete Kinder, die zusammen mit ihren Eltern in Räumen der Universität, an der Tobias studiert, untergekommen sind. Erzählstimme und Predigtstimme überschneiden sich in der Bewertung von Tobias Engagement: „Eigentlich hatte Tobias vor, in seinen Semesterferien auszuschlafen, Freunde zu treffen und Party zu machen. Jetzt ist er von morgens bis abends im Einsatz. Er weiß, dass er am richtigen Platz ist."

Beim Ausschlafen, Freunde treffen und Partymachen handelt es sich um gewöhnliche Pläne für Semesterferien. Im Kontext der bestehenden Notlage aber wird die Änderung der Pläne von Tobias positiv bewertet („Er weiß, dass er am richtigen Platz ist"). Angesichts der Not der Geflüchteten auszuschlafen, Freunde zu treffen und Party zu machen wird, erscheint vergleichsweise ignorant. Dieses Verhalten würde mit dem Verhalten von Priester und Levit korrelieren: Sie gehen am Opfer vorüber als wäre nichts geschehen.

Tobias aber lässt sich anrühren. Er geht nicht vorüber und er tut auch nicht so, als ob es ganz normale Semesterferien geben könnte. So kommt er, gemeinsam mit dem Samariter, Marisa und Caroline, auf der moralischen Achse bei positiv, da empathisch zum Stehen, wohingegen Priester, Levit, die Gruppe der Neonazis, einige Nachbarn und solche, die die Not von Menschen ignorieren, auf der moralischen Achse bei negativ, da apathisch bzw. ignorant, zum Stehen kommen.

Weitere Hauptfiguren stellen der Überfallene aus dem biblischen Gleichnis, Rasul aus der Geschichte von Marisa und die Geflüchteten der aktuellen sogenannten Flüchtlingskrise dar. Sie haben die Objektrolle inne und sind das Ziel des Protagonisten bzw. der Protagonistin. Der Samariter hilft dem Überfallenen, Marisa hilft Rasul und Tobias sowie Caroline helfen den Geflüchteten.

Dem Überfallenen aus der biblischen Geschichte werden Figureninformationen zugeschrieben, die wenig über das Innere der Figur aussagen: „Es war ein Mensch, der ging von Jerusalem nach Jericho und fiel unter die Räuber; die zogen ihn aus, schlugen ihn und machten sich davon und ließen ihn halbtot liegen." Die Figureninformationen dienen dazu, den Menschen als Opfer zu charakterisieren. Warum der Mensch nach Jericho geht oder wie er selbst den Überfall und seine Rettung erlebt, ist für die Erzählung nicht von Interesse. Das Augenmerk liegt auf den Informationen nackt, geschlagen und halbtot, die die Figur als hilflos markieren. Rasul werden wesentlich mehr Informationen zur Seite gestellt. Rasul hat einen Namen, eine Herkunft (Pakistan), einen Bruder und Verwandte in Schweden. Über ihn wird erzählt, dass er zunächst in einer Asylunterkunft wohnt, sich später in einem leerstehenden Haus versteckt und dass er Hunger hat, aber nicht genug Geld, um sich etwas zu Essen zu kaufen. Es wird erzählt, dass er allein ist und kein Deutsch spricht. Die Motive für Rasuls Flucht werden nicht erkennbar. Über sie wird nichts gesagt. Ebenso bleiben Rasuls Hoffnungen in Bezug auf seine Flucht im Dunkeln: „Der pakistanische Junge in der modernen Geschichte hat Hunger, aber kein Geld. Er ist allein, nachdem sein Bruder ausgewiesen worden ist, und weit weg von seiner Familie. Er spricht kein Deutsch."

Die Informationen zeichnen eine hilflose Figur. Rasul und der Überfallene sind gleichermaßen schwach und ohnmächtig: „Der Überfallene aus der älteren Geschichte blutet und liegt nackt auf dem Boden, er ist halb tot. Der pakistani-

sche Junge in der modernen Geschichte hat Hunger, aber kein Geld. Er ist allein
[...]. Marisa und der Samariter sehen einen Menschen, der am Ende ist und nicht
mehr weiter kann."

Rasul werden durch die Predigtstimme auch die Geflüchteten der aktuellen
politischen Situation zugeordnet. Gemeinsam bilden sie eine Figurengruppe: „In
diesen Wochen hören wir täglich und stündlich von Menschen, die wie Rasul auf
abenteuerlichen Wegen bis nach Deutschland flüchten".

Den Geflüchteten werden Figureninformationen zugeschrieben, die diese
mehr typisiert denn individualisiert darstellen und sie eindeutig als Opfer charakterisieren: „[Sie] hoffen, dass sie hier in Sicherheit sind und die Chance auf
ein neues Leben bekommen. Sie haben Schlimmes erlebt, sind vor Krieg, Zerstörung und Gewalt geflohen, haben viele ihrer Lieben sterben sehen. Fast alles
haben sie zurückgelassen und kommen hier oft nur mit dem an, was sie auf dem
Leib tragen."

Ähnlich wie bei der Charakterisierung des Überfallenen aus der biblischen
Geschichte liegt das Augenmerk nicht auf individuellen Merkmalen Einzelner,
sondern auf allgemeinen Kennzeichen: Die Geflüchteten haben Hoffnung auf ein
Leben in Sicherheit, sie sind Opfer von Krieg, Zerstörung und Gewalt, sie sind in
Trauer um Angehörige und verfügen über keine relevanten Besitztümer. Konkrete Schicksale, individuelle Lebensläufe, Namen oder Persönlichkeiten werden nicht erkennbar. Die Figureninformationen stellen Geflüchtete generell als
ökonomisch schwach, emotional verwundet und hilfsbedürftig dar.

Im Vordergrund der Predigt kommen damit drei Figurengruppen vor: Die
apathischen Antihelden, die empathischen Helden und die hilflosen Opfer als
Objekte der Protagonist*innen. Dabei fällt auf, dass die Held*innen eher mehrdimensional und individualisiert dargestellt werden, während Antihelden und
Opfer eher eindimensional und typisiert skizziert werden.

Neben diesen drei Hauptgruppen tritt eine vierte Figurengruppe auf, die
von der Predigtstimme mit „wir" bezeichnet wird. Das Personalpronomen umfasst sowohl die Predigtstimme als auch die Predigtgemeinde („Liebe Schwestern und liebe Brüder"). Die Figurengruppe Wir lässt sich nicht eindeutig den
drei bereits genannten Figurengruppen zuordnen. Ihre Handlungsrolle ist frag-
lich: „Wer wird den Menschen, die hier bei uns ankommen, zum Nächsten?" Die
Predigtgemeinde steht damit vor der Entscheidung, sich selbst den Helden oder
den Antihelden zuzuordnen. Emotionale Fähigkeiten entscheiden dabei über die
Zuordnung zur einen oder anderen Figurengruppe: „Lassen wir uns anrühren
von dem, was dem Menschen neben uns passiert, und helfen ihm? Sind wir
bereit, unser Herz für ihn zu öffnen und uns sein Schicksal nah gehen zu lassen?"
Das Gegensatzpaar offen/geschlossen verhält sich kongruent zum Gegensatzpaar empathisch/apathisch. Zur Figurengruppe der Held*innen gehört, wer der
Not anderer mit offenem Herzen begegnet. Demgegenüber stehen Personen, die
ihr Herz, versinnbildlicht durch die geschlossenen Fenster und Türen, vor
menschlicher Not verschließen.

Predigtstimme und Predigtgemeinde werden damit in einer gewissen Distanz zum richtigen Fühlen, Denken und Handeln gesehen. Noch scheint nicht klar, welche Handlungsrolle die Schwestern und Brüder übernehmen. Dementsprechend appelliert die Predigtstimme: „Ich bin davon überzeugt, dass es auch für jeden von uns eine Aufgabe gibt, die wir übernehmen und zeigen können, dass wir solidarisch mit den Flüchtlingen sind, die in unserer Nähe wohnen. Dann sehen wir sie nicht nur auf Bildern im Fernsehen, im Internet und in der Zeitung, sondern begegnen ihnen wirklich."

Die Predigtgemeinde, so erzählt die Predigtstimme, ist den Geflüchteten noch nicht wirklich nah. Zwar kommen die Bilder von „Flüchtlingen" durch das Fernsehen, das Internet oder die Zeitung zu den Leuten, eine echte Nähe zu Asyl- und Schutzsuchenden aber ist noch nicht erreicht. Erstrebt wird eine greifbare und leibhaftige Solidarität mit Geflüchteten, wie sie der barmherzige Samariter vormacht. Dazu ist es nötig, dass ein jeder und eine jede erkennt, welche Aufgabe sie bzw. er in dieser Situation übernehmen kann, statt nur zuzuschauen. Die Unterscheidung von sehen und vorübergehen im Vergleich zu sehen, zuwenden und handeln, wird auf die Predigtgemeinde übertragen. Hinsehen und einfach so weitermachen wie bisher, stellt keine Option dar. Wer hinsieht und sich anrühren lässt, der wird tätig. Erst „dann", so formuliert die Predigtstimme, wird aus einem bloßen Hinsehen eine relevante und evangeliumsgemäße Begegnung. Die Predigtstimme zählt sich zur Predigtgemeinde hinzu. Auch für sie gilt der Maßstab der tätigen Nächstenliebe und echten Begegnung: „Das gilt bis heute, das gilt auch uns."

Die evangeliumsgemäße Begegnung, so die Predigtstimme, ist nicht nur moralisch richtig und gut, sondern stellt auch eine Möglichkeit dar, Christus selbst zu begegnen: „Dabei können wir Christus selbst begegnen. Er ist unter denen, die auf Hilfe angewiesen sind, die Essen, Kleidung und Unterkunft brauchen. ‚Was ihr einem von diesem meinen geringsten Brüdern getan habt, das habt ihr mir getan' (Matthäus 25,40), sagt Jesus. [...] Christus ist einer der Flüchtlinge. Aber wir können ihn auch bei denen finden, die helfen. Martin Luther hat die Geschichte vom Barmherzige Samariter so verstanden, dass Christus der Mann aus Samarien ist [...]. So kann uns Christus begegnen, wenn wir ins Gespräch kommen mit einer Frau, die einem Flüchtling Deutschunterricht gibt oder mit einem Mann, der jemanden zum Arzt begleitet."

Die Identifikation von „Flüchtlingen" und ihren Helfer*innen mit Christus heiligt sowohl die Opfer als auch die Retter. So kommen diese Figuren nicht nur auf der moralischen Achse bei positiv/empathisch zu stehen, sondern auch auf einer religiösen Achse bei Gott nahe/heilig. Diese Codierung verortet die Antihelden der Predigt wiederum am negativen Ende, d. h. Gott fern/unheilig. So werden die Antihelden den Helden deutlich untergeordnet.

1.3   *Aber unsere Hände hat er. Die Analyse der Stimme*

Die Predigt enthält selten wörtliche Rede. Abgesehen von der Predigtperikope, in der Jesus und der Schriftgelehrte einen Dialog führen, spricht in der Predigt zumeist eine Erzählstimme oder die Predigtstimme. Während die Erzählstimme extradiegetisch-heterodiegetisch ist, also nicht zur erzählten Welt gehört und die Geschichte anderer erzählt, handelt es sich bei der Predigtstimme, wenn sich diese der Predigtgemeinde zuwendet, um einen homodiegetischen Erzähler. Die Predigtstimme ist Teil der aktuellen politischen Lage und macht dies durch den Gebrauch der inklusiven Personalpronomen „wir" und „uns" deutlich: „,Christus hat keine Hände als unsere Hände', hat die Theologin Dorothee Sölle gesagt. Aber unsere Hände hat er, und die sollen wir nutzen, um das Gleiche zu tun wie der Mann aus Samarien. Dabei helfe uns Gott."

Während die Erzählstimme in der Rolle des Beobachters berichtet, was sie wahrnimmt, nimmt die Predigtstimme die Rolle des Kommentartors ein, die Erzählungen und Figuren verknüpft und bewertet. Maßgeblich für die Bewertung ist die wörtliche Rede Jesu mit den Worten „So geh hin und tu desgleichen", die dreimal in der Predigt zu hören ist. Jesus hat damit die Rolle des religiösen Richtungsgebers inne, während die Predigtstimme seine Forderungen wiederholt und für gut befindet, was der Richtungsweisung entspricht.

Ebenfalls mit wörtlicher Rede ist der Samariter zu hören, der mit dem Wirt spricht, und Tobias, der die Hilfe für geflüchtete Kinder koordiniert. Beide wörtliche Reden zeichnen sich durch Funktionalität aus. Sowohl der Samariter als auch Tobias reden nicht viel, sondern geben kurze, praktische Aufträge. So erteilt der Samariter dem Wirt den Auftrag, für den Überfallenen zu sorgen („Pflege ihn; und wenn du mehr ausgibst, will ich dir's bezahlen, wenn ich wiederkomme"), während Tobias mit kurzen Ansagen Hilfe koordiniert. Einer Frau, die anruft, da sie den geflüchteten Kindern vorlesen möchte, ruft er in den Hörer: „Ja klar, wann können Sie?". Einer Familie, die helfen will, sagt er: „Kommt rüber" und einen, der Spielsachen schenken möchte, vermittelt er weiter mit den Worten: „Bitte geben Sie sie bei der Kirche ab, unsere Garage ist schon voll".

Fast stimmlos sind die Asyl- und Schutzsuchenden. Sowohl Rasul als auch die von Flucht Betroffenen in der Erzählung über Tobias werden nicht in Form wörtlicher oder indirekter Rede hörbar. Zwar berichtet die Erzählstimme, dass Rasul und Marisa einen Abend zusammen verbringen „mit Kochen und Erzählungen von seiner Flucht in holprigem Englisch", die Predigtgemeinde aber kann nicht hören, was Rasul erzählt. Seine Erfahrungen bleiben ungehört. Die „Flüchtlinge" in Carolines Garten haben eine Stimme, sind aber nur mit zwei Worten zu hören: „Police, Police". Was sie sonst zu sagen haben, ist nicht vernehmbar.

Gänzlich stumm sind die Antagonisten. Sowohl der Levit als auch der Priester, sowohl Marisas Ex-Freund als auch die Nachbarn mit den verschlossenen Türen und Fenstern haben keine Stimme.

1.4   Rasul wird ihr sympathisch. Die Analyse der Fokalisierung

Die Wirklichkeitserzählung wird durch den Modus der Nullfokalisierung bestimmt. Sowohl die Predigtstimme als auch die Erzählstimmen sprechen folglich aus einer Warte der Übersicht heraus, die es ihnen ermöglicht, mehr zu sagen und zu wissen, als irgendeine Figur wahrnimmt bzw. weiß.

Der Modus der Nullfokalisierung sorgt für eine distanzierte Beschreibung des Geschehens, solange nur das zu sehen gegeben wird, was durch einen menschlichen Betrachter von außen wahrgenommen werden kann: „Marisa distanziert sich immer weiter von ihrer Neonazi-Gang und ihrem Freund". Als allessehender Betrachter vermag der Fokalisator aber auch in das Innere von Figuren zu blicken und damit Distanz abzubauen und Nähe herzustellen: „Der Anblick des Opfers rührt das Herz des Samariters, er trifft ihn in seinem Inneren. Er lässt sich das nahegehen, was dem anderen passiert." Auffällig ist, dass der Fokalisator nur in die Held*innen der Predigt einen tieferen Einblick gewährt. So erfahren die Hörer*innen, wie es im Samariter aussieht, was Marisa spürt („Rasul wird ihr sympathisch") und was in Caroline vorgeht („Nach einigen Augenblicken begriff sie, dass sie gerade zu Fuß über die österreichische Grenze gekommen und jetzt am Ende einer langen Flucht waren"). Einblick in das Denken, Fühlen und Meinen der Antihelden wird nicht gewährt. Weder Levit noch Priester, weder Marisas Freund noch Personen aus der Neonazi-Clique werden einsichtig. Auch in der Erzählung von Caroline wird nicht deutlich, ob jenen, die ihre Türen und Fenster verschlossen halten, Motive von außen zugeschrieben werden oder ob der Fokalisator ihnen ins Innere blickt, wenn zu sehen gegeben wird, dass einige Nachbarn ihre Türen und Fenster geschlossen halten, „weil sie Angst haben oder weil sie mit dem Schicksal dieser Menschen nichts zu tun haben wollen".

Insgesamt ist die Fokalisierung multiperspektivisch angelegt (der Samariter sieht, Marisa sieht, Caroline und Tobias sehen), zugleich aber auf eine bestimmte Figurengruppe begrenzt. Im Fokus der Predigt stehen die Held*innen, sie werden in Aktion zu sehen gegeben, während Denken, Fühlen und Meinen der Antiheld*innen verborgen sind und ihr Blickwinkel unbesetzt bleibt.

Die entscheidenden Perspektiven werden durch die Predigtstimme entwickelt. Sie lenkt den Blick der Hörer*innen, indem sie Korrelationen zwischen Figuren und Verhaltensweisen herstellt, Bewertungen nahelegt und appelliert, sich mit den Helden zu identifizieren: „Geh hin und tu das Gleiche', fordert Jesus am Schluss des Gleichnisses vom Barmherzigen Samariter. So etwas wie Tobias oder Caroline oder Marisa oder viele Tausend für die Gäste tun, die es auf ihrer Flucht bis in unser Land geschafft haben."

1.5 Der Griff zum Nutellaglas. Die Analyse der Identifikationsangebote

Den Predigthörer*innen werden der Samariter, Marisa, Caroline und Tobias zur Identifikation anempfohlen. Diese Heldenfiguren sind so konstruiert, dass eine Identifikation mit ihnen leichter fällt als mit den anderen Figuren. Sie sind mehr individualisiert denn typisiert und mehr dynamisch denn statisch gestaltet und relativ einsichtig in ihrem Denken, Fühlen und Handeln. Umgekehrt werden die Antiheld*innen stark typisiert dargestellt. Sie erscheinen statisch, eindimensional und mysteriös. Sie haben keine Stimme und ihr Denken, Fühlen und Handeln kann nicht nachvollzogen werden, was die Identifikation erschwert. Diese Beobachtungen werden im Folgenden mithilfe einer detaillierten Analyse der Erzählung von Caroline präzisiert.

Die Erzählung von Caroline erfolgt zunächst aus der figurengebundenen Mitsicht. Die Erzählinstanz weiß und sieht folglich nicht mehr als Caroline und das Geschehen wird aus ihrer Wahrnehmung heraus geschildert: „Caroline wohnt auf dem Land in der Nähe von Passau. Eines Morgens sah sie in ihrem Vorgarten 17 Leute sitzen, die sie nicht kannte. Als sie zu ihnen hinging, sprachen sie sie gleich auf Englisch an: ‚Police, police.' Nach einigen Augenblicken begriff sie, dass sie gerade zu Fuß über die österreichische Grenze gekommen und jetzt am Ende einer langen Flucht waren. Sie rief bei der Polizei an, damit die sich um die Menschen kümmern könnte, und während alle auf das Eintreffen der Polizei warteten, schmierte sie für ihre Gäste Brote. ‚Nicht mit Schweinefleisch', fiel ihr ein, deshalb griff sie zum Nutellaglas. Ihre Brote gingen weg wie warme Semmeln, die Flüchtlinge aßen mit Heißhunger."

Caroline ist die Protagonistin der Erzählung. Sie hat die Subjektposition inne und wird als spontan und verständig beschrieben, als zupackend und einfühlsam. Obgleich völlig überraschend Fremde in ihrem Vorgarten sitzen, reagiert sie nicht abweisend oder ängstlich, sondern zugewandt. Sie geht auf die Fremden zu und begreift deren Lage. Sie ruft die Polizei und bereitet etwas zu essen zu, wobei sie berücksichtigt, dass Schweinefleisch nicht von allen gegessen wird. Sowohl die Wahrnehmung als auch das Verhalten der Figur werden chronologisch und damit gut nachvollziehbar dargestellt: Sie sieht, sie versteht, sie handelt. Der Figur Caroline werden Verben der sinnlichen und geistigen Wahrnehmung zugeschrieben (sehen, begreifen, einfallen), der Bewegung (hingehen) und der Tätigkeit (rufen, schmieren, greifen). Überdies wird in Form eines kurzen Selbstgesprächs ein Einblick in das Innere der Figur gewährt, wodurch ihr Denken und Handeln nachvollziehbar wird („‚Nicht mit Schweinefleisch', fiel ihr ein").

Im Anschluss wechselt der Standpunkt der Erzählinstanz. Die Erzählstimme verlässt die figurengebundene Mitsicht, nimmt den Standpunkt der Nullfokalisierung ein und spricht somit aus der Übersicht heraus: „Es sollte nicht die einzige Gruppe von Flüchtlingen bleiben, um die sie sich kümmerte. Inzwischen stranden täglich Menschen in Carolines Gegend. Einige Nachbarn halten ihre Fenster und Türen geschlossen, weil sie Angst haben oder weil sie mit dem Schicksal dieser Menschen nichts zu tun haben wollen, andere wie Caroline geben ihnen zu essen und zu trinken, sammeln für sie Kleidung und Decken und sehen es als ihre Aufgabe an zu helfen, wo sie können."

Mit dem Wechsel der Fokalisierung wird der Blickwinkel geweitet als würde eine Kamera aus der Szene herauszoomen. Der Fokus öffnet sich, bis nicht mehr nur Carolines Vorgarten zu sehen ist, sondern die gesamte umliegende Gegend. Der Fokalisator tritt in Distanz zum konkreten Geschehen und ermöglicht so einen Gesamteindruck. Dieser besteht aus drei Figurengruppen: Menschen, die täglich stranden, einige Nachbarn, die Fenster und Türen geschlossen halten und andere, die wie Caroline helfen.

Erst aus der Perspektive eines weiten Fokus fallen „einige Nachbarn" auf, die, anders als Caroline, ihre Fenster und Türen geschlossen halten. Sie stören das zuvor harmonisch gezeichnete Bild. Aus Carolines Mitsicht fügt sich alles plausibel zusammen: Die erschöpften Menschen brauchen Hilfe, daher hilft Caroline. Ihr Verhalten erscheint als selbstverständlich. Aus der Übersicht aber wird eine Disharmonie erkennbar: Denen, die wie Caroline helfen, stehen „einige" gegenüber, die nicht helfen.

Den „einigen" wird als Figureninformation zugeschrieben, dass sie ihre Fenster und Türen geschlossen halten, „weil sie Angst haben oder weil sie mit dem Schicksal dieser Menschen nichts zu tun haben wollen". Zuerst fällt das Bild der geschlossenen Fenster und Türen auf. Es steht im direkten Gegensatz zu den zuvor dargestellten Kriterien der Empathie. Während sich der Samariter dadurch auszeichnet, dass ihn der Anblick des Opfers „in seinem Inneren" rührt, verhindern die geschlossenen Fenster und Türen, dass etwas von außen in die private Sphäre des Hauses eindringen kann. Das verschlossene Haus stellt damit ein Gegenbild zu den offenen Herzen dar, die den Schlüssel zum richtigen Verhalten angesichts der sogenannten Flüchtlingskrise darstellen.

Die Erzählinstanz führt zwei mögliche Motive für die verschlossenen Häuser an: Entweder ist Angst der Auslöser für das Sich-Verschließen oder es handelt sich um Ignoranz als Vermeidungsstrategie. Den „einigen" wird damit zugeschrieben, absichtlich nichts von den Geflüchteten wissen zu wollen und sie im Zuge emotionaler Abschottung bewusst nicht wahrnehmen und nicht beachten zu wollen. Im Vergleich mit der Selbstverständlichkeit, aus der heraus Caroline den Geflüchteten hilft, wirkt dieses Verhalten sonderbar. Zudem bleiben viele Fragen offen: Was genau ist hier mit Angst gemeint? Warum haben einige Angst und wovor haben sie Angst? Warum wollen einige nicht hinsehen? Welche Beweggründe könnten dahinterstecken, sich absichtlich vor dem Leid anderer zu verschließen? Wie würden diese Nachbarn ihr Verhalten eigentlich selbst erklären?

Während Caroline und „die Flüchtlinge" erkennbar werden, bleiben die

„einigen" unverständlich und ihr Verhalten unbegreiflich. Sie werden, im Vergleich mit Caroline, als kalt- oder kleinherzig und unsympathisch dargestellt. Während den Nachbarn als Figurenmerkmal das verschlossene Haus zur Seite gestellt wird, greift Caroline nach dem Nutellaglas und damit nach einem Sinnbild für eine schöne Kindheit. Im Gegensatz zum verschlossenen Herzen steht das Glas Schokoladenaufstrich für Herzenswärme und liebevolle Fürsorge. So hält Caroline mit dem Nutellaglas eine Insignie häuslicher Fürsorge in Händen, die im starken Kontrast zur emotionalen Abschottung einiger Nachbarn steht. Auf der moralischen Achse kommen die Nachbarn damit am Pol von negativ, da apathisch bzw. ignorant zum Stehen, während Caroline am gegenüberliegenden Pol bei positiv, da empathisch, verortet wird.

Caroline eignet sich folglich als Identifikationsfigur für jene Hörer*innen, die die Hilfe für Geflüchtete als selbstverständlich erachten. Für jene aber, die die Aufnahme von Asyl- und Schutzsuchenden kritisch betrachten, findet sich in dieser Erzählung kein Identifikationsangebot. Sie stehen vor der Wahl, zu denen zu gehören, die Nutellabrote schmieren oder aber zu jenen, die emotional verschlossen sind. Einen Freiraum zwischen diesen beiden Figurengruppen stellt die Erzählung nicht bereit. Stattdessen werden jene, die – bildlich gesprochen – nicht zum Nutellaglas greifen, auf der moralischen Achse am unteren Ende verortet und da die Motive derer, die ihre Häuser verschlossen halten, nicht transparent gemacht werden und keine Darstellung der Lage aus ihrer Mitsicht erfolgt, besteht für Hörer*innen auch keine Möglichkeit, sich argumentativ mit diesem Verhalten auseinanderzusetzen.

1.6 Mitgefühl als Schlüssel zur Problemlösung. Die Gesamtauswertung der Predigt Nummer 2

In der Predigt Nummer 2 wird Jesu Forderung „so geh hin und tu dergleichen" aus dem Gleichnis vom Barmherzigen Samariter mit der sogenannten Flüchtlingskrise versprochen. Dabei nimmt die Predigt eher allgemein Bezug auf die sogenannte Flüchtlingskrise. Konkrete politische Ereignisse, die der Predigt tagesaktuell vorangingen und über die in Leitmedien berichtet wurde, werden in der Predigt nicht explizit thematisiert.

In der Predigt wird der barmherzige Samariter als Vorbild für die Gemeinde in Bezug auf den Umgang mit Geflüchteten dargestellt. Weitere Beispielsgeschichten laden die Hörerschaft dazu ein, sich mit den Heldenfiguren zu identifizieren, indem diese Figuren einsichtig und damit nachvollziehbar, wandlungsfähig und zupackend und damit sympathisch dargestellt werden. Die Antihelden hingegen werden starr und wenig einsichtig dargestellt und bieten somit kaum Identifikationspotential. Helden sowie Antihelden werden so gezeichnet, dass den Hörer*innen ein starkes Urteil ermöglicht wird. Überdies lenken die Kommentare und Bewertungen der Predigtstimme den Blick und die Wahrnehmung der Hörerschaft dahin, dass die Heldenfiguren zweifelsfrei am positiven Ende der moralischen Achse und damit nahe bei Gott zu stehen kommen, die negativen Figuren dahingegen am negativen Ende und damit Gott fern.

Durch die Komposition von Erzählstimme und Predigtstimme, von Erzählungen und Kommentaren bietet die Predigt eine klare moralische Orientierung in Bezug auf die Frage, wie Asyl- und Schutzsuchenden zu begegnen ist. Die Stimme Jesu, überliefert in Form des wörtlichen Zitats („so geh hin und tu dergleichen"), fungiert als Hauptstimme und Maßstab der Predigt, während die Predigtstimme die Rolle des Moderators und Kommentators zwischen der Hauptstimme und den Erzählstimmen übernimmt. Die inhaltliche Position der Predigtstimme wird deutlich erkennbar: Geflüchteten ist mit Empathie und praktischer Hilfe zu begegnen.

Nach dieser Erzählung von der Welt, wie sie ist, herrscht Mangel an Empathie. Mitgefühl aber stellt den Problemlösungsschlüssel zur sogenannten Flüchtlingskrise dar. Dementsprechend fordert die Predigtstimme die Gemeinde dazu auf, dem Vorbild des Samariters zu folgen, d. h. im konkreten Fall mit Asyl- und Schutzsuchenden empathisch zu sein und ihnen aus Mitgefühl heraus auch ganz praktisch zu helfen. Der Gemeinde, der sich die Predigtstimme zuordnet, wird zugetraut, das Richtige tun, also die notwendige Empathie aufzubringen und dem Vorbild des Samariters zu folgen („Ich bin davon überzeugt, dass es auch für jeden von uns eine Aufgabe gibt, die wir übernehmen und zeigen können, dass wir solidarisch mit den Flüchtlingen sind, die in unserer Nähe wohnen"). Zugleich wird den Hörer*innen damit zugeschrieben, dass sie ihre Aufgabe noch nicht gefunden und den Erwartungshorizont damit noch nicht erreicht haben.

Die Erzählung von der Welt, wie sie in der Predigt Nummer 2 zu Tage tritt, ist gekennzeichnet durch ein Gegenüber von Figuren. Auf der einen Seite stehen Figuren, die angesichts der sogenannten Flüchtlingskrise Verantwortung übernehmen, auf der anderen Seite stehen Figuren, die keine Verantwortung übernehmen, weil sie dazu emotional nicht in der Lage sind oder bewusst wegsehen. Die Welt, wie sie sein sollte, ist hingegen eine Welt, in der sich alle gegenüber Opfern solidarisch zeigen und so das Gesetz Christi erfüllen.

Die Idee von der Welt, wie sie ist und sein sollte, richtet sich in Predigt Nummer 2 entlang einer Achse aus, an deren positivem Ende die Empathie und an deren negativem Ende die Apathie steht. Die Figuren werden polarisiert dargestellt: Einerseits gibt es Personen, die bereit und fähig sind, sich in die Not anderer Menschen einzufühlen und die sich von diesem Gefühl zu helfendem Handeln bewegen lassen („als er ihn sah, jammerte er ihn und er ging zu ihm"), andererseits gibt es Personen, die der Not anderer Menschen gegenüber teilnahmslos sind und gleichgültig („als er ihn sah, ging er vorüber").

In der Darstellung fällt auf, dass alle Helfer*innen (der Samariter, Marisa, Caroline und Tobias) die Subjektposition innehaben und Heldenfiguren darstellen, während die Geflüchteten die Objektposition und damit auch die Opferrolle einnehmen. Jene, die nicht helfen, stellen die Antihelden dar, die durch emotionale Defizite charakterisiert werden. Ihnen wird, so kann aus den Figureninformationen abgeleitet werden, Apathie und Ignoranz unterstellt. Während die Held*innen mehr individualisiert denn typisiert modelliert werden und eher dynamisch denn statisch, werden die Antihelden statisch und eindimensional dargestellt, was die Identifikation erschwert und zugleich ein starkes Urteil erlaubt: Die Antiheld*innen sind durch und durch negativ. Die Menschen in Not wiederum werden auch nicht als Individuen erkennbar, sondern reduziert auf die Kennzeichen gefallen, nackt, geschlagen und halbtot bzw. sitzen, warten, erschöpft und hungrig und damit als hilflose Opfer charakterisiert.

Vor dem Hintergrund der Predigtperikope ist es plausibel, den Samariter als Vorbild, Priester und Levit wiederum als Gegenbild zu entwerfen. Diese zweiwertige Kategorisierung erlaubt klare Urteile und damit auch eine eindeutige moralische Orientierung. Mit Blick auf die Hörer*innen aber ist diese schwarzweiß-Sicht nicht unproblematisch. Zuhörende, die sich nicht aktiv in der Hilfe für Geflüchtete engagieren, drohen auf der moralischen Achse am negativen Ende bei apathisch und ignorant eingeordnet zu werden. Dieser Effekt wird dadurch verstärkt, dass die Beweggründe jener, die ihre Fenster und Türen geschlossen halten, nicht ersichtlich werden. Wohl aber werden sie moralisch disqualifiziert. Es wird suggeriert, sie seien teilnahmslos und nicht bereit oder nicht dazu in der Lage, mit Menschen in Not mitfühlen zu können. Überdies werden sowohl die Geflüchteten als auch deren Helferinnen und Helfer mit Christus identifiziert, was umgekehrt daraufhin deutet, dass jene, die nicht helfen, Gott fern sind. Die Darstellung der Antagonisten provoziert damit zuallererst Ablehnung auf Seiten der Predigthörer*innen und fördert die Identifikation mit den positiven Figuren.

Es kann davon ausgegangen werden, dass die Deutung der politischen Lage nur bei jenen auf Zustimmung stößt, die genauso denken. Jene aber, die Zweifel oder Skepsis gegenüber der Ankunft von Asyl- und Schutzsuchenden in Deutschland hegen, werden so vermutlich nicht motiviert, ihre Haltung zu überdenken. Es besteht die Möglichkeit, dass sich die Bedenkenträger und Skeptiker den ignoranten und emotional defizitären Figuren zugeordnet und damit unverstanden und diffamiert fühlen. Sie haben keine Stimme in dieser Erzählung von der Welt und das Geschehen wird nicht aus ihrer Perspektive betrachtet.

Ganz ähnlich ist die Erzählung von der Welt strukturiert, die in der Predigt Nummer 16 zu Tage tritt. Predigt Nummer 16 weist den Unterschied auf, dass Fragen derjenigen, die der Ankunft von mobilen Menschen gegenüber skeptisch sind, zur Sprache kommen.

2.   Flüchtlinge sind wie Weihnachtsgeschenke. Die Analyse der Predigt Nummer 16

Predigt Nummer 16 trägt keine Überschrift, kann aber betitelt werden mit den Worten „Flüchtlinge sind wie Weihnachtsgeschenke". Gehalten wurde die Predigt am 25. Dezember 2015. Sie nimmt Bezug auf die Weihnachtserzählung aus dem Lukasevangelium („Fürchte dich nicht") und das Motiv der Menschliebe Gottes, das in der Predigtperikope für den ersten Weihnachtstag thematisiert wird (Titus 3,4–7).

2.1   Von offenen und verschlossenen Herzen. Der erste Eindruck

Die Predigt kann in vier Teile gegliedert werden (Einleitung, 1. Hauptteil, 2. Hauptteil, Schluss). In der Einleitung wird die Ambivalenz von Überraschungen anhand unerwarteter Weihnachtsgeschenke erläutert: „Überraschungen haben es so an sich, dass sie Erwartungen höchst selten entsprechen oder erfüllen. Das ist nicht weiter verwunderlich, denn das Wesen von Überraschungen ist es ja gerade, Unerwartetes zu bescheren." Mit Enttäuschung auf unerwartete Überraschungen zu reagieren, so urteilt die Predigtstimme, ist „letztlich schade", da es „letztlich innerlich eng und unfrei" macht. Umgekehrt sind jene, die Überraschungen mögen, „im Herzen und im Kopf eher offen und weit." In Bezug auf die Ankunft von Geflüchteten urteilt die Predigtstimme, dass in Deutschland eine „fröhliche Offenheit" zu beobachten ist, so dass „viele Menschen [...] momentan Flüchtlingen ein herzliches Willkommen" bereiten. Die Ankunft von „Flüchtlingen" wird damit einer Überraschung gleichgesetzt.

Im ersten Hauptteil, der überschrieben werden kann mit dem Titel ‚Die achtsam Fragenden', stellt die Predigtstimme heraus, dass es neben denen, die Überraschungen lieben und jenen, die nicht offen sind für Überraschungen, auch solche gibt, die sich mit Blick auf die Aufnahme von Asyl- und Schutzsuchenden „Sorgen machen" und „achtsam nachdenken und nachfragen". Die Gedanken der achtsam Fragenden, so urteilt die Predigtstimme, müssen ernst genommen werden und exemplarisch werden sorgenvolle Stimmen hörbar: „Wie kann Integration gelingen, wenn unser Rechtsstaat Asylverfahren nicht zügig durchführen kann [...]? Welche Zukunft haben die, die heimlich bei Verwandten einziehen [...]? Was sagen wir denen, die durch fleißige Arbeit in unserem Land ihrer Dankbarkeit Ausdruck verleihen wollen, aber keine Arbeitserlaubnis bekommen, weil es Monate, Jahre dauert, bis Verfahren abgeschlossen werden?". Diese Fragen werden durch die Predigtstimme als „berechtigt" bewertet. Anders verhält es sich mit Einwänden von „Hetzer[n]", die ihre Ausländerfeindlichkeit und ihren

Antisemitismus in großem und kleinen Stil ausleben". Diese, so urteilt die Predigtstimme, gehören nicht zu den achtsam Fragenden.

Der zweite Hauptteil, der mit den Worten ‚Flüchtlinge sind eine positive Überraschung' überschrieben werden kann, stellt die Ankunft von Geflüchteten in Deutschland als eine Bereicherung dar. Schließlich, so beschreibt es die Predigtstimme, macht der Kontakt mit „Menschen anderer Kulturen, Nationen und Religionen [...] das Herz weit und den Verstand offen. Der Horizont vergrößert sich." Die Ankunft von Asyl- und Schutzsuchenden wird gleichgestellt mit Urlaubserfahrungen. „Wenn wir in Urlaub fahren, ist es ja auch so: Wir freuen uns an Neuem, Überraschendem, zehren von Erlebnissen, die wir daheim nie gehabt hätten. [...] Jetzt sind Menschen zu uns gekommen, die uns die ferne Welt nahe bringen." Überleitend zum nächsten Hauptteil vergleicht die Predigtstimme die überraschende Ankunft von Schutzsuchenden in Deutschland mit der Ankunft Gottes in der Welt, wie sie an Weihnachten gefeiert wird: „Das Unerwartete kommt in unseren Alltag. Das ist eine innige Verbindung zur Weihnachtsbotschaft."

Im dritten Hauptteil, der ‚Gott kommt überraschend' betitelt werden kann, zeigt die Predigtstimme auf, wie Gott Mensch wurde: „Gott wird Kind einfacher Leute [...]. Er ist nicht in feine rosa oder hellblaue Wäsche gepackt, sondern liegt auf Stroh und geht in grobem Leinen. [...] Gott macht in der Heiligen Nacht ernst mit seinen Überraschungen. Sehr ernst." Gott ist damit, so urteilt die Predigtstimme, „selbst die pure Überraschung". Sodann charakterisiert die Predigtstimme jene, die in der Nachfolge Jesu wandeln, als Menschen, die die Botschaft von der Liebe und Gnade Gottes „ohne Bedingung" an sich heranlassen und von einer Passion beseelt sind, die andere Menschen an- und aufnimmt, ohne zuvor zu fragen: „Wer bist du, was kannst du, was leistest du". So verstanden, resümiert die Predigtstimme am Ende dieses Abschnitts, ändert Weihnachten die Wahrnehmung der Gegenwart: „Flüchtlinge, die zu uns kommen, sind auch ein Einbruch in unsere gewohnte Wirklichkeit. Sie sind nicht Gott, natürlich nicht. Eben so wenig wie wir selbst. Aber sie sind allesamt wie wir Gottes Ebenbilder."

Am Schluss fasst die Predigtstimme die vorangegangenen Überlegungen zusammen. Demnach gibt es in Deutschland einerseits viele Menschen, die sich über die Ankunft der „Flüchtlinge" und die unerwartete Möglichkeit helfen zu können, freuen. Andererseits gibt es Menschen, die unsicher sind und ängstlich: „Wie können sie mit dieser Überraschung, die Flüchtlinge darstellen, angemessen umgehen?" Diese Sorgen, die sich um das gemeinsame Wohlergehen drehen, so urteilt die Predigtstimme, sind ernst zu nehmen („Diese Sorgen [...] nehme ich sehr ernst. [...] Wir müssen uns die Ehre der Auseinandersetzung gönnen"). Zugleich gilt auch angesichts der Ankunft der Asyl- und Schutzsuchenden, was die Engel den Hirten auf dem Felde verkündeten: „Fürchtet euch nicht!" Damit räumt die Predigtstimme ein, „dass es manchmal zum Fürchten ist", zugleich aber Hoffnung besteht. Diese Hoffnung realisiert sich in der Gestalt „menschlicher Engel" bzw. „himmlische[r] Boten mit menschlichen Gesichtern", „die in jedem Menschen [...] Gottes unvergleichliches Ebenbild erkennen." Die Predigt schließt mit dem Appell, der Menschenfreundlichkeit Gottes zu folgen: „Gott [...] macht uns an Weihnachten das größte Geschenk – [...] Menschlichkeit in himmlischer Gestalt [...]. Machen wir es ihm nach. Und werden oder bleiben wir lebens-, liebens- und leidensfähige Menschen, voller Einfühlsamkeit."

Die Predigt nimmt allgemein Bezug auf die sogenannte Flüchtlingskrise des Jahres 2015. Statt konkrete, einzelne Ereignisse zu fokussieren, wird in der Predigt generell thematisiert, wie die Menschen in Deutschland auf die Ankunft von Asyl- und Schutzsuchenden reagieren und aus christlicher Perspektive regieren sollten. Das Weihnachtsevangelium stellt die Hauptorientierung dar und spannt den Erwartungshorizont auf: Die Freundlichkeit und Menschenliebe Gottes veranlasst die Menschen, selbst freundlich und menschenliebend zu agieren. Die Ankunft der Geflüchteten wird als eine Überraschung verstanden, der gegenüber die Menschen in Deutschland ihre Herzen nicht verschließen sollen. Stattdessen sollen die Menschen den Asyl- und Schutzsuchenden mit einer fröhlichen Offenheit begegnen.

Als Hauptintention ist der Predigt der Aufruf an die Predigtgemeinde zu entnehmen, sich für die Überraschung, die die Ankunft von Geflüchteten darstellt, zu öffnen, der Menschenfreundlichkeit Gottes zu folgen und so „lebens-, liebens- und leidensfähige Menschen, voller Einfühlsamkeit" zu werden oder zu bleiben.

2.2   *Wir freuen uns an Neuem. Die Analyse von Figuren und Konstellationen*

In der Predigt Nummer 16 treten diverse Figuren auf. Im Fokus der Aufmerksamkeit stehen drei Figurengruppen, die typische Reaktionen auf die Ankunft von Geflüchteten in Deutschland repräsentieren sollen. Die erste Gruppe setzt sich aus Figuren zusammen, die wie das Ich der Predigtstimme offen sind für Überraschungen und damit auch für die Ankunft von Asyl- und Schutzsuchenden. Es handelt sich um das erste Wir der Predigt („wer Überraschungen sehr liebt, wie ich"/„wir alle, die Flüchtlingen täglich begegnen"). Die zweite Gruppe besteht aus Figuren, die auf Überraschungen enttäuscht reagieren und sich neuen Erfahrungen verschließen („Man kann auf solche Überraschungen unterschiedlich reagieren – auch leise enttäuscht"/„wenn man frustriert ist"/„Wer die positiven Überraschungen, die sich im Zusammenleben mit Flüchtlingen einstellen, nicht haben will, der beraubt sich selbst einer Horizonterweiterung"). Die dritte Gruppe stellen Figuren dar, die sich angesichts der Ankunft von Geflüchteten Sorgen machen („Ich weiß, dass andere sich Sorgen machen"/„ich meine die, die achtsam nachdenken und nachfragen").

Neben diesen drei Gruppen treten am Rande weitere Gruppen auf. Zuerst spielen „die Flüchtlinge" eine wichtige Rolle. Sie sind das Objekt des rettenden

Handelns der Protagonisten und werden als wertvoll bewertet („dass wir alle […]
unglaublich bereichert werden"). Exemplarisch für diese Gruppe werden einzelne Figuren skizziert (beispielsweise „Da ist die irakische Frau, die furios
kocht"). Marginal tritt auch die Predigtgemeinde in Erscheinung, der sich das
Ich der Predigtstimme zuordnet. Es handelt sich um das zweite Wir der Predigt
(„Und was ist mit uns?"). Ebenfalls am Rande wird die Gruppe der „Hetzer" genannt („ich meine nicht die Hetzer, die ihre Ausländerfeindlichkeit und ihren
Antisemitismus […] ausleben").

Die in der Predigt zuletzt in den Vordergrund tretende Figur ist Gott. Seine
unerwartete Menschwerdung dient als Paradigma einer bereichernden Überraschung („Gott selbst ist die pure Überraschung, das Unerwartete komm mit
ihm in unser Leben. […] Weihnachten, so verstanden, ändert die Sicht auf das
Leben. Flüchtlinge, die zu uns kommen, sind auch ein Einbruch in unsere gewohnte Wirklichkeit").

Die Erzählung von der Welt, wie sie ist, gliedert sich damit entlang der Möglichkeiten, auf Überraschungen (als Beispiele werden Weihnachtsgeschenke und
Asyl- und Schutzsuchende genannt) zu reagieren. Die Protagonisten dieser Erzählung sind jene Figuren, die Überraschungen sehr lieben. Ihnen ordnet sich
das Ich das Predigtstimme zu: „Klar: Auch wer Überraschungen sehr liebt wie
ich, der wird sich nicht immer über alles freuen. Aber er oder sie ist im Herzen
und im Kopf eher offen und weit. Ist in der Lage, von sich selbst abzusehen und
anderen auch mal das Handeln zu überlassen und dadurch bereichert zu werden.
In unserem Land […] ist derzeit eine solche fröhliche Offenheit zu beobachten.
Viele Menschen bereiten momentan Flüchtlingen ein herzliches Willkommen."

Die Figuren der ersten Figurengruppe werden charakterisiert als Personen,
die Überraschungen gegenüber prinzipiell offen sind. Sie sind bereit, Unerwartetes anzunehmen, auch wenn es sich um etwas Unerfreuliches handelt. Grundsätzlich „lieben" sie Überraschungen und verfügen daher über die Bereitschaft,
sich überraschen zu lassen. Diese Bereitschaft erwächst aus persönlichen Eigenschaften, die metaphorisch beschrieben werden als „im Herzen und im Kopf
eher offen und weit". Während das Herz im Kulturraum der Predigt als Bild für
den Sitz der Gefühle fungiert, repräsentiert der Kopf den Ort des Denkens. So
zeichnet die Metapher Figuren, die sowohl emotional als auch kognitiv in der
Lage sind, Unerwartetes anzunehmen. Sie begegnen Situationen gelassen und
zwar auch dann, wenn sie die Situation nicht selbst kontrollieren. Frei von einer
Fixierung auf sich selbst begegnen sie Unerwartetem und Neuem mit einer positiven Grundeinstellung („fröhliche Offenheit"). In Bezug auf die überraschende Ankunft von Geflüchteten reagieren sie entsprechend zustimmend und
hoffnungsvoll. Sie sind generell aufnahmebereit und damit auch konkret dazu
bereit, Asyl- und Schutzsuchende aufzunehmen und ihr unerwartetes Eintreffen
als Bereicherung wahrzunehmen. Die grundlegende Empfänglichkeit für Neues
wirkt sich nicht nur positiv auf die Geflüchteten aus – sie werden herzlich willkommen geheißen – sondern auch auf die, die bereit sind für Neues: „Ich bin

immer wieder freudig überrascht, was ich erfahre und lerne von Menschen anderer Kulturen, Nationen und Religionen. Das macht das Herz weit und den Verstand offen. Der Horizont vergrößert sich. Wenn wir in Urlaub fahren, ist es ja auch so: Wir freuen uns an Neuem, Überraschendem, zehren von Erlebnissen, die wir daheim nie gehabt hätten. [...] Meist reden sowieso bloß die schlecht über Flüchtlinge, die gar keine persönlich kennen. Es ist deshalb keine Blauäugigkeit, wenn ich sage, dass wir alle, die Flüchtlingen täglich begegnen, nicht bloß Probleme sehen, ja, die auch, sondern auch unglaublich bereichert werden."

Die Figuren, die offen für Neues sind, profitieren davon. Zur Veranschaulichung führt die Predigtstimme in Form der Ich-Erzählung gute Erfahrungen auf, die im Urlaub gemacht werden können. Demnach macht der Kontakt mit Fremdem und Neuem, metaphorisch gesprochen, „das Herz weit und den Verstand offen". Die fröhliche Offenheit Neuem gegenüber fördert emotionales und intellektuelles Wachstum („Horizont vergrößert sich") und reichert die persönlichen Ressourcen an, aus denen die Figur Kraft schöpf („zehren von Erlebnissen").

Die Metapher der Horizonterweiterung skizziert eine Figur, die geistig reift, indem sie dazulernt. Diese Charakterzüge stehen im Kontrast zur „Blauäugigkeit" im Sinne einer ungebildeten Ahnungslosigkeit, von der sich die Predigtstimme abgrenzt. Welt- und lebenserfahren sind diese Figuren in der Lage, Situationen differenziert zu beurteilen („nicht bloß Probleme sehen, ja, die auch"). Sie wissen, wovon sie reden. Im Gegensatz zu denen, die persönlich keine Asyl- und Schutzsuchenden kennen, verfügen sie über die notwendigen Kenntnisse, um die Situation adäquat beurteilen zu können.

Mit dieser Figurengruppe stehen der Ankunft von Geflüchteten in Deutschland Personen gegenüber, die sich dadurch auszeichnen, flexibel, entwicklungsfähig und offenherzig zu sein. Sie sind ausgestattet mit der emotionalen und kognitiven Kompetenz, die es braucht, um Neues ins Leben integrieren und daraus persönliches Wachstum für sich selbst generieren zu können. Der Wertestatus dieser Figurengruppe ist damit eindeutig positiv bestimmt.

Im Kontrast dazu steht die zweite Gruppe, die sich zusammensetzt aus Figuren, die auf Überraschungen mit leiser Enttäuschung reagieren. Sie repräsentieren jene Personen in der Gesellschaft, die den Geflüchteten kein herzliches Willkommen bereiten. Ihre emotionalen und kognitiven Fähigkeiten werden von der Predigtstimme niedriger bewertet als die der ersten Figurengruppe: „Denn eigentlich, wenn man frustriert ist, weil nicht alles nach Plan läuft, hat man nicht so ganz viel Lebensspielraum. Deswegen, weil man lieber alles selbst im Griff haben, nie den eigenen Einfluss verlieren will. Das hat selbstverständlich gute Seiten, weil man nicht dem Laissez-faire verfällt, einem Verhalten, das einfach alles gleichgültig schleifen lässt. Aber wirklich immer alles unter Kontrolle haben zu wollen, das macht letztlich innerlich eng und unfrei."

Die Figuren dieser Gruppe werden vorgestellt als frustrationsanfällig in Situationen, die sich ihrer Kontrolle entziehen. Sie reagieren mit Unmut und Unbehagen auf Unerwartetes, das sich ihrem Einfluss entzieht und sich daher

nicht nach den eigenen Erwartungen gestalten lässt. Als erstes Beispiel für Unerwartetes nennt die Predigtstimme unerwünschte Weihnachtsgeschenke („Das
Buch war nicht der aktuelle Krimi, auf den man heimlich spekulierte. [...] Die
warmen Socken, die man bekam, sind nicht glatt- und feinmaschig"). Ursächlich
für das Unbehagen gegenüber Neuem und Unerwartetem ist, so wird erzählt, ein
starker Drang, „alles" selbst kontrollieren und „nie" die Gestaltungsmacht verlieren zu wollen. Die Adverbien „alles" und „nie" zeichnen eine absolute und
starre Einstellung. Diese Starrheit kann positiv gedeutet werden in dem Sinne,
dass diesen Figuren nichts egal ist („Laissez-faire"). Das Resultat dieser grundlegend ablehnenden Haltung aber ist innerliche Enge und Unfreiheit. Im Kontext
der Ankunft von Asyl- und Schutzsuchenden bedeutet diese Grundhaltung auch,
sich gegenüber der Möglichkeit einer Weiterentwicklung der eigenen Persönlichkeit zu verschließen: „Wer die positiven Überraschungen, die sich im Zusammenleben mit Flüchtlingen einstellen, nicht haben will, der beraubt sich selbst
einer Horizonterweiterung."

Die gegebenen Figureninformationen kennzeichnen die zweite Figurengruppe damit als beschränkt und das sowohl im Hinblick auf Lebensmöglichkeiten („nicht so ganz viel Lebensspielraum") als auch bezüglich persönlicher Kompetenzen („innerlich eng und unfrei"). Die Figurengruppe erscheint engstirnig,
starrsinnig und selbstschädigend.

Die zweite steht damit im direkten Gegensatz zur ersten Figurengruppe. Im
Kern unterscheiden sich die beiden Gruppen durch die charakterliche Eigen-
schaft der Offenheit bzw. Verschlossen voneinander. Ihre Kennzeichen verhalten sich antithetisch zueinander: Der Frustration und Enttäuschung der einen
steht die fröhliche Offenheit der anderen Gruppe gegenüber. Der Drang, alles
nach den eigenen Vorstellungen zu gestalten, steht in Opposition zur Fähigkeit,
von sich selbst absehen und anderen das Handeln überlassen zu können. Während die einen innerlich eng und unfrei gezeichnet werden, sind die anderen
emotional und kognitiv aufgeschlossen und empfänglich. Und im Gegensatz zu
denen, die sich einem Persönlichkeitswachstum gegenüber verschließen, erscheinen die anderen entwicklungsfähig und lernbereit. Auf der Achse persönlicher Kompetenzen kommt die zweite Gruppe damit am negativen Ende zu stehen. Sie erscheint sowohl emotional als auch kognitiv inkompetent. Sie ist nicht
in der Lage, Neues in ihr Leben zu integrieren und dieses für sich selbst als Bereicherung wahrzunehmen.

Zwischen diesen beiden Gruppen wird eine dritte Gruppe vorgestellt. Es
handelt sich um Figuren, die sich „Sorgen machen", die angesichts der Ankunft
von Asyl- und Schutzsuchenden unsicher und ängstlich sind und kritische Fragen stellen. Diese Fragen werden durch die Predigtstimme als zulässig bewertet:
„Diese Fragen sind berechtigt"/„Diese Sorgen, wenn sie sich um das gemeinsame Wohlergehen bei uns, in Europa drehen, nehme ich sehr ernst. Wir müssen
uns die Ehre der Auseinandersetzung gönnen."/„Diese Gedanken [...] muss man
ernst nehmen." Die positive Bewertung der kritischen Fragen wird durch die

Figureninformationen begründet: „[I]ch meine die, die achtsam nachdenken und nachfragen. Die überlegen, wie wir mit der großen Zahl von Flüchtlingen so umgehen, dass der soziale Friede gewahrt bleibt und wir miteinander Integration schaffen können."

Jene, die sich Sorgen machen, werden nicht der Gruppe der Starrsinnigen zugeordnet, da ihre kritische Haltung das Resultat von Überlegungen darstellt, die sozialen Frieden suchen. Die Figureninformation „achtsam nachdenken" beschreibt die Figuren dieser dritten Gruppe als aufmerksam, wachsam und bedacht. Sie analysieren die Situation und stellen Fragen. An diese Gruppe tritt die Predigtstimme ihre Stimme ab: „Wie kann Integration gelingen [...]? Welche Zukunft haben die [...]? Was sagen wir denen, die [...] keine Arbeitserlaubnis bekommen [...]?"

Die imaginierten Fragestellungen befassen sich mit Problemen in Bezug auf den konkreten Umgang mit Geflüchteten. Die Fragenden erscheinen politisch orientiert und weitblickend. Kritisch hinterfragt diese Gruppe, wie es nach der Ankunft der Asyl- und Schutzsuchenden innenpolitisch weitergehen kann, statt die Aufnahme von Geflüchteten selbst in Frage zu stellen. Im Fokus stehen Probleme mit Arbeits- und Aufenthaltserlaubnissen bzw. behördlichen Verfahren. Im weiteren Verlauf der Predigt wird derlei Fragen auch auf Gefühle von Angst und Unsicherheit zurückgeführt: „Andere sind unsicher, ängstlich. Wie können sie mit dieser Überraschung, die Flüchtlinge darstellen, angemessen umgehen? Wie die Fülle der Herausforderungen bewältigen? Noch einmal: Diese Sorgen, wenn sie sich um das gemeinsame Wohlergehen bei uns, in Europa drehen, nehme ich sehr ernst."

Die Figuren der dritten Figurengruppe werden damit als kluge und sachlich denkende, politisch informierte und am sozialen Frieden interessierte Personen charakterisiert, die die gegenwärtige Situation analysieren und auf ihre Konsequenzen für die Zukunft hin befragen. Sie sind nachdenklich und überlegt und zeigen Interesse an der Integration von Zugewanderten und der Arbeit jener Behörden, die für Geflüchtete verantwortlich sind. Zugleich bezeugen ihre Fragen Unsicherheit und Angst in Bezug auf die Zukunft. Die Sorge der anderen ist damit zweifach kodiert: Einerseits ist es klug, so zu fragen, andererseits deuten diese Fragen auf negative Gefühle hin. Damit unterscheidet sich die dritte Figurengruppe von der ersten Figurengruppe, welche auf die Ankunft von mobilen Menschen gelassen bis freudig reagiert und nicht unsicher. Zugleich erscheint die dritte Gruppe als ein respektabler Gesprächspartner für die erste Gruppe. Mit ihnen scheint ein gemeinsames Nachdenken möglich: „Wir müssen uns die Ehre der Auseinandersetzung gönnen."/„Wir wollen gemeinsam überlegen, wie unsere Gesellschaft neu werden kann."

Die dritte Figurengruppe kommt damit in die Nähe jener zum Stehen, die sich über die überraschende Ankunft der Asyl- und Schutzsuchenden freuen. Gemeinsam ergeben sie das erste Wir der Predigt. Dieses Wir umfasst die achtsam Nachdenkenden und jene, die Geflüchteten ein freudiges Willkommen bereiten.

Beide Gruppen stehen damit der Gruppe derer gegenüber, die im Herzen und im Kopf eher eng und unfrei sind.

Die wichtigste Nebengruppe der Wirklichkeitserzählung stellen „die Flüchtlinge" dar. Einerseits sind sie das Zielobjekt des helfenden Handelns der Protagonist*innen, andererseits sind sie für die Helfenden emotional wertvoll. Sie fungieren als Mittel zur Horizonterweiterung und Sinnfindung und damit zur Persönlichkeitsentwicklung und werden durch die Predigtstimme entsprechend positiv bewertet: „Es ist deshalb keine Blauäugigkeit, wenn ich sage, dass wir alle, die Flüchtlingen täglich begegnen, nicht bloß Probleme sehen, ja, die auch, sondern auch unglaublich bereichert werden. [...] Ich bin immer wieder freudig überrascht, was ich erfahre und lerne von Menschen anderer Kulturen, Nationen und Religionen. Das macht das Herz weit und den Verstand offen. Der Horizont vergrößert sich. Wenn wir in Urlaub fahren, ist es ja auch so: Wir freuen uns an Neuem, Überraschendem, zehren von Erlebnissen, die wir daheim nie gehabt hätten. Jetzt sind Menschen zu uns gekommen, die uns die ferne Welt nahe bringen. Das Unerwartete kommt in unseren Alltag. Das ist eine innige Verbindung zur Weihnachtsbotschaft."/„Flüchtlinge, die zu uns kommen, sind [...] ein Einbruch in unsere gewohnte Wirklichkeit. [...] Die meisten Menschen in unserem Land freuen sich darüber, auch über die unerwartete Möglichkeit, helfen zu können. Durchaus auch wieder einen Sinn für ihr eigenes Leben zu entdecken. Neue Aufgaben bringen neue Erfüllung."

„Flüchtlinge", so wird erzählt, stellen einen großen Gewinn dar. Zuerst bringen sie die ferne Welt und damit andere Kulturen, Nationen und Religionen nahe und wirken damit horizonterweiternd. Zudem bieten sie die Möglichkeit zu helfen und so dem eigenen Leben wieder Bedeutung zu geben („wieder einen Sinn [...] entdecken"). Die Angewiesenheit der Geflüchteten wirkt sich somit positiv auf jene aus, die sich helfend zuwenden. Die Asyl- und Schutzsuchenden füllen eine gefühlte Leere durch positive Erlebnisse und das gute Gefühl, gebraucht zu werden („neue Aufgaben bringen neue Erfüllung"). Der Kontakt mit Geflüchteten, so wird erzählt, ist somit von emotionalem und kognitivem Nutzen. Exemplarisch für den wohltuenden Kontakt mit Geflüchteten werden Figuren aus der Gruppe der Asyl- und Schutzsuchenden skizziert: „Da ist die irakische Frau, die furios kocht und uns ihre gesellige Tischkultur beibringt. Man trifft auf einen jungen Syrer, der christliche Kirchenlieder in einem herrlichen Tenor zu singen weiß und die Philosophen Kant und Hegel gelesen hat. Das nigerianische Mädchen, das noch nicht lesen und schreiben kann, hat ein solch bezauberndes Lachen, das mit ihr immer die Sonne aufgeht. Der afghanische Halbwüchsige will Fitnesstrainer werden, damit ihm nie wieder jemand körperlich zu nahe kommt. Sein Kumpel wird Schreiner."

Den Figuren werden durchweg positive Eigenschaften zugeschrieben: Die irakische Frau ist eine umwerfende Köchin und bietet denen, die Kontakt mit ihr haben, nicht nur etwas Leckeres zu essen, sondern auch die Erfahrung einer wohltuenden Tischgemeinschaft. Die Stimme des jungen Syrers ist schön anzuhören und pflegt das Andenken an den deutschen Genius. Das nigerianische Mädchen erwärmt das Herz. Ein afghanischer Halbwüchsiger ist motiviert, ein Handwerk zu erlernen und ein anderer will sich im Rahmen des Gesundheitshandelns engagieren und damit auch etwas für sich selbst tun. So skizziert können die Hörer*innen Nähe zu den Figuren aufbauen. Der Fremdheit (irakisch, syrisch, afghanisch) werden Informationen zur Seite gestellt, die nach europäischen Maßstäben vertrauenswürdig und erstrebenswert erscheinen. Beispielsweise stimuliert die Beschreibung der irakischen Frau positive Erinnerungen an Mütterlichkeit und die Wärme eines heimischen Herds, während der junge Syrer einem Europäer aus ‚gutem Hause' gleicht (Kirchenlieder, Kant und Hegel). Das nigerianische Mädchen evoziert Sympathie durch ihre Schlichtheit bei liebenswertem Charakter (ungebildet mit bezauberndem Lächeln) und die Heranwachsenden aus Afghanistan lassen an Jugendliche denken, die motiviert realistische Lebensträume verfolgen. Allen Figuren werden damit Fähigkeiten bzw. Charaktereigenschaften zugeschrieben, die gesellschaftlich anerkannt sind und sich positiv auf die Gesellschaft auswirken. Es fällt auf, dass die Figurenbeschreibung durch Genderstereotype geprägt ist. Die Frau kocht und lächelt, der Mann liest und schreinert. Für die vorliegende Studie ist aber von größerem Interesse, dass weniger anerkannte oder gar negative Eigenschaften von Personen nicht sichtbar werden, wenngleich diese realistischerweise zu erwarten sind. Folglich handelt es sich um eine eindimensionale Darstellung. Diese ist vermutlich mit der Absicht verbunden, negativen Bildern von Asyl- und Schutzsuchenden positive Bilder entgegenzustellen.

Negative Bilder von Geflüchteten klingen in jenem Abschnitt der Predigt an, in dem die Predigtstimme imaginiert, wie das Zusammenleben mit Zuwanderern gestaltet werden sollte: „Wir wollen gemeinsam überlegen, wie unsere Gesellschaft neu werden kann. Dazu gehört selbstverständlich, Probleme nicht zu verschweigen und Herausforderungen mit Schwung anzunehmen. Es gehört dazu, unsere demokratische Verfassung hochzuhalten, Zuwanderer mit Glaubens- und Religionsfreiheit, mit Meinungs- und Pressefreiheit zu überraschen, ihnen überzeugend die Gleichberechtigung von Mann und Frau vorzuleben. Das kann doch – und soll – bei unseren Neuankömmlingen freudige Begeisterung auslösen."

In diesem Passus werden Bedenken gegenüber der Ankunft von Geflüchteten formuliert, die überwunden werden müssen: Zuwanderer sind mit Glaubens- und Religionsfreiheit zu überraschen, was darauf hinweist, dass Glaubens- und Religionsfreiheit etwas Neues für die Ankommenden darstellen. Ebenso verhält es sich mit der Meinungs- und Pressefreiheit und der Gleichberechtigung von Mann und Frau. Im Hintergrund steht die Annahme, dass die Zugewanderten diese Merkmale einer auf Gleichheit gegründeten demokratischen Gesellschaft nicht kennen. Die Zuwanderer werden damit als Personen gezeichnet, die aus repressiven und patriarchal gestalteten Gesellschaften kommen und denen liberale Werte fremd sind. Während nun von der Gesellschaft in Deutschland erwar-

2. Flüchtlinge sind wie Weihnachtsgeschenke

tet wird, demokratische Werte gegenüber den Geflüchteten zu vertreten, wird von Geflüchteten wiederum erwartet, dass sie diese Werte enthusiastisch aufnehmen („freudige Begeisterung").

In der Figurenkonstellation werden „die Flüchtlinge" der Ankunftsgesellschaft zugeordnet („unseren Neuankömmlingen"). Nahe stehen sie in der Figurenkonstellation jenen, die Asyl- und Schutzsuchenden ein herzliches Willkommen bereiten. Die Helfer*innen profitieren vom Kontakt mit den Ankommenden. Sie werden bereichert. Weit entfernt ist die Figurengruppe der Geflüchteten von denen, die Überraschungen mit leiser Enttäuschung begegnen. Sie sind nicht in der Lage, Neues in ihr Leben zu integrieren und so auch nicht die in Deutschland Ankommenden. Zwischen den Enttäuschten und den Geflüchteten findet kein Kontakt statt.

Die Predigtgemeinde stellt eine weitere Figurengruppe dar. Sie wird angesprochen als eine Gruppe von Personen, die noch nicht darüber entschieden hat, ob Überraschungen zu bejahen sind oder nicht: „Mögen Sie Überraschungen, liebe Gemeinde? Schöne schon, werden Sie vielleicht sagen. Und Weihnachten ist die ideale Zeit dafür. Oder Sie sagen: Muss nicht sein – man weiß nie, was dann kommt."

In Bezug auf die Ankunft von Asyl- und Schutzsuchenden wird der Predigtgemeinde empfohlen, diese als positive Überraschung wahrzunehmen, indem sie aus weihnachtlicher Perspektive betrachtet wird: „Gott macht in der Heiligen Nacht ernst mit seinen Überraschungen. Sehr ernst."/„Denn Gott ist selbst die pure Überraschung, das Unerwartete kommt mit ihm in unser Leben. Und eben nicht, das sieht man an den Geschichten der Bibel, irgendwie nett und gefällig, passend zu dem, was wir immer schon gedacht, gesagt und getan haben. Er lockt uns aus der Reserve, fordert uns heraus, provoziert uns sogar – so, wie Jesus es auch mit seinen Zeitgenossen gemacht hat."/„Wir sind glücklich, selig über den Mensch gewordenen Gott, der uns persönlich zeigt, wie Leben geht. Weihnachtlich, liebe- und phantasievoll, kreativ und zugewandt, mit Zeit füreinander, überlegt, überraschend verpackt, entzückt enthüllt. Weihnachten, so verstanden, ändert die Sicht auf das Leben. Flüchtlinge, die zu uns kommen, sind auch ein Einbruch in unsere gewohnte Wirklichkeit. Sie sind nicht Gott, natürlich nicht. Eben so wenig wie wir selbst. Aber sie sind allesamt, wie wir, Gottes Ebenbilder."

Der Gemeinde wird nahegelegt, die überraschende Ankunft der Geflüchteten in Deutschland ganz ähnlich wahrzunehmen wie die überraschende Menschwerdung Gottes. Um diese Perspektive auf die Ankunft von Asyl- und Schutzsuchenden zu plausibilisieren, führt die Predigtstimme Übereinstimmungen zwischen der Ankunft Gottes in der Welt und der Ankunft der Geflüchteten auf. Beide Ankünfte sind überraschend und erfolgen weder reibungslos („nicht [...] nett und gefällig") noch wie zu erwarten war („passend zu dem, was wir immer schon gedacht, gesagt und getan haben"). Stattdessen stellt die Ankunft Gottes in der Welt wie auch die Ankunft der Asyl- und Schutzsuchenden eine Herausforderung dar („lockt uns aus der Reserve, fordert uns heraus, provoziert uns sogar"). Parallel zu der wohltuenden Erfahrung, dass die Ankunft Gottes Erfüllung bedeutet und Lebensspielräume eröffnet („der uns persönlich zeigt, wie Leben geht [...], liebe- und phantasievoll, kreativ und zugewandt, mit Zeit füreinander, überlegt, überraschend verpackt, entzückt enthüllt"), soll nun auch die Ankunft der Geflüchteten als eine erfüllende Herausforderung angesehen werden. Zwar, so räumt die Predigtstimme ein, sind Asyl- und Schutzsuchende nicht gottgleich, wohl aber gottähnlich und daher ebenso wertvoll wie alle Geschöpfe. Die Empfehlung wird durch die Mahnung intensiviert, sich selbst nicht zu schaden, sondern die Weihnachtsgeschichte zu verinnerlichen: „Und was ist mit uns? Wer die positiven Überraschungen, die sich im Zusammenleben mit Flüchtlingen einstellen, nicht haben will, der beraubt sich selber einer Horizonterweiterung."/„Jetzt sind Menschen zu uns gekommen, die uns die ferne Welt nahe bringen."/„Denn Gott kommt unerwartet. Er bricht sozusagen ein in unseren Alltag und stellt ihn auf den Kopf. Weihnachten ist keine Idylle, gleich, wie schön und gemütlich wir es uns – völlig zu Recht! – in diesen Tagen machen. Das spüren wir, wenn wir uns diese unglaublich wunderbare Geschichte in ihren Feinheiten vor Augen führen und ins Herz sinken lassen."/„Gott, der gleich nach seiner Geburt mit seiner Familie wegen Gewalt und Terror fliehen und um Asyl im Nachbarland bitten musste, trifft uns in allen, die unsere Hilfe brauchen"/ „Du bist Gottes geliebtes Geschöpf – unabhängig davon, ob du schwarz, weiß, reich oder arm bist, schlau oder schlicht, deutsch oder syrisch."

Statt sich vor Geflüchteten zu verschließen und sich damit selbst einer Horizonterweiterung zu berauben, wird der Predigtgemeinde empfohlen, sich die Weihnachtsgeschichte „ins Herz sinken [zu] lassen". Wieder erscheint hier das Herz als Ort der emotionalen Kompetenz („das spüren wir"), die nötig ist, um die Ankunft von Asyl- und Schutzsuchenden als Bereicherung erfahren zu können. Die Predigtgemeinde hat wahrzunehmen, dass es sich bei der Weihnachtsgeschichte, ebenso wie bei der Ankunft der Geflüchteten, um kein ausschließlich positives Geschehen handelt, sondern um eines mit Licht und Schatten. Beiden Ereignissen aber ist gemein, dass helfendes Handeln nötig ist: Gott findet Zuflucht in Ägypten und die Schutzsuchenden der Gegenwart werden in Deutschland aufgenommen. So zeigen Gott und Geflüchtete relevante Gemeinsamkeiten auf, die die Gemeinde dazu verleiten sollen, sich Asyl- und Schutzsuchenden gegenüber hilfreich zu erweisen. In der Erinnerung daran, dass Gott selbst einst zur Flucht gezwungen war, ist Geflüchteten heute zu begegnen. Neben den Übereinstimmungen zwischen Gott und den Geflüchteten werden auch Gemeinsamkeiten zwischen der Predigtgemeinde und den Geflüchteten aufgeführt. Alle Menschen sind geliebte Geschöpfe Gottes und damit vor den Augen Gottes gleich. Eine Geringschätzung von Geflüchteten oder fehlendes Hilfehandeln ist damit inakzeptabel. Wer die Weihnachtsgeschichte verinnerlicht hat, so macht die Predigtstimme deutlich, der identifiziert sich mit den Geflüchteten und offeriert ihnen Zuwendung und Hilfe.

Gegen die Angst und die Unsicherheit, mit der einige auf die Ankunft von Asyl- und Schutzsuchenden reagieren, lässt die Predigtstimme den Engel auf dem Felde, von dem das Lukasevangelium erzählt, sprechen: „Fürchtet euch nicht' sagt der Engel in der Heiligen Nacht. „Fürchtet euch nicht" – wer das sagt, der weiß, dass es manchmal zum Fürchten ist. Der weiß aber auch: Es gibt Hoffnung. Und Hoffnung, die brauchen wir für unser Leben. Hoffnung in Gestalt von menschlichen Engeln, die Angst klar und deutlich sehen, die irdische Nöte und Verzweiflung mit Verständnis und viel Geduld ansprechen. Es braucht himmlische Boten mit menschlichen Gesichtern, die in jedem Menschen Gottes unvergleichliches Ebenbild erkennen. Wir dürfen leben und lieben – uns selbst und alle, die sich uns anvertrauen, die uns von Gott anvertraut sind. Gott ist Mensch geworden. Und er macht uns an Weihnachten das größte Geschenk – sich selbst, Menschlichkeit in himmlischer Gestalt, göttliche Humanität. Der Himmel kommt auf die Erde. Lassen wir uns damit beschenken. Machen wir es ihm nach. Und werden oder bleiben wir lebens-, liebens- und leidensfähige Menschen, voller Einfühlsamkeit."

Verbunden mit der Aufforderung, sich nicht zu fürchten, wenngleich die Welt bisweilen zum Fürchten ist, wird die Predigtgemeinde gebeten, der Hoffnung Raum und Gestalt zu geben. Hoffnung erscheint als Lebensexilier, auf das alle Menschen angewiesen sind. Zugunsten der Geflüchteten soll die Predigtgemeinde in die Nachfolge der Engel treten, die Hoffnung verheißen und auf die Nöte und Verzweiflung anderer empathisch reagieren. Gottes „Menschlichkeit in himmlischer Gestalt" dient dafür als Leitbild. Wie Gott die Menschen mit seiner „göttlichen Humanität" beschenkt, sollen die Beschenkten selbst zu Schenkenden werden. Einige der Angesprochenen scheinen die Maßgabe schon erreicht zu haben („bleiben wir lebens-, liebens- und leidensfähige Menschen, voller Einfühlsamkeit"), andere sind aufgefordert, sich dahingehend zu entwickeln („werden [...] wir lebens-, liebens- und leidensfähige Menschen, voller Einfühlsamkeit"). Im Kern fordert die Predigtstimme die Predigtgemeinde an diesem Weihnachtsfeiertag damit auf, Gott zu entsprechen und adäquat auf die Menschwerdung Gottes zu antworten, indem Flüchtenden ein „herzliches Willkommen" bereitet wird.

Insgesamt wird die Predigtgemeinde damit als eine Gruppe von Personen gezeichnet, von denen manche die Weihnachtsgeschichte noch nicht recht verstanden bzw. verinnerlicht haben. Während die Geflüchteten in direkter Nähe zu Gott stehen – beide sind in Not und zur Flucht gezwungen – steht die Predigtgemeinde noch vor der Herausforderung, sich zu Gott und damit auch zu den Asyl- und Schutzsuchenden zu bekennen. Die Predigtgemeinde hat das angestrebte Ziel damit noch nicht ganz erreicht. Zugleich wird ihr zugetraut, in die Nachfolge Gottes einzutreten und selbst zu Engeln zu werden.

Die tragende Figur im Hintergrund der Wirklichkeitserzählung ist Gott, der jedem Menschen die Ebenbildlichkeit zuschreibt. Gottes Menschwerdung dient als Urbeispiel einer unerwarteten und durchaus auch unbequemen Überraschung, die letztlich eine existentielle Bereicherung für alle Menschen darstellt. Gott erscheint einerseits selbst als Flüchtender, angewiesen auf Schutz und Hilfe, andererseits als Vorbild aller Humanität.

Die letzte Gruppe im Figurenensemble der Predigt stellen die „Hetzer" dar. Sie werden zweimal kurz angeführt und stellen die Antihelden der Wirklichkeitserzählung dar. So, wie sie nur am Rande Erwähnung finden, kommen sie auch nur am Rande zu stehen. Sie kommen nicht als Gesprächspartner in Frage: „Ich weiß, dass andere sich Sorgen machen. Und damit meine ich nicht die Hetzer, die ihre Ausländerfeindlichkeit und ihren Antisemitismus in großem und kleinem Stil ausleben."/„Diese Gedanken – wenn sie nicht einfach rechtsextrem sind – muss man ernst nehmen."

Die Gruppe der Hetzer ist von denen unterschieden, die Asyl- und Schutzsuchenden ein herzliches Willkommen bereiten, aber auch von denen, die sich Sorgen machen und achtsam fragen. Auffällig ist, dass die Gruppe der Hetzer im Vergleich zu allen anderen Figurengruppen, die in der Predigt auftreten, nicht genauer beschrieben wird. Weder ihre Motive noch ihre Gedanken noch was sie sagen, wird erkennbar. Sehr wohl aber wird das Urteil der Predigtstimme über diese Gruppe deutlich. Während alle anderen Gruppen der Rede wert sind und als Gesprächspartner angesprochen werden, stehen die Hetzer so weit im Abseits, dass sie weder Aufmerksamkeit erhalten, noch als Gesprächspartner in Erscheinung treten. Ihnen wird abgesprochen, sich begründet Sorgen zu machen oder berechtige Rückfragen an die Ankunft von Asyl- und Schutzsuchenden zu stellen. Die Hetzer sind „einfach rechtsextrem" und damit aus den gemeinsamen Überlegungen ausgeschlossen. Deutlich zieht die Predigtstimme hier eine rote Linie, jenseits derer die Gesprächsbereitschaft endet. Die Hetzer werden disqualifiziert. Sie sind nicht Teil von Wir.

2.3   Da ist die irakische Frau, die furios kocht. Die Analyse der Fokalisierung

In Bezug auf den Modus der Fokalisierung fällt auf, dass die Wirklichkeitserzählung entweder aus der Übersicht oder aus Perspektive der Ich-Erzählung erfolgt.

Das Ich der Predigtstimme kommt der Hörerschaft nahe, indem Einblicke in persönliche Erfahrungen gewährt werden („Ich bin immer wieder freudig überrascht, was ich erfahre und lerne von Menschen anderer Kulturen"). Der Standpunkt der Predigtstimme erscheint als der einer gebildeten und solventen Person: „Das Buch war nicht der aktuelle Krimi, auf den man heimlich spekulierte. Sondern ein wunderschön gebundener Lyrikband. Die warmen Socken, die man bekam, sind nicht glatt- und feinmaschig, sondern kernig selbstgestrickt. Sie stammen halt nicht, wie gewohnt, aus dem Fachgeschäft [...]. [...] Wenn wir in Urlaub fahren, ist es ja auch so: Wir freuen uns an Neuem, Überraschendem, zehren von Erlebnissen, die wir daheim nie gehabt hätten." Aus der Perspektive eines gewissen Wohlstands (man fährt in den Urlaub und kauft Socken im Fachgeschäft) und höherer Bildung (man liest Lyrik) erscheinen Geflüchtete als eine exotische Überraschung, die kulturelle und kulinarische Vorlieben bedient und erweitert.

Dieser Wohlstandsperspektive inhärent ist eine gewisse analytische Distanz zum Geschehen, die auf Seiten der Hörer*innen wiederum Distanz evoziert. Im Modus der Übersicht werden Geflüchtete ausschließlich von außen und mit Blick auf die Vorlieben der Predigtstimme zu sehen geben.

Der externe Fokalisator blickt von einem erhobenen Standpunkt aus auf die Figuren und gibt von ihnen zu sehen, was dem Bild vom bereichernden „Flüchtling" zuträglich ist. Nicht zu sehen gegeben wird, was der These von der Bereicherung widerspricht, was die Figuren selbst denken, wie sie ihre Lage erleben oder was sie von der Ankunftsgesellschaft erwarten. Die Perspektive auf die Figuren ist somit nutzenorientiert und die Wahrnehmung wird dahingehend gefiltert, was diese Figuren für die Betrachter*innen sein können: Eine gute Köchin und Gastgeberin, ein herrlicher Tenor, ein herzerwärmendes Gegenüber, ein Fitnesstrainer und ein Schreiner. Darüber hinaus sind Geflüchtete auch aufgrund ihrer Nähe zu Gott von emotionalem Nutzen für die Helfer*innen: „Weihnachten, so verstanden, ändert die Sicht auf das Leben. Flüchtlinge, die zu uns kommen, sind auch ein Einbruch in unsere gewohnte Wirklichkeit."/„Die meisten Menschen in unserem Land freuen sich darüber, auch über die unerwartete Möglichkeit, helfen zu können. Durchaus auch wieder einen Sinn für ihr eigenes Leben zu entdecken."

Die helfende Zuwendung zu den Ebenbildern Gottes erfüllt das Leben, das, wie aus der Predigt abgeleitet werden kann, von einigen als bedeutungslos empfunden wird („wieder einen Sinn [...] zu entdecken"). Damit stellen „die Flüchtlinge" eine existentielle Sinnressource dar, die das Leben lebenswert macht und das Selbst aufwertet. Geflüchtete und Helfende scheinen eine Notgemeinschaft zu bilden. Während die einen unter Krieg und Flucht zu leiden haben, kranken die anderen an einer als sinnlos empfundenen Existenz. Die Ebenbildlichkeit verschwistert diese beiden Gruppen, wodurch sich das leere Leben füllt – zumindest auf Seiten derer, die Asyl- und Schutzsuchenden helfen. Wie diese Situation von den Geflüchteten selbst bewertet wird, bleibt unsichtbar.

2.4   Wir müssen uns die Ehre gönnen. Die Analyse der Stimme

In Bezug auf die Analyse der Stimme fällt auf, dass die Predigtstimme die Wirklichkeitserzählung dominiert. Ihre Stimme ist allermeist zu hören. Sie sortiert Figuren entlang ihrer Reaktionen auf Überraschungen. Die Predigtstimme tritt als homodiegetischer Erzähler auf. Sie ist Teil der erzählten Welt und spricht häufig in Form des biographischen Ich („Ich bin immer wieder freudig überrascht").

Die Figur hinter der Predigtstimme wird erkennbar als eine, die solvent und gebildet ist, die Überraschungen sehr liebt und von daher „im Herzen und im Kopf eher offen und weit" ist. Sie beschreibt sich als „in der Lage, von sich selbst abzusehen und anderen auch mal das Handeln zu überlassen und dadurch bereichert zu werden". Die Predigtstimme ordnet sich damit der ersten Figurengruppe zu, die, anders als die zweite Gruppe der Starrsinnigen, flexibel und entwicklungsfähig, offenherzig und lernbereit ist. Sie verfügt mithin über die emotionalen und kognitiven Kompetenzen, Neues anzunehmen und daran persönlich zu reifen. Sie stellt sich dar als eine Expertin, die weiß, wovon sie spricht, da sie über Erfahrungen verfügt, die andere nicht haben („Es ist daher keine Blauäugigkeit, wenn ich sage, dass wir alle, die Flüchtlingen täglich begegnen, nicht bloß Probleme sehen"). Deutlich ordnet sich die Predigtstimme am positiven Ende der Achse der persönlichen Kompetenzen ein. Von diesem Standpunkt aus gewährt sie jenen zu Wort zu kommen, die die Ankunft der Asyl- und Schutzsuchenden achtsam hinterfragen: „Wie kann Integration gelingen [...]?"/„Welche Zukunft haben die, die heimlich bei Verwandten einziehen [...]?" Während die sogenannten achtsam Fragenden damit eine Stimme erhalten, bleiben sowohl „die Hetzer" als auch „die Flüchtlinge" stumm.

Aufgrund ihrer Expertise präsentiert sich die Predigtstimme als bevollmächtigt, Asylprotest zu missbilligen („einfach rechtsextrem") und sogenannte achtsame Rückfragen zur Asyl- und Integrationspolitik zu akzeptieren: „Wir müssen uns die Ehre der Auseinandersetzung gönnen". Der Gebrauch des Verbs „gönnen" implementiert eine hierarchische Überordnung der Predigtstimme über andere. Einerseits scheint sie selbst keine Debatten nötig zu haben – sie tut von allein, was richtig ist –, womit sie sich den Bedenkenträgern gegenüber moralisch überlegen zeigt. Zugleich ist sie aber willens, den achtsam Fragenden entgegen zu kommen und erteilt der Auseinandersetzung daher ihre Erlaubnis. Sie gestattet den Diskurs und stellt sich damit als eine Instanz dar, die über die Legitimität öffentlicher Debatten entscheiden kann und darf.

Darüber hinaus fällt auf, dass das Verb „gönnen" hier reflexiv in Verbindung zum Personalpronomen Wir steht. Debatten über Integrationspolitik erscheinen daher nicht mit Blick auf die Asyl- und Schutzsuchenden wichtig und notwendig zu sein, sondern nützlich für die Figurengruppe Wir. Die Auseinandersetzung tut der Figurengruppe Wir gut („wir müssen uns die Ehre [...] gönnen").

2.5   Offenherzig oder starrsinnig. Die Analyse der Identifikationsangebote

Den Hörer*innen werden zwei Figurengruppen zur Identifikation angeboten, wovon die erste eindeutig positiv, die zweite im Vergleich dazu ambivalenter beschrieben wird.

Die Gruppe jener, die offen sind für Überraschungen, erscheint als das attraktivste Identifikationsangebot. Die Figuren dieser Gruppe sind gekennzeichnet durch Werte, die gesellschaftlich Anerkennung finden: Sie sind neugierig und lernbereit, weltgewandt, flexibel und aufnahmefähig und damit emotional, kognitiv und sozial kompetent. Da die Figuren transparent dargestellt werden – ihr Inneres wird so einsichtig, dass erst einmal keine Fragen offenbleiben –, fällt die Identifikation mit ihnen leicht. Auf der moralischen Achse kommen diese durch und durch guten Figuren am positiven Ende zum Stehen. Sie erscheinen als Held*innen. Derart zentriert dargestellt wird den Hörer*innen ein starkes Urteil ermöglicht. Dabei inszeniert sich die Figur hinter der Predigtstimme selbst als ein Prototyp des Helden.

Ambivalenter erscheint die zweite Gruppe der „achtsam Fragenden". Sie wird einerseits charakterisiert als weitblickend, sachlich denkend und politisch informiert, als nachdenklich, überlegt und interessiert an Fragen gelingender Integration. Andererseits werden dieser Gruppe auch negative Gefühle zugeschrieben, worin sie sich von der ersten Gruppe unterscheidet. Die Fragen der achtsam Nachdenkenden werden zurückgeführt auf Unsicherheiten und Ängste in Bezug auf die Zukunft. Diese doppelte Kodierung der Sorgen der anderen zeichnet diese Figuren mehrdimensional. Sie erscheinen im Vergleich zur ersten Gruppe weniger berechenbar, dadurch aber auch glaubwürdig, da die Vielfalt von Eigenschaften einen runden Charakter beschreibt. Ihre Darstellung ist dezentral. Die Figuren verfügen sowohl über negative als auch über positive Eigenschaften. Ihr moralischer Wert liegt daher etwas unterhalb der Position der Held*innen. Gekennzeichnet als respektabler Gesprächspartner kommt diese Figurengruppe aber in der Nähe der ersten Figurengruppe zu stehen. Deutlich unterschieden von diesen beiden Gruppen ist die Gruppe derjenigen, die nicht in der Lage sind, Neues in ihr Leben zu integrieren sowie die Gruppe der Hetzer.

Die dritte Figurengruppe, die als Gruppe der Starrsinnigen bezeichnet werden kann, stellt kein attraktives Identifikationsangebot dar. Es ist davon auszugehen, dass sich die Hörer*innen in der Beschreibung der Figuren nicht wiedererkennen wollen. Charakterisiert als egoistisch und verschlossen, als festgefahren, starrsinnig und beschränkt in Bezug auf Lebensmöglichkeiten und emotionale sowie kognitive Fähigkeiten zeigt diese Gruppe keine gesellschaftlich anerkannten Werte auf. Stattdessen steht sie weit abseits von den klugen und weltgewandten Figuren, so dass eine Identifikation mit dieser Gruppe einer Selbstentwertung entsprechen würde. Es ist nicht damit zu rechnen, dass sich jemand selbst mit gutem Gefühl als stur und engstirnig, unflexibel und verstockt beschreiben würde. Folglich sind die Predigthörer*innen genötigt, zu dieser Figurengruppe auf Distanz zu gehen.

Auch die Gruppe der Hetzer wird nicht als Identifikationsangebot inszeniert. Figuren dieser Gruppe werden nicht einsichtig. Zudem wird die Gruppe auf ein Merkmal reduziert („einfach rechtsradikal"). Ihre Darstellung ist damit zentriert. Sie zeigen keine Ambivalenzen auf, sondern erscheinen durch und durch böse und stellen damit die Antihelden der Erzählung dar. Der so skizzierte flache Charakter erlaubt ein starkes Urteil, das in diesem Falle eindeutig negativ ist und verhindert, Nähe zu diesen Figuren aufbauen zu können.

Der richtige Umgang mit der Ankunft der Geflüchteten wird folglich nur den ersten beiden Figurengruppen zugetraut und die Predigtstimme fordert die Predigtgemeinde dazu auf, sich einer dieser Gruppen zuzuordnen. Es wird der Gemeinde zugetraut, die richtige Haltung gegenüber Neuem einzunehmen, in die Nachfolge Gottes einzutreten und so selbst zu Engeln zu werden, die Asyl- und Schutzsuchenden helfen.

Die Figurengruppe der Flüchtlinge eignet sich nur bedingt zur Identifikation. Zwar werden vor dem inneren Auge sympathische Bilder von Asyl- und Schutzsuchenden gezeichnet, ihr Innenleben aber bleibt mysteriös. Weder ihre Lebenserfahrungen, ihre Beweggründe zur Flucht, noch ihre Wünsche und Hoffnungen werden einsichtig. Von ihnen wird lediglich zu sehen gegeben, was für die Hörer*innen angenehm sein kann, so dass diese Figuren auf Merkmale eines Bereichs reduziert werden (die gute Köchin, das freundliche Mädchen usw.). Individuelle Persönlichkeiten werden so nicht erkennbar und ein Mitfühlen mit diesen Figuren kaum ermöglicht.

2.6   Fröhliche Offenheit als Schlüssel zur Problemlösung. Die Gesamtauswertung der Predigt Nummer 16

Die Predigt Nummer 16 erzählt von einer Welt, in der es Menschen gibt, die sowohl emotional als auch kognitiv in der Lage sind, Überraschungen und damit einhergehende Veränderungen anzunehmen und für sich selbst als Bereicherung wahrzunehmen. Sie begegnen Neuem gelassen und frei von einer Fixierung auf sich selbst („fröhliche Offenheit"). So reagieren sie auch auf die Ankunft von Geflüchteten annehmend und hoffnungsvoll. Krisenhaft erscheint die Ankunft von Asyl- und Schutzsuchenden hingegen für jene, die sich Neuem gegenüber verschließen, da sie emotional und kognitiv nicht in der Lage sind, mit Unerwartetem umzugehen.

Aus dieser Darstellung lässt sich ableiten, dass nicht die politische Situation selbst ein Problem darstellt, sondern die falsche Einstellung der politischen Lage gegenüber. Umkehrt stellt die Ankunft von Asyl- und Schutzsuchenden kein grundsätzliches Problem dar, wenn die richtige Einstellung eingenommen wird. In der Erzählung von der Welt, wie sie sein sollte, begegnen alle Menschen Neuem – seien es unerwartete Weihnachtsgeschenke oder Asyl- und Schutz-suchende – mit aufgeschlossenen Herzen und erfahren dadurch eine Persönlich-keitsentwicklung und eine qualitative Anreicherung des eigenen Lebens. Vor-rangig geht es folglich um Charaktereigenschaften, die die Wahrnehmung der politischen Situation lenken. Innenpolitische Schwierigkeiten sind dem nachge-ordnet. Die kritische Auseinandersetzung mit Zuwanderung erscheint legitim, die grundsätzliche Ablehnung gegenüber mobilen Menschen aber als Charakter-schwäche. Dementsprechend kommen die sogenannten „Hetzer" nicht als Ge-sprächspartner in Frage.

Mit Blick auf die Figuren fällt auf, dass die Charaktereigenschaften Offenher-zigkeit und Verschlossenheit einander scharf gegenüberstehen. So richtet sich die Idee von der Welt, wie sie ist und sein sollte, aus entlang einer Achse persön-licher Kompetenzen, an deren einem Ende die positiv bewertete Freiheit des Herzens und Verstandes, und an deren anderem Ende die emotionale wie kogni-tive Verstockung zu stehen kommt.

In Bezug auf die Fokalisierungsstrategien und die Stimmen ist zu beobach-ten, dass die Predigtstimme aus einer Wohlstandsperspektive heraus die politi-sche Lage überblickt. Sich selbst als offenherzig, gebildet und weltgewandt be-schreibend, betrachtet sie das Geschehen aus einer Warte heraus, die Geflüch-tete als eine bereichernde Überraschung zu sehen gibt. Geflüchtete werden dazu mit unerwarteten Weihnachtsgeschenken und schönen Erfahrungen im Urlaub gleichgestellt und so zu sehen gegeben, dass ihr Mehrwert für die Ankunftsge-sellschaft sichtbar wird (Sinn im Leben, die gute Köchin, das freundliche Mäd-chen, der schöne Tenor usw.). Deutlich treten die Präferenzen der Predigt-stimme zu Tage: Freundliche Frauen und gebildete Männer (Hegel und Kant) stellen einen Gewinn dar. Unbesetzt dagegen bleibt sowohl die Perspektive derer, die der gängigen Aufnahmepraxis von Asylsuchenden widersprechen, als auch die Sichtweise der Geflüchteten selbst.

Die Wirklichkeitserzählung unterbreitet den Hörer*innen damit zwei Iden-tifikationsangebote. Zuerst stellt sich die Predigtstimme selbst, zusammen mit den anderen offenherzigen und verständigen Figuren, als Vorbild dar, an dem sich die Zuhörenden orientieren sollen. Die Selbstbeschreibung der Predigt-stimme und die Charakterisierung der anderen Offenherzigen ist durch und durch positiv, so dass ein starkes Urteil leichtfällt. Auch die Gruppe derer, die achtsam nachfragen, wie Integration gelingen kann, lädt die Predigthörer*innen ein sich wiederzuerkennen. Diese Gruppe wird ebenfalls als klug und weitsichtig dargestellt und verkörpert damit anerkannte Werte.

Die Figurengruppe der Starrsinnigen hingegen stellt kein echtes Identifika-tionsangebot dar. Egoistisch und verschlossen, festgefahren und beschränkt in Bezug auf emotionale sowie kognitive Kompetenzen erscheint diese Gruppe we-nig attraktiv und vielmehr abständig. Auch fällt es den Hörer*innen vermutlich nicht leicht, sich in der Figurengruppe der Asyl- und Schutzsuchenden wieder-zuerkennen. Zwar werden dieser Gruppe positive Merkmale zugeschrieben (Freundlichkeit, schöne Stimme, berufliche Ambitionen), zugleich aber sind die Figuren so stereotyp skizziert, dass sie stilisiert erscheinen und nicht als glaub-würdige Persönlichkeiten. Dagegen nicht zur Identifikation eignet sich die Figu-rengruppen der Hetzer.

2.7   Die Predigten Nummer 2 und Nummer 16 im Vergleich

Im Vergleich zur Predigt Nummer 2 weist die Predigt Nummer 16 ein komplexe-res Bild von Gesellschaft auf. Während die Predigt Nummer 2 die Ankunftsge-sellschaft mithilfe der Leitkodierung empathisch/apathisch in zwei Kategorien unterteilt, erstellt die Predigt Nummer 16 vier Typen von Reaktionen auf die An-kunft von Menschen auf der Flucht. Die Predigtgemeinde steht in diesem Fall nicht vor der Wahl, sich entweder den Mitfühlenden oder den Gleichgültigen zuordnen zu müssen, sondern findet in der Gruppe der sogenannten achtsam Fragenden ein drittes Identifikationsangebot, das mit dem Image jener koope-riert, die der Aufnahme von Asyl- und Schutzsuchenden, beispielsweise mit Blick auf Integrationsmöglichkeiten, kritisch gegenüberstehen. Sie können ihren Standpunkt in der Predigt wiederfinden und werden wahrgenommen („Ich weiß, dass andere sich Sorgen machen") und wertgeschätzt („Diese Fragen sind berechtigt"). Ihnen wird Weitblick zugeschrieben („die achtsam nachdenken und nachfragen"/„[d]ie überlegen"). Diskutiert werden ihre Fragen aber nicht und das ist nicht weiter verwunderlich, stellt sich die Flüchtlingskrise doch in beiden Wirklichkeitserzählungen weniger als ein gesellschaftliches bzw. politi-sches, denn als ein sehr persönliches Problem dar.

In beiden Wirklichkeitserzählungen stehen Charaktereigenschaften bzw. Persönlichkeitsmerkmale im Zentrum der Deutung der sogenannten Flücht-lingskrise. Predigt Nummer 2 findet das eigentlich Krisenhafte der sogenannten Flüchtlingskrise in der Apathie einiger Nachbarn, während Predigt Nummer 16 analog dazu innerliche Enge und Unfreiheit zum Ursprung der Krise erklärt. Da-mit erscheint die sogenannte Flüchtlingskrise als ein Problem gewisser Charak-tere und nicht als ein politisches bzw. gesellschaftliches. Dieser Deutung nach liegt der Schlüssel zur Problemlösung ebenfalls in der Persönlichkeit des Indivi-duums: Nehmen emotionale, kognitive und soziale Fähigkeiten zu, gibt es keinen Grund mehr, Fremde zu fürchten. In diesem Sinne ist die sogenannte Flücht-lingskrise nur für jene ein Problem, die den Ankommenden mit der falschen in-neren Haltung begegnen.

In Bezug auf die Figuren und ihre Konstellationen fällt auf, dass in beiden Wirklichkeitserzählungen diejenigen die Heldenrolle innehaben, die über die nötige persönliche Reife verfügen, Fremde freundlich aufzunehmen. Offenherzig, mitfühlend und gleichermaßen engagiert und kommen die Held*innen daher am positiven Ende der moralischen Achse zu stehen. Es handelt sich um Männer und Frauen der Ankunftsgesellschaft. Geflüchtete besetzen dagegen die passive, empfangende Opferrolle. Sie sind abhängig von Wohltaten. Kulturell abständig skizziert müssen den Opfern zudem europäische Werte beigebracht werden.

Auch in der Predigt Nummer 5 wird die innere Haltung als Problemlösungsschlüssel für den Umgang mit Schutzsuchenden angeführt; in diesem Falle ist es die Dankbarkeit, die aus der Erkenntnis erwächst, selbst schon gerettet zu sein.

3. Fischer, Fischer, wie tief ist das Wasser?
Die Analyse der Predigt Nummer 5

Die Predigt Nummer 5 trägt keine Überschrift, kann aber betitelt werden mit dem Schlüsselsatz ihrer Rahmenerzählung: „Fischer, Fischer, wie tief ist das Wasser?". Sie wurde gehalten am 6. September 2015 und folgt in der Auswahl der Predigtperikope der Perikopenordnung für den 14. Sonntag nach Trinitatis. Die der Predigt zugrunde liegende Bibelstelle ist Lk 17,11–19, die Erzählung von der Heilung von den zehn Aussätzigen.

3.1   *Jeder Mensch hat das gleiche Recht auf Rettung.*
Der erste Eindruck

Auf den ersten Blick besteht die Predigt aus zwei Teilen, deren erster Teil eine Rahmenerzählung darstellt, die den zweiten Teil umschließt. Differenzierter beobachtet setzt sich die Predigt aus sechs Teilen zusammen, die dem Muster A B C B C A folgen: Erster Teil der Rahmenerzählung (A), erster Teil der Nacherzählung der Predigtperikope (B), erster Kommentar (C), zweiter Teil der Nacherzählung der Predigtperikope (B), zweiter Kommentar (C), letzter Teil der Rahmenerzählung (A).

Die Predigt wird durch die Predigtstimme eröffnet mit der Begrüßung der Gemeinde („Liebe Gemeinde"). Sodann beginnt, ohne einleitende Bemerkungen, eine Erzählung über ein Mädchen, das im Sportunterricht das Bewegungsspiel „Fischer, Fischer, wie tief ist das Wasser?!" spielt. Es wird erzählt, dass das Kind Schwierigkeiten hat, sich zurecht zu finden und das Spiel zu verstehen, da es gerade erst nach einer schwierigen Flucht in Deutschland angekommen ist. Es weint und spielt nicht mit.

Auf diese Erzählung folgt, wieder ohne einleitende Bemerkungen, direkt eine zweite, andere Erzählung. In dieser wird der erste Teil der Predigtperikope nacherzählt. Ehe einer der Geheilten zu Jesus zurückkehrt, endet die Nacherzählung (bis einschließlich Vers 14). Die Erzählung wird anschließend durch die Predigtstimme kommentiert und aktualisiert. In diesem Abschnitt, der mit den Worten ‚Integration ohne Einzelfallprüfung' überschrieben werden kann, kontrastiert die Predigtstimme Jesu „kollektive Fernheilung" der Aussätzigen mit der in der Gegenwart für Asylverfahren gängigen Einzelfallprüfung und der damit einhergehenden Einteilung von Schutzsuchenden in zwei Klassen („Wirtschaftsflüchtlinge oder politisch Verfolgte"). Der Kommentar der Predigtstimme stellt Überlegungen darüber an, ob Jesu Verhalten Vorbild für die Aufnahme von Schutzsuchenden sein kann: „Wie wäre es, wir könnten so ohne Einzelfallprüfung wie Jesus die für dazugehörig erklären wie uns selbst?"

Auf den ersten Kommentar folgt die Nacherzählung des letzten Abschnitts der Predigtperikope (Verse 15–19), in dem einer der Geheilten zu Jesus zurückkehrt und ihm dankt. Darauf folgt ein zweiter Kommentar, der überschrieben werden kann mit den Worten ‚Hilfe aus Dankbarkeit'. In diesem Abschnitt wird den Hörer*innen nahgelegt, dem Beispiel des dankbaren Samariters zu folgen und Dankbarkeit „für das, was wir haben, und die Dankbarkeit, aus Not gerettet zu sein" als Quelle einer guten Zukunft für alle Menschen zu verstehen.

Die Predigt schließt mit dem zweiten Teil der Rahmenerzählung. Das Kind, so wird erzählt, hat nun das Spiel verstanden, spielt mit und entscheidet, lieber selbst der Fischer zu sein und nicht mehr die Gejagte.

Der Predigt sind zwei Hauptintentionen zu entnehmen. Während die Rahmenerzählung insbesondere Mitgefühl mit Kindern in Not wecken will, zielt der andere Teil der Predigt darauf ab, zu erwägen Zuwandernde nicht in eine Zwei-Klassen-Gesellschaft zu unterteilen („Wirtschaftsflüchtlinge oder politisch Verfolgte"), sondern ärmere Menschen grundsätzlich „teilhaben zu lassen an Freiheit und Wohlstand in Europa".

Das Vorbild zur Aufnahme von Asyl- und Schutzsuchenden ohne Einzelfallprüfung beschreibt Jesu Verhalten in der biblischen Erzählung. Jesus, so der Kommentar der Predigtstimme, verzichtet auf die Begutachtung jedes einzelnen Kranken. Vielmehr heilt er alle, die ihn darum bitten. Darüber hinaus werden drei Argumente für die Aufnahme von Schutzsuchenden ohne Einzelfallprüfung dargelegt:

Als ein Argument wird der Wert von Zuwanderung für die Ökonomie des Landes angeführt. Die Ankunft von Asyl- und Schutzsuchenden wird aus nutzenorientierter Perspektive als „Chance für die Wirtschaft" darstellt. Die Aufnahme von Zuwandernden gleicht daher einem „Investitionsprogramm in die eigene Wirtschaft" gleicht. Daran anknüpfend wird als zweites Argument „die Dankbarkeit" angeführt. Die Predigtstimme beschreibt zwei Arten von Dankbarkeit: „Die Dankbarkeit für das, was wir haben, und die Dankbarkeit, aus Not gerettet zu sein." Als Vorbild der Dankbarkeit dient der Samariter aus der biblischen Erzählung. Als er merkt, dass er geheilt ist, kehrt er um, preist Gott und dankt Jesus. Dieses Vorbild soll die Hörerschaft dazu bewegen, sich selbst dankbar zu erweisen, indem sie Jesu Handeln folgt. Statt mobile Menschen auf Abstand zu halten, sollen diese in die Gemeinschaft aufgenommen werden. Mit der Aufnahme der Ausgestoßenen vollzieht sich sodann das Gotteslob: „Dankbarkeit, die mehr ist als ein Ausgleich mit Worten für empfangene Wohltaten, richtet sich an Gott, den Ursprung allen Lebens."

Das erste und letzte Argument für die Aufnahme von Einwanderer*innen ohne Einzelfallprüfung ist das Schicksal der Kinder, die Schutz suchen. In der Rahmenerzählung, die den Beginn und den Schluss der Predigt bildet und damit eine exponierte Stellung innehat, wird ein kleines Mädchen in den Fokus gerückt, das der Hörerschaft einen Einblick in die Erfahrungen, Gefühle und Hoffnungen von Kindern gewährt, die nach einer Flucht in einem fremden Land ankommen. Die Erzählung ist derart gestaltet, dass Anknüpfungspunkte zum Tode Alan Kurdis, der drei Tage vor der Predigt publik wurde, naheliegen. Die Erzählung vom Mädchen, das „Fischer, Fischer, wie tief ist das Wasser" spielt, lässt nicht zufällig an den ertrunkenen Jungen denken. Dieser Teil der Predigt zielt besonders darauf ab, die Hörer*innen emotional zu berühren, sie so für das Schicksal der Kinder zu sensibilisieren und dazu zu bewegen, über eine Aufnahme von Schutzsuchenden ohne Einzelfallprüfung nachzudenken.

Jeder Mensch, so die Kernbotschaft der Predigt, hat das gleiche Recht auf Rettung aus Not. Eine Unterscheidung zwischen sogenannten Wirtschaftsflüchtlingen und sogenannten politischen Flüchtlingen würde diese oberste Maxime verletzten. Ausdrücklich werden die Kinder in den Fokus gerückt. Sie sind besonders gefährdet und daher auch besonders auf Hilfe und Schutz angewiesen.

3.2 Einer von zehn erinnert sich. Die Analyse von Figuren und Konstellationen

Als Protagonistin der Rahmenerzählung tritt ein Mädchen auf, das mit ihrer Klasse in der Turnhalle ein Spiel spielt. Alter oder Herkunft des Kindes werden nicht benannt. Aus den Figureninformationen aber kann abgeleitet werden, dass das Kind vermutlich in die Grundschule geht, da das Spiel „Fischer, Fischer, wie tief ist das Wasser" vornehmlich aus dem Grundschulsport bekannt ist. Darüber hinaus kann der Erzählung entnommen werden, dass das Kind mit seinen Eltern nach Deutschland geflohen ist. Die Erzählung beinhaltet Informationen, die darauf hinweisen, dass das Kind eine „schreckliche" Flucht erlebt hat, die mit großen Hoffnungen auf das Ankunftsland verbunden war: „Es ist schön in Deutschland, du wirst sehen', haben die Eltern gesagt auf der schrecklichen Flucht."

Im ersten Teil der Rahmenerzählung erscheint das Mädchen unsicher und ängstlich, traurig und überfordert, als die Kinder auf der einen Seite der Turnhalle rufen: „„Fischer, Fischer, wie tief ist das Wasser?!" Auf der anderen Seite steht ein Junge, der Größte aus der Klasse. Er ruft eine Zahl. ‚Und wie kommen wir da rüber?‘, schreien die Vielen. ‚Ihr müsst hüpfen.‘ Und dann hüpfen alle in wildem Durcheinander und der eine muss fangen. Sie bleibt einfach stehen mitten in der wuselnden Menge. ‚Du musst weghüpfen‘ ruft die Lehrerin und macht hüpfende Bewegungen am Rand. Sie lacht zurück, aber bleibt stehen. Wieder erklingt die Frage der Vielen zu denen auf der anderen Seite, die fangen: ‚Fischer, Fischer, wie tief ist das Wasser?‘ Und wieder toben alle los, diesmal auf allen Vieren. Sie hüpft. ‚Du musst krabbeln Mann!‘ stößt sie einer an. Sie weiß nicht, wo sie hingehört. Sie bleibt stehen und weint.“

Die Erzählinstanz erklärt die Unsicherheit des Kindes damit, dass das Mädchen die fremde Sprache noch nicht versteht und das Spiel nicht kennt. Auch ist sie von vielen lärmenden und rennenden Kindern umgeben, was einschüchternd auf sie wirkt: „Wahrscheinlich versteht sie noch nicht alles wegen der Sprache und sowieso ist alles neu für sie. Die schöne Schule, das Klassenzimmer mit den praktischen Tischen, die Schultaschen und die Kleidung der anderen. Die freundliche Lehrerin und die eiligen Kinder, die immer durch den Flur rasen.“

Das Mädchen wirkt vor diesem lebendigen Hintergrund wie erstarrt und von der neuen Sprache, dem fremden Spiel, den unbekannten Klassenkamerad*innen und dem üblichen, lauten und lebendigen Schulalltag überfordert. Im Gegensatz zur Impulsivität und Agilität der anderen Kinder (sie rufen und schreien, sie hüpfen in wildem Durcheinander, wuseln, toben und rasen) wird das Mädchen in sich gekehrt dargestellt. Sie schreit und tobt nicht. Stattdessen reagiert sie verhalten. Sie überspielt ihre Unsicherheit mit einem Lächeln, sie erstarrt („sie lacht zurück aber bleibt stehen“) und weint („Sie bleibt stehen und weint“). Das Kind ist nicht in der Lage, das Spiel der anderen Kinder mitzuspielen und zieht sich zurück: „Sie setzt sich an den Rand und sieht erst von außen zu. Die Lehrerin legt ihr die Hand auf die Schulter.“ Die Erzählung ist so gestaltet, dass das innere Empfinden des Mädchens einsichtig wird: „Ich will nicht weglaufen. Ich will nicht gefangen werden. Ich weiß, wie tief das Wasser ist.“

Mit dem Wechsel der Erzählstimme zur Figurenstimme werden die Gedanken des Kindes hörbar, so dass sich ein noch vollständigeres Bild der Figur ergibt. Das Kind will nicht weglaufen und auch nicht gefangen werden. Überdies muss das Kind den Fischer nicht fragen, wie tief das Wasser ist, da es selbst weiß, wie tief es ist. Auf erster Ebene können sich diese Gedanken schlicht auf das Spiel in der Turnhalle beziehen. Das Mädchen erscheint dann selbstbewusst bis trotzig und entschlossen, ein Spiel nicht mitzuspielen, das ihr offensichtlich keine Freude bereitet. Daher reagiert sie nicht so wie erwartet auf die Aufforderung der Lehrerin und verweigert sich der Spielsituation. Auf zweiter Ebene erscheinen die Gedanken des Kindes als Lehren, die das Kind aus seinen Lebenserfahrungen gezogen hat und nun auf die Spielsituation überträgt. So gedeutet zeigt sich, dass das Kind nicht weglaufen will, da es schon einmal weglaufen musste und dass das Kind nicht gefangen werden will, da es schon einmal Angst hatte, gefangen zu werden. Zuletzt will und muss das Mädchen auch nicht danach fragen, wie tief das Wasser ist, da es aus eigener Erfahrung sehr wohl weiß, wie tief Wasser sein kann. So verstanden skizziert die Figurenrede das Bild eines Kindes, das vor großer Gefahr und in großen Gefahren, vermutlich über das Mittelmeer, nach Deutschland geflüchtet ist.

Die Figur des Mädchens ist so angelegt, dass die Hörer*innen an das Schicksal Alan Kurdis erinnert werden, der wenige Tage vor dem Tag dieser Predigt auf seinem Weg nach Europa im Mittelmeer ertrank. Im Unterschied zu dem kleinen Jungen hat das Mädchen die Flucht überlebt. Ihre Fluchtgeschichte führt den Predigthörer*innen damit kontrastreich vor Augen, wie Alan Kurdis Leben hätte verlaufen können. In diesem Sinne zeigt die Rahmenerzählung das mögliche Happy End einer kindlichen Fluchtgeschichte auf. Zugleich aber sind die Probleme des Kindes mit der Ankunft im sicheren Land nicht aufgehoben. Die Erzählung beschreibt, dass es dem Mädchen schwerfällt, im neuen Land anzukommen. Die Erfahrung der gefährlichen Reise hat sich ihr fest eingeprägt. So kann sie nicht einfach „Fischer, Fischer" spielen, ohne an Schreckliches erinnert zu werden.

Die Figur des Fischers kann ebenfalls auf zwei Ebenen interpretiert werden. Auf erster Ebene handelt es sich um eine Spielfigur. In diesem Fall hat der Fischer die Rolle des Fängers. Vor dem Hintergrund der Fluchterfahrung der Protagonistin kann der Fischer aber auch als Repräsentant einer bösen Macht gedeutet werden – als eine tödliche Gefahr oder als der Tod selbst. Der Fischer erfüllt damit die Rolle des Antagonisten, des Widersachers der Heldin. In dem Figurenpaar Fischer und Mädchen stehen sich Jäger und Gejagte, Tod und Kind gegenüber. Leben versus Tod stellt somit das entscheidende Kontrastpaar der Rahmenerzählung dar.

Im zweiten Teil der Rahmenerzählung, der den Schluss der Predigt bildet, hat das Mädchen seine Angst schließlich überwunden. Es findet sich in die Situation ein und spielt mit: „‚Fischer, Fischer, wie tief ist das Wasser?!' hallt es wieder durch die Turnhalle mit den Kindern. ‚10 cm nur' kommt die Antwort. ‚Ihr könnt laufen!' Jetzt hat sie das Spiel verstanden. Sie rennt los vom Rand und mischt sich unter die Gejagten. Dann wird sie gefangen. Und wird zum Fischer. Sie möchte ohnehin viel lieber selbst Fischer sein und nicht mehr Gejagte. Weggelaufen ist sie lange genug."

Die Protagonistin vollzieht eine Wendung. Sie verlässt die Rolle des unsicheren, introvertierten und traurigen Mädchens. Plötzlich ist sie mutig („sie rennt los und mischt sich unter die Gejagten") und auch als sie gefangen wird, so wird erzählt, reagiert sie darauf nicht enttäuscht, sondern fühlt sich in der Rolle des Fängers wohl. Die Figureninformationen lassen die Ableitung zu, den Rollenwechsel von der Gejagten zur Jägerin als Emanzipation des Kindes von der eigenen Fluchtgeschichte zu deuten und als bewusste Entscheidung, die Angst abzulegen und von nun an nicht mehr die ohnmächtige Opferrolle zu tragen („[w]eggelaufen ist sie lang genug"), sondern sich einzumischen ("mischt sich unter die Gejagten") und so den Verlauf der Dinge mitzubestimmen.

Die Figureninformationen zeichnen die Protagonistin als ein leidgeprüftes und versehrtes Opfer von Not und Flucht und zugleich als ein mutiges, entschlossenes und spielendes Kind, das sich gegen ein Leben in Traurigkeit und Angst entscheidet. Die Figur bricht so mit dem Stereotyp vom ohnmächtigen Opfer. Sie erscheint facettenreich, widersprüchlich und einzigartig. Fähig, sich zu entwickeln, fordert sie von den Hörer*innen Einfühlungsvermögen, Fantasie und Aufmerksamkeit. Derart mehrdimensional angelegt ist kein starkes Urteil über die Figur möglich – das Mädchen ist weder ausschließlich Opfer noch bloße Heldin –, wohl aber sind schwächere, individuellere Hypothesen ableitbar. So entsteht vor dem inneren Auge eine glaubwürdige Person, die die Widersprüchlichkeiten des Lebens in sich vereint. Sie versucht, trotz traumatisierender Lebenserfahrungen ein gutes Leben zu führen. Mit Hilfe der nahezu lückenlosen Charakterisierung durch die Beschreibung der Figur in Form der Übersicht, Mitsicht und Innenansicht bleiben bei den Rezipient*innen keine Fragen offen, was ein angenehmes Gefühl gegenüber der Figur fördert und die Identifikation erleichtert.

Im ersten Mittelteil der Predigt hat Jesus die Rolle des Protagonisten. Im Kommentar zur Nacherzählung des ersten Teils der Predigtperikope wird er als generös Handelnder dargestellt. Im Gegensatz zu den komplizierten Einzelfallprüfungen in Asylverfahren der Gegenwart reagiert Jesus auf die Bitte um Heilung direkt, unkompliziert und großmütig: "Klappern gehört nicht zu Jesu Handwerk. Fast beiläufig, wie selbstverständlich lässt er sie gesund werden, damit sie wieder dazu gehören oder endlich mal dazu gehören. Kein langes sich bitten lassen, kein Niederfallen um Erbarmung vor dem Heiler, kein großes Heilungswort, keine Geste der Segnung. Eine kollektive Fernheilung ohne viel Aufhebens, so als wären sie gar nicht krank, so als gehörten sie eigentlich immer schon dazu."

Allein der Ruf der Kranken reicht aus, um Jesus zum helfenden Handeln zu bewegen. Er stellt keine Bedingungen an die Kranken. Seine Hilfe erfolgt niederschwellig und einfach ("fast beiläufig"/"selbstverständlich"/"ohne viel Aufhebens"). Erklärt wird sein Verhalten damit, dass die Kranken eigentlich schon immer Teil der Gesellschaft waren und es folglich keiner großen Anstrengungen bedarf, ihre Teilhabe an der Gesellschaft zu bestätigen und zu reaktivieren.

Die Predigtstimme kontrastiert Jesu Handeln mit den Fragen rund um die Aufnahme von Asyl- und Schutzsuchenden, die in den öffentlichen Debatten zur Zeit der Predigt zu Tage treten: "Müsste man nicht deutlicher unterscheiden, wer zu uns kommen darf und wer nicht? Müsste man nicht Regeln aufbauen oder einfach nur die Regeln durchsetzen, die es bereits gibt, darüber, wer zurückgeschickt werden kann und wer hier bleiben darf? Wirtschaftsflüchtlinge oder politisch Verfolgte?"

Den Hintergrund dieser Fragen bildet das Grundgesetz der Bundesrepublik Deutschland, das drei Schutzberechtigungen nennt: die Asylberechtigung, den

Flüchtlingsschutz und den subsidiären Schutz.[4] Dieser Unterscheidung entsprechend wird im Einzelfall geprüft, welcher Kategorie eine Person, die um Aufnahme ersucht, zugeordnet werden kann. Jesus hingegen hilft, ohne die Erkrankten zuvor in Kategorien eingeteilt zu haben. Sein Verhalten wird damit als weitherzig beschrieben, während die gängige Asylpolitik im Vergleich dazu als kleinlich und äußerst heikel dargestellt wird: „Wie ist das mit der Einzelfallprüfung? Müsste man nicht deutlicher unterscheiden [...]? Müsste man nicht Regeln aufbauen oder einfach nur die Regeln durchsetzen [...]? Wirtschaftsflüchtlinge oder politisch Verfolgte? Aber wären dann die Probleme lösbarer? Wären es dann weniger? Ein paar vielleicht. Trauen wir uns wirklich zu, die Nöte und Schicksale zu qualifizieren; wer ärmer dran ist, die oder jene Familie, der Mann oder diese Frau?"

Die Fragen führen den Hörer*innen das Dilemma vor Augen, das mit einer Kategorisierung von Menschen einhergehen kann. Kritisch wird hinterfragt, wer die Verantwortung für die Einschätzung individueller Notlagen übernehmen kann. Mögliche Entscheider*innen werden als Figuren gezeichnet, die mit der schwierigen Aufgabe zwangsläufig überfordert sind. Als Lösungsansatz für das Dilemma wird Jesu Verhalten angeführt. Jesus geht dem Konflikt, der mit der Einschätzung und Kategorisierung von Not verbunden ist, aus dem Weg, indem er alle Kranken als heilungsberechtig anerkennt und allen vorbehaltlos Heilung gewährt. Alle Menschen werden von Jesus als Teil der Gemeinschaft von Menschen anerkannt, so interpretiert die Predigtstimme. Dies legt die Schlussfolgerung nahe, dass die Aufnahme von mobilen Menschen jenseits einer Einzelfallprüfung evangeliumsgemäß ist.

Die Erkrankten und die Asyl- und Schutzsuchenden ebenso wie die Heilung von Krankheit und die Aufnahme von mobilen Menschen werden als Korrespondenzpaare inszeniert. Kranke teilen mit Immigrant*innen die Erfahrung, „auf Abstand" gehalten zu werden und nicht Teil der Gesellschaft zu sein. Und so, wie die Aufnahme von mobilen Menschen die Eingliederung in die Ankunftsgesellschaft ermöglichen kann, lässt die Heilung von Aussatz die ehedem Ausgeschlossenen wieder Teil der Gesellschaft sein.

Jesus wird als Archetyp des Helden inszeniert. Die eindimensionale Darstellung, die nur Merkmale eines Bereichs erkennbar werden lässt (Jesus handelt großmütig, weitherzig und unkompliziert), lässt ein starkes Urteil über die Figur zu: Jesus kommt eindeutig am positiven Ende der moralischen Achse zum Stehen. Der Kommentar der Predigtstimme macht die Beweggründe Jesu zudem einsichtig und nachvollziehbar („damit sie wieder dazu gehören oder endlich einmal dazu gehören"), so dass am Ende keine Frage offenbleibt und die von der

---

[4]   Vgl. Bundesamt für Migration und Flüchtlinge, Erklärung zu den Begrifflichkeiten Flüchtling, Asylsuchende, Schutzberechtigte, veröffentlicht im Internet unter: http://www. bamf.de/DE/Fluechtlingsschutz/AblaufAsylv/ Schutzformen/schutzformen-node.html [Stand vom 5. Januar 2018].

Predigtstimme imaginierten Fragen eher rhetorischen Charakter haben („Wie ist das mit der Einzelfallprüfung? [...] Aber wären dann die Probleme lösbarer?"), da ihre Antwort im Verhalten Jesu bereits gegeben ist: „Eine kollektive Fernheilung ohne viel Aufhebens, [...] so als gehörten sie eigentlich immer schon dazu."

Eine weitere wichtige Figur bzw. Figurengruppe in diesem Abschnitt der Predigt ist repräsentiert im Personalpronomen Wir. Diese Figur ist einerseits weit gefasst und beinhaltet alle Menschen, denen es gut geht. Andererseits werden mit „Wir" speziell jene bezeichnet, die die deutsch-deutsche Wende miterlebt haben. Dabei spielt beim Verständnis dieser Figur der Ort der Predigt eine Rolle. Die Predigt wurde in einer Stadt in Ostdeutschland gehalten und knüpft explizit an die Erfahrungen jener an, die die deutsch-deutsche Wende in den östlichen Bundesländern miterlebten und selbst, so urteilt die Predigtstimme, von Investitionsprogrammen in die Wirtschaft profitierten: „Beim Zusammenwachsen der beiden deutschen Staaten haben wir jedenfalls diese Erfahrung machen können". Die Hilfen für die östlichen Bundesländer, so wird argumentiert, haben dazu geführt, dass „es uns gut geht".

Ehemalige DDR-Bürger*innen und die sogenannten Wirtschaftsflüchtlinge werden einander damit so zugeordnet, dass sie ein Korrespondenzpaar bilden: „Die Dankbarkeit für das, was wir haben, und die Dankbarkeit, aus Not gerettet zu sein, könnte eine gute Brücke bilden zum Verständnis untereinander." Wie die Menschen in den östlichen Bundesländern einst auf finanzielle Hilfe durch den solventeren Westen angewiesen waren, sind heute die sogenannten Wirtschaftsflüchtlinge von Unterstützung abhängig. Während die einen aber bereits aus ihrer Not gerettet wurden, steht diese Erfahrung gegenwärtig für viele Menschen noch aus.

Der Protagonist des zweiten Teils der Nacherzählung der Predigtperikope sowie des zweiten Kommentars ist der dankbare Samariter. Er wird der Heilung, welche die Teilhabe an der Gesellschaft ermöglicht, gewahr und regiert darauf, indem er umkehrt: „Wie nebenbei bemerken die Kranken, dass sie gesund sind. Einer jedenfalls bemerkt es und tut nicht das, was von ihm zu erwarten wäre: Sich die priesterliche Bescheinigung abholen, dass er wieder rein ist und dazu gehören darf. Vielmehr kehrte er von seinem Weg um und geht zu Jesus. Und wieder erklingt seine Stimme aus der Ferne. Dieses Mal aber ist es keine Bitte und kein Betteln. Es ist das Lob seines Schöpfers. [...] Einer von zehn kommt zurück und erinnert sich der Dankbarkeit."

Der Samariter wird beschreiben als eine Person, die sich von den anderen Geheilten darin unterscheidet, dass sie, als sie sich der Heilung bewusst wird, innehält, die Veränderung beobachtet, den neuen Zustand reflektiert und bewertet und sich dann der Quelle der Rettung zuwendet, wobei der Geheilte Gott und damit dem Ursprung aller Heilung die Ehre erweist. Jesus als Vermittler der Heilung wird zwar gedankt, Gott aber wird allem voran gelobt. Dankbarkeit, so wird erzählt, ist ein Erkenntnisresultat. Sie stellt das Ergebnis des Gewahrwerdens der eigenen, guten Situation dar. Sie erwächst aus der Erfahrung, selbst gerettet zu sein und damit Würde, Autonomie und die Fülle des Lebens (wieder)erlangt zu haben („Selbständig aufrecht gehen").

Die anderen Geheilten, die nicht zurückkehren, um Gott zu loben, werden dem dankbaren Samariter nicht als scharfer Gegensatz zugeordnet. Die Predigtstimme bewertet ihre Reaktion als verständlich: „10 % Dankbarkeit ist unser Leben. Wenn es gut kommt. 90 % in uns ist der Meinung, dass uns das, was wir haben, zusteht. Einer von zehn kommt zurück und erinnert sich der Dankbarkeit. Das ist nicht schlimm. Die anderen 90 % freuen sich des Lebens, wer will ihnen das verübeln nach so viel Leid."

Die bloße Freude über die Heilung wird den neun Geheilten nicht negativ zugerechnet („[d]as ist nicht schlimm"). Stattdessen wird ihr Verhalten legitimiert („nach so viel Leid") und für nachvollziehbar erklärt („wer will ihnen das verübeln"). Der dankbare Samariter und die anderen neun stellen damit keine Gegenbilder dar, sondern Varianten einer plausiblen Reaktion auf Rettung. Die Dankbarkeit adelt die Figur des Samariters aber, so dass dieser auf der moralischen Achse etwas oberhalb der anderen neun zum Stehen kommt.

Dem dankbaren Samariter werden sodann jene zur Seite gestellt, die in der aktuellen politischen Situation Geflüchteten helfen: „Und es sind Freiwillige da, die helfen wollen, an diesem Tag mehr als genug. Weil sie wohl ahnen, dass nichts selbstverständlich ist. Hilfe aus Dankbarkeit, dass es uns gut geht."

Die Freiwilligen und der Samariter empfinden Dankbarkeit. Und so wie die Dankbarkeit den Samariter veredelt, kommen auch die ehrenamtlichen Helfer*innen auf der moralischen Achse etwas oberhalb jener zu stehen, die nicht helfen. Ein scharfer Gegensatz zwischen Helfern und Nicht-Helfern wird indes nicht benannt. Von Undank ist nicht die Rede. Vielmehr scheinen die Nicht-Helfer*innen mit der Figurengruppe der 90 % zu korrespondieren, die sich – „wer will ihnen das verübeln" – des Lebens freuen. Bleibt die Erkenntnis der eigenen guten Lage aber aus und damit auch jene Dankbarkeit, die zu Hilfehandeln motiviert, wirkt sich das negativ auf alle aus, die nach einem guten Leben suchen. In diesem Sinne sind jene, die nicht dankbar regieren, den Dankbaren moralisch untergeordnet.

Typisch für die Figurenkonstellationen im Mittelteil der Predigt ist das Auftreten von Korrespondenzpaaren. Im Fokus stehen die Ähnlichkeiten, die Figuren miteinander verbinden: Wer alle, die in Armut leben, am Wohlstand Europas teilhaben lässt, entspricht Jesus, der alle Kranken heilte. So gleicht die Aufnahme von Immigranten der Heilung von Aussatz. Dem barmherzigen Samariter entsprechen all jene, die aus Dankbarkeit heraus von dem geben, was sie haben (beispielsweise die freiwilligen Helfer am Münchner Bahnhof sowie der Geflüchtete, der „Thank you" sagt). Die zehn Aussätzigen wiederum korrespondieren mit den aktuellen Asyl- und Schutzsuchenden – sie suchen nach Lebensmöglichkeiten – und ebenso mit allen, die einst im Rahmen der deutsch-deutschen Wende auf (finanzielle) Hilfe angewiesen waren. So entsteht ein enges Geflecht von Korrespondenzrelationen, das die Figuren an ihren Berührungspunkten miteinander verbindet und so Nähe zwischen ihnen herstellt.

Während die Analogien zwischen denen, die bereits in Deutschland leben, und jenen, die nach Deutschland einreisen, in den Vordergrund gestellt werden, werden beide Figurengruppen zugleich voneinander unterschieden: „Oder geht es uns eigentlich darum, dass wir ahnen, dass [...] wir [...] Konflikte aushalten müssen, weil Fremde schwierig sind, weil wir in Frage gestellt werden in der eigenen Identität. [...] Wir sind selbst gefragt, ärmere Menschen teilhaben zu lassen an Freiheit und Wohlstand in Europa. Und wir sind selbst gefragt, demo-kratische Gleichheitsrechte, ökonomische Freiheit, religiöse Toleranz, Nächs-tenliebe, bürgerschaftliches Engagement den Fremden als Werte unserer Gesell-schaft nahe zu bringen, von ihnen einzufordern und sie mit ihnen zu leben. [...] Keiner weiß wohl im Moment ganz genau, was an Herausforderungen auf uns wartet [...]. Wie tief die Kluft von arm und reich und wie tief die Unterschiede zwischen den Kulturen wirklich sind, wird sich erst im Lauf des gegenseitigen Kennenlernens und Zusammenlebens erweisen."

Asyl- und Schutzsuchende erscheinen als „Fremde", die der Figurengruppe Wir fernstehen, da sie sich in Bezug auf existentiell relevante Werteorientierun-gen voneinander unterscheiden. Die Verschiedenheit der Weltanschauungen und der sozialen Strukturen der Herkunftsländer trennen die Gruppen von-einander. Die Immigranten, die derzeit nach Deutschland einreisen, werden beschrieben als Personen, denen unbekannt ist, was für das Selbstbild der Figu-rengruppe Wir prägend ist: Teil einer Gesellschaft zu sein, die die Menschen-würde und -rechte achtet, die durch gerechte Gesetze gesteuert und durch eine starke Zivilgesellschaft geformt wird. Wie groß der Unterschied genau ist, kann nicht vorhergesehen werden. Sichtbar aber ist schon jetzt, dass Differenzen be-stehen („wie tief die Unterschiede zwischen den Kulturen wirklich sind, wird sich erst im Lauf des gegenseitigen Kennenlernens und Zusammenlebens erwei-sen"). Vor dem Hintergrund der kulturellen Unterschiede erscheint das Zusam-mentreffen beider Figurengruppen riskant. Die fremde Kultur hat das Potenzial, das Selbstbild der Figurengruppe Wir zu stören. Sie tritt auf als Zweifel, Konkur-rent und Kritiker der „eigenen" Wertvorstellungen, Lebensformen und Lebens-führungsstile („weil wir in Frage gestellt werden in der eigenen Identität").

Über allen Unterschieden steht indes ein gemeinsamer Antagonist. Dieser ist nicht als Person vorstellbar. Es handelt sich um größere Mächte. Schlechte Lebensbedingungen, die Angewiesenheit auf (finanzielle) Hilfe, das Gefühl, nicht dazu zu gehören und von Teilhabe an Freiheit und Wohlstand ausgeschlossen zu sein, bilden den Widersacher aller Figuren. So verbindet der gemeinsame Gegner die unterschiedlichen Figuren zu einer Gruppe Gleichbetroffener. Freiheit/ Wohlstand versus Unterdrückung/Armut stellen das Kontrastpaar des Mittel-teils der Predigt dar.

3.3 Ich weiß, wie tief das Wasser ist. Die Analyse der Fokalisierung

Im Fokus der Rahmenerzählung steht das Mädchen, das in der Turnhalle ein Spiel spielt, während die sogenannten Wirtschaftsflüchtlinge und die Figurengruppe Wir im Zentrum der Aufmerksamkeit der kommentierenden Passagen stehen.

In Bezug auf die Rahmenerzählung dominiert die narratoriale Perspektive, d. h. die Erzählung erfolgt durch eine anonyme Erzählinstanz, die außerhalb der Geschichte steht. Im Modus der Nullfokalisierung beginnt die Erzählung und wechselt dann in die externe Fokalisierung. Beim Schlüsselmoment der Erzählung schließlich wechselt plötzlich das Subjekt der Fokalisierung. Die Situation wird nun aus Perspektive des Mädchens zu sehen gegeben, ehe die Erzählung wieder aus der Perspektive der anonymen Erzählinstanz erfolgt. Dabei wechselt der Modus der Fokalisierung zurück in die externe Fokalisierung, um im Modus der Nullfokalisierung zu enden. So wird in die Szene soweit hineingezoomt, dass das Innenleben der Figur sichtbar wird und so weit hinausgezoomt, dass auch ihr Kontext (die Fluchterfahrung) wahrgenommen wird.

Am Beginn der Rahmenerzählung wird durch die Erzählinstanz zu sehen gegeben, was die Hörerschaft sehen muss, um die Figur des Mädchens im Sinne der Erzählabsicht wahrnehmen zu können: „Sie ist neu in der Schule. Wahrscheinlich versteht sie noch nicht alles wegen der Sprache und sowieso ist alles neu für sie. [...] ‚Es ist schön in Deutschland, du wirst sehen' haben die Eltern gesagt auf der schrecklichen Flucht."

Die Wahrnehmung der Zuhörenden wird mithilfe dieser Erzählung im Modus der Nullfokalisierung so gelenkt, dass die Figur eine Vergangenheit erhält, die die weitere Erzählung kontextualisiert. So wird das Mädchen zu sehen gegeben als ein Kind mit einer Fluchtgeschichte, das sich in der neuen Lebenswelt fremd fühlt. Ausgestattet mit diesen Informationen wird der Hörerschaft daraufhin im Modus der externen Fokalisierung ansichtig, was im Sportunterricht passiert: „Sie bleibt einfach stehen mitten in der wuselnden Menge. [...] Sie lacht zurück, aber bleibt stehen. [...] Und wieder toben alle los, diesmal auf allen Vieren." Die Außenperspektive lässt die Hörer*innen die Figur aus der Distanz sehen und da das Gezeigte durch die Erzählinstanz nicht interpretiert wird, sind sie zunächst gefordert, sich selbst ein Bild von der Bedeutung dessen zu machen, was sichtbar ist.

Sodann wechselt die Fokalisierung in den Modus der Nullfokalisierung und die Erzählinstanz gibt wieder mehr zu sehen als von außen sichtbar wäre und lenkt damit die Interpretation der Szene: „Sie weiß nicht, wo sie hingehört." Gleich einem Wechsel vom Weitwinkel- zum Teleobjektiv rückt die Figur immer näher in den Fokus bis die Figur so nah herangezoomt ist, dass die Sicht von der

Außen- in die Innenperspektive überspringt: „Ich will nicht weglaufen. Ich will nicht gefangen werden. Ich weiß, wie tief das Wasser ist."

Mit dem Wechsel des Subjekts der Fokalisierung erhalten die Hörer*innen einen tiefen Einblick in die Art und Weise, wie das Kind die Situation wahrnimmt. Sie kommen dem Mädchen immer näher und sehen schließlich mit seinen Augen: Das Spiel erinnert an die Fluchterfahrung und restimuliert Bilder von tiefem Wasser.

Sodann wird der Blickwinkel wieder geweitet, indem die Erzählung in den Modus der externen Fokalisierung zurückkehrt und eine anonyme Erzählinstanz das Geschehen von außen zu sehen gibt, ohne mehr zu sagen, als von außen gesehen werden kann („Sie setzt sich an den Rand und sieht erst mal von außen zu").

Am Ende der Rahmenerzählung wechselt die Fokalisierung und das Geschehen wird wieder aus der Übersicht wiedergegeben, wobei die Erzählinstanz mehr weiß bzw. sagt, als irgendeine Figur wahrnimmt. So wird den Hörer*innen ein Interpretationsschlüssel für das Verhalten der Figur gegeben. Im Spiel emanzipiert sich das Mädchen von der Opferrolle: „Jetzt hat sie das Spiel verstanden. [...] Dann wird sie gefangen. [...] Sie möchte ohnehin viel lieber selbst Fischer sein und nicht mehr Gejagte. Weggelaufen ist sie lange genug."

Die Nacherzählung der Predigtperikope erfolgt im Modus der externen Fokalisierung und der Nullfokalisierung. Die externe Fokalisierung dient dazu, das Geschehen zu sehen zu geben, wie es von außen beobachtet werden kann: „Und als er in ein Dorf kam, begegneten ihm zehn aussätzige Männer." Der Modus der Nullfokalisierung findet dort Anwendung, wo die Wahrnehmung der Zuhörenden durch Zusatzinformationen angereichert wird: „Jesus hatte gerade eine Grenze überschritten; die zwischen Galiläa und Samarien. Die Samariter hatten keine Gemeinschaft mehr mit dem jüdischen Volk. Sie waren gläubig, aber anders. Egal – weil, diese zehn Männer hatten eh keine Gemeinschaft mehr, mit niemandem. Sie waren krank. Sichtbar ansteckend krank. Lepra oder eine andere Krankheit, die auf der Haut ablesbar war. Sie wussten, dass sie nur von Ferne rufen durften – wegen der Quarantäne. [...] Es ist ein Ruf um Rettung."

Die Nullfokalisierung zeichnet den Szenenhintergrund, kontextualisiert so die Begegnung der Figuren und macht ihr Verhalten damit einsichtig. Erkennbar wird eine Gesellschaft, in der ansteckend Erkrankte auf Distanz gehalten und so vom sozialen Leben der Gesunden ausgeschlossen werden. Daher rufen sie aus der Ferne. Der Modus der Nullfokalisierung ermöglicht auch, Ähnlichkeiten zwischen den Kranken der biblischen Erzählung und Menschen, die heute nach Rettung rufen, erkennbar zu machen. Beide geraten in den Fokus und den Hörer*innen wird so das Gemeinsame des damaligen und heutigen Rufens vor Augen geführt: „Es ist ein Ruf Vieler. Es ist ein Ruf aus der Ferne. Es ist ein Ruf derer, die besser auf Abstand zu halten sind."

Auch in den kommentierenden Passagen wird aus der Übersicht heraus erzählt. Beispielsweise gibt die Predigtstimme die Debatte um den Umgang mit sogenannten Wirtschaftsflüchtlingen aus der Distanz heraus zu sehen: „Wie ist das mit der Einzelfallprüfung? Müsste man nicht deutlicher unterscheiden [...]? Müsste man nicht Regeln aufbauen [...] darüber, wer zurückgeschickt werden kann, und wer hier bleiben darf? [...] Aber wären dann die Probleme lösbarer? Wären es dann weniger?"

Neben den sogenannten Wirtschaftsflüchtlingen steht in den kommentierenden Teilen der Predigt die Figurengruppe Wir im Fokus. An diese Gruppe richtet die Predigtstimme die meisten ihrer Fragen: „Trauen wir uns wirklich zu, die Nöte und Schicksale zu qualifizieren; wer ärmer dran ist, die oder jene Familie, der Mann oder diese Frau? Oder geht es uns eigentlich darum, dass wir ahnen, dass irgendwann der Punkt kommt, wo es uns selbst weh tut, weil wir weniger haben als bisher, Konflikte aushalten müssen, weil Fremde schwierig sind, weil wir in Frage gestellt werden in der eigenen Identität. Es möge die Politik sein, es mögen die Richter sein, es mögen die Behörden regeln oder meinethalben die Polizei oder irgendwann das Militär?"

Mit Hilfe der Fragen werden die Hörer*innen dazu angeleitet, den Blick auf sich selbst zu richten und zu beobachten, welchen Standpunkt sie einnehmen. Unterschiedliche Reaktionsmöglichkeiten werden skizziert und zugleich hinterfragt: Zuerst wird die Möglichkeit einer gerechten Kategorisierung von Immigranten angezweifelt, danach die Sorge, durch die Aufnahme von Zuwandernden Nachteile, Konflikte und Verunsicherungen zu erfahren und zuletzt der Wunsch, sich nicht um das Problem kümmern zu müssen, da andere diese Aufgabe übernehmen.

Die vorgestellten Reaktionsmöglichkeiten aber stellen keine Lösung des Problems dar, wie anschließend zu sehen gegeben wird: „Die Zeiten, dass uns der Rücken freigehalten wird, gehen wohl zu Ende. Wir sind selbst gefragt, ärmere Menschen teilhaben zu lassen an Freiheit und Wohlstand in Europa. [...] Wer aber global Handel treibt und davon gut lebt, kann nicht ernsthaft glauben, dass die Menschen selbst immer dort bleiben, wo sie sind und damit einverstanden sind, wenn sie weniger profitieren, als wir hier."

Sichtbar wird eine Welt, in der sich der und die Einzelne angesichts der globalen Ungleichverteilung guter Lebensmöglichkeiten nicht davor verschließen kann, mit Menschen aus anderen Herkunftsländern zusammenzuleben und selbst Verantwortung dafür zu übernehmen, dass dieses Zusammenleben „demokratische[n]" Werten entspricht. Die Hörer*innen werden sich selbst so zu sehen gegeben in einer Situation, die sie mitverursacht haben und die nur einen Ausweg kennt: Die Akzeptanz des Zusammenlebens mit Geflüchteten bei aktiver Gestaltung des Miteinanders im Sinne der eigenen Wertvorstellungen. Damit einher geht die Aufforderung, die Zuschauerrolle zu verlassen und selbst zum Gestalter und zur Gestalterin des Gegebenen zu werden.

Die Aufnahme von Asyl- und Schutzsuchenden wird nicht ausschließlich positiv dargestellt: „Wie wäre es, wir könnten so ohne Einzelfallprüfung wie Jesus die für dazugehörig erklären, wie uns selbst? Wie wäre es, wir würden nicht nur die Gefahren sehen, die es zweifellos gibt, sondern auch einmal die Chancen in den Blick nehmen, allein schon die der menschlichen Begegnung, die eine Bereicherung sein können. Aber auch die Chancen für die Wirtschaft."

Neben einer Gewinnseite (bereichernde Begegnungen und positive Auswirkungen auf die Wirtschaft) werden auch negative Konsequenzen sichtbar. Zuallererst stellt der Begriff „Gefahren" eine Enklave dar, in die die Hörer*innen ihre inneren, bedrohlichen Bilder hineinlegen können. Es liegt nahe, dass die Predigthörer*innen unter anderem jene Risiken imaginieren, die in den öffentlichen Debatten dieser Zeit als Argumente gegen die Aussetzung der Einzelfallprüfung angeführt werden. Demnach besteht die Gefahr, dass bei Ausbleiben der Einzelfallprüfung Terroristen oder andere Verbrecher unbemerkt einreisen können. Darüber hinaus werden weitere Risiken skizziert: „Oder geht es uns eigentlich darum, dass wir ahnen, dass irgendwann der Punkt kommt, wo es uns selbst weh tut, weil wir weniger haben als bisher, Konflikte aushalten müssen, weil Fremde schwierig sind, weil wir in Frage gestellt werden in der eigenen Identität."

Menschen, die aus dem Ausland nach Deutschland kommen, werden als schwierige Fremde dargestellt und das Zusammenleben mit ihnen als riskant. Meinungsverschiedenheiten und Auseinandersetzungen erscheinen vorhersehbar. Die Auflistung der positiven Werte („demokratische Gleichheitsrechte, ökonomische Freiheit, religiöse Toleranz, Nächstenliebe, bürgerschaftliches Engagement") zeichnet zugleich zwei Bilder. Einerseits das Bild der eigenen Gesellschaft, deren Zusammenleben durch Rücksichtnahme, Gemeinsinn, Friedfertigkeit und gegenseitigen Respekt gekennzeichnet ist. Andererseits entsteht vor dem inneren Auge im Umkehrschluss das Bild der Gesellschaft der Fremden, das sich durch Ungleichheit, Unfreiheit, Intoleranz, Egoismus und das Fehlen einer Zivilgesellschaft auszeichnet. In der Gegenüberstellung des Eigenen und des Fremden werden Asyl- und Schutzsuchende als Personen zu sehen gegeben, die erst einmal entsprechend der „eigenen" Werte kultiviert werden müssen. Die fremden Werte erscheinen als repressiv und menschenunwürdig und folglich hat die Figurengruppe Wir darum zu ringen (nahezubringen, einzufordern, vorzuleben), dass die „Fremden" die eigenen, höherbewerteten Werteorientierungen annehmen.

Die Figurengruppe Wir erscheint damit als eine einflussreiche Größe. Ihr wird zugetraut, das Eigene zu vermitteln, gegebenenfalls auch einzufordern und so das Zusammenleben mit Fremden positiv zu gestalten. Die Fremden erscheinen im Vergleich dazu als defizitär. Zugleich wird auch ihnen zugetraut, sich entwickeln zu können. Als Ergebnis der Heilung von Krankheit bzw. der Aufnahme von Asyl- und Schutzsuchenden wird das Kollektivsymbol vom selbstständigen, aufrechten Gang gezeichnet: „Selbständig aufrecht gehen. Das ist das Ziel aller Heilungen an Leib und Seele, das Jesus verfolgt. Weder hat er Lust an kriechender Dankbarkeit, noch an kalkulierender Berechnung."

Das Kollektivsymbol vom aufrechten Gang, den Hörer*innen vertraut als Sinnbild für die Evolution des Menschen, gibt die Opfer der globalen Ungleichverteilung von Wohlstand als Personen zu sehen, die einer gebückten Haltung entwachsen und sich zu voller, menschlicher Größe entfalten können. Die Adjektive „selbstständig" und „aufrecht" betont den in der modernen Gesellschaft hoch veranschlagten Wert der Autonomie des Individuums. Damit verbunden sind Bilder von einem Leben in Freiheit, das durch eine selbstbewusste und fähige Person eigenverantwortlich gestaltet wird. Der daraus ableitbare Gegensatz zeichnet ein Leben in unterdrückenden Abhängigkeitsstrukturen und gebeugter Haltung. Gleich den Hörer*innen der Predigt werden Asyl- und Schutzsuchende damit als Personen skizziert, die selbstständig und freiheitlich leben wollen, können und werden, wenn sie denn die Möglichkeiten dazu erhalten. Derart selbstständig aufrecht gehend haben sie die Opferrolle verlassen, die Rolle des Protagonisten im eigenen Leben eingenommen und sich damit auf Augenhöhe mit den Hörer*innen begeben.

3.4   Niemand sollte ertrinken müssen.
   Die Analyse der Stimme

In der Predigt geben drei Stimmen maßgeblich den Ton an. Die erste Stimme ist die der Erzählinstanz der Rahmenerzählung. Kurz tritt sie ihre Stimme an die Figurenrede der Eltern des Mädchens ab. Ihre Stimme macht die Hoffnungen der Asyl- und Schutzsuchenden hörbar („Es ist schön in Deutschland, du wirst sehen"). Die zweite Stimme hat die Erzählinstanz der Nacherzählung der Perikope inne. Diese wird unterbrochen durch den Ruf der Kranken („Jesus, lieber Meister, erbarme dich unser!") und Jesu Antwort („Geht hin und zeigt euch den Priestern" und „Steh auf, dein Glaube hat dir geholfen"). Die Kürze der wörtlichen Rede Jesu wird zum Kennzeichen seiner generösen Haltung erklärt („Klappern gehört für Jesus nicht zum Handwerk. [...] Kein langes sich bitten lassen, [...] kein großes Heilungswort").

In den kommentierenden Passagen erklingt die dritte wichtige Stimme, die Predigtstimme. Typisch für sie erscheint, dass sie keine Forderungen aufstellt, sondern Ideen vorstellt und Fragen entwickelt. Indirekt kommen so auch asylskeptische Stimmen zu Wort: „Müsste man nicht deutlicher unterscheiden, wer zu uns kommen darf und wer nicht?". Zugleich zeigt die Predigtstimme ihre Präferenz erkennbar an, ohne ein Gelingen garantieren zu können: „Ob wir die Ausdauer haben, solche Dankbarkeit zu pflegen, auch dann wenn es schwierig wird? Schön wäre das und angemessen, aber nicht einfach. [...] Keiner weiß wohl im Moment ganz genau, was an Herausforderungen auf uns wartet und welche Entscheidungen zu treffen die richtigen sind."

Kommt aber der Tod ins Spiel, tritt die Predigtstimme entschieden auf und legt einen Maßstab für das Verhalten gegenüber Menschen in Not an, der nicht unterschritten werden darf: „Aber ertrinken sollte niemand müssen in solcher Tiefe, auf der einen wie auf der anderen Seite nicht." Durch die Worte „ertrinken" und „Tiefe" wird bei den Predigthörer*innen wieder die Erinnerung an das Bild von Alan Kurdi geweckt. Kein Mensch, postuliert die Predigtstimme vor dem Hintergrund dieses inneren Bildes, soll in Not ohne Rettung sein und somit ist die Rettung aller Menschen – unabhängig von den Gründen ihrer Not – oberstes Gebot. Die Formulierung „auf der einen wie auf der anderen Seite" erinnert dabei nicht nur an die Menschen südlich und nördlich des Mittelmeeres, sondern auch an das einst geteilte Deutschland. Wieder wird die Ähnlichkeit der politischen Situationen betont: Es gibt heute die eine und die andere Seite des Mittelmeeres, wie es in der Vergangenheit die eine und die andere Seite der deutschen Mauer gab.

3.5   Das Leben, das eine Zukunft hat.
Die Analyse der Identifikationsangebote

Den Hörer*innen wird allen voran das Mädchen als Identifikationsfigur angeboten. Fokalisiert in Form der Übersicht, der Mitsicht und Innenansicht wird diese Figur in ihrem Erleben und Fühlen so einsichtig, dass sie als reale Person gedacht werden kann. Sie wird als entwicklungsfähig und damit wandelbar, als versehrt aber lebensmutig und damit mehrdimensional dargestellt, was der Figur Glaubwürdigkeit verleiht. Überdies spricht die Figur des Mädchens Erinnerungen an die eigene Kindheit und/oder Gedanken an die eigenen Kinder an.

Das Kind steht den Hörer*innen nahe, da diese einst selbst Kinder waren. Das populäre Spiel „Fischer, Fischer, wie tief ist das Wasser!?" evoziert innere Bilder der eigenen Kindheit: Momente der Unsicherheit, der Überforderung, der Angst und unbeschwerte Momente des Spielens, des mutigen Ausprobierens und der Lebensfreude. Auch die Gefühle für eigene Kinder können in die Figur des Mädchens hineingelegt werden. Die Predigthörer*innen werden angeregt danach zu fragen, wie sich ihr eigenes Kind fühlen würde, wenn es eine schreckliche Flucht erlebt hätte und sich nun in einem fremden Land zurechtfinden müsste. Im gleichen Zuge wird den Hörer*innen auch die Identifikation mit den Eltern des Mädchens nahegelegt. Die Hoffnung der Eltern für ihr Kind („Es ist schön in Deutschland, du wirst sehen") erinnert die Rezipient*innen an die eigenen, guten Wünsche für ihre Kinder.

Das Kind, das leben will, unterwandert die juristische Unterscheidung von den in der Predigt sogenannten Wirtschaftsflüchtlingen und politisch Verfolgten. Der Tod des Kleinkinds Alan Kurdi, der den Hintergrund der Wirklichkeitserzählung darstellt, führt die Klassifizierung von Not ad absurdum. Alan wusste nichts von Flüchtlingsabkommen und Bleibeberechtigungen. Er war den Ereignissen hilflos ausgeliefert und musste im Mittelmeer ertrinken. Alan repräsentiert das unschuldig zu Tode gekommene Kind, dessen Tod dem Umstand geschuldet ist, dass es für ihn keine legale und damit auch keine sichere Möglichkeit gab, nach Europa einzureisen. Das Kind in der Rahmenerzählung hingegen repräsentiert das Leben, das eine Zukunft hat.

Die Figur des Kindes fungiert damit als Identifikationskatalysator. Das Kind verstärkt die Möglichkeiten des Wiedererkennens und die allen Kindern gemeinsame Hilflosigkeit und Verletzbarkeit lässt die Unterscheidung zwischen sogenannten Wirtschaftsflüchtlingen und politisch Verfolgten bzw. die zwischen Fremden und Vertrauten unsinnig erscheinen. Während Erwachsenen im Rahmen der Bleiberechtsregelungen zugemutet wird, in den sogenannten sicheren Herkunftsländern zu leben und sich unter den gegebenen Lebensbedingungen zu behaupten, kann dies von einem Kind nicht erwartet werden. Es ist unschuldig in die Situation geraten und zu hilflos, um das eigene Leben selbst zum Besseren wenden zu können.

Auch Jesus und der dankbare Samariter werden den Hörer*innen als Identifikationsfiguren angeboten. In beiden Fällen ist den Rezipient*innen ein starkes Urteil möglich. Die Figuren sind eindimensional positiv dargestellt und haben einen hohen moralischen Status inne, was ihnen Vorbildfunktion verleiht. Der dankbare Samariter wird allen zu Identifikation angeboten, denen es gut geht. Seine Reaktion auf Heilung – das Gewahrwerden der eigenen guten Lage und die darauffolgende Reaktion des Gotteslobs – bildet den Erwartungshorizont der Wirklichkeitserzählung. Der dankbare Samariter erscheint als reflektiert. Er erkennt sich selbst. Er wird sich seiner Heilung gewahr und den daraus resultierenden neuen und besseren Lebensmöglichkeiten und ist in der Lage, die Quelle seines Glücks zu bestimmen. Nicht er selbst hat sich aus Not gerettet. Er empfing Hilfe und wendet sich seinem Retter daher in Dankbarkeit zu. In der Welt, wie sie sein sollte, erkennen die Menschen ihr eigenes Heil und vollziehen das Gotteslob; im konkreten politischen Falle in Form der Hilfe für Asyl- und Schutzsuchende. Insbesondere jene, die selbst die Erfahrung machen konnten, Hilfe zu empfangen, werden stimuliert, sich im dankbaren Samariter wiederzuerkennen. So wird der dankbare Samariter mit jenen gleichgestellt, die im Zuge der deutsch-deutschen Wende aus finanziellen Hilfeleistungen Nutzen zogen.

Zugleich werden auch Personen, die aus wirtschaftlichen Gründen nach Europa kommen, insbesondere denen als Identifikationsfiguren nahegelegt, die einst selbst von schlechten wirtschaftlichen Bedingungen betroffen waren und von Investitionen profitierten, so dass es ihnen heute gut geht. Das Gewahrwerden der eigenen guten Lage und eine daraus resultierende Bereitschaft, den eigenen Wohlstand zu teilen, wird als Erwartungshorizont kommuniziert. Die Reaktion des Samariters erscheint als präferiertes Verhalten, andere Reaktionen auf Rettung werden zugleich nicht diffamiert.

So eigenen sich auch die neun Geheilten, die nicht umkehren, um sich dankbar zu erweisen, zur Identifikation. Zwar kommen sie auf der moralischen Achse unterhalb des dankbaren Samariters zu stehen, zugleich stellen sie aber kein Gegenbild dar. Ihre Reaktion auf die Verbesserung der Lebensumstände (sie „freuen sich des Lebens") wird als legitim und verständlich bewertet („wer will ihnen das verübeln nach so viel Leid"). Eine Dankbarkeit, aus der Hilfehandeln erwächst, wird den Hörer*innen folglich nahegelegt, aber nicht als einzig zulässige Reaktion präsentiert.

Der entscheidende Antagonist der Wirklichkeitserzählung forciert zuletzt die Identifikation der Hörerschaft mit allen Menschen und besonders mit denen in akuten Notlagen. Steht auf der einen Seite der Tod – sei es in Form des sozialen Todes, wie ihn die zehn Aussätzigen oder Immigrant*innen erleben oder sei es in Form des physischen Todes, repräsentiert durch Alan Kurdi –, stehen auf der anderen Seite alle Menschen, die (gut) leben. Der Antagonist Tod vergemeinschaftet alle Menschen. Die allen Menschen gemeinsame Abhängigkeit von guten Lebensmöglichkeiten und Zukunftsaussichten charakterisiert sie als gleiche.

Während die Konstruktion von Korrespondenzpaaren darauf zielt, Ähnlichkeiten und Anknüpfungspunkte zwischen Asyl- und Schutzsuchenden und den Hörer*innen der Predigt aufzuzeigen, wird die Identifikation zugleich durch das Kontrastpaar vom Fremden und Eigenen erschwert. Einerseits bricht die Figur des Mädchens lebendig und glaubwürdig mit dem Stereotyp vom hilflosen Opfer, andererseits wird die Aufnahme von Menschen aus anderen Herkunftsländern auch als gefährlich und konfliktvoll dargestellt. Das Bild vom schwierigen Ausländer zeichnet Menschen wie von einem anderen kulturellen Stern. Ihnen haftet eine Sozialisation an, die der eigenen in nichts ähnelt. Die Fremden, so das Bild, sind derart weit entfernt von den sogenannten westlichen Werten, dass sie zunächst kultiviert werden müsse um gut mit ihnen zusammenleben und die eigenen Werte erhalten zu können.

Da die eigene Gesellschaft in den schönsten Farben gezeichnet wird (gekennzeichnet durch Freiheit und Wohlstand, demokratische Gleichheitsrechte, ökonomische Freiheit, religiöse Toleranz, Nächstenliebe, bürgerschaftliches Engagement), erscheint die fremde im Umkehrschluss dunkel und bedrohlich. Nur vor dem Hintergrund der Vorstellung, dass Migrant*innen sowie Asyl- und Schutzsuchende europäischen Werten fern stehen, ist zu erklären, dass die eigenen Werte den Fremden nahe gebracht werden sollen und ihnen abzuverlangen sind („Und wir sind selbst gefragt, demokratische Gleichheitsrechte, ökonomische Freiheit, religiöse Toleranz, Nächstenliebe, bürgerschaftliches Engagement den Fremden als Werte unserer Gesellschaft nahe zu bringen, von ihnen einzufordern und sie mit ihnen zu leben").

Den Hörer*innen wird eine Rolle zugewiesen, deren Identifikationsangebot ambivalent erscheint. Einerseits wird ihnen zugetraut, das Zusammenleben mit Zugewanderten im Sinne der eigenen Werte gestalten zu können. Ihnen wird zugesprochen, Einfluss ausüben zu können und damit mächtig zu sein. Anderer-

seits ist die Aufgabenstellung so allgemein, umfassend, groß und weit formuliert, dass offenbleibt, was konkret getan werden kann. Zudem, so wird erzählt,
vermag keine Behörde oder Institution die Verantwortung für das gelingende
Zusammenleben zu übernehmen: „Es möge die Politik sein, es mögen die Richter
sein, es mögen die Behörden regeln oder meinethalben die Polizei oder irgendwann das Militär? Die Zeiten, dass uns der Rücken freigehalten wird, gehen wohl
zu Ende. Wir sind selbst gefragt [...]". Die Hörer*innen finden sich damit vor eine
große und zugleich diffuse Aufgabe gestellt.

3.6 Dankbarkeit als Schlüssel zur Problemlösung. Die Gesamtauswertung der Predigt Nummer 5

Die Predigt Nummer 5 erzählt von einer Welt, in der es Menschen gibt, die viel
haben, die in Wohlstand, Freiheit und Frieden leben und in der es Menschen gibt,
die sehr wenig haben, die in Armut leben und damit abgeschnitten von den Lebensmöglichkeiten der anderen. Vor dem Hintergrund einer wirtschaftlich glo-
balisierten Welt ist die Armut der einen auch dem Wohlstand der anderen geschuldet.

Nicht wenige der Armen wollen ihren schlechten Lebensbedingungen entfliehen und machen sich daher auf den Weg in die wohlhabenderen Gegenden
der Welt. Ihre Flucht ist gefährlich. Viele kommen dabei um. Sie ertrinken in den
Tiefen des Wassers, das sie zu überqueren haben. Besonders verletzlich sind die
Kinder, da sie Gefahren hilflos ausgeliefert sind und gänzlich abhängig von
äußeren Umständen und den Entscheidungen Erwachsener.

In der Welt, wie sie ist, bestehen in den wohlhabenderen Gegenden der Erde
Gesetze, die Ankömmlinge mit Blick auf deren Fluchtursachen klassifizieren und
damit über ihre Bleibemöglichkeiten entscheiden. Diese Gesetze verlangen den
Entscheider*innen ab, das Leid anderer einzuschätzen und einzustufen. Dabei
besteht die Gefahr, der komplizierten Situation nicht gerecht zu werden und
Menschen zu einem Leben in Armut und Gefahr zu verdammen.

Die Regeln erscheinen aufgrund der globalen Ungleichverteilung von Wohlstand, Freiheit und Frieden zudem als wenig effektiv. Die Gesetze können Einwanderung nicht wirklich begrenzen („Aber wären dann die Probleme lösbarer?
Wären es dann weniger? Ein paar vielleicht"). Regelungen können auch nicht
verhindern, dass es zu Konflikten mit „den Fremden" kommt, zu Irritationen des
Selbstbildes und dazu, dass die Wohlhabenderen etwas von dem abgeben müssen, was sie haben. Die verfahrene Situation kennt daher nur einen Ausweg: Die
Akzeptanz der Lage und die Aufnahme von mobilen Menschen, wobei den Fremden die eigenen Werte („Werte unserer Gesellschaft") so vorzuleben sind, dass
sie das Zusammenleben prägen. Die Integration von zugewanderten Personen
ist folglich von jedem und jeder selbst aktiv zu gestalten.

In der Welt, wie sie sein sollte, haben alle Menschen das gleiche Recht auf Freiheit und Teilhabe an Wohlstand („Wir sind selbst gefragt, ärmere Menschen teilhaben zu lassen an Freiheit und Wohlstand in Europa"). In dieser Welt werden jene, die nach besseren Lebensmöglichkeiten suchen, von denen aufgenommen, die viel haben. Die, die viel haben, teilen ihren Wohlstand mit den Ärmeren, da sie ein Gefühl dafür haben, dass es ihnen besser geht und sie von dem Vielen, das sie besitzen, abgeben können. Auch stellt die eigene Erfahrung, einst von Hilfe profitiert zu haben, eine Motivation der Hilfe für andere dar. Ein Schlüssel zur Lösung der sogenannten Flüchtlingskrise ist somit die Dankbarkeit.

Dankbarkeit wird als ein sozialer Prozess beschrieben, in dem auf das Empfangen das Haben folgt und daraus wiederum das Geben. So werden jene, die Hilfe empfangen, eines Tages selbst zu Helfern. Zugleich wirkt das Geben auch positiv auf den Geber und die Geberin zurück. Sowohl persönlich als auch allgemein wirtschaftlich können die Gebenden von Migration profitieren („Wie wäre es, wir würden [...] die Chancen in den Blick nehmen, allein schon die der menschlichen Begegnung, die eine Bereicherung sein können. [...] Sind Hilfen zur Integration nicht immer auch Investitionsprogramme in die eigene Wirtschaft?").

In der Welt, wie sie sein sollte, können die von Armut, Krieg und Unfreiheit Betroffenen elenden Lebensbedingungen entfliehen, ihrer Opferrolle entwachsen und wieder zu Protagonist*innen des eigenen Lebens werden („selbstständig aufrecht gehen").

Im Fokus der Wirklichkeitserzählung stehen Ähnlichkeiten zwischen Menschen, insbesondere zwischen Asyl- und Schutzsuchenden, die nach Deutschland kommen, und denen, die bereits in Deutschland sind. Durch die Konstruktion von Korrespondenzpaaren werden die Ansässigen in Relation zu den Kommenden gestellt. Insbesondere die Figur des Mädchens, das im Sportunterricht „Fischer, Fischer" spielt, bietet sich zur Identifikation an. Die Figur wird so einsichtig und glaubwürdig gezeichnet, dass die Hörer*innen zu ihr eine Beziehung aufbauen können. Ihre besondere Bedeutung erhält die Figur des Mädchens vor dem Hintergrund des Todes von Alan Kurdi, der wenige Tage vor dem Halten der Predigt auf seiner Flucht nach Europa im Mittelmeer ertrank. Die Figur des Mädchens symbolisiert den (Über-)Lebenswillen und die Vulnerabilität aller Menschen und ganz besonders der Kinder. So vergemeinschaftet der Tod als der größte Antagonist des Lebens alle Menschen.

Auch wird den Personen, die einst von den wirtschaftlichen Investitionsprogrammen im Kontext der deutsch-deutschen Wende profitierten, nahegelegt, sich in den sogenannten Wirtschaftsflüchtlingen von heute wiederzuerkennen. So, wie der marode Osten durch den solventeren Westen unterstützt wurde, sollen heute auch die von Armut Niedergedrückten die Möglichkeit erhalten, eines Tages selbstständig und aufrecht gehen zu können.

Neben aller Betonung der Gleichheit aller Menschen scheint eine Unterscheidung auf, die von der Existenz des Fremden und des Eigenen ausgeht. So sehr sich die Menschen in ihren Grundbedürfnissen ähneln, so verschieden sind sie zugleich in ihren kulturellen Prägungen. Die Fremden stehen den „Werten unserer Gesellschaft" so fern, dass ihnen diese Werte nahegebracht und gegebenenfalls auch abverlangt werden müssen. Damit werden Fremde als kulturell andersartig und abständig beschrieben, als Personen, die im Sinne westlicher Werte erst einmal kultiviert werden müssen, um ein Zusammenleben zu ermöglichen.

Niederschwelliger wird zwischen den 10 % der Dankbaren und den 90 % derer unterschieden, die ihre Dankbarkeit nicht zeigen. Zwar wird darauf verzichtet, disqualifizierend von Undank zu sprechen – vielmehr wird den 90 % Verständnis dafür signalisiert, dass sie sich nach allem Leid nun schlicht des Lebens freuen –, andererseits beinhaltet das Vorbild des dankbaren Samariters doch eine Höherstellung derer, die aus Dankbarkeit heraus helfen, gegenüber jenen, die das nicht tun. Kontrastiert durch die Reaktion des dankbaren Samariters, der seine Lage erkennt und sich der Quelle seiner Rettung lobpreisend zuwendet, erscheinen die, die nicht helfen, als unreflektiert und blind ihrer eigenen guten Lage gegenüber. Sie erkennen nicht, wie viel sie haben und vollziehen daher auch nicht das Gotteslob.

Während die gegenwärtige politische Lage aus den Augen eines schutzsuchenden Kindes, für einen kurzen Moment auch aus den Augen seiner Eltern und ausführlich aus den Augen der Predigtstimme zu sehen gegeben wird, bleiben alle, die sich gegen die Aufnahme von sogenannten Wirtschaftsflüchtlingen aussprechen, blind. Ihre Perspektive bleibt unbesetzt. In Form von rhetorischen Fragen kommen zwar kritische Anfragen zu Wort („Müsste man nicht deutlicher unterscheiden, wer zu uns kommen darf und wer nicht? Müsste man nicht Regeln aufbauen oder einfach nur die Regeln durchsetzen, die es bereits gibt, darüber, wer zurückgeschickt werden kann, und wer hier bleiben darf?"), eine alternierende Wahrnehmung der Lage aber wird nicht ansichtig, was eine Identifikation erschwert.

Das Urteil der Predigtstimme über jene, die ihren Wohlstand nicht mit (Wirtschafts-)Flüchtlingen teilen wollen, tritt hingegen deutlich zu Tage: „Oder geht es uns eigentlich darum, dass wir ahnen, dass irgendwann der Punkt kommt, wo es uns selbst weh tut, weil wir weniger haben als bisher, Konflikte aushalten müssen, weil Fremde schwierig sind, weil wir in Frage gestellt werden in der eigenen Identität." Jene, die sich gegen die Aufnahme von sogenannten Wirtschaftsflüchtlingen aussprechen, erscheinen als bequem oder ängstlich und auf den eigenen Vorteil bedacht. Sie wollen kulturelle Konflikte, die Erschütterung des eigenen Selbstbildes sowie die Minderung des eigenen Wohlstands vermeiden. Sie werden gelenkt durch die Angst vor negativen Gefühlen („wo es uns selbst weh tut"), während umgekehrt das positive Gefühl der Dankbarkeit als Problemlösungsschlüssel präsentiert wird.

Die Predigtstimme stellt die maßgebliche Stimme der Wirklichkeitserzählung dar. Sie entwickelt die entscheidenden Perspektiven und verknüpft die

Figuren miteinander. Dabei tritt die Predigtstimme stets innerhalb der Figuren-gruppe Wir auf. Wenngleich sie ihre Präferenzen deutlich macht („Schön wäre das und angemessen, aber nicht einfach"), tritt sie mehr als Fragende auf, denn als eine, die schon alles weiß und eindeutige Antworten gefunden hat („Keiner weiß wohl im Moment ganz genau").

So erscheint die Predigtstimme als eine Stimme der Gemeinde, die zwar eine Idee hat (Dankbarkeit als Motor), aber keine Garantie dafür abgegeben kann, dass das Zusammenleben gelingt. Die Predigtstimme erfüllt damit die Rolle des Hinterfragers der gängigen Einzelfallprüfung. Sie erinnert an den eigenen Wohl-stand und die eigene Verletzlichkeit und zeigt Ähnlichkeiten auf zwischen Asyl- und Schutzsuchenden und den Hörer*innen der Predigt. Insgesamt nimmt sie eine vermittelnde Rolle ein.

Besonders nah steht die Predigtstimme denen, die aus Dankbarkeit über das eigene gute Leben zu Helfer*innen werden. Zwar wendet sie sich von denen, die nicht helfen, nicht ab („wer mag ihnen das verübeln"), zugleich aber tritt sie zu ihnen in eine Distanz, wie das Personalpronomen „ihnen" anstelle des üblichen „wir" oder „uns" verdeutlicht. Gänzlich auf Distanz geht die Predigtstimme zu jenen, die den Tod von Menschen in Not in Kauf nehmen („Aber ertrinken sollte niemand müssen in solcher Tiefe"). Der Tod stellt das höchste zu vermeidende Übel dar und damit erscheint die Rettung von Menschen in Not als höchstes Gebot, jenseits dessen keine Debatte über den Umgang mit Migration mehr stattfinden kann. Die politische Haltung der Predigtstimme kann damit als pro-filiert („keiner soll ertrinken müssen") und zugleich als suchend („Wie wäre es […]?") beschrieben werden.

Auch in der Predigt Nummer 5 erscheint damit die innere Haltung bzw. eine persönliche Einstellung als Schlüssel zum richtigen Umgang mit der gegebenen politischen Situation: Die Dankbarkeit, die der Erkenntnis erwächst, selbst von guten Lebensbedingungen zu profitieren und selbst viel zu haben. Die Idee von der „Hilfe aus Dankbarkeit, dass es uns gut geht" lebt von der Prämisse, dass es der Figurengruppe Wir gut geht. Dieser Blick auf die Gesellschaft kann als Wohl-standsperspektive bezeichnet werden und es kann davon ausgegangen werden, dass diese Wirklichkeitserzählung bei allen auf Zustimmung stößt, die die Wahr-nehmung der Predigtstimme teilen; die also so viel haben, dass sie auch weniger haben könnten als bisher. Jene, die ihre eigene Lebenslage nicht positiv ein-schätzen, die nicht den Eindruck haben, etwas abgeben zu können, kommen nicht in den Blick und haben auch keine Stimme.

3.7   Die Predigten Nummer 2, Nummer 16 und Nummer 5 im Vergleich

Im Vergleich der bislang analysierten Predigten fällt auf, dass sie die Intention teilen, die Hörer*innen zur Empathie mit Geflüchteten und zu praktischem Hilfehandeln zu ermutigen. Die in den Predigten zu Tage tretenden Wirklichkeitserzählungen werden durch das sogenannte Dramadreieck bestimmt, das sich dadurch drei Akteure bzw. Figurengruppen auszeichnet: Täter, Opfer und Retter.

In allen drei Wirklichkeitserzählungen werden Asyl- und Schutzsuchende als Opfer skizziert (leidend, hilflos, versehrt), die einerseits unter Krieg und schlechten Lebensbedingungen zu leiden haben, andererseits aber auch unter der Ablehnung und Apathie, die ihnen in der Ankunftsgesellschaft begegnet. An diesem zweiten Aspekt setzen die Wirklichkeitserzählungen an: Sie fokussieren die innere Haltung gegenüber Asyl- und Schutzsuchenden und beschreiben sie zugleich als Ursache und als Lösung der sogenannten Flüchtlingskrise. Während die ersten beiden analysierten Predigten dazu die Empathie bzw. die offenen Herzen in den Mittelpunkt der Überlegungen rücken, stellt die Predigt Nummer 5 die Dankbarkeit als Dreh- und Angelpunkt dar.

Mit Ausnahme der Erzählung vom Mädchen, das „Fischer, Fischer" spielt, wird die politische Lage aus der Übersicht und somit von einem erhobenen Standpunkt aus zu sehen gegeben. Das eigene Leben wird von zwei Predigtstimmen als reich beschenkt beschrieben, so dass von einer Wohlstandsperspektive gesprochen werden kann. Aus dieser Warte heraus stellt die sogenannte Flüchtlingskrise im Grunde kein echtes Problem für die Ankunftsgesellschaft dar. Vielmehr sind alle Menschen in Deutschland vor die Aufgabe gestellt, Menschen in Not mitfühlend und helfend zu begegnen, da die Ressourcen dazu zur Verfügung stehen.

In Bezug auf die Frage, wie mit Asylkritikern bzw. -gegnerinnen umgegangen wird, ist zuerst festzustellen, dass diese in den Wirklichkeitserzählungen recht unterschiedlich präsentiert werden, sie aber auch gemeinsame Grundzüge aufzeigen.

Jene, die der sogenannten Willkommenskultur ablehnend gegenüberstehen, werden in drei Gruppen unterteilt. Zuerst gibt es die sogenannten achtsam Fragenden, die der Ankunft von Geflüchteten in Deutschland zwar nicht prinzipiell ablehnend gegenüberstehen, sich aber mit Blick auf Integrationsmöglichkeiten und den sozialen Frieden in Deutschland skeptisch zeigen und kritische Rückfragen stellen. Sie erscheinen als Gesprächspartner*innen („Wir müssen uns die Ehre der Auseinandersetzung gönnen"). Ihre „Sorgen" erhalten eine Stimme. Während die Predigtstimme in Predigt Nummer 16 kritische Rückfragen als legitim und wichtig bewertet („Diese Gedanken [...] muss man ernst nehmen."), geht die Predigtstimme aus Predigt Nummer 5 zu ihnen auf eine gewisse Distanz, was anhand des rhetorischen Charakters der Fragen deutlich wird („Müsste man nicht deutlicher unterscheiden, wer zu uns kommen darf und wer nicht? [...] Aber wären dann die Probleme lösbarer? Wären es dann weniger?").

Unterschieden von diesen Fragenden sind diejenigen, die sich durch Engstirnigkeit und Verschlossenheit auszeichnen. Die Predigt Nummer 16 bezeichnet sie als „innerlich eng und unfrei", in Predigt Nummer 2 erscheinen sie als diejenigen, die „ihre Fenster und Türen geschlossen" halten. Auch in Predigt Nummer 5 taucht diese Gruppe auf. Sie erscheint als Figurengruppe derer, die Geflüchteten nicht helfen. Dabei wird diese Gruppe nicht so deutlich an das Ende der moralischen Achse verschoben wie in den anderen beiden Predigten („wer kann ihnen das verübeln nach so viel Leid"), zugleich aber liegt dem Vorbild vom dankbaren Samariter eine Abwertung der Nicht-Helfer inne. Während die Helfer ahnen, dass nichts selbstverständlich ist, scheint den Nicht-Helfern das Gefühl für die eigene gute Lage zu fehlen und auch das rechte Gefühl für die politische Situation. So ist in allen drei Predigten eine Figurengruppe zu finden, die sich dadurch auszeichnet, dass sie emotional und/oder kognitiv nicht fähig ist, adäquat bzw. evangeliumsgemäß auf die politische Lage zu reagieren.

Von der Gruppe der kritisch Fragenden und der Gruppe der ängstlich Verschlossenen wird zuletzt eine dritte Gruppe unterschieden. Die Figuren dieser Gruppe werden in der Predigt Nummer 16 bezeichnet als „die Hetzer, die ihre Ausländerfeindlichkeit und ihren Antisemitismus in großem und kleinem Stil ausleben" und „einfach rechtsextrem sind". Während von den ersten beiden Gruppen der Kontrahent*innen noch eine Einstellungsänderung erwartet wird, steht diese dritte Gruppe am äußersten recht Rand der Idee von der Welt und hinter der roten Linie, jenseits derer die Gesprächsbereitschaft endet. So zieht auch die Predigtstimme in der Predigt Nummer 5 eine strikte Grenze des Diskutablen: „Aber ertrinken sollte niemand müssen in solcher Tiefe".

In Bezug auf Identifikationsmöglichkeiten fällt auf, dass die Ablehnung der Aufnahme von Asyl- und Schutzsuchenden keine Vorbilder findet. Es werden keine Einwände gegenüber der Aufnahme von Asyl- und Schutzsuchenden angeführt. Stattdessen werden alle, die Menschen in Not helfen (der Samariter, Jesus, ehrenamtlich in der Flüchtlingshilfe Engagierte, in Predigt Nummer 16 auch die Predigtstimme selbst) als Held*innen inszeniert und das so, dass sich die Hörer*innen in ihnen wiederfinden können. Individualisiert, einsichtig, mehrdimensional und entwicklungsfähig dargestellt, fällt die Identifikation mit ihnen leicht. Die Antihelden hingegen werden stark typisiert skizziert. Statisch, eindimensional und uneinsichtig beschrieben, fällt die Identifikation mit ihnen schwer.

Dasselbe gilt auch für die Darstellung der „Flüchtlinge". Auch die Identifikation mit ihnen fällt schwer. Mit Ausnahme der Rahmenerzählung vom Mädchen, das „Fischer, Fischer" spielt, werden sie nicht einsichtig, sondern typisiert und eindimensional dargestellt. Sie haben keine Stimme und ihr Blickwinkel bleibt unbesetzt. Asyl- und Schutzsuchende erscheinen als eine anonyme Masse von hilflosen Opfern, die den Werten „unserer Gesellschaft" so fern stehen, dass ihnen die Gleichstellung der Geschlechter, Religionsfreiheit und demokratisches Denken erst einmal nahegebracht werden müssen, um ein friedliches Zusammenleben zu ermöglichen. Vor dem inneren Auge entsteht so das Bild vom schwierigen Fremden. Der Versuch, Geflüchtete europäisch darzustellen (Predigt Nummer 16 spricht vom herrlichen Tenor, der Kant und Hegel gelesen hat), bestätigt im Grunde das Gefühl des Befremdens gegenüber mobilen Menschen. Nur vor dem Hintergrund der Vorstellung, dass diejenigen, die nach Deutschland kommen, kulturell ganz anders sind, erscheint die Europäisierung notwendig – sie soll die Toleranz gegenüber den als andersartig wahrgenommenen erhöhen.

Diesen Beobachtungen entsprechend kommen die einzelnen Figuren im Grundmuster der Idee von der Welt, wie sie ist und sein sollte, zum Stehen: Der Figurengruppe Wir wird empfohlen, sich entlang einer Achse nach oben in Richtung der Vorbilder auszurichten. Am oberen, positiven Ende der Achse stehen persönliche Fähigkeiten wie Empathie, Reflexions- und Entwicklungsfähigkeit, Flexibilität im Denken und im Fühlen und der aufrechte Gang. Unten hingegen, am negativen Pol der vertikalen Achse, werden die Apathie, das Nicht-Helfen, die Ignoranz und das Blindsein für die eigene gute Lage verortet.

Sowohl „die Hetzer" als auch „die Flüchtlinge" werden außerhalb der Figurengruppe Wir verortet. Rechtsextremismus bzw. Fremdenfeindlichkeit stehen der Gruppe Wir dabei diametral gegenüber. Diese Gruppe bildet den Antagonisten, gegen den sich die Held*innen der Erzählung behaupten.

Wenngleich die Figurengruppe der Flüchtlinge der Figurengruppe Wir wesentlich nähersteht, sind die Flüchtlinge doch nicht Teil derselben. Das Erzählmotiv von der kulturellen Abständigkeit zu den „Werten unserer Gesellschaft" ordnet die Figurengruppe der Flüchtlinge dem chaotischen Außen zu. Dieses Außen ist, im Umkehrschluss zum Innern, beschreibbar mit den Begriffen Rückständigkeit, Unfreiheit, Intoleranz, Unterdrückung, Diskriminierung usw. So ist die Unterscheidung von dem Eigenen und Fremden eine Leitunterscheidung der bisher analysierten Predigten.

4. Unser Bekenntnis ist gefragt. Die Analyse der Predigt Nummer 13

Predigt Nummer 13 trägt keine Überschrift. Sie wurde gehalten am 18. Oktober 2015. Die Auswahl der Predigtperikope weicht von der Perikopenordnung ab. Als biblisches Wort dient 2. Kor 3,3–9, in der Lutherbibel aus dem Jahr 2017 überschrieben mit den Worten „Die Herrlichkeit des Dienstes im neuen Bund".

4.1   Nächstenliebe ohne Unterschied. Der erste Eindruck

Die Predigt kann in vier Teile gegliedert werden. Die Einleitung und der Schluss der Predigt rahmen zwei Hauptteile. Die Einleitung hat die Funktion, auf die Metapher vom Brief aus 2. Kor 3,3–9 hinzuführen. Dazu erzählt die Predigtstimme vom eigenen Schreibtisch, der kaum mehr Platz lässt, einen Brief auf Briefpapier zu verfassen, und von der eigenen Handschrift, unter der die Predigtstimme „immer etwas [...] gelitten" hat. So ist die Predigtstimme im Grunde froh darüber, den Computer als Schreibhilfe nutzen zu können. Zugleich aber zeigt sie sich besorgt, dass damit die persönliche Note von Briefen verloren geht: „Vielleicht wird aber die Metapher, die der Apostel Paulus hier benutzt, irgendwann nicht mehr verstanden werden können, da keine Briefe mehr geschrieben werden; [...] da deshalb auch niemand mehr, mit dem was er schreibt, selbst identifiziert werden kann."

Der erste Hauptteil der Predigt kann überschrieben werden mit den Worten ‚Es war einmal eine Gemeinde, an der etwas abzulesen war'. In diesem Abschnitt erzählt eine Erzählinstanz von der öffentlichen Lesbarkeit der ersten Gemeinden zur Zeit des beginnenden Christentums, insbesondere mit Blick auf die Gemeinde in Korinth: „An ihr war etwas abzulesen. Das, was ihr Christus aufgegeben hat, war an ihr zu erkennen". Das besondere Kennzeichen der ersten Gemeinden bestand darin, dass sie anders handelte als ihre Umgebung. Im Gegensatz zu anderen religiösen Gruppen machten sie in ihrer „tätigen Nächstenliebe [...] keinen Unterschied". Diese ausnahmslose Nächstenliebe, so wird erzählt, beeindruckte die antike Welt und erregte solch ein Aufsehen, „dass sich andere anstecken ließen".

Vor dem Hintergrund der Erkennbarkeit bzw. Lesbarkeit der ersten christlichen Gemeinden eröffnet die Predigtstimme den zweiten Hauptteil der Predigt. Dieser kann überschrieben werden mit den Worten ‚Unser Bekenntnis ist gefragt'. Mit kritischen Fragen wendet sich die Predigtstimme an Christen der Gegenwart: „Sind wir als Gemeinde noch solch ein Brief? [...] Sind wir als Brief noch öffentlich erkennbar und auch verstehbar?" Die Antwort auf diese Fragen erfolgt zweigeteilt. Mit Blick auf das Leben innerhalb der Predigtgemeinde anerkennt die Predigtstimme Aktionen tätiger Nächstenliebe. Als ein Beispiel führt die Predigtstimme eine Aktion im Rahmen des Gemeindejubiläums an: eine Tafelwoche, in der Obdachlosen Essen, Gespräche und Übernachtungsmöglichkeiten angeboten wurden. Dieses Engagement, so urteilt die Predigtstimme, kommt der Lesbarkeit der ersten Gemeinden ein wenig, aber noch nicht ausreichend nahe: „Ein offener Brief oder nur eine Zeile eines Briefes, der noch viel weiter geschrieben werden muss". Sodann wird der Fokus auf das Christentum außerhalb des Lebens der Ortsgemeinde geweitet. Kritisch fragt die Predigtstimme: „Wie aber sieht es mit unserer christlichen Nation im christlichen Abendland aus?"

Es folgt eine Erzählung, in der die Predigtstimme von unchristlichen Aufmärschen berichtet: „Morgen werden wieder die marschieren [...], die dieses christliche Abendland aus meiner Sicht unchristlich verteidigen wollen." Die Predigtstimme zeigt sich betroffen und entsetzt. Zuerst ist sie enttäuscht und ratlos, warum es nicht gelingt, diesen Kundgebungen „genug daneben zu setzen" und postuliert, „dass wir alle gefragt sind, christliche Werte zu verteidigen." Als genuin christlich anerkennt die Predigtstimme die ausnahmslos tätige Nächstenliebe. Darüber hinaus zeigt sich die Predigtstimme verärgert darüber, dass das „Kreuz nationalistisch missbraucht wird" und die „falschen Propheten" Zustimmung finden. An diesem Punkt endet das „Toleranzgefühl" der Predigtstimme. Sie bewertet dieses Verhalten als „schlechte Handschrift, die immer mehr die Sprache des sogenannten dritten Reiches zu Wort kommen lässt". Dieser Handschrift ist das eigene Bekenntnis entgegenzusetzen: „Hier ist auch [...] unser Bekenntnis gefragt".

Im Schlussteil der Predigt, der überschrieben werden kann mit den Worten ‚Das Licht Gottes weitergeben', fasst die Predigtstimme das Vorangegangene zusammen: Der Geist Gottes verwirklicht sich in erkennbaren Taten und nicht etwa in Worten. Dementsprechend wünscht sich die Predigtstimme das öffentlich sichtbare Engagement von Christen: „Es wäre gut, wenn wir wieder etwas von dem Licht weitergeben könnten." Als Quelle der richtigen Taten verweist die Predigtstimme im Gleichklang mit Paulus auf Gott, von dem alles kommt, was „an mir brauchbar ist". Daher sind Christen aufgefordert, auf das Geschenk Gottes in Form der ausnahmslosen Nächstenliebe zu antworten und sich (damit) den falschen Propheten entgegenzustellen: „Nutzen wir die uns geschenkten Fähigkeiten – zum Lobe Gottes."

Der Predigt sind zwei Hauptintentionen zu entnehmen. Einerseits will sie zu ausnahmsloser Nächstenliebe motivieren. Andererseits, und auf dieser Intention liegt der besondere Akzent, will sie die Hörerschaft dazu motivieren, sich den „falschen Propheten" mithilfe des christlichen Bekenntnisses entgegenzustellen.

4.2   Erkennbar und echt. Die Analyse von Figuren und Konstellationen

Im Fokus der Predigt, als Wirklichkeitserzählung verstanden, stehen drei Figurengruppen. Als Repräsentant der ersten Gruppe steht die Gemeinde von Korinth der zweiten Gruppe, den sogenannten falschen Propheten, gegenüber. Dazwischen kommt die Figurengruppe Wir zum Stehen, die neben der Hörerschaft und der Predigtstimme alle Christen umfasst. Diese Gruppe wird aufgefordert, dem Vorbild der Gemeinde von Korinth zu folgen und nicht etwa den „falschen Leuten".

Die erste Figurengruppe, die Gemeinde von Korinth, wird bildlich beschrieben als ein Brief mit einer guten Handschrift. Positiv bewertet wird diese Handschrift, da sie von allen gelesen und daher auch verstanden werden kann. Wichtigstes Kennzeichen dieser Figurengruppe ist damit ihre Erkennbarkeit. Die Figuren dieser Gruppe können eindeutig und unmissverständlich als Christen identifiziert werden: „‚Ihr seid ein Brief Christi‘, sagt er [gemeint ist Paulus, Anmerkung J. W.] der Gemeinde in Korinth. Das bedeutet doch, dass man der Gemeinde auch etwas ablesen kann. Dass man mit dem einzelnen Christenmenschen und der ganzen Gemeinde auch etwas identifizierte. Die Gemeinde war ‚öffentlich zu lesen‘. An ihr war etwas abzulesen. Das, was ihr Christus aufgetragen hat, war an ihr zu erkennen. Es wurde nicht versteckt, nicht hinterm Berg gehalten – es war öffentlich zu erkennen. [...] [...] Es war öffentlich zu erkennen, dass die Christinnen und Christen anders handeln, als ihre Umgebung. Ihre tätige Nächstenliebe, die keinen Unterschied machte, hat solch ein Aufsehen erregt, dass sich andere anstecken ließen. Sie waren ein offener Brief Christi, mit geschrieben vom Apostel, zu lesen vom ganzen Gemeinwesen. [...] Die ersten Gemeinden waren [...] eine kleine Schar – und das ohne große Kirchtürme, aber mit einer großen Überzeugungskraft. Die hat sich nach dem Geist Gottes gerichtet, der da lebendig macht und lebendig wirkt.“

Die Gemeinde, die sich nach dem Geist Gottes ausrichtet, ist öffentlich erkennbar, da ihre Nächstenliebe ausnahmslos erfolgt. Ihre Fürsorge ist nicht auf die Ingroup begrenzt, sondern geht über die kleine Gemeinschaft der christlichen Gemeinde hinaus und wird damit zwangsläufig öffentlich. So handeln die ersten Christen nicht im Verborgenen, sondern so, dass das ganze „Gemeinwesen" ihre Eigenart der ausnahmslosen Nächstenliebe wahrnehmen und beobachten kann. Vor allen Augen machen sie sich als Christen bekannt. Wenngleich sie nur wenige waren, hatte ihr Verhalten eine große Wirkung auf die Menschen in ihrer Umgebung. Ihr Handeln war aufsehenerregend.

Diese erste Figurengruppe kommt damit am positiven Ende einer Achse der Christlichkeit zu stehen, die sich entlang der Werte Echtheit und Erkennbarkeit ausrichtet. Die Figurengruppe erfüllt das Kriterium der Authentizität, da sie sich am Geist Gottes ausrichtet und in ihrem Wirken nicht in der Ingroup verbleibt, sondern in die Öffentlichkeit tritt. Mit dem Eintritt in den öffentlichen Raum wiederum werden die Figuren dieser Gruppe als Christen erkennbar und damit auch zum Vorbild für andere. Im Umkehrschluss kann dazu ein negatives Ende der Achse imaginiert werden, an dem die mangelnde Erkennbarkeit und Echtheit von Christen verortet ist.

Dieser vorgestellten ersten Gruppe steht die zweite Figurengruppe entgegen. Auch diese tritt öffentlich auf. Im Gegensatz zur ersten Gruppe der glaubwürdigen und erkennbaren Christen aber handelt es sich um „falsche Propheten": „Aber wie sieht es mit unserer christlichen Nation im christlichen Abendland aus? [...] Morgen werden wieder die marschieren und sich wohl auch feiern, die dieses christliche Abendland aus meiner Sicht unchristlich verteidigen. [...]

[W]o das Kreuz nationalistisch missbraucht wird und jetzt auch schon Politikerinnen symbolisch der Tod angedroht wird. [...] Unser ehemaliger Landesbischof [...] sagte schon im April hier von dieser Kanzel, dass man nicht den falschen Leuten, nicht falschen Propheten hinterher laufen kann – und das besonders nicht als Christenmensch! Denn es ist aus meiner Sicht eine schlechte Handschrift, die immer mehr die Sprache des sogenannten dritten Reiches zu Wort kommen lässt. Wie mit Runen scheinen langsam wieder Worte voller Hass die Herzen der Menschen zu erreichen."

Ohne den Begriff PEGIDA explizit zu nennen, ist in diesem Abschnitt der Predigt mit Blick auf den Äußerungskontext von Kundgebungen der PEGIDA und anderer Aktionsbündnisse, die gegen die Aufnahme von Asyl- und Schutzsuchenden protestieren, die Rede. Diese Interpretation liegt aus mehreren Gründen nahe. Zuerst wurde die Predigt in einer Stadt gehalten, in der wöchentlich tausende Asylgegner*innen dem Ruf der PEGIDA folgend zusammenkamen, um gegen die Asylpolitik der Bundesregierung zu protestieren. Zudem wurden zur Beschreibung derer, die marschieren, Worte gebraucht, die Schlagworten in den Slogans der PEGIDA entsprechen (christliches Abendland, Nation) und es finden sich Hinweise auf eine für PEGIDA Kundgebungen typische Bildsprache. Auf der PEGIDA Kundgebung am 3. Oktober 2015 in Dresden beispielsweise trug ein Demonstrationsteilnehmer einen Galgen, auf dem u. a. stand: „Reserviert für Angela (Mutti) Merkel". Etwas wie dieser Galgen ist wohl gemeint, mit der Aussage, dass „jetzt auch schon Politikerinnen symbolisch der Tod angedroht wird". Als letzter Hinweis auf die PEGIDA dient das Datum der Predigt. Sie wurde einen Tag vor dem ersten Jahrestag der PEGIDA Kundgebungen gehalten und damit in Erwartung einer Art Geburtstagsfeier am nächsten Tag, dem für PEGIDA Kundgebungen üblichen Montag („Morgen werden wieder die marschieren und sich wohl auch feiern").

Die Figuren dieser Gruppe werden mit den Nazis des vergangenen Jahrhunderts parallelisiert („marschieren"). Ihre Worte, so wird erzählt, sprechen die Sprache des dritten Reiches. Die „Worte voller Hass", die wie „mit Runen" erschienen, deuten, seit Runen beispielsweise von der SS gebraucht wurden, auf faschistisch motivierte Verbrechen gegen die Menschlichkeit hin. Nationalismus bzw. Nationalsozialismus und Christentum schließen sich gegenseitig aus. Folglich kann sich auch kein „Christenmensch!" dieser Gruppe anschließen. Im Umkehrschluss bedeutet das, dass es sich bei denen, die die Sprache und Gedankenwelt der Nationalsozialisten teilen, nicht um Christen handelt.

Mit Blick auf die Achse der Erkennbarkeit und Echtheit des Christseins, an deren positivem Ende die ersten christlichen Gemeinden zum Stehen kommen, zeigt sich, dass die sogenannten falschen Propheten auf dieser Achse keinen Platz finden. Sie sind nicht etwa am negativen Ende zu finden und damit weniger authentisch oder erkennbar als die echten Christen. Vielmehr agieren sie völlig außerhalb christlicher Werte, dass sie damit jenseits dessen, was als christlich bezeichnet werden kann, stehen („dass man nicht den falschen Leuten, nicht fal-

schen Propheten hinterherlaufen kann – und das besonders nicht als Christenmensch!"). Ihre Kundgebungen stellen einen Angriff auf christliche Überzeugungen dar, demgegenüber Christen ihre Werte zu verteidigen haben.

Die Figurengruppe Wir ist diesen Gruppen so gegenüber positioniert, dass
sie beide betrachten kann. Dabei wird die Gruppe Wir aufgefordert, dem Handeln der ersten Christen zu folgen und sich den falschen Propheten entgegenzustellen. Zuerst wird mit Blick auf das Vorbild der ersten Gemeinden die Erkennbarkeit und Echtheit der Figurengruppe Wir kritisch hinterfragt: „Sind wir als
Gemeinde solch ein Brief? Wir haben große Kirchen mit hohen Kirchtürmen.
Aber [...] [s]ind wir als Brief noch öffentlich erkennbar und auch verstehbar? [...]
Wir wollen im Februar mit einer Tafelwoche beginnen, zu der es neben Übernachtungsmöglichkeiten für Obdachlose auch die Möglichkeit zum Essen, zu Gespräch, zum Gebet und zum Zuhören in der Kirche geben soll. Ein offener Brief
oder nur eine Zeile eines Briefes, der noch viel weiter geschrieben werden muss.
Deutlich soll werden, dass bei Gott und damit auch in unserer Gemeinde alle
Menschen willkommen sind. Und dass wir auch, so weit es in unserem Vermögen
steht, uns um alle, die zu uns kommen, kümmern wollen."

Die Figurengruppe Wir wird als eine Gemeinschaft von Figuren beschrieben,
die tätige Nächstenliebe in Form eines Gemeindeprojekts ausübt. Dieses Engagement wird von der Predigtstimme befürwortet („ein offener Brief"), zugleich
aber als noch nicht ausreichend bewertet („oder nur eine Zeile"). Das Gemein-
deprojekt erscheint als gelungener Beginn tätiger Nächstenliebe, nicht aber als
ihre Erfüllung („eines Briefes, der noch viel weiter geschrieben werden muss").
Zwar soll die Initiative zeigen, dass alle, die in die Gemeinde kommen, willkommen sind. Die positiven Werte der Erkennbarkeit und Echtheit des Christsein
aber sind damit noch nicht ganz erreicht: Erkennbar und am Geist Gottes ausgerichtet sind Christen, die ihre Komfortzone verlassen und sich über die Grenzen
ihrer eigenen Gemeinde hinaus öffentlich und für alle erkennbar engagieren:
„Wir wollen im Februar mit einer Tafelwoche beginnen [...]. Das nur im Kleinen
unserer [...] [K]irchengemeinde. Wie aber sieht es mit unserer christlichen Nation im christlichen Abendland aus?! Morgen werden wieder die marschieren
und sich wohl auch feiern, die dieses christliche Abendland aus meiner Sicht unchristlich verteidigen wollen. [...] Umso mehr muss uns deutlich sein, dass wir
alle gefragt sind, christliche Werte zu verteidigen. [...] Hier ist auch unsere
eigene Gabe zur Diskussion aber auch langsam unser Bekenntnis gefragt."

Mit Blick auf die Beschreibung der Gemeinde fällt auf, dass ihr der Kirchturm
als zweiwertiges Symbol beigestellt wird. Einerseits versinnbildlicht der Kirchturm die Präsenz von Kirche in der Welt. Gleich einer Landmarke ist er öffentlich
und weithin gut sichtbar und kann so zum Orientierungspunkt für alle werden,
die nach (einer) Kirche suchen. Andererseits versinnbildlicht der Kirchturm im
Kontext der Wirklichkeitserzählung auch Verschlossenheit und Immobilität.
Kirchtürme sind allermeist nicht gläsern, sondern steinern und solide gebaut.
Was innerhalb des Kirchturms passiert, kann daher nicht von außen gesehen

werden. Auch kann ein Kirchturm nicht zu denen gehen, die nach Kirche suchen. Er bleibt, wo er ist und muss von dem, der sucht, gefunden werden. So standhaft der Kirchturm damit gebaut ist, so unbeweglich und uneinsehbar ist er auch.

Ebenso fixiert erscheint die Gemeinde, die nur innerhalb der eigenen Gruppe bzw. der eigenen vier Wände wirkt („Das nur im Kleinen unserer [...] [K]irchengemeinde"). So gedeutet versinnbildlicht der Kirchturm eine Gemeinde, die unter sich bleibt, nicht hinausgeht auf die Straße und der es daher an Erkennbarkeit mangelt. Zwar tut die Gemeinde Gutes, doch kann sie nicht von allen gesehen werden. So bleibt ihr Wirken den meisten verborgen und so vermag sie nicht auf das Gemeinwesen auszustrahlen. Während die ersten Christen als solche beschrieben werden, die sich nach dem Geist Gottes richten, „der da lebendig macht und lebendig wirkt", erscheint die Kirchturmgemeinde im Umkehrschluss weniger dynamisch und leidenschaftlich.

Auf der Achse der Erkennbarkeit und Echtheit kann eine solche Gemeinde folglich nicht am positiven Ende verortet werden. Stattdessen ist sie den ersten Christen in Bezug auf die Erfüllung des Parameters der öffentlichen Sichtbarkeit untergeordnet. Der Gemeinde, die nicht über sich selbst hinausgeht, die ihren Standort nicht verlässt und sich nicht öffentlich als christlich zu erkennen gibt, mangelt es an Glaubwürdigkeit und Bestimmbarkeit. Sie stellt eine Figur dar, die es zwar gut meint, aber eigenbrötlerisch und wenig ausstrahlungsstark daherkommt. Hier und heute aber, so wird erzählt, angesichts des Auftretens falscher Propheten, sind Christen besonders herausgefordert, öffentlich erkennbar für ihre Überzeugungen eintreten („unser Bekenntnis [ist] gefragt").

Die Situation wird damit als außerordentlicher Bekenntnisfall eingestuft. Konfrontiert mit „den Tausendenden auf der Straße" sollen Christen ihren Glauben zeigen und erkennbar machen, wofür sie stehen. Das Friedensgebet, als Gegenveranstaltung zur Kundgebung der „falschen Leute", stellt eine Möglichkeit zum öffentlichen Bekenntnis dar: „Im Friedensgebet morgen [...] wird die christliche Seite wieder deutlich zu Wort kommen, auch wenn es vielleicht nur eine kleine Schar ist, gegenüber den Tausenden auf der Straße. Die ersten Gemeinden waren auch eine kleine Schar – und das ohne große Kirchtürme, aber mit einer großen Überzeugungskraft. Die hat sich nach dem Geist Gottes gerichtet, der da lebendig macht und lebendig wirkt."

Die kleine Schar, die sich heute den falschen Propheten entgegenstellt, wird der Figurengruppe der ersten Christen zugeordnet. Gemeinsam teilen sie die wichtigen Parameter der Erkennbarkeit und Echtheit. Sie verlassen ihre Ingroup, wirken in der Öffentlichkeit und sind damit für alle als Christen erkennbar. Sie sind lebendig. Die Predigtgemeinde wird damit vor die Wahl gestellt, sich den lebendigen Christen anzuschließen oder es dabei zu belassen, in den eigenen Wänden zu agieren und damit, metaphorisch gesprochen, nicht mehr als einen hohen Kirchturm zu haben. Ein hoher Kirchturm nämlich, der ohne sichtbares, christliches Engagement dasteht, scheint hohl und tot.

In Bezug auf die Figurengruppe Wir ist damit festzustellen, dass die Predigtgemeinde den Erwartungshorizont noch nicht erreicht hat. Sie muss sich entscheiden, ob sie den lebendigen, erkennbaren Christen angehört und damit am
positiven Ende der Achse der Erkennbarkeit und Glaubwürdigkeit zum Stehen
kommt, oder ob sie in ihrer Komfortzone des Kirchturms verbleibt und damit
am negativen Ende der Achse zu verorten ist. Noch ist also nicht entschieden,
wofür die Predigtgemeinde steht. Ohne dass ein direkter Appell erfolgt, wird die
Gemeinde durch diese Erzählung aufgefordert, sich den Gegendemonstranten
auf der Straße anzuschließen, den christlichen Glauben damit öffentlich zu bekennen und so lebendig und glaubwürdig zu sein: „Umso mehr muss uns deutlich sein, dass wir alle gefragt sind, christliche Werte zu verteidigen."

4.3   Wie mit Runen erscheinen Worte voller Hass. Die Analyse der Fokalisierung

Mit Blick auf die Fokalisierungsstrategien der Predigt Nummer 13 fällt auf, dass
die politische Lage aus Perspektive eines externen Fokalisators – in diesem Falle
durch die Predigtstimme – so zu sehen gegeben wird, dass sie an die Zustände in
Deutschland zur Zeit des aufstrebenden Nationalsozialismus der 1920er und
1930er Jahre erinnert. Dazu werden die Montagskundgebungen der PEGIDA (und
anderer) derart beschrieben, dass sie innere Bilder von marschierenden Solda-
ten bzw. Aufmärschen der Nationalsozialisten im vergangenen Jahrhundert
wachrufen: „Morgen werden wieder die marschieren und sich wohl auch
feiern"/„wo das Kreuz nationalistisch missbraucht wird und [...] symbolisch der
Tod angedroht wird"/„immer mehr die Sprache des sogenannten dritten Reiches"/„Wie mit Runen scheinen langsam wieder Worte voller Hass die Herzen
der Menschen zu erreichen."

Die Asylproteste werden so zu sehen gegeben, dass in ihnen ein Muster erkennbar wird, welches die Montagskundgebungen in die Nachfolge der Aufmär-
sche des Nationalsozialismus stellen. Zwar zeigen die Protestplakate der Gegenwart nicht die alten Runen, die Herkunft und Wirkung ihrer Parolen aber ist
dieselbe wie die der Nationalsozialisten. Bosheit und Feindseligkeit sind ihr
Ursprung und Produkt. Gemeinsam ist beiden Bewegungen der Hass, der sich in
der Ausgrenzung „des Einen oder der Anderen" ausprägt. Dieser Hass spricht
eine gemeinsame, die Jahrhunderte überdauernde, ideologische Sprache. In den
Kundgebungen von heute, so das skizzierte Bild, wiederholt sich ein Prozess, der
aus der deutschen Vergangenheit heraus bekannt ist: Eine menschenfeindliche
Ideologie nimmt Einzug in die Herzen der Menschen. Das Herz, Kollektivsymbol
für den Sitz der emotionalen Intelligenz, erscheint als Einfallstor für das tiefe
Eindringen eines menschenfeindlichen Denkens, Fühlens und Meinens in das
Bewusstsein von Personen. In dieser Szenerie erscheint die fremdenfeindliche

Ideologie wie eine böse Macht, welche das emotionale Denken befällt und sich von dort her – in Form von Worten des Hasses – in der Gesellschaft ausbreitet.

Die Szenerie wird bedrohlich gezeichnet. Die Montagskundgebungen stellen einen Angriff auf das „christliche Abendland" dar und gleichen Vorboten der Wiederkehr der Diktatur des Hasses. Analog zur Situation von Christen zur Zeit des Nationalsozialismus befinden sich Christen heute in der Not- und Zwangslage, die Gegenposition zu den falschen Propheten einzunehmen und so die christlichen Werte zu behaupten. Der Status Confessiones, der außerordentliche Bekenntnisfall, ruft alle Christen dazu auf, hinauszugehen aus dem Nahbereich der Kirchengemeinde (Symbol vom Kirchturm) und ihre Überzeugungen öffentlich zu bekennen. Vor dem inneren Auge wird ein Kampf gezeichnet, in dem „eine kleine Schar" den „Tausenden auf der Straße" gegenübersteht. Mag die kleine Schar den Tausenden quantitativ unterlegen sein, qualitativ ist sie es nicht. Sie strahlt den Geist Gottes aus und vermag damit zu überzeugen – ebenso wie die ersten Gemeinden: „Die ersten Gemeinden waren auch eine kleine Schar – und das ohne große Kirchtürme, aber mit einer großen Überzeugungskraft. Die hat sich nach dem Geist Gottes gerichtet, der da lebendig macht und lebendig wirkt."

Zusammenfassend fällt auf, dass die politische Lage aus der Übersicht eines externen Fokalisators und aus der Perspektive der Predigtstimme zu sehen gegeben wird. Der Wechsel aus dem Modus der Übersicht in den Modus Mitsicht mit der Predigtstimme macht erkennbar, dass die Predigtstimme den politischen Ereignissen nicht gleichgültig gegenübersteht, sondern durch diese bewegt wird. Zugleich fällt auf, dass der Standpunkt derer, die gegen die Aufnahme mobiler Menschen demonstrieren, wenig einsichtig wird. Die Demonstrant*innen werden als „falsche Propheten" zu sehen gegeben, ihre Sicht der Dinge aber wird nicht transparent.

4.4   Mein Toleranzgefühl endet. Die Analyse der Stimme

In der Predigt Nummer 13 kommen vier Stimmen zu Wort. Die Predigtstimme stellt die Hauptstimme dar. Für wenige Sätze gibt sie ihre Stimme an einen Poesiealbumspruch ab, zwei Pauluszitate und das indirekte Zitat eines Bischofs. Unzweifelhaft steht die Predigtstimme den Montagskundgebungen entsetzt, verärgert und ablehnend gegenüber. Durch Wertungen und Selbstaussagen wird diese Haltung transparent: „Morgen werden wieder die marschieren [...], die dieses christliche Abendland aus meiner Sicht unchristlich verteidigen wollen. Es macht mich zunehmend ratloser, dass die Gesellschaft und auch wir als Christen wohl nicht genug daneben zu setzen haben. Umso mehr muss uns deutlich sein, dass wir alle gefragt sind, christliche Werte zu verteidigen. [...] Mein Toleranzgefühl endet [...] an der Stelle, wo das Kreuz nationalistisch missbraucht wird und jetzt schon Politikerinnen symbolisch der Tod angedroht wird. Hier möchte ich nicht nur etwas daneben, sondern dagegen setzen. [...] Unser ehemaliger Landesbischof [...] sagt [...], dass man nicht den falschen Leuten, nicht falschen Propheten hinterherlaufen kann – und das besonders nicht als Christenmensch. Denn es ist aus meiner Sicht eine schlechte Handschrift, die immer mehr die Sprache des sogenannten dritten Reiches zu Wort kommen lässt. [...] Zu Beginn, vor einem knappen Jahr war wohl manche Forderung und manche Klage berechtigt. Sie kann aber nun nicht mehr in solche einer Polarisierung und in stärker werdendem Extremismus schön geredet werden."

In der Form des biographischen Ich macht die Predigtstimme ihre Wahrnehmung der politischen Lage für die Hörer*innen erkennbar. So erzählt sie von sich selbst, ratlos und am Ende ihres Toleranzbereichs angekommen zu sein. Explizit grenzt sie sich von fremdenfeindlichen Demonstrationen und Einstellungen ab. Diese werden eindeutig negativ deklariert („Extremismus") und bewertet („schlechte Handschrift"). So wird erkennbar, dass die Predigtstimme über einen Toleranzbereich verfügt, der „Forderungen und Klagen" umfasst, nicht aber Morddrohungen und den Missbrauch christlicher Symbole.

Die Predigtstimme gibt zu erkennen, dass sie ein gänzlich anderes Verständnis vom christlichen Abendland hat als die Demonstrant*innen. Für die Predigtstimme sind die nationalistischen Parolen und Forderungen der Montagsdemonstrationen mit christlichen Werten nicht vereinbar. Klar grenzt sich die Stimme von den Demonstrierenden ab, indem sie in zweiwertigen Unterscheidungen spricht: Den „Christenmenschen" stehen die „falschen Propheten" gegenüber, dem Adjektiv „christlich" steht das Eigenschaftswort „unchristlich" gegenüber („dieses christliche Abendland [...] unchristlich verteidigen") und dem Missbrauch christlicher Symbole steht der adäquate Gebrauch christlicher Symbole gegenüber. So zieht die Predigtstimme eine strikte Grenze zwischen „Christenmenschen" einerseits und andererseits jenen, die mit nationalistischen Parolen und Symbolen gegen die Aufnahme von Asylsuchenden demonstrieren.

Die Predigtstimme will die Hörer*innen mobilisieren und ruft zum aktiven Widerstand gegen nationalistische Parolen bzw. Bewegungen auf („Umso mehr muss uns deutlich sein, dass wir alle gefragt sind, christliche Werte zu verteidigen"). Dazu übernimmt sie die Rolle der Aufrüttlerin, die die Hörerschaft alarmiert: „Wie mit Runen scheinen langsam wieder Worte voller Hass die Herzen der Menschen zu erreichen." Auch tritt sie auf als Richtungsgeber, indem sie die ersten christlichen Gemeinden als Vorbild für das richtige Verhalten in dieser Situation anführt: „Den ersten Christen war dieser Glanz wohl noch deutlich abzuspüren. Es wäre gut, wenn auch wir wieder etwas von dem Licht Gottes weitergeben könnten". Insgesamt fungiert die Predigtstimme damit als Unruhestifter. Sie wiegt ihre Hörerschaft nicht in der Sicherheit des eigenen Kirchturms, sondern provoziert alle, die sich selbst als Christen bezeichnen, sich als lebendige und glaubwürdige Christen zu erweisen, indem sie die Grenzen der eigenen

Gemeinde überschreiten und öffentlich erkennbar werden (beispielsweise in Form der Teilnahme am Friedensgebet).

4.5 Sind wir als Gemeinde solch ein Brief? Die Analyse der Identifikationsangebote

Die Hörer*innen werden dazu angeregt, sich mit den ersten christlichen Gemeinden zu identifizieren. Als glaubwürdig und ausstrahlungsstark beschrieben, kommen diese Pioniere des Christentums am positiven Ende der moralischen Achse zum Stehen und fungieren damit als Vorbilder. Auch bietet sich die Predigtstimme selbst zur Identifikation an. Das biographische Ich, das in Selbstaussagen zu Tage tritt, lädt dazu ein, Gefühle der Wut und der Ratlosigkeit, des Entsetzens und der Abscheu gegenüber den nationalistisch getönten Demonstrationen der PEGIDA und anderer zu teilen. Die Kirchturmgemeinde stellt eine ambivalente Figur dar. Zwar wird das zivilgesellschaftliche Engagement vor Ort gelobt, zugleich aber wird ein Mangel an öffentlicher Sichtbarkeit bzw. aktivem Widerstand festgestellt. So kann sich die Hörerschaft nur ein Stück weit mit ihrer eigenen Existenz als Gemeinde identifizieren.

Gänzlich außerhalb aller Identifikationsmöglichkeiten liegen jene, die mit Worten voller Hass sprechen. Sie werden mit den Nationalsozialisten des vergangenen Jahrhunderts gleichgestellt und damit disqualifiziert. Schemenhaft und uneinsichtig skizziert, düster und bedrohlich beschrieben stellen sie den Antagonisten dar, der nicht zur Identifikation einlädt.

4.6 Die Verteidigung christlicher Werte als Problemlösung. Die Gesamtauswertung der Predigt Nummer 13

Die Predigt Nummer 13, als Wirklichkeitserzählung verstanden, erzählt von einer Welt, in der eine Wiederkehr des Nationalsozialismus zu beobachten ist. Die anschauliche Bildsprache der Erzählung zeichnet eine düstere und bedrohliche Lage: „Morgen werden [...] die marschieren. [...] Wie mit Runen scheinen langsam wieder Worte voller Hass die Herzen der Menschen zu erreichen."

Kundgebungen der PEGIDA und anderer erscheinen symptomatisch für eine Gesellschaft, in der fremdenfeindliche und aggressiv nationalistische Gedanken und Parolen wieder Gehör finden und tief in das Denken, Meinen, Fühlen und Handeln vieler („den Tausenden auf der Straße") eindringen. Dabei werden, so die Erzählung, zur Legitimation fremdenfeindlicher Überzeugungen christliche

Zeichen derart pervertiert, dass das entscheidende Wesensmerkmal des Christentums verloren zu gehen droht: die Nächstenliebe. Da die Tonart der Kundgebungen zunehmend extremer wird („Polarisierung", „Extremismus"), ist nun der Zeitpunkt gekommen, Widerstand zu leisten („Toleranzgefühl endet", „etwas dagegen setzen"). Insbesondere all jene, die sich selbst als Christ bezeichnen, sind jetzt aufgefordert, ihren Glauben öffentlich zu bekennen, d. h. das richtige Verständnis von Nächstenliebe in Worten und Taten zu bezeugen.

In der Welt, wie sie sein sollte, sind alle Christen für das gesamte Gemeinwesen als Christen erkennbar. Ein Christ zu sein bedeutet, öffentlich für die eigenen religiösen Überzeugen einzutreten. Angetrieben von der christlichen Nächstenliebe, die keine Ausgrenzung kennt, können Christen gar nicht anders, als die eigene Komfortzone zu verlassen, die Grenzen der Ingroup zu überschreiten und so, bildlich gesprochen, hinauszutreten aus dem Schatten des eigenen Kirchturms. Zwar sind auch ‚Kirchturmchristen' Christen, doch erscheinen sie hohl und erstarrt im Vergleich zu den Christen, die hinausgehen auf die Straße. Diese sind lebendig. In ihnen strahlt der Geist Gottes in die Welt.

In der Erzählung von der Welt wie sie ist, stehen Christen also vor der Herausforderung, sich als lebendige und echte und damit auch glaubwürdige Christen zu erweisen. Wenn sie ihrem Glauben öffentlich Ausdruck verleihen, kommen sie auf der Achse der Christlichkeit am positiven Ende zu stehen. Am negativen Ende wird verortet, wer sein Christsein versteckt. Gänzlich jenseits der Skala der Christlichkeit befinden sich die Antagonisten. Es sind die, die „marschieren", die ihre Worte voller Hass in Herzen pflanzen und sich selbst christlich nennen, obwohl sie eine Nächstenliebe postulieren, die Ausgrenzungen vornimmt.

Die Erzählung zeichnet im Grunde eine Kampfsituation, in der die Montagskundgebungen der PEGIA den Angreifer repräsentieren, d. h. ein unchristliches Denken und Handeln, das mächtig ist, Menschen zu überzeugen und christliche Werte zu pervertieren. Angesichts dieses Angriffs christlicher Grundwerte bleibt nur die Verteidigung. So hat die Wirklichkeitserzählung die Funktion, die Hörer*innen zur Verteidigung der eigenen Überzeugungen und damit zum Widerstand aufzurufen bzw. zu ermutigen. Zwar erfolgt kein direkter Appell, wohl aber wird der Erwartungshorizont entschieden kommuniziert: Christliche Werte müssen verteidigt werden. Hörer*innen wird zugetraut, dem Vorbild der ersten Christen folgen zu können, d. h. erkennbar aufzutreten und damit nicht nur glaubwürdig zu werden, sondern auch an Ausstrahlungsstärke zu gewinnen, die ihrerseits weiterwirkt. So ist mit dem öffentlichen Bekenntnis zuletzt die Hoffnung verbunden, „etwas vom Licht Gottes weitergeben zu können" und so, wie es den ersten Christen gelang, andere mit dem rechten Glauben anzustecken.

4.7   Die Predigt Nummer 13 im Vergleich mit den anderen Predigten

Im Vergleich der Predigt Nummer 13 mit den anderen bisher analysierten Predigten fällt auf, dass in dieser Wirklichkeitserzählung nicht die Reaktionen der Menschen in Deutschland (und damit auch die der Predigtgemeinde) auf Geflüchtete im Fokus stehen, sondern die Reaktionen auf fremdenfeindliches und nationalistisches Denken. So stellt auch nicht der Mangel an Empathie mit Geflüchteten das Hauptproblem der Erzählung dar, sondern der Mangel an Widerstand gegen Nationalismus und Xenophobie und den damit einhergehenden Missinterpretationen christlicher Gebote, wie sie beispielsweise auf Kundgebungen der PEGIDA zu Tage treten. Insbesondere die Fehldeutung des Gebots zur Nächstenliebe – nämlich in dem Sinne, dass die Nächstenliebe nur den eigenen Landsleuten gilt – stellt eine Provokation dar, die das Christentum erschüttert.

Damit ist das Gebot der Nächstenliebe der Dreh- und Angelpunkt aller bisher analysierten Predigten zur sogenannten Flüchtlingskrise. Es erscheint in allen bisher rekonstruierten Wirklichkeitserzählungen als Fixstern, an dem sich Christen in den Querelen der aktuellen politischen Lage orientieren sollen. Predigt Nummer 13 zielt nicht primär darauf, mehr Mitgefühl mit Geflüchteten zu evozieren. Da anstelle einer emotionalen eine religiöse Notstandssituation beschrieben wird, erscheint in Predigt Nummer 13 der Status Confessiones, der außerordentliche Bekenntnisfall, als Problemlösungsschlüssel. Jetzt, so die Botschaft der Wirklichkeitserzählung, haben sich Christen in aller Öffentlichkeit als Christen zu erweisen, indem sie den rechten Glauben gegenüber den falschen Propheten verteidigen. Dem Angriffsszenario entsprechend schlägt diese Wirklichkeitserzählung einen kämpferischen Ton an.

Im Vergleich der Predigten fällt darüber hinaus auf, dass auch Predigt Nummer 13 Forderungen und Klagen von Asylkritiker*innen als berechtigt anerkennt („Zu Beginn, vor einem knappen Jahr war wohl manche Forderung und manche Klage berechtigt"). Ähnlich wie in Predigt Nummer 16 wird damit eine kritische Haltung gegenüber der Ankunft von Geflüchteten als zumindest nachvollziehbar dargestellt. Wie in allen anderen bisher analysierten Predigten auch wird direkt hinter diesen kritischen Rückfragen die rote Linie gezogen, jenseits derer die Gesprächsbereitschaft endet. Wer diese Grenze überschreitet, hat sich als Gesprächspartner disqualifiziert. Insgesamt endet der Toleranzbereich, innerhalb dem die Predigtstimmen bereit sind, über Zuwanderung zu sprechen, dort, wo Fremdenfeindlichkeit, Extremismus und Nationalismus beginnen.

5.   Eine heile Welt hat es nie gegeben.
Die Analyse der Predigt Nummer 14

Auf der Suche nach neuem Material fällt zuletzt Predigt Nummer 14 ins Auge, deren Wirklichkeitserzählung einen anderen Akzent setzt. Statt die politische Lage als einen besonderen Umstand zu deuten, wird die aktuelle Situation in dieser Predigt als Normalfall dargestellt, als conditio humana, von der alle Menschen weltweit betroffen sind.

Die Predigt trägt keine Überschrift und wurde gehalten in der Christmette am 24. Dezember 2015. Ihr liegt Lk 2,1–21, die Erzählung von Jesu Geburt, als Perikope zu Grunde. Da die Perikope innerhalb der Predigt nicht verlesen wird, ist davon auszugehen, dass sie der Predigt im Rahmen der Lesung des Evangeliums vorausging.

5.1   Wir sitzen alle im selben Boot. Der erste Eindruck

Die Predigt Nummer 14 kann in vier Teile gegliedert werden. Auf die Einleitung folgen zwei Hauptteile und daraufhin der Schluss. Die Einleitung trägt resümierenden Charakter. In ihr schaut eine Erzählinstanz auf das vergangene Jahr zurück und gibt einen Überblick über Veränderungen im privaten, kleinen („Ein Jahr liegt hinter uns, in dem mancher erfahren musste, dass nicht bleiben kann, wie es ist. Vielleicht steht der Weihnachtsbaum heute in einer anderen Wohnung als im letzten Jahr") und im öffentlichen, großen Bereich („doch merken wir, wie sich auch im Großen die Welt um uns herum verändert, immer deutlicher, immer schneller, immer grundlegender"). Als eine Reaktion auf den Wandel nennt die Erzählinstanz den Wunsch, „die Zeit zurückdrehen zu wollen" um das alte Leben zu erhalten bzw. zurückzuholen. Das Weihnachtsfest und die Krippe werden zum Symbol einer „heilen, überschaubaren Welt" stilisiert.

Im ersten Hauptteil, in dem Erzählinstanz und Predigtstimme eng miteinander verzahnt sind, und der überschrieben werden kann mit den Worten ‚Wir leben in einer Welt, in der nichts sicher ist', wird einer romantischen Deutung der Krippe als Ort der heilen Welt widersprochen. Stattdessen wird die Weihnachtsgeschichte als Beispielgeschichte für die Lebenswirklichkeit der Menschen verstanden, „in der nichts sicher ist, in der alles im Umbruch ist und in der Menschen unentwegt zugemutet wird, aufzubrechen, im Provisorium zu leben, im kalten Wind der Nacht auf freiem Feld zu stehen." Daher, so die Bewertung der Predigtstimme, eignet sich die Weihnachtsgeschichte nicht dazu, „Veränderungen zu leugnen und zu verneinen, um so die Unsicherheit und Ratlosigkeit für ein paar schöne, weihnachtliche Stunden zu überwinden."

Im zweiten Hauptteil, der überschrieben werden kann mit den Worten ‚Gott ist in der Veränderung bei uns', wird die Krippe als Gnadenraum beschrieben,

der den Menschen, die sich fühlen wie „Ausgesetzte in der Nacht", vergegenwärtigt, dass Gott in allen Veränderungen und Drangsalen bei den Menschen ist:
„Deshalb bauen wir jedes Jahr unsere Krippe auf. Nicht, weil immer alles gleich
bleiben soll, sondern um uns zu vergegenwärtigen, dass dieses Kind – trotz allem
– in unserer Mitte liegt. Das Kind trägt den Verheißungsnamen Immanuel, Gott
mit uns." Das Kind in der Krippe wird so zum Symbol der Verheißung eines Neu-
anfangs und der „Hoffnung, dass es ein anderes Leben gibt, dass ein anderes
Leben für uns möglich ist."

Überschreibbar mit den Worten ‚das Wort vom Kind in den Herzen bewahren und bewegen' fasst die Predigtstimme ihre Idee von der Welt zusammen:
„Wir wissen nicht, wie sich die Welt nach Weihnachten und im neuen Jahr weiterdreht. [...] Die rasende Zeit wird uns weitere Veränderungen zumuten, die uns
hinaustreiben aus Gewohntem und Liebgewonnenem. Und keine Weihnachtsnostalgie wird das verhindern." Die Worte vom Kind aber können angesichts der
stetigen Veränderung Hoffnung bieten und sind daher im Herzen zu bewahren
und zu bewegen.

Die Predigt verfolgt die Intention, die Hörer*innen dazu aufzurufen, Phantasien von einer unveränderlichen Welt („als könnten wir die Zeit zurückdrehen, als könnten wir uns absichern gegen Ungewissheit") abzulegen und stattdessen zu akzeptieren, dass Veränderungen ganz normal sind, dass sie Teil der
conditio humana sind. Alle Menschen, so die Idee, befinden sich stets auf einem
unsicheren Weg, dessen Verlauf unbekannt ist. Die Predigt verfolgt so auch die
Absicht, Nähe zwischen Geflüchteten und den Predigthörer*innen herzustellen.
Da alle Menschen von Veränderungen betroffen sind und sich alle gleichsam
nach einem Gnadenraum sehnen, in dem Leben möglich ist, teilen sie eine
Schicksalsgemeinschaft: „Sie verlassen ihr Leben. Sie erleiden Trennung und
Tod. Und dennoch wollen sie glauben, dass ein Leben auf sie wartet, das Wert
und Würde besitzt. Auch wenn viele von ihnen keine Christen sind, kommen sie
der Hoffnung von Weihnachten sehr nahe." So werden die Hörer*innen dazu
angeleitet, die Hoffnung auf ein gutes Leben als Brücke zwischen allen Menschen
zu verstehen.

5.2   Träumer versus Realisten. Die Analyse von Figuren und Konstellationen

In der Wirklichkeitserzählung, die in Predigt Nummer 14 zu Tage tritt, stehen
fünf Figurengruppen im Fokus: Neben der Gruppe der Figuren der Weihnachtsgeschichte bzw. den Krippenfiguren, aus denen die Figur des Kindes besonders
hervorgehoben wird, kommen einerseits jene zum Stehen, die die Krippe falsch
interpretieren und andererseits die Hirten als Repräsentanten derer, die die
Krippe richtig deuten. Die Figurengruppe Wir wird aufgefordert, sich mit den

Hirten zu identifizieren. Als letzte Figurengruppe kommen alle Menschen in Betracht, darunter insbesondere all jene Menschen, die heute Trennung und Tod zu erleiden haben und die in langen Reihen an Grenzen und vor Ämtertüren stehen, d. h. die Unbehausten und Schutzsuchenden dieser Tage.

Die Figuren der Krippe bzw. der Weihnachtsgeschichte werden doppelt codiert. Einerseits symbolisieren sie die Vergangenheit, Beständigkeit und Verlässlichkeit, andererseits aber auch die Gegenwart, Veränderlichkeit und Unsicherheit: „[N]un ist die Geschichte wieder erzählt und die Krippe leuchtet. Maria und Josef, Ochs und Esel, die Hirten auf dem Felde, der Engel und das Kind der Krippe. Alles ist wie immer – aber nichts ist wie vorher. [...] Maria und Joseph, die Hirten auf dem Felde, das Kind in der Krippe – alles wie immer und doch merken wir, wie sich auch im Großen die Welt um uns herum verändert, immer deutlicher, immer schneller, immer grundlegender. Und mit all den Veränderungen wächst die Unsicherheit und bei vielen auch die Angst. [...] Und das Weihnachtsfest, Maria und Josef und das Kind in der Krippe werden zum Inbegriff einer heilen, überschaubaren Welt, die es so nie gegeben hat, die man sich bewahren möchte, indem man sich und andere zurückzwingen will in ein altes Leben. [...] Aber die Weihnachtsgeschichte erzählt von einer Welt, in der nichts sicher ist, in der alles im Umbruch ist und in der den Menschen unentwegt zugemutet wird, aufzubrechen, im Provisorium zu leben, im kalten Wind der Nacht auf freiem Feld zu stehen. In der alten Geschichte erkennen wir gerade in dieser Zeit unsere Gegenwart besonders deutlich wieder. [...]. Und uns dämmert, dass diese nach 2000 Jahren oft so märchenhaft wirkende Weihnachtserzählung mehr Lebensrealität enthält, als einem lieb ist. [...] Maria und Josef, die Hirten auf dem Feld: Sie alle lebten im Transit und sie konnten sich an keiner äußeren Sicherheit festhalten. Im Gegenteil: Sie werden zu Symbolfiguren der Unbehaustheit. Und dennoch bilden sie in dieser Nacht einen Gnadenraum, denn das neugeborene Kind ist in ihrer Mitte."

Die Krippenfiguren können der Gegenwart gegenüber so positioniert werden, dass sie einen Kontrast darstellen. In diesem Falle versinnbildlicht die Weihnachtsgeschichte bzw. die aufgebaute Krippe Beständigkeit und Unveränderlichkeit. Die Krippe sieht immer gleich aus. Ihre Figuren ändern sich nicht. Von Jahr zu Jahr ist dieselbe Szenerie zu sehen. Damit erinnert die Krippe an die Vergangenheit, vorstellbar als Kindheitserinnerungen der Hörer*innen, und vermittelt so den Eindruck, als würde sich nichts ändern und als könnte nichts die übliche Kreisläufigkeit des Jahres stören.

Zugleich kann die Krippe, und diese Deutung wird durch die Erzählinstanz vorbereitet und durch die Predigtstimme vorgenommen, als Sinnbild für die stetige Veränderung der Welt gedeutet werden, die Menschen damals wie heute und auch in Zukunft dazu zwingt, ihr Zuhause zu verlassen und unter prekären Bedingungen zu leben („in der den Menschen unentwegt zugemutet wird, aufzubrechen, im Provisorium zu leben, im kalten Wind der Nacht auf freiem Feld zu stehen"). Maria und Josef werden so zu Prototypen menschlichen Lebens auf Erden – eines Lebens im Zustand der unsicheren Durchreise und stetigen Veränderung, in deren Fußstapfen die Schutzsuchenden der Gegenwart treten.

Herausgehoben aus dieser Figurengruppe ist das Kind, das in Krippendarstellungen in der Mitte des Figurenensembles zum Stehen kommt: „Der Sohn wird uns geschenkt, damit wir wissen, dass Gott da ist, dass der Vater im Himmel uns nicht verlässt. [...] Das Kind ist ein neuer Anfang und die Hoffnung, dass es ein anderes Leben gibt, dass ein anderes Leben für uns möglich ist. Ein Leben, in dem es darum geht, tiefer zu blicken und eine verborgene Liebe zu entdecken. Eine Liebe, die tief hinabsteigt, um mich zu erreichen und mich mit wirklicher Freude zu erfüllen."

Das Kind versinnbildlicht einen Neuanfang und die Aussicht auf ein Leben mit Gottes Geleit. Unter dem Stalldach ereignet sich die rettende Tat Gottes, die den Menschen in ihrer Unsicherheit verheißt, ein Leben in Liebe führen zu können: Wenngleich die Bedingungen schlecht sind, kommt ein Kind zur Welt, das von seinen Eltern geliebt wird und Zukunft verheißt. So wird die Krippe als „Gnadenraum" gedeutet, der in das gefährdete Leben eingeschrieben ist: Das Leben ist nicht nur unsicher, unstet und ständiger Veränderung unterworfen, sondern auch mit Gottes Beistand, Liebe und Erfahrungen von Sinnhaftigkeit angefüllt.

Den beiden sehr unterschiedlichen Deutungen der Krippe („Alles ist wie immer – aber nichts ist wie vorher") werden Figurengruppen zugeordnet. Wer die Krippe als Zeichen dafür ansieht, dass alles so bleibt bzw. bleiben soll, wie es ist, wird als ängstlich und unsicher beschrieben: „Und mit all den Veränderungen wächst die Unsicherheit und bei vielen auch die Angst. Nicht wenige fragen sich: Schaffen wir das? Schaffen wir das wirklich? Manch einen treibt diese Unsicherheit dazu, die Zeit zurückdrehen zu wollen. Man will sein altes Leben zurück. Ohne all die neuen Umstände, ohne all das Unbekannte, ohne die fremden Menschen. Und das Weihnachtsfest, Maria und Josef und das Kind in der Krippe werden zum Inbegriff einer heilen, überschaubaren Welt, die es so nie gegeben hat, die man sich bewahren möchte, indem man sich und andere zurückzwingen will in ein altes Leben."

Die Figurengruppe der Ängstlichen und Unsicheren regiert auf Lebensveränderungen mit dem Wunsch, die Zeit zurückdrehen zu wollen in eine Ära, in der es weder Unbekanntes, noch fremde Menschen und damit auch keine Schutz- und Asylsuchenden gab. Dieses sogenannte „alte Leben", das als verstehbar und unversehrt, versorgt und friedlich beschrieben wird, hat es, so urteilt die Predigtstimme, aber nie gegeben. Wer sich dennoch das alte Leben zurückwünscht, so die implizierte Bewertung, ist nostalgisch, romantisiert die Vergangenheit und belügt sich selbst bzw. sitzt einem Trugbild auf. Dies hat nicht nur Auswirkungen auf die Personen selbst, sondern auch auf andere. Sie werden durch die Ängstlichen und Unsicheren genötigt, ebenfalls zurückzukehren zu einem Leben, das es nie gab.

Die Figurengruppe derer hingegen, die die Krippe als Zeichen der fortwäh-
renden Veränderung und Gefährdung des Lebens bei gleichzeitiger Verheißung
der Liebe und Gnade Gottes interpretieren, liegt damit, so die Bewertung der
Predigtstimme, richtig: „Deshalb bauen wir jedes Jahr unsere Krippen auf. Nicht,
weil immer alles gleich bleiben soll, sondern um uns zu vergegenwärtigen, dass
dieses Kind – trotz allem – in unsere Mitte liegt. [...] Die Engel verkünden den
Hirten in dieser Nacht die Geburt des Retters. Für die Hirten wird sich äußerlich
nicht viel ändern, aber sie spüren, dass sich hier etwas Neues ankündigt und sie
selbst Teil dieses Neuen sind. Das Kind ist ein neuer Anfang und die Hoffnung,
dass es ein anderes Leben gibt, dass ein anderes Leben für uns möglich ist. [...]
Und in der Tat: die Feier der Geburt Jesu rettet uns davor, unser Leben ohne das
göttliche Geheimnis zu leben, das doch in jeden von uns hineingelegt wurde. [...]
Dieses göttliche Geheimnis verleiht dem Leben ein inneres Licht, einen Glanz, in
dem unser Weg – uns sei er noch so alltäglich – anfängt zu leuchten. Ich ahne,
dass das, was mir auf diesem Weg begegnet, seinen Sinn und seine Bedeutung
hat, auch wenn ich noch nicht verstehe. Und ich lerne auch den Menschen neben mir in einem anderen Licht zu sehen. Auch er hat sein Geheimnis."

Stellvertretend für die Figurengruppe, die die Krippe richtig interpretiert,
stehen die Hirten aus der biblischen Weihnachtserzählung. Sie zeigen ein Gespür
für die Bedeutung der Geburt des Kindes im Stall. Daher gehen sie dem Neu-
geborenen und damit dem Neuen entgegen. Sie suchen geradezu nach der Veränderung, die sich anbahnt. Sie wollen nicht das Alte bewahren, sondern erbli-
cken in dem Einbruch des Neuen Chancen für sich selbst. Beschrieben wird ein
Perspektivwechsel, der sich beim Anblick des Kindes vollzieht: Das Leben wird
als gefährdet wahrgenommen, aber auch als lebens- und liebenswert. Gottes
Menschwerdung, gerade unter den prekären Bedingungen, in denen sie stattfindet, würdigt das Leben. Mag es auch problematisch, bedroht und angsteinflößend sein, ist es zugleich doch auch voller Lebendigkeit, Liebe und Wunder. Wer
die Krippe bzw. die Weihnachtsgeschichte so interpretiert, der entdeckt für sich
selbst eine neue Dimension des Lebens, die als „tiefer" beschrieben wird. Im Umkehrschluss lässt sich daraus ableiten, dass jene, die die Krippe als Zeichen der
heilen Welt deuten, das Leben oberflächlicher betrachten. Während die Hirten
die Liebe Gottes entdecken, bleibt sie denen, die sich nach einer heilen Welt sehnen, verborgen. Nostalgische Träumer und realistische Tiefenschürfer stehen
einander so gegenüber.

Der Figurengruppe Wir, welche die Predigtstimme und die Predigthörer*innen umfasst, wird nahegelegt, die Lebenswirklichkeit anzuerkennen, statt einem
Trugbild hinterherzulaufen: „In der alten Geschichte erkennen wir gerade in
dieser Zeit unserer Gegenwart besonders deutlich wieder. [...] Immer wieder
drängen sich Bilder dieser Monate auf. Und uns dämmert, dass dieses nach 2000
Jahren oft so märchenhaft wirkende Weihnachtserzählung mehr Lebensrealität
enthält, als einem lieb ist. Dass jedenfalls diese Erzählung nicht dazu taugt, die
Veränderungen zu leugnen und zu verneinen, um so die Unsicherheit und Rat-

losigkeit für ein paar schöne, weihnachtliche Stunden zu überwinden. [...] Deshalb bauen wir jedes Jahr unsere Krippe auf. Nicht, weil immer alles gleich bleiben soll, sondern um uns zu vergegenwärtigen, dass dieses Kind – trotz allem – in unsere Mitte liegt. Das Kind trägt den alten Verheißungsnamen Immanuel, Gott mit uns. Auch dort, wo wir Altes zurücklassen müssen und Neuland betreten, und wir uns zwischen beidem fühlen, wie Ausgesetzte in der Nacht, ist er bei uns."

Mithilfe des Personalpronomens Wir werden die Hörer*innen der Predigt samt der Predigtstimme hineingelegt in die Figurengruppe, die die Krippe richtig interpretiert. Den Zuhörenden wird damit zugeschrieben, die Lebenswirklichkeit der Gegenwart erfassen und sie in der Weihnachtsgeschichte wiederfinden zu können. Sie erkennen die Parallelen zwischen den Figuren der alten Erzählung und heutigen Existenzen und reagieren darauf, indem sie ihre Hoffnung auf ein Leben, das tiefer blickt, bewusst pflegen. Dieser Durchblick verleiht dem Leben besondere Haltung: „Was wird aus uns werden, wenn wir die Dinge und Menschen nur noch im Neonlicht unserer wirtschaftlichen oder nationalen Interessen anschauen, in dem nur eine Frage gilt: Was bringt uns das? Was bringt mir das? Was wäre das christliche Abendland, wenn es dieses andere Licht Jesu verlieren würde, dass uns die Würde jedes Menschen erkennen lässt?"

Die Fragen der Predigtstimme deuten an, dass der weihnachtliche Blick auf die Welt zu einer Lebenseinstellung führt, die einer reinen Nutzenperspektive überlegen ist. Wenngleich nicht ausführlich beschrieben wird, welche Folgen eine allein ökonomische Perspektivierung der Welt haben könnte, klingt doch an, dass diese ärmer wäre als die weihnachtliche. Das Leben von Weihnachten her zu betrachten bedeutet umgekehrt, in der Not und Bedrängnis des Lebens die Dignität, Schönheit und einzigartige Bedeutung eines jeden einzelnen Menschen zu erkennen.

Diese Haltung, so wird erzählt, bewahrt nicht vor Verlusterfahrungen. Auch wer die ständige Veränderung des Lebens anerkennt, reagiert darauf sehr wohl mit Trauer, doch kann die Wirklichkeit nach einer angemessenen Trauerzeit akzeptiert werden: „Manchmal müssen wir um das Vergangene erst noch ganz zu Ende trauern, müssen einwilligen in die Gegebenheiten, müssen die Phantasie aufgeben, als könne alles noch einmal werden, wie es war, als könnten wir die Zeit zurückdrehen, als könnten wir uns absichern gegen die Ungewissheit. Vielleicht müssen wir erst mal akzeptieren, dass wir das sind, was wir sind: Menschen auf einem unsicheren Weg, dessen Verlauf wir nicht kennen; Menschen, die wenig in den Händen haben, auch wenn sie viel besitzen; Menschen, die selbst angewiesen sind auf Barmherzigkeit, die menschliche und die göttliche."

Veränderungen, so die Erzählung, können Trauergefühle auslösen. Diese können nicht übersprungen werden, sondern „müssen" durchlebt werden. Beschrieben wird ein Prozess des Abschiednehmens vom Traum eines sicheren Lebens. Dieser Abschied ist schmerzhaft und nicht einfach, eröffnet aber eine neue, entlastende Perspektive auf das Leben: Verunsichernde Veränderungen des Lebens werden als normal anerkannt. Abschiede, Erfahrungen von Kontrollverlust („wenig in den Händen haben") und Angewiesenheit werden wahrgenommen als conditio humana. Es handelt sich bei derartigen Erfahrungen und Ereignissen folglich nicht um außergewöhnliche Katastrophen, sondern um typisch menschliche Erfahrungen, die die Menschen aller Religionen und Zeitalter miteinander teilen. So ist das Leben. Ein anderes, sichereres gibt es nicht. Diese Erkenntnis mag weh tun, entspannt aber auch die Erwartungen: Ein heiles Leben wird nicht erträumt. Wohl aber besteht, trotz und innerhalb aller Wirrungen, die Sehnsucht nach Liebe, Gnade und einem Leben in Würde, die alle Menschen miteinander verbindet: „Hunderttausenden, ja Millionen Menschen werden Veränderungen zugemutet, die uns schwindelig machen. Sie verlassen ihr Leben. Sie erleiden Trennung und Tod. Und dennoch wollen sie glauben, dass ein Leben auf sie wartet, das Wert und Würde besitzt. Auch wenn viele von ihnen keine Christen sind, kommen sie der Hoffnung von Weihnachten sehr nahe."

Die Sehnsucht nach Bewahrung des Lebens angesichts von Bedrohungen nivelliert die Grenzen religiöser Zugehörigkeit. Für alle Menschen ist die Hoffnung auf ein Leben in Würde substantiell und in ihrem Kern sind damit alle Menschen gleich. So betont die Predigtstimme die Wesensverwandtschaft aller Menschen, der kulturelle oder religiöse Unterschiede untergeordnet sind, und die Hörer*innen der Predigt werden aufgefordert, sich selbst in allen Menschen, insbesondere in den Asyl- und Schutzsuchenden dieser Tage wiederzufinden.

5.3   Wir wissen nicht, was aus uns wird. Die Analyse der Fokalisierung

In Bezug auf Fokalisierungsstrategien fällt auf, dass die Wirklichkeitserzählung im Modus der Nullfokalisierung erfolgt, d. h. Erzähl- und Predigtstimme wissen und sagen mehr, als irgendeine Figur weiß oder wahrnimmt. Alles überblickend vermag die Erzählinstanz die gegebene Lage zu schildern und bis in das Innere von Figuren zu schauen, während die Predigtstimme das Gezeigte interpretiert und bewertet. Gemeinsam teilen Erzähl- und Predigtstimme damit einen erhöhten Standpunkt, von dem aus sie Analogien und Relationen zwischen Vergangenheit und Gegenwart und zwischen Figuren beobachten und benennen können. Wie auf einem Tablett scheinen die Geschehnisse der Welt vor den Betrachtern ausgebreitet zu sein, so dass sie sehen, was anderen verborgen ist: „Diese rasende Zeit wird uns weitere Veränderungen zumuten, die uns heraustreiben aus Gewohntem und Liebgewonnenem. Und keine Weihnachtsnostalgie wird das verhindern."

Im Fokus der Wirklichkeitserzählung steht „die Welt" als Habitat aller Menschen. In deren Zentrum steht der Gnadenraum der Krippe, in deren Mitte wiederum das Kind liegt. Versinnbildlicht mit Hilfe des Kollektivsymbols der Nacht wird die Welt, wie sie ist, dunkel, düster und bedrohlich beschrieben: „Aber die Weihnachtsgeschichte erzählt von einer Welt, in der nichts sicher ist, in der alles im Umbruch ist und in der den Menschen unentwegt zugemutet wird, aufzubrechen, im Provisorium zu leben, im kalten Wind der Nacht auf freiem Feld zu stehen. [...] Maria und Josef, die Hirten auf dem Feld. Sie alle lebten im Transit und sie konnten sich an keiner äußeren Sicherheit festhalten."/„Auch dort, wo wir Altes zurücklassen müssen und Neuland betreten, und wir uns zwischen beidem fühlen, wie Ausgesetzte in der Nacht, ist er [Gott] bei uns."/„Hunderttausende, ja Millionen Menschen werden Veränderungen zugemutet, die uns schwindelig machen. Sie verlassen ihr Leben. Sie erleiden Trennung und Tod."

Menschliches Leben in der Welt, wie sie ist, wird beschrieben als Existenz in einer unsicheren und lebensfeindlichen Dunkelheit („im kalten Wind der Nacht"), die keine sichere Bleibe hat, sondern sich stets auf der Durchreise befindet (leben „im Transit"). Die Erfahrung, sich verloren und verlassen zu fühlen („wie Ausgesetzte in der Nacht"), erscheint vor diesem Hintergrund als eine typisch menschliche Erfahrung und nicht etwa als Schwäche. Vielmehr stellt das Leben eine Zumutung dar, die alle Menschen hart angeht und aktuell insbesondere jene, die vor schrecklichen Lebensbedingungen fliehen. Die Gegenwart wird so beschrieben, dass das negative Bild menschlicher Existenz intensiviert wird: „Ein Jahr liegt hinter uns, in dem mancher erfahren musste, dass nichts bleiben kann, wie es ist. Vielleicht steht der Weihnachtsbaum heute in einer anderen Wohnung als im letzten Jahr. Oder die Krippenfiguren stehen vielleicht noch am gleichen Platz, aber es ist doch alles ganz anders: Weil einer fehlt. Weil eine gegangen ist. Weil jemand verlor, was doch immer sicher schien. Weil nicht mehr trägt, was doch Jahrzehnte getragen hat. Maria und Joseph, die Hirten auf dem Felde, das Kind in der Krippe – alles wie immer und doch merken wir, wie sich auch im Großen die Welt um uns herum verändert, immer deutlicher, immer schneller, immer grundlegender."/„Wir wissen nicht, wie sich die Welt nach Weihnachten und im neuen Jahr weiterdreht. Wir wissen nicht, was aus uns wird. Ob wir das nächste Weihnachten noch mit den Menschen feiern, mit denen wir heute feiern, in den gleichen Umständen. Diese rasende Zeit wird uns weitere Veränderungen zumuten, die uns heraustreiben aus Gewohntem und Liebgewonnenem. Und keine Weihnachtsnostalgie wird das verhindern."

Bei der Betrachtung der Gegenwart steht zunächst das private Leben im Fokus. Dieses wird als angreifbar und verletzbar beschrieben. So deutet der Weihnachtsbaum, der nicht mehr in derselben Wohnung steht, auf biographische Brüche hin (vorstellbar als eine Trennung, die mit dem Auszug aus der eigenen Wohnung verbunden ist). Ebenso führt die alljährlich gleiche Krippe Veränderungen in der Familie kontrastreich vor Auge (vorstellbar als leerer Sessel in der Weihnachtsstube bedingt durch einen Todesfall).

Nach diesem Blick in die private Weihnachtsstube wird der Fokus sodann geweitet und damit die globale Lage zu sehen gegeben. Sie erscheint als großes Pendant zum kleinen Wohnzimmer. In beiden Lebensräumen bleibt nichts, wie es war. Einzig die Veränderung erscheint damit als Grundkonstante, die die öffentlich-globale und die privat-biographische Lage bestimmt – damals wie heute. Maria und Joseph repräsentieren die Vergangenheit, die Weihnachtsstube die Gegenwart.

Die Gegenwart wird als eine Zeit beschrieben, in der die Veränderungen selbst auch eine Veränderung aufweisen: sowohl die Geschwindigkeit, mit der Veränderungen auftreten, als auch die Ausprägungen, in denen sie sich zeigen, und die Auswirkungen, die sie mit sich bringen, steigern sich exponentiell in ihrer Qualität („immer deutlicher, immer schneller, immer grundlegender"). Heute, so das Bild, das vor innerem Auge gezeichnet wird, ist die Welt inkonstanter, verletzlicher und unzuverlässiger denn je. In der Gegenwart scheint der Lauf der Welt völlig aus dem Takt geraten zu sein („rasende Zeit") und so erscheint auch die Zukunft gänzlich unvorhersehbar und unplanbar („Wir wissen nicht, wie sich die Welt nach Weihnachten und im neuen Jahr weiterdreht. Wir wissen nicht, was aus uns wird"). Erwartungssicherheiten werden nicht sichtbar. Stattdessen liegt die Zukunft da wie ein undurchsichtiger und lebensbedrohlicher Nebel („Wir wissen nicht, [...] [o]b wir das nächste Weihnachten noch mit den Menschen feiern, mit denen wir heute feiern").

Die Figurengruppe Wir ist verhängnisvoll mit der rasenden Zeit verbunden. Weder kann sie aus dem Lauf der Zeit ausscheiden, denn genau diese Zeit ist ihre Lebenszeit, noch können einschneidende Veränderungen verhindert werden, indem man an alten Zeiten festhält („dass jedenfalls diese Erzählung nicht dazu taugt, die Veränderungen zu leugnen und zu verneinen, um so die Unsicherheit und Ratlosigkeit für ein paar schöne, weihnachtliche Stunden zu überwinden"/„keine Weihnachtsnostalgie wird das verhindern").

Die grundsätzliche Instabilität, Verletzlichkeit und Unverfügbarkeit des Lebens wird damit als das entscheidende Problem menschlicher Existenz und auch der gegenwärtigen politischen Lage zu sehen gegeben. Das Problem selbst erscheint unveränderlich, da seine eigentliche Ursache nicht beseitigt werden kann. Die Existenz des Problems ist untrennbar mit der Existenz menschlichen Lebens verbunden (weil „wir das sind, was wir sind: Menschen").

Da der Grundkonflikt menschlicher Existenz also nicht problemorientiert gelöst werden kann, wird die emotionale Bewältigung des Problems vorgeschlagen. Dazu werden zwei Auswege aus dem permanenten Gefühl der „Unsicherheit und Ratlosigkeit" zu sehen gegeben: Zuerst die Anerkennung der Instabilität, Verletzlichkeit und Unverfügbarkeit des Lebens als Normalzustand und zweitens die Ausrichtung auf das Licht der Hoffnung in der Nacht der Welt: „[N]un ist die Geschichte wieder erzählt und die Krippe leuchtet. [...] Das Kind ist noch klein, unscheinbar, aber es trägt dennoch das Samenkorn eines Geheimnisses in unser Leben, das wir immer wieder suchen und finden können. Dieses göttliche Geheimnis verleiht dem Leben ein inneres Licht, einen Glanz, in dem unser Weg – uns sei er noch so alltäglich – anfängt zu leuchten."/„Gott fängt immer wieder neu mit uns an. Er wird die Lebensräume, die wir freiwillig oder gezwungenermaßen betreten, mit seiner heilsamen Gegenwart füllen."/„Manchmal müssen wir um das Vergangene erst noch ganz zu Ende trauern, müssen einwilligen in die Gegebenheiten, müssen die Phantasie aufgeben, als könne alles noch einmal werden wie es war, [...] als könnten wir uns absichern gegen die Ungewissheit. Vielleicht müssen wir erst mal akzeptieren, dass wir das sind, was wir sind: Menschen auf einem unsicheren Weg, dessen Verlauf wir nicht kennen; Menschen, die wenig in den Händen haben, auch wenn sie viel besitzen; Menschen, die selbst angewiesen sind auf Barmherzigkeit, die menschliche und die göttliche."

Als Problemlösungsschlüssel wird den Hörer*innen empfohlen, sich gründlich von der Vergangenheit, nostalgischen Träumen und romantischen Trugbildern zu verabschieden und die Ernsthaftigkeit der eigenen Lage anzuerkennen. Das bedeutet konkret, den Widerstand gegen den Lauf der Dinge aufzugeben und stattdessen anzunehmen, was nicht geändert werden kann: dass das Leben Veränderungen unterliegt. Die Hörer*innen werden angeleitet, sich selbst als bedingt wahrzunehmen – als begrenzt wissend, als nur eingeschränkt kontrollfähig und als lediglich vorbehaltlich autonom – und sich so mit den Menschen zu identifizieren, die sich derzeit ganz offensichtlich auf einem unsicheren Weg befinden, d. h. mit Asyl- und Schutzsuchenden. Veränderungen erscheinen damit als krisenhaft für Träumer, nicht aber für realistische Tiefenschürfer („Ein Leben, in dem es darum geht, tiefer zu blicken").

Indes ist auch der realistische Blick auf Welt und Sein nicht perspektivlos. Ihm wird der Gnadenraum der Krippe in Aussicht gestellt: „[D]ie Krippe leuchtet"/„Die Hirten machen sich nach den Worten des Engels auf den Weg, das Kind in der Krippe zu finden. Und sie entdecken damit eine Dimension ihres Daseins, die ihnen bisher verborgen blieb."/„Das Kind ist noch klein, unscheinbar, aber es trägt dennoch das Samenkorn eines Geheimnisses in unser Leben [...]. Dieses göttliche Geheimnis verleiht dem Leben ein inneres Licht, einen Glanz, in dem unser Weg – uns sei er noch so alltäglich – anfängt zu leuchten."

Die Krippe erscheint als Orientierungspunkt menschlicher Existenz. Im Gegensatz zur Dunkelheit der Nacht, die das bedrohte Leben in der Welt symbolisiert, ist der Krippe das semantische Merkmal des Lichts zugeordnet. In Dunkelheit und Licht begegnen sich symbolisch Böses und Gutes, Zerstörung und Bewahrung.

Nachdem den Predigthörer*innen in Form der Krippe ein orientierendes Licht in der Dunkelheit zu sehen gegeben wurde, wird anschließend ein weiteres, anderes Licht in den Blick genommen: „Was wird aus uns werden, wenn wir die Dinge und Menschen nur noch im Neonlicht unserer wirtschaftlichen oder nationalen Interessen anschauten, in dem nur eine Frage gilt: Was bringt uns das? Was bringt mir das? Was wäre das christliche Abendland, wenn es dieses andere Licht Jesu verlieren würde, dass uns die Würde jedes Menschen erkennen lässt?" Neben dem Leuchten der Krippe, so das skizzierte Bild, ist ein anderes Licht zu sehen, das als „Neonlicht" bezeichnet, alarmierend grell imaginiert wird und Assoziationen von Kälte und Künstlichkeit weckt. Unter dem Schein dieses

Lichtes wird das Leben zweckrational und egoistisch durchleuchtet und damit des göttlichen Geheimnisses beraubt. Die überbelichtete Welt ist oberflächlich, ihr fehlt die Tiefendimension, die die Hirten erkennen.

Mit dem Gebrauch der Formulierung „christliches Abendland" nimmt die Predigtstimme Slogans und Parolen der PEGIDA und anderer auf, die sich gegen die Aufnahme von Immigranten bzw. Asyl- und Schutzsuchenden aussprechen. Ihnen wird das Neonlicht zugeordnet. Ihre Perspektive auf die Welt erscheint damit als kühl, berechnend und blind für das innere Licht des Lebens und den Glanz des göttlichen Geheimnisses. Die Hörer*innen werden so gewarnt, dem falschen Licht, also PEGIDA und Konsorten, zu folgen.

Im Grunde gibt die Erzählung damit ein Triptychon zu sehen, auf dessen linker Seite der vergebliche Versuch zu sehen ist, den Lauf der Dinge aufzuhalten („Weihnachtstraumgegend"). Auf der rechten Seite des Triptychons, in grellen Warnfarben gemalt, ist das Szenario einer Welt zu sehen, in der Menschen nach ihrem finanziellen Nutzen und ihrer Nationalität bewertet werden. Es ist eine kalte, unbarmherzige und entzauberte Welt. Auf der mittleren Bildtafel und damit im Zentrum der Betrachtung ist, in dunklen Farben gehalten („wie Ausgesetzte in der Nacht"), die Unverfügbarkeit und Verletzlichkeit menschlicher Existenz skizziert. Inmitten dieses dunklen Bildes wiederum und damit im absoluten Zentrum des Bildarrangements, leuchten warm und einladend Gottes Gnade und Barmherzigkeit, versinnbildlicht in der Krippe.

Die Erzählposition der Predigtstimme stellt sich so dar, dass sie vor diesem Triptychon steht und es den Hörer*innen erklärt. Dabei deutet sie auf die Bildmitte und weist die Krippe als Orientierungspunkt für das Leben aus.

5.4   Mehr Lebensrealität als einem lieb ist. Die Analyse der Stimme

In der Predigt sind zwei Stimmen zu hören. Während die Stimme einer anonymen Erzählinstanz beschreibt, was zu sehen ist („Nicht wenige fragen sich: Schaffen wir das? Schaffen wir das wirklich?"), kommentiert und bewertet die Predigtstimme das Gezeigte. Darüber wird die inhaltliche Position der Predigtstimme transparent: „Manch einen treibt diese Unsicherheit dazu, die Zeit zurückdrehen zu wollen. Man will sein altes Leben zurück. [...] Und uns dämmert, dass diese nach 2000 Jahren oft so märchenhaft wirkende Weihnachtserzählung mehr Lebensrealität enthält, als einem lieb ist. Dass jedenfalls diese Erzählung nicht dazu taugt, die Veränderungen zu leugnen und zu verneinen, um so die Unsicherheit und Ratlosigkeit für ein paar schöne, weihnachtliche Stunden zu überwinden. [...] Vielleicht müssen wir erst mal akzeptieren, dass wir das sind, was wir sind: Menschen auf einem unsicheren Weg, dessen Verlauf wir nicht kennen [...]. Von Maria wird gesagt, dass sie alle diese Worte in ihrem Herzen bewahrte und bewegte. Und vielleicht ist das das Einzige, was wir heute wirklich tun können. Dieses Wort vom Kind in seiner rettenden Kraft zu nehmen und in unserem Herzen zu bewahren. Und sie zu bewegen. Immer wieder."

Deutlich distanziert sich die Predigtstimme vom Versuch, das Gefühl von Unsicherheit und Ratlosigkeit mit einer rückwärtsgewandten Romantisierung von Weihnachten zu übertünchen. Nach Meinung der Predigtstimme hat es eine heile, überschaubare Welt nie gegeben. Wer dieser Idee anhängt, betrügt sich selbst und ist ein Phantast. Hinter der Predigtstimme wird damit eine Figur erkennbar, die sich selbst als Realist beschreibt. Sie anerkennt das Leben so, wie es ist – mit seiner Verletzlichkeit und Unsicherheit –. statt sich ein anderes zu wünschen.

Die Predigtstimme verleugnet nicht, dass die „rasende Zeit" Gefühle von Unsicherheit und Ratlosigkeit mit sich bringt und erkennt negative Gefühle, die sich aufgrund von Veränderungen einstellen, an. Überdies scheint die Predigtstimme diese Gefühle zu teilen. Auch sie erlebt, dass der Abschied von Vertrautem und Geschätztem schwierig ist („Diese rasende Zeit wird uns weitere Veränderungen zumuten, die uns heraustreiben aus Gewohntem und Liebgewonnenem") und den Betroffenen viel abverlangt. In den Formulierungen „[i]ch weiß nicht", „[v]ielleicht müssen wir" und „vielleicht ist das das Einzige" zeigt die Predigtstimme ihre eigene Betroffenheit. Auch sie leidet unter der Schnelligkeit der Gegenwart. Deutlich wird darin, dass die Predigtstimme der eigenen Gegenwart und den Bedingungen menschlicher Existenz kritisch gegenübersteht („mehr Lebensrealität [...], als einem lieb ist"). Gefühle von Unsicherheit und Ratlosigkeit stellen so keine charakterliche Schwäche oder Fehleinschätzung der Lage dar, sondern eine nachvollziehbare Reaktion auf Veränderungen.

Andere Stimmen kommen in Form skeptischer Fragen zu Wort („Schaffen wir das? Schaffen wir das wirklich?"/„Was bringt uns das? Was bringt mir das?"). Darüber hinaus haben divergierende Deutungen der Lage keine Stimme.

5.5   Wie Ausgesetzte in der Nacht. Die Analyse der Identifikationsangebote

Den Hörer*innen wird nahgelegt, sich angesichts von einschneidenden Veränderungen mit dem Gefühl von Unsicherheit und Ratlosigkeit zu identifizieren („wo wir [...] uns [...] fühlen, wie Ausgesetzte in der Nacht"). Sie werden eingeladen, eigene negative Gefühle gegenüber der Gegenwart in der Wirklichkeitserzählung wiederzufinden – sei es mit Blick auf das private oder öffentliche Leben. Die Wahrnehmung des Lebens als instabil und bedroht wird als Normalperspektive angeboten: So ist das Leben. Ein anderes gibt es nicht. Und Realisten, so die Erzählung, nehmen das menschliche Leben in seiner Unverfügbarkeit und Verletzlichkeit, so an, wie es ist („Vielleicht müssen wir erst mal akzeptieren, dass wir das sind, was wir sind: Menschen auf einem unsicheren Weg, dessen Verlauf wir nicht kennen").

In Bezug auf die Reaktion gegenüber Veränderungen wird den Hörer*innen empfohlen, sich mit den Hirten aus dem Weihnachtsevangelium zu identifizieren. Diese folgten dem Ruf der Engel und „entdeckten damit eine Dimension ihres Lebens, die ihnen bisher verborgen blieb." Ihnen gleich soll auch die Predigtgemeinde das Leben aus der Perspektive des göttlichen Geheimnisses wahrnehmen, um so, inmitten der dunkel gezeichneten Gegenwart, Gnadenräume, vorstellbar als Erfahrungen von Rettung und Bewahrung, wahrnehmen zu können. Ein Leben mit mehr Tiefe wird denen als attraktives Angebot in Aussicht gestellt, die den Hirten folgen.

Zur Identifikation völlig ungeeignet ist dagegen die Reaktion, sich angesichts von Neuem das vermeintlich gute und heile alte Leben zurückzuwünschen. Diese Reaktion erscheint als selbstbetrügerisch und damit auch vergeblich. Als Phantasten werden die beschrieben, die versuchen, die Zeit zurückzudrehen und sich ein Leben zu wünschen, das es in Wirklichkeit so nie gab. Auch ein utilitaristisches Denken („Was bringt uns da? Was bringt mir das?"), sei es wirtschaftlich oder national interessiert, wird nicht zur Identifikation anempfohlen. Herzlos erscheinen die, die so fragen, und kalt erscheint das Leben, das sich an diesen Fragen orientiert („Neonlicht"). Dabei deutet die Formulierung „christliches Abendland" auf die Protestparolen der PEGIDA hin und so wird den Hörer*innen indirekt aber deutlich davon abgeraten, sich einer derartigen Bewegung anzuschließen.

Insgesamt wird der Predigtgemeinde empfohlen, sich mit den Realisten zu identifizieren, die unter Veränderungen zwar leiden („Manchmal müssen wir um das Vergangene erst noch ganz zu Ende trauern, müssen einwilligen in die Gegebenheiten, müssen die Phantasie aufgeben"), zugleich aber akzeptieren, dass Leiden in das Leben eingeschrieben ist. Menschliches Leben gibt es nur als gefährdetes Leben. Realisten akzeptieren von daher wie alle anderen Menschen auch auf Barmherzigkeit angewiesen zu sein. Sie erkennen das Leben, in dem nichts sicher ist, als Normalfall an und nehmen so Erfahrungen von Sicherheit und Bewahrung als Besonderheit wahr, als Spuren Gottes in der Immanenz.

So wird den Hörer*innen auch nahegelegt, sich selbst nicht nur in den Figuren der Weihnachtsgeschichte, sondern auch in den Unbehausten dieser Zeit wiederzuerkennen. Da alle Menschen gleichsam auf Gnadenräume in der dunklen Gegenwart angewiesen sind, ähneln sie einander mehr, als dass sie sich voneinander unterscheiden: „Auch wenn viele von ihnen keine Christen sind, kommen sie der Hoffnung von Weihnachten sehr nahe." Es ist die Sehnsucht nach Rettung und Bewahrung, die alle Menschen miteinander verbindet. Von daher sind die Zuhörenden aufgerufen, sich mit dem Schicksal der Schutzsuchenden dieser Tage zu identifizieren, da sie selbst in dieser Situation sein könnten: „Wir wissen nicht, wie sich die Welt nach Weihnachten und im neuen Jahr weiterdreht. Wir wissen nicht, was aus uns wird."

5.6   Realismus als Problemlösungsschlüssel. Die Gesamtauswertung der Predigt Nummer 14

Predigt Nummer 14 erzählt von einer Welt, in der nichts sicher ist – weder im kleinen, privaten, noch im großen, öffentlichen Bereich. Der Zustand der Unsicherheit und Instabilität des Lebens wird damit nicht als katastrophale Ausnahme beschrieben, sondern als Signatur menschlichen Lebens.

Die Welt, wie sie ist, wird beschrieben als eine Welt, in der „nichts bleiben kann, wie es war". Dies gilt in Bezug auf die Familie, die globalen Zustände und auch die Weltanschauung („weil nicht mehr trägt, was doch Jahrzehnte getragen hat"). Schnelllebig und düster wird das Leben skizziert, als fortwährende Zumutung, sich von Liebgewonnenem zu verabschieden („im kalten Wind der Nacht auf freiem Feld zu stehen"/„wie Ausgesetzte in der Nacht"). Die Weihnachtsgeschichte fungiert als Urerzählung menschlicher Existenz, die ohne äußerliche Sicherheiten zurechtkommen muss. Maria und Josef werden gedeutet als „Symbolfiguren der Unbehaustheit".

Das grundsätzliche Problem kann nicht gelöst werden. Menschliches Leben ist zwangsweise brüchig und verletzlich. Gefühle von Unsicherheit und Ratlosigkeit gehören dazu. Ein anderes Leben haben Menschen nicht, da sie menschlich sind. Um mit der Unsicherheit des Lebens dennoch umgehen zu können, hilft nur die Anerkennung der eigenen Lage („Vielleicht müssen wir erst mal akzeptieren, dass wir das sind, was wir sind: Menschen auf einem unsicheren Weg, dessen Verlauf wir nicht kennen"). Die Einwilligung in die Gegebenheiten eröffnet sodann eine neue Wahrnehmung der Welt: Wird das bedrohte Leben als Normalfall anerkannt, erscheinen Erfahrungen von Sicherheit und Bewahrung als Besonderheit, als Gnadenraum Gottes in der Dunkelheit der Welt. Der Traum, das Leben zurückspulen zu können und ein heiles, überschaubares Leben zu erreichen, taugt hingegen nicht, da es ein intaktes, stabiles, verlässliches und unveränderliches Leben niemals gibt. So ähneln die, die sich nach einer intakten Vergangenheit sehnen, Phantasten („Weihnachtstraumgegend"/„Weihnachtsnostalgie"/„Phantasie").

In der Welt, wie sie sein sollte, wird das Leben realistisch wahrgenommen und damit tiefer und weniger oberflächlich: Menschen müssen damit leben, dass sich das Leben immerzu verändert. Sie haben nicht alles in der Hand und sind daher alle angewiesen auf Rettung und Bewahrung. In der Welt, wie sie sein sollte, kämpfen Menschen nicht gegen die Veränderlichkeit des Lebens an, sondern akzeptieren sie als conditio humana. Die Zerbrechlichkeit und Unsicherheit des Lebens als Normalfall menschlicher Existenz erachtend öffnet sich den Realisten eine neue Perspektive auf das Leben: Erfahrungen von Rettung und Bewahrung erscheinen nicht als selbstverständlich, sondern als Geschenk Gottes. So eröffnet sich für die Realisten eine „neue Dimension ihres Daseins", die denen, die das Leben zweckrational und damit oberflächlich betrachten, verborgen bleibt.

Die Wirklichkeitserzählung richtet sich demnach aus entlang einer Achse der Erkenntnis, an deren einem Ende die Einwilligung in die conditio humana zu stehen kommt und an deren anderem Ende die Selbsttäuschung steht. PEGIDA und andere erscheinen am negativen Ende. Die Hörer*innen werden davor gewarnt, sich von ihrer Lüge vom sicheren, heilen und überschaubaren Leben täuschen zu lassen. „Fluchtwirklichkeit" und „Weihnachtstraumgegend", „reale Menschen" und die verklärte, „märchenhaft wirkende Weihnachtserzählung" sowie das „Licht" der Krippe und das „Neonlicht unserer wirtschaftlichen oder nationalen Interessen" stehen einander antithetisch gegenüber.

Die Predigtstimme erscheint als eine Instanz, die sich selbst einer realistischen Sichtweise auf das Leben verpflichtet fühlt und in die Gegebenheiten menschlichen Lebens einwilligt. Die Predigtstimme gibt sich damit selbst als eine Person zu sehen, die das Leben durchschaut hat, die vor falschen Phantasien warnt und die Hörer*innen stattdessen auf das Licht der Krippe hinweist, das ein Leben in Tiefe bedeutet.

5.7   Die Predigt Nummer 14 im Vergleich mit den anderen Predigten

Im Vergleich der Predigt Nummer 14 mit den bisher analysierten Predigten fällt auf, dass die sogenannte Flüchtlingskrise in dieser Wirklichkeitserzählung nicht als katastrophaler Ausnahmezustand beschrieben wird, sondern als Symptom der conditio humana und damit im Grunde als normal. In Bezug auf den Umgang mit globalen Veränderungen, wie sie sich in der sogenannten Flüchtlingskrise zeigen, stehen Personen vor ganz ähnlichen Herausforderungen wie in Bezug auf andere existentielle Veränderungen (Todesfall in der Familie, Scheidung usw.).

Wie Predigt Nummer 16 fokussiert Predigt Nummer 14 die Reaktionen von Personen auf Veränderungen. Anders als Predigt Nummer 16 aber erscheinen Gefühle von Unsicherheit und Ratlosigkeit in Bezug auf Veränderungen in Predigt Nummer 14 nicht als Charakterschwäche. Während in Predigt Nummer 16 die Ankunft von Asyl- und Schutzsuchenden von jenen als krisenhaft empfunden wird, die emotional und kognitiv nicht in der Lage sind, mit Unerwartetem umzugehen, werden in der Predigt Nummer 14 Überforderungsgefühle als eine nachvollziehbare Reaktion markiert („Maria und Joseph, die Hirten auf dem Felde, das Kind in der Krippe – alles wie immer und doch merken wir, wie sich auch im Großen die Welt um uns herum verändert, immer deutlicher, immer schneller, immer grundlegender. Und mit all den Veränderungen wächst die Unsicherheit und bei Vielen auch die Angst").

IV. Wirklichkeitserzählungen in politischen Predigten aus der Zeit der sogenannten Flüchtlingskrise

Im Anschluss an die Analyse der fünf Leitpredigten werden die restlichen 24 Predigten mit dem Ziel analysiert, weitere Unterschiede und Gemeinsamkeiten aufzudecken. Alle Predigten verfolgen das Ziel, den Hörer*innen in der akuten politischen Situation eine prinzipielle, evangeliumsgemäße Orientierung zu bieten. Dazu wird die politische Lage meistens mit der Predigtperikope des jeweiligen Sonntags versprochen, manchmal aber auch eher allgemein mit der Botschaft des Evangeliums, verstanden als einer normativen Erzählung, die zur Fremden- und Nächstenliebe aufruft.

Typisch für die Predigten als Wirklichkeitserzählungen ist das Beziehungsmuster des Dramadreiecks. In diesem sind die Rollen wie folgt besetzt: Täter der Erzählung sind lebensfeindliche Lebensumstände (wie Krieg und Armut) und/oder Fremdenfeinde. Asyl- und Schutzsuchende sind mit der Opferrolle besetzt, während von den Hörer*innen der Predigt bzw. allen Christen erwartet wird, die Rolle der Rettenden einzunehmen.

Einige Predigten erzählen neben den Figuren des Dramadreiecks von einer vierten Figurengruppe. Sie wird beschrieben als eine Gruppe, die der Aufnahme von Asyl- und Schutzsuchenden nicht prinzipiell ablehnend, wohl aber skeptisch gegenübersteht. Diese Gruppe wird als mögliche Gesprächspartnerin der Retter erkennbar. Ihre kritischen Rückfragen an die Asylpolitik werden imaginiert, wenn auch nicht besprochen.

Ebenfalls typisch für die Wirklichkeitserzählung ist die Fokalisierung im Modus der Übersicht, allenfalls im Modus der Mitsicht mit der Predigtstimme. Sowohl die anonymen Erzählinstanzen als auch die Predigtstimmen geben die politische Lage aus einer analytischen Distanz heraus zu sehen. Die figurengebundene Mitsicht hingegen ist nicht typisch. So sind sowohl ‚die Täter‘ als auch ‚die Opfer‘ blind und stumm. Ihre Sicht der Dinge wird nicht dargelegt. Ihr Fühlen, Meinen und Denken bleibt uneinsehbar.

Keine der Wirklichkeitserzählungen lässt eine Identifikation der Predigthörer*innen mit fremdenfeindlichen Positionen zu. Stattdessen wird der Predigtgemeinde in jedem Fall nahegelegt, dem Gebot der Fremden- bzw. Nächstenliebe Folge zu leisten, sich auf die Seite der Geflüchteten zu stellen, sich damit von jenen zu unterscheiden, die die Aufnahme Asyl- und Schutzsuchender ablehnen und so ein Held bzw. eine Heldin zu werden.

Mithilfe des Vergleichs aller Predigten entlang der interesseleitenden Fragestellungen (Wie wird die politische Lage gedeutet, was ist Ursache des Problems, wo liegt die Problemlösung, wie werden Personen, die die sogenannte Willkommenskultur nicht befürworten, angesprochen?) lassen sich vier Grundschemata rekonstruieren, die aufzeigen, was für die politischen Predigten in der Zeit der sogenannten Flüchtlingskrise wesentlich ist.

1.   Die Täterfigur

Neben feindlichen Lebensumständen („Klimawandel, extreme Armut, Krieg und Gewalt", Predigt Nummer 10) werden Personen bzw. nationalistische Bewegungen und Parteien als Täter identifiziert. Typisch für die Täterfiguren sind emotionale Defizite, die Fremdenfeindlichkeit zur Folge haben. Am deutlichsten wird dieser Zusammenhang in Predigt Nummer 6 formuliert. Fremdenfeindlichkeit, so die Erzählung, äußert sich in einer rassistischen, erniedrigenden Sprache („Wirtschaftsflüchtlinge, Asylanten, zwielichtiges Volk! Einzäunen, ausgrenzen! Mittel kürzen!"), die eine rechte politische Orientierung offenbart und auf eine emotionale und kognitive Ödnis zurückzuführen ist:

> „,Kanaken'. Das Wort schwebt über dem mit Bäumen bewachsenen Hof. Unheilvoll legt es sich über die Szene. [...] ,Ruhe, Kanaken.' [...] Das Wort, bösartig irgendwo rechts im Schutz der Dunkelheit herausgekotzt, bleibt unwidersprochen. [...] Vor diesem Hintergrund wird die fortschreitende innere Versteppung vieler Deutscher deutlich sichtbar. [...] [Das] hat vor allem zu tun mit einer allgemein verbreiteten Angst vor Fremden und vor dem Fremden, die in vielen Menschen steckt. Sie wirkt vor dem Hintergrund diffuser Verlustängste und einer Sehnsucht nach ungestörter Sicherheit, die uns Zäune hochziehen und Tore zuwerfen lässt" (Predigt Nummer 6).

Um Fremdenfeindlichkeit zu erklären, nutzt die Predigt die Metapher der „innere[n] Versteppung". Dieser der Ökologie entnommene Begriff, zeichnet vor dem inneren Auge das Bild einer Person, die gleich einer heruntergewirtschafteten Landschaft nicht mehr in der Lage ist, Frucht zu tragen. Wenngleich aus ökologischer Perspektive heute unumstritten ist, dass auch die Steppe eine reiche Artenvielfalt aufweist, wird der Begriff bis heute negativ gebraucht. Die Versteppung ist Sinnbild einer von Menschenhand ausgedörrten, verbrauchten und damit abgestorbenen und lebensfeindlichen Umwelt, die keine Artenvielfalt zulässt, d. h. im übertragenen Sinne keine multikulturelle Gesellschaft akzeptiert.
    Dabei sind die Täter in der Lage, andere mit ihren Ansichten zu verführen, wie exemplarisch für viele andere Predigten die Predigt Nummer 24 beschreibt:

> „Wir erleben derzeit eine Gemengelage, die sprachlos macht. [...] Die Angst vor dem Terror und die Flut der Flüchtlinge werden von den rechten Parteien in einen Topf geworfen und ordentlich verrührt. Die Nationalisten kochen sich einen Eintopf Angst mit einfachen Antworten. So sagt zum Beispiel Geert Wilders, der Vorsitzende der Partei für die Freiheit aus den Niederlanden: ,Nicht jeder Muslim ist ein Terrorist, aber fast jeder Terrorist ist Muslim'. Das klingt so logisch und einfach in dieser un-

überschaubaren politischen Lage. PEGIDA spricht dieselbe Sprache. Auf einem der Demonstrationsplakate steht: ‚Wir vermissen unser Land. Sollten sie dieses Land irgendwo sehen, helfen sie, es zu bewahren.' Gemeint ist damit das christlich-jüdische Abendland. Das Plakat erzählt viel von den Sorgen der Menschen, von ihrer Angst, das Vertraute zu verlieren, Angst vor der Veränderung, die dabei in schwärzesten Farben gemalt wird. Deutschland wird muslimisiert und wir sind auch noch selbst schuld daran, weil wir die Grenzen zu unserem Land aufmachen. Und die Antwort, die auf die Unsicherheit geboten wird, klingt so einfach durchführbar, dass viele verführt sind, dieser Idee zu folgen: Europa den Europäern, Deutschland den Deutschen.“

Die Täter werden als Köche in einer Art Hexenküche skizziert. Sie kochen einen giftigen Eintopf, der jene zu verführen vermag, die nach einfachen Antworten suchen. Die Bewertung der Predigtstimme lässt keinen Zweifel zu: Die einfachen Antworten sind dumm, sie werden der komplexen Lage nicht gerecht. Stattdessen werden Ängste und Sorgen der Menschen ausgenutzt, um nationalistische und egoistische Ziele zu verfolgen. Die Täter erscheinen damit als machtgierig und verlogen. Sie haben keine überzeugenden Antworten auf die Fragen der Zeit zu bieten und betrügen stattdessen die Menschen. Zweifelsfrei ist auch, über wen hier gesprochen wird: Es sind die nationalistischen Parteien und Bewegungen wie die PEGIDA.

Im Vergleich aller Predigten fällt auf, dass die PEGIDA, als Repräsentant eines nationalistischen und fremdenfeindlichen Denkens, den Hauptantagonisten der Wirklichkeitserzählungen darstellt. Sie wird durch und durch negativ bewertet und alle, die der PEGIDA folgen, stehen unter dem Verdacht, bösartig, zumindest aber verführbar und damit auch dumm zu sein.

2.   Die Retterfigur

Wie in den bisher analysierten Predigten werden auch in den restlichen Predigten die Retter*innen als positive Heldenfiguren dargestellt, die sich existentiell von den Täter*innen unterscheiden. Prägnant formuliert findet sich diese Gegenüberstellung in Predigt Nummer 6:

„Ein […] Beobachter der Ereignisse ist Daniel Pokraka […]. Er hat nach den Krawallen im sächsischen Heidenau sehr grundsätzlich Stellung genommen zu dem, was in Deutschland nötig ist, wenn die Rede auf die Flüchtlinge und Asylbewerber kommt. Hören Sie einen Teil seines Kommentars: […] ‚Es reicht nicht, wenn der Bundespräsident und die Kanzlerin die rechtsradikalen Krawalle in Freital oder Heidenau als beschämend und abstoßend verurteilen. Joachim Gauck und Angela Merkel müssen vor allem zu denen sprechen, die den Krakeelern und Steinewerfern unbewusst Rückhalt geben; das Gefühl, sie täten nur das, was die Mehrheit denkt. Zu den vielen Leuten in deutschen Wohnzimmern, an Stammtischen, oder in manchen Parteizentralen. Die vor sich hin grummeln: ‚So langsam reicht's mit den Flüchtlingen'. Oder die von Deutschland als dem ‚Sozialamt für die ganze Welt' schwadronieren. Denen

müssen Merkel und Gauck sagen, dass sie falsch liegen.' Auch hier: ich stimme dem
Autor nicht ganz zu. Für die Kanzlerin und den Bundespräsidenten allein wäre es
eine nicht zu leistende Aufgabe, ‚denen' zu sagen, dass sie falsch liegen. Die Aufgabe
fällt an alle Menschen guten Willens – und das ist eine überwältigend große Zahl. An
ihnen, an uns allen liegt es, zu handeln und zu informieren und zu überzeugen. Zeit
und Initiative, Tatkraft und Phantasie einzusetzen, damit getan werden kann, was
nötig ist."

Anders als jene, die schwadronieren, so die Erzählung, sind die Menschen guten
Willens. Dem aufdringlichen und hohlen Geschwätz der Täter stehen die Retter
mit ihrem guten Herz und ihren klaren Gedanken gegenüber. Zu ihnen gehören
Angela Merkel und Joachim Gauck. Allein allerdings sind die beiden politischen
Akteure nicht in der Lage, dem leeren und bösartigen Plappern entgegenzuwir-
ken. Ihnen zur Seite gesellen sollen sich alle weiteren Menschen, die richtig
sehen, statt diffusen Ängsten zu folgen und Lügen zu verbreiten.

Die Hörer*innen der Predigt werden damit – und das ist typisch für alle vorliegenden Predigten – als gute Gegenmacht angesprochen. Ihnen obliegt der Widerstand gegen die Verführer. Predigt Nummer 10 fasst das rettende Handeln
wie folgt zusammen:

> „Wir heißen Flüchtlinge willkommen. Es kommt auf unsere Haltung an. Wenn wir
> Flüchtlinge in unserer Stadt und in unserer Gemeinde willkommen heißen, dann
> werden andere sich an uns ein Beispiel nehmen. Dazu gehört auch, jeder Form von
> Rassismus und Fremdenhass entschieden entgegenzutreten. Auch unter Arbeitskol-
> legen oder im Verein! Die Brandstifter, auch die geistigen Brandstifter, dürfen nicht
> länger das Gefühl haben, im Namen der schweigenden Mehrheit zu handeln. Das tun
> sie nämlich nicht! [...] Wir tun vor Ort, was wir tun können. Das Presbyterium stellt
> [...] das leerstehende Pfarrhaus nebenan als Wohnraum für Flüchtlinge zur Verfü-
> gung. [...] Wir sind politische Anwälte der Flüchtlinge. [...] Wir können unsere demo-
> kratischen Rechte ausüben, z. B. mal wieder wählen gehen und so dafür sorgen, dass
> es legale Wege der Einwanderung nach Deutschland und Europa gibt, die Schleusern
> das Wasser abgraben."

Das Bild der geistigen Brandstifter weckt Erinnerungen an die Verführungs-
künste der Nationalsozialisten des letzten Jahrhunderts. Sich ihnen entgegenzustellen, ist Aufgabe der Hörer*innen. Sie sollen mit allen zur Verfügung stehenden Mitteln einen Kontrapunkt setzen: sei es in Form des Pfarrhauses, das
Geflüchteten Obdach bietet. oder in Form von Gesprächen am Arbeitsplatz oder
im Verein. Sowohl in der beruflichen als auch in der privaten Sphäre sollen die
Hörer*innen die Interessen der Asyl- und Schutzsuchenden vertreten und sich
schützend vor sie stellen. Die öffentliche Anwaltschaft verwirklicht sich auch an
der Wahlurne. Zwar erfolgt keine Wahlempfehlung in der Art, dass der Hörerschaft angeraten wird, die eine oder andere Partei zu wählen, wohl aber wird der
Predigtgemeinde empfohlen so zu wählen, dass für mobile Menschen legale Ein-
reisemöglichkeiten nach Europa entwickelt werden können.

Die öffentliche Anwaltschaft für die Schwachen erscheint als das entscheidende Signum der Retterfigur, wie auch Predigt Nummer 24 und Nummer 25 beschreiben:

> „Kinder des Lichts aber sollen wir sein […]. Wir sind Christen, wir sollen anders sein, sollen leuchten auch so, dass andere es sehen. Und während PEGIDA noch das christlich-jüdische Abendland vermisst, ist es doch die ganze Zeit zu finden. Zum Beispiel hier, in der Kirchengemeinde, in der sich Ehrenamtliche um die Bewohner in der Asylunterkunft sorgen. Christlich sein heißt, fürsorglich zu sein. ‚Was ihr dem geringsten meiner Brüder getan habt, das habt ihr mir getan.' […] Das ist ein grundlegendes Ethos. […] Wir lassen Menschen nicht vor Stacheldraht stehen. Angela Merkel sagte es so ungewohnt emotional: Wenn wir das machen, dann ist das nicht mehr mein Land. Ich möchte ergänzen: Dann ist das nicht mehr mein christlich-jüdisches Abendland!" (Predigt Nummer 24). „Gottes Wirklichkeit braucht uns, um sichtbar zu werden. […] Folgt Gottes Beispiel als die geliebten Kinder! Gott nachzuahmen – was für eine große Aufgabe! […] Lasst die Liebe Gottes weiterstrahlen hin zu anderen Menschen. Sorgt dafür, dass Gottes Licht sich ausbreitet. Dass es heller unter uns wird. […] Lasst euch von niemandem verführen mit leeren Worten! Ich meine, wir leben in einer Zeit der Wort-Verführer, auch derer, die das Wesentliche des christlichen Glaubens geradezu auf den Kopf stellen: Christliche Lieder zu singen und gleichzeitig Fremde auszugrenzen passt nicht zusammen. Abendländische Werte erhalten zu wollen und dafür Brände zu legen, erst recht nicht. […] Wer Jesus nachfolgt, hetzt nicht mit den Hetzern! Wer Jesus nachfolgt, läuft nicht hinter den Verführern!" (Predigt Nummer 25).

Im Widerstand gegen die Verführer erweisen sich Christen als Christen. Umgekehrt verliert Deutschland seine christliche Identität, wenn dem leeren und bösartigen Reden der Täter nicht widersprochen wird. Vor dem Hintergrund der Licht- und Dunkelheitssemantik des Epheserbriefes wird die aktuelle Situation als ein Kampf der guten gegen die böse Macht gedeutet. Wie schon das Leuchten der Krippe aus Predigt Nummer 14 erscheint das, was christlich ist, als positives Licht, wohingegen die Verführer und Hetzer in der Dunkelheit zum Stehen kommen.

3.   Die Opferfigur

Typisch für die Figur des Opfers ist seine Not, Hilflosigkeit und Angewiesenheit. Dabei werden „die Flüchtlinge" als eine Masse gequälter Menschen dargestellt, wie beispielsweise Predigt Nummer 3 und Nummer 26 belegen:

> „Menschen gehen weg aus ihrer Heimat und fallen auf ihrem Weg, der ihnen schwer genug fällt, unter Räuber, Schleuser und ähnliche verbrecherische Gestalten. Sie bleiben halbtot und traumatisiert auf der Strecke" (Predigt Nummer 3). „Karfreitag. Der Leidende Herr tritt in unsere Mitte. Sein Leid ist unser Leid. Sein Schmerz ist unser Schmerz. Seine Qual ist unsere Qual, die eines jeden Menschen, dem man sein Daseinsrecht, seine Lebensfreude, seine Heimat, sein Verlangen nach Glück, nach dem kleinen Glück des alltäglichen Friedens nimmt. Sein Leid spiegelt sich im Leid

der vielen tausend Namenlosen, die der Terror um ihr Leben bringt, die durch Mobbing gequält werden, die in der hemmungslosen Gier nach Macht und Geld an den Rand gedrängt werden, ihrer Arbeit ledig, freigesetzt, ausgelutscht und missbraucht – wofür?" (Predigt Nummer 26).

Die Not der Geflüchteten wird allgemein dargestellt. Konkrete Lebenslagen werden nicht sichtbar und individuelle Schicksale nicht nachvollziehbar beschrieben. Predigt Nummer 7 macht hier einen kleinen Unterschied. In ihr wird auf eine bestimmte Gruppe Schutzsuchender (Jesiden) Bezug genommen. Zugleich werden auch hier keine Lebensgeschichten Einzelner erkennbar.

> „Viele der Menschen, die in den letzten Tagen hier angekommen sind, kommen aus Syrien und dem Nordirak. In diesen Tagen genau vor einem Jahr war es auch eine Bergerfahrung, die die Schlagzeilen beherrschte – eine schlimme Bergerfahrung. Zigtausende von Jesiden waren im Sindschar-Gebirge von IS-Kämpfern eingekesselt. Sie waren verzweifelt. Einige fingen an zu verdursten. Bis aus der Luft Hilfe kam. Viele sind vorerst gerettet worden. [...] Ich habe die Erschöpfung, aber auch die Erleichterung in den Gesichtern gesehen, und die dankbare Freude darüber, dass sie nun endlich in Sicherheit sind" (Predigt Nummer 7).

Eine Individualisierung erhalten die Asyl- und Schutzsuchenden durch das Schicksal Alan Kurdis. Das Bild des kleinen toten Jungen am Strand, das durch die Medien ging, fungiert als Repräsentant der Not der Asyl- und Schutzsuchenden, insbesondere der Kinder. Es wird zu einem Kollektivsymbol im öffentlichen Diskurs um die sogenannte Flüchtlingskrise. In sechs der 29 Predigten wird das Bild des toten Jungen als Stellvertreter für die existentielle Not der Asyl- und Schutzsuchenden angeführt, wie Predigt Nummer 8 exemplarisch belegt:

> „Der dreijährige Aylan Kurdi, aus der nordsyrischen Stadt Kobane, war an Bord eines der beiden Boote. Unter den Toten sind auch Aylans Bruder Galip, fünf Jahre alt, und die Mutter der beiden Jungen, Rehan Kurdi. Sie wollten sich bei Verwandten in Kanada in Sicherheit bringen. Nilüfer Demir, die dieses erschütternde Foto für eine türkische Nachrichtenagentur aufgenommen hatte, sagte, sie sei beim Anblick dieser Leiche erstarrt und fügte leise hinzu: ,Leider konnte ich für das Kind nichts mehr tun!' Man kann beim Anblick dieser Bilder, liebe Schwestern und Brüder, nicht einfach zur Tagesordnung übergehen. [...] Zunächst empfinde ich tiefe Trauer und Mitgefühl und zugleich Scham, fast will ich sagen Schuld darüber, dass so etwas passieren muss und wir schauen dabei zu. Es ist beschämend, dass sich die politisch Verantwortlichen in Europa noch nicht darüber verständigen konnten, wie sie, wie wir diesen Flüchtlingsströmen, dieser humanitären Katastrophe gemeinsam und in einer guten Weise begegnen können – ein Armutszeugnis der besonderen Art!" (Predigt Nummer 8).

Das Bild des toten Jungen fungiert als doppeltes „Armutszeugnis". Einerseits beweist es die Schwere der Not der Geflüchteten. Die Not ist so groß, dass sich Menschen bewusst in größte Lebensgefahr begeben, um ihr zu entkommen. Andererseits bezeugt das Bild die Unfähigkeit der Weltgesellschaft, Menschen in Not zu retten. So musste der kleine Junge sterben. Gleich einem Menetekel mahnt es die Folgen eines Defizits an Humanität an. Das Bild erschreckt und erschüttert und hinterfragt das eigene Verhalten bzw. die europäische Migrationspolitik. Genaue Fluchtursachen und individuelle Nöte (was bedeutete es für Alan, in Kobane zu leben?) aber werden damit nicht thematisiert, was den Hörer*innen die Identifikation mit Asyl- und Schutzsuchenden erschwert.

Zuletzt ist zu beobachten, dass Asyl- und Schutzsuchende in einigen Predigten aus der Perspektive eines ökonomischen Mehrwerts zu sehen gegeben werden. Sie werden daraufhin betrachtet, welchen Nutzen sie der Ankunftsgesellschaft bringen. In der Analyse der Predigt Nummer 16 war dies zu erkennen. Auch Predigt Nummer 22 wendet die nutzenorientierte Perspektive an, um Widerstände gegenüber der Aufnahme von Migrant*innen bzw. Asyl- und Schutzsuchenden zu brechen:

> „Feride und Mohammed hier, die beide vor vielen Jahren in unserem Land Zuflucht gesucht haben, sie haben ihren Platz im Ganzen gefunden. Und nicht nur das, sie leisten eine tolle Arbeit für unsere Gesellschaft. Mohammed hat nach dem Abitur als Krankenpfleger gearbeitet und wird in Zukunft als Mediziner einen wichtigen Dienst tun. Und Feride unterstützt mit ihrer Arbeit bei Asyl in der Kirche Menschen dabei, hier anzukommen und den eigenen Platz zu finden. Jeder Geflüchtete, der es schafft, sich hier ein zufriedenes Leben aufzubauen mit Arbeit, Familie und Freunden ist ein Gewinn für unser Land" (Predigt Nummer 22).

Die Predigtstimme deutet auf Feride und Mohammed und spricht über sie. Wie die beiden ihre Situation selbst sehen und welche Erfahrungen sie gemacht haben, wird nicht deutlich. Feride und Mohammed sind Gestände der Beobachtung bzw. Argumente, bleiben selbst aber stumm.

4. Die Figur der skeptisch Fragenden

In einigen Predigten tritt neben den Figuren des Dramadreiecks eine vierte Personengruppe auf. Es handelt sich um Personen, die in Bezug auf Integrationsmöglichkeiten kritische Fragen an die Aufnahme von Immigranten stellen. In Predigt Nummer 16 werden sie als ‚achtsam Fragende‘ beschrieben, die im Sinne des sozialen Friedens Rückfragen stellen. Auch Predigt Nummer 24 erzählt von dieser Figurengruppe und erachtet deren Fragen als legitim:

> „Geflüchtete kommen, viele. Sehr viele. Das macht in der Tat unsicher. Kann unser Land so viele Menschen aufnehmen, ohne dass es den eigenen Leuten dadurch schlechter geht? Können wir so viele Menschen integrieren, oder werden wir Zustände erleben von Parallelgesellschaften, die einander fremd sind? Wird es genug Arbeit geben für alle oder werden einige am Ende mit leeren Händen dastehen? Was verändert sich für unsere Kultur, wenn so viele Menschen mit ihrer eigenen Kultur hier leben? Wer kommt da eigentlich in unser Land? Das sind alles sehr berechtigte Fragen" (Predigt Nummer 24).

Die Fragendenden erscheinen als weit- und umsichtig. Sie hinterfragen, so wird erzählt, die konkrete Umsetzung der Migrationspolitik mit der Sorge um soziale Gerechtigkeit („werden einige am Ende mit leeren Händen dastehen?"). Dabei fällt auf, dass Predigt Nummer 24 die eigenen Leute und das eigene Land von denen unterscheidet, die einreisen. Auch wird die Kultur der Ankommenden als mögliches Problem für die eigene Kultur imaginiert. Darin zeigt sich, dass die Predigtstimme zwischen Eigenem und Fremdem unterscheidet und Bedenken gegenüber fremden Kulturen teilt.

Weniger Anerkennung finden die kritischen Rückfragen in Predigt Nummer 20:

> „Das gibt es auch, Menschen, die sagen, die Herausforderungen, vor denen wir stehen, seien nicht zu lösen. Beispielsweise seien es zu viele Flüchtlinge, die zu uns kämen. Sie fragen: Wie soll es uns gelingen, diese Menschen in unsere Dörfer und Städte zu integrieren. Die einen fragen vordergründig, sie wollen keine Antworten suchen. Andere verharren nicht bei ihren Fragen, sie sorgen dafür, dass die neuen Familien in den Dörfern und Städten aufgenommen werden. [...] Und dann ist da auch Erschöpfung mit zu hören. Dass wir das alles wirklich gut schaffen, dass tatsächlich eine Integration dieser neu zu uns kommenden Menschen gelingen wird, das ist nicht garantiert. Die Voraussetzungen lassen sich vorbereiten, der Wille zum Gelingen schafft das richtige Klima" (Predigt Nummer 20).

In Predigt Nummer 20 wird die Gruppe der Figuren, die kritische Rückfragen an die Asyl- bzw. Integrationspolitik stellen, in zwei Gruppen unterteilt: Die eine fragt nur, während sich die zweite Gruppe dadurch auszeichnet, dass sie zwar dieselben Fragen stellt wie die erste, bei diesen Fragen aber nicht stehen bleibt, sondern selbst Verantwortung für die Integration von Geflüchteten übernimmt. Wer Integrationsmöglichkeiten also nur anzweifelt oder hinterfragt, findet damit weniger Anerkennung bei der Predigtstimme als jemand, der sich vor dem Hintergrund dieser Fragen selbst um die Integration von Zugewanderten bemüht.

Anders interpretiert Predigt Nummer 14 die Beweggründe von Asylkritiker*innen. Ängsten und Sorgen, wenngleich diese unberechtigt sein mögen, wird Verständnis entgegengebracht. Ob es sich um ein echtes Verstehen der Ängste oder aber um eine rhetorische Strategie im Umgang mit Personen handelt, die der Ankunft von Geflüchteten ablehnend gegenüberstehen, kann nicht sicher beantwortet werden.

> „Maria und Joseph, die Hirten auf dem Felde, das Kind in der Krippe – alles wie immer und doch merken wir, wie sich auch im Großen die Welt um uns herum verändert, immer deutlicher, immer schneller, immer grundlegender. Und mit all den Veränderungen wächst die Unsicherheit und bei vielen auch die Angst. Nicht wenige fragen sich: Schaffen wir das? Schaffen wir das wirklich? Manch einen treibt diese Unsicherheit dazu, die Zeit zurückdrehen zu wollen. Man will sein altes Leben zurück. Ohne all die neuen Umstände, ohne all das Unbekannte, ohne die fremden Menschen" (Predigt Nummer 14).

Unsicherheit und Angst erscheinen in dieser Darstellung als plausible Reaktion auf eine Welt, die sich rasant verändert und damit nicht mehr verlässlich erscheint. Das Neue, so wird erzählt, überfordert manche Menschen und weckt daher eine Sehnsucht nach Altvertrautem. In anderen Wirklichkeitserzählungen fällt es schwerer, von „Ängsten" oder „Sorgen" zu sprechen, wie Predigt Nummer 6 exemplarisch belegt:

> „‚Ein paar nette Worte gegenüber Flüchtlingen wirken nur in einer Welt voller Kleinlichkeit, Bosheit und Gemeinheit wie eine Erlösung.' [...] Die Geste wirkt auch nicht nur vor dem Hintergrund allgemeiner Kleinlichkeit und Bosheit. Sie ist für sich allein gut. Aber ihre Wirkung hat vor allem zu tun mit einer allgemein verbreiteten Angst vor Fremden und vor dem Fremden, die in vielen Menschen steckt. Sie wirkt vor dem Hintergrund diffuser Verlustängste und einer Sehnsucht nach ungestörter Sicherheit, die uns Zäune hochziehen und Tore zuwerfen lässt" (Predigt Nummer 6).

Die Predigtstimme der Predigt Nummer 6 grenzt sich von den sogenannten Ängsten ab, indem sie diese als „diffus", folglich als nicht belastbar bewertet und dahinter weniger begründete Sorgen denn ein egoistisches Interesse vermutet, das Asyl- und Schutzsuchende zugunsten des eigenen Wohlstands ausschließt. Die Ächtung der Anschauungen von PEGIDA und AfD erscheint daher für einige als einzig probater Umgangsmodus. Die Schließung der Gesellschaft und das Errichten von Mauern ist gänzlich inakzeptabel und die Fassade aus Sorgen und Ängsten wird abgeschlagen, um den dahinterliegenden Rassismus bloß zu legen.

Insgesamt zeigen die Predigten an, dass die Gruppe der skeptisch Fragenden nicht leicht zu interpretieren und auch nicht leicht in das moralische Schema von der Idee von der Welt einzuordnen ist. Asylskepsis und -kritik stellen eine Problemzone dar. Den Predigtstimmen ist ein gewisses Unbehagen im Umgang mit dieser Gruppe zu entnehmen. Im Hintergrund steht die Frage, ob Sorgen und Ängste gegenüber Einwanderung berechtigt sind oder ob es sich dabei nicht doch schon um Rassismus handelt.

5. Die Fokalisierung im Modus der Übersicht bzw. Mitsicht mit der Predigtstimme

Ein allen Predigten gemeinsames Erzählmerkmal ist das der Fokalisierung im Modus der Übersicht. Aus dieser Perspektive heraus liegt die aktuelle politische Lage in analytischer Distanz zum Betrachter, wie Predigt Nummer 17 exemplarisch zeigt:

> „[U]nsere Welt ist nicht bei Trost am Anfang des Jahres 2016. Man kann schon verzweifeln, wenn man mit einem Gefühl der Ohnmacht vor sinnlosen Gewaltorgien

steht, deren Brutalität jede Vorstellungskraft übersteigt. Und wenn man dann sieht, wie Menschen vor dieser Gewalt fliehen, ihr Leben riskieren, es vielleicht bis hierher nach Europa schaffen und dann hier auf eine Situation treffen, in der sich wegen der großen Zahlen Erschöpfung und Verzagtheit auszubreiten beginnt, in der manche die Ängste der Menschen missbrauchen und zu hetzen beginnen oder mit Worten oder sogar mit echtem Feuer Brände legen" (Predigt Nummer 17).

Derart betrachtet lassen sich Muster und Strukturen der politischen Lage benennen: Die Täter metzeln, die Opfer fliehen und treffen dann wiederum auf Täter – in diesem Falle auf Fremdenfeinde in den Ankunftsländern. Aus der übergeordneten Warte einer Erzählinstanz bzw. der Predigtstimme wird die politische Lage so innerhalb weniger Sätze auf den Punkt gebracht. Nicht einsichtig aber wird die Wahrnehmung Asyl- und Schutzsuchender. Wie bereits in der Analyse der Opferfigur aufgezeigt, kann so keine Identifikation mit individuellen Schicksalen stattfinden.

Eine Ausnahme stellt die Predigt „Fischer, Fischer, wie tief ist das Wasser?" dar (Predigt Nummer 5). In ihr wird so nahe an die Figur eines Mädchens mit Fluchtgeschichte herangezoomt, bis die Perspektive wechselt, d. h. das Mädchen nicht mehr von außen betrachtet, sondern selbst zum fokalisierenden Subjekt wird. In der Mitsicht mit der Figur ist dann auch ihre Stimme zu hören: „Ich will nicht weglaufen. Ich will nicht gefangen werden. Ich weiß, wie tief das Wasser ist." Keine der anderen bislang analysierten Predigten kommt der Figurengruppe der Asyl- und Schutzsuchenden so nah oder gewährt ihrer Stimme so viel Raum.

6.   Die DDR und die Dankbarkeit

Ein wiederkehrendes Erzählmotiv in den Predigten zur sogenannten Flüchtlingskrise ist das der deutsch-deutschen Wende. Die Angewiesenheit ehemaliger DDR-Bürger*innen auf Hilfe durch den Westen wird mit der Angewiesenheit der Asyl- und Schutzsuchenden heute parallelisiert, wie Predigt Nummer 1 stellvertretend für die Prediken Nummer 5, 10 und 12 formuliert:

> „Beim Denken fängt es an. Und nicht zuletzt beim Nachdenken über die eigene Situation und Geschichte. In einem der letzten Spiegelmagazine gab es dazu einen sehr polemisch zuspitzenden offenen Brief des aus Ostdeutschland stammenden Journalisten Stefan Berg an die Bürger in Freital, die ein Transparent mit der Aufschrift ‚Kein Ort zum Flüchten' in die Kamera gehalten haben. Als ehemaliger DDR-Bürger fordert er sie auf, noch einmal die Bilder aus der Schublade ihres Gedächtnisses zu kramen, wie es denn war vor 89, wie viele Menschen ihr Leben riskiert haben, um aus dem zu flüchten, was sie als Elend und Gefangenschaft empfunden haben. Oder dass manche Ende 89 nach Freiheit riefen und dabei auch Wohlstand meinten, natürlich. Dass auch an der Stelle alle Menschen menschlich und auch durchaus gleich sind. Man möge sich bitte überlegen, so Stefan Berg, dass man all das, was man jetzt hat und meint, gegenüber Eindringlingen verteidigen zu müssen, nur dadurch

hat, dass andere geholfen haben. Im Ansatz bei aller Polemik ein Impuls für das eigene Nachdenken über dieses Thema – und zwar für alle unabhängig von Ost und West. Was können wir dafür, das Glück zu haben so leben zu können, wofür andere alles bis hin zum Tod auf dem Mittelmeer oder in einem Tunnel auf sich nehmen? [...] Letztlich kommen wir da zum Doppelgebot der Liebe zurück, das in unserer jüdisch-christlichen Tradition tief verankert ist: Empfangenes verpflichtet zum Teilen" (Predigt Nummer 1).

Wie in anderen Predigten auch, werden in Predigt Nummer 1 ehemalige DDR-Bürger*innen dazu aufgefordert, sich der eigenen Vergangenheit zu stellen und denen zu helfen, die heute Hilfe brauchen. Konkret nimmt die Predigtstimme Bezug auf die Vorkommnisse in Freital, wo Demonstrant*innen laut und gewaltsam gegen die Einrichtung einer Asylunterkunft protestierten. Gerade die Bürger und Bürgerinnen Ostdeutschlands verkennen, so bewertet es die Predigtstimme, die eigene, gute Situation: Es geht ihnen heute gut, da sie selbst einst Hilfe empfingen. Und die Erfahrung, selbst gerettet worden zu sein, so die Logik der Wirklichkeitserzählung, verpflichtet bist heute. Ehemalige Bürger*innen der DDR werden so angeleitet, sich selbst als beschenkt wahrzunehmen, die eigene Lebenslage positiv zu bewerten und von daher von dem eigenen Hab und Gut abzugeben. In Abgrenzung zu den Slogans der PEGIDA und der AfD wird das Teilen von dem, was wir haben, zum Kernmerkmal der „jüdisch-christlichen Tradition" erklärt.

7.   Die rote Linie

Während in mancher Predigt Unsicherheit darüber erkennbar wird, wie mit Personen umgegangen werden soll, die der Aufnahme von Geflüchteten skeptisch gegenüberstehen, steht in allen Predigten zweifelsfrei fest, dass Fremdenfeindlichkeit völlig inakzeptabel ist. Wer fremdenfeindlich spricht oder handelt, hat sich als Gesprächspartner disqualifiziert. Verbale und/oder physische Gewalt gegenüber Asyl- und Schutzsuchenden liegt jenseits der Grenze, innerhalb derer über Migration kritisch diskutiert werden kann. Dementsprechend werden die Hörer*innen der Predigt aufgefordert, öffentlich für ihren Glauben einzustehen und sich Fremdenfeinden sichtbar entgegenzustellen. Wie in Predigt Nummer 13 ausführlich analysiert, wird damit der Status Confessiones ausgerufen. Auch Predigt Nummer 8, 13, 18, 21, 24 und 25 sehen einen Bekenntnisnotstand. Stellvertretend für diese Predigten wird aus den Predigten Nummer 24 und 25 zitiert:

„Lasst euch von niemandem verführen mit leeren Worten.' Im Mai 1934, zu der Zeit, in der die Nationalsozialisten in Deutschland mit ihren Parolen die Menschen verführten, fand sich in Barmen, in einem Stadtteil Wuppertals, eine Versammlung von Christen ein. Bei diesem Zusammenkommen wurde eine Erklärung zu Papier ge-

bracht, die bis heute ein Grundpfeiler unserer Konfession ist. [...] Es ist die sogenannte Barmer Theologische Erklärung. In 6 Thesen nimmt sie Stellung zum Christsein in der Welt, auch und gerade in der Welt des Nationalsozialismus: Christen
haben auf Christus zu hören. Auf niemanden sonst. Nicht auf eine andere Macht,
nicht auf eine politische Partei, nicht auf eine andere Ideologie. Ohne es direkt zu
sagen, ist doch mitgesagt, was der geschichtliche Kontext ist: Christen sind Christen,
keine Nazis. Und weiter heißt es in der Erklärung: Christen haben ihrer Verantwortung nachzukommen. Sie tragen Verantwortung für den Lauf der Dinge. ‚Denn ihr
wart früher Finsternis; nun aber seid ihr Licht in dem Herrn. Lebt als Kinder des
Lichts.' Der Epheserbrief fordert ein entschiedenes moralisches Handeln im Alltag
eines jeden Christenmenschen. [...] Kinder des Lichts aber sollen wir sein, schreibt
uns der Epheserbrief. Wir sind Christen, wir sollen anders sein, sollen leuchten auch
so, dass andere es sehen" (Predigt Nummer 24). „Liebe Gemeinde, können wir nach
einer solchen dunklen Woche einfach zur Tagesordnung übergehen? Der Husarenhof, als Unterkunft für 300 Asylsuchende geplant, hat gebrannt: Clausnitz steht für
einen Höhepunkt an Abweisung von fremden Menschen bei uns. Die Art und Weise
der Auseinandersetzung, die Verrohung unter uns haben eine neue Stufe erreicht.
Ich denke: nach dieser Zuspitzung können wir nicht einfach zur Tagesordnung über-
wechseln. Wenn vom Schock und Entsetzen, ja, auch von der Scham nichts weiter
bliebe als nur dies und wir dann weiter unseren Alltäglichkeiten nachgehen würden
wie bisher, wäre es schwach. Wo stehen wir als Christen? Worin sehen wir unsere
Aufgabe? [...] Gottes Wirklichkeit braucht uns, um sichtbar zu werden. Dass dieser
Herrschaftswechsel deutlich wird, ergibt sich nicht von selbst. [...] Jesus sagt ‚Folgt
mir nach!' [...] Wer Jesus nachfolgt, hetzt nicht mit den Hetzern! Wer Jesus nachfolgt,
läuft nicht hinter den Verführern! Nicht hinter denen, die zu verbaler oder tätlicher
Gewalt aufrufen … Jesus nachfolgen heißt stattdessen weiterzugeben, was im Sinne
Jesu ist. Jetzt deutlicher denn je" (Predigt Nummer 25).

Predigt Nummer 24 und 25 reagieren unmittelbar auf fremdenfeindliche Übergriffe. Predigt Nummer 24 nimmt Bezug auf die Vorkommnisse in Clausnitz vom
18. Februar 2016. Als Asyl- und Schutzsuchende mit einem Bus vor der Asylunterkunft ankamen, wurden sie von Demonstranten, die fremdenfeindliche Parolen brüllten, am Verlassen des Busses gehindert. Predigt Nummer 25 bezieht
sich auf den Brandanschlag auf eine geplante Asylunterkunft in Bautzen in der
Nacht vom 20. auf den 21. Februar 2016. Dort wurde der Husarenhof vorsätzlich
in Brand gesetzt und damit unbewohnbar gemacht. Diese Vorkommnisse werden als „Höhepunkt" der Abweisung gedeutet und die Situation wird als Bekenntnisnotstand festgestellt.

Predigt Nummer 24 parallelisiert die gegenwärtige Lage mit der Lage von
Christen zur Zeit des Nationalsozialismus. Wie damals, so die Erzählung, gilt
auch heute die Barmer Theologische Erklärung, nach der Christen allein auf
Christus zu hören und ihrer christlichen Verantwortung nachzukommen haben,
d. h. rassistischen und nationalistischen Ideologien entschieden entgegentreten
müssen. Ebenso ruft Predigt Nummer 25 dazu auf, sich gegenüber Fremdenfeinden als Christ erkennbar zu machen. Christen, so die Erzählung, können und
dürfen menschenfeindlichen Akteuren nicht zustimmen oder stillschweigend
zusehen. Stattdessen sind sie aufgefordert, in die Nachfolge des Widerstands ge-

genüber menschenfeindlichem Denken und Handeln einzutreten. Paraphrasiert
wird dazu Bonhoeffers Spitzenpostulat „Nur wer für die Juden schreit, darf gre-
gorianisch singen"[1] mit den Worten:

> „Christliche Lieder zu singen und gleichzeitig Fremde auszugrenzen passt nicht zu-
> sammen. Abendländische Werte erhalten zu wollen und dafür Brände zu legen, erst
> recht nicht. Bandstiftung steht für die dunkelsten Zeiten des Abendlandes" (Predigt
> Nummer 25).

Direkt parallelisiert die Predigtstimme die Gegenwart mit den eklatanten Miss-
ständen der nationalsozialistischen Ära. Heute, so die Deutung, haben Christen
zu beweisen, dass sie aus den Verfehlungen der Christen in den 1930er und
1940er Jahren gelernt haben. Angesichts fremdenfeindlicher Übergriffe ziehen
die Predigtstimmen damit eine scharfe Demarkationslinie als absolute Grenze
der Toleranz. Die Überschreitung dieser Grenze wird als fatal bewertet. Sie verweist, so die Predigtstimmen, auf den möglichen Neubeginn einer menschenfeindlichen Epoche.

Deutlich wird in den meisten Predigten das Entsetzen der Predigtstimmen
über die große Not der Flüchtenden und die Feindlichkeit bzw. Passivität, mit
der Menschen in Europa dieser Not begegnen. Stellvertretend für diese Betroffenheit der Predigtstimmen wird aus den Predigten Nummer 8, 11, 13, 17 und 24
zitiert:

> „Man kann [...] nicht einfach zur Tagesordnung übergehen [...]. [Ich empfinde] tiefe
> Trauer und Mitgefühl und zugleich Scham darüber, dass so etwas [gemeint ist der
> Tod Alan Kurdis] passieren muss und wir schauen dabei zu. Es ist beschämend [...]"
> (Predigt Nummer 8). „Wir sind mitten in einer Geschichte, in der Geschichte, in der
> man nur mit den Jüngern rufen kann: ‚Herr, hilf!' Dieses Unrecht und Leid schreit
> zum Himmel! Oder wo man mit denen rufen möchte, deren Stimme wir nie hörten
> und deren Namen wir nie erfahren: ‚Herr, hilf, wir kommen um!'" (Predigt Nummer
> 11). „Es macht mich zunehmend ratloser, dass die Gesellschaft und auch wir als
> christliche Gemeinde wohl nicht genug daneben [gemeint sind Demonstrationen der
> PEGIDA, Anmerkung J. W.] zu setzen haben" (Predigt Nummer 13). „Man kann schon
> verzweifeln, wenn man mit einem Gefühl der Ohnmacht vor sinnlosen Gewaltorgien
> steht, deren Brutalität jede Vorstellungskraft übersteigt" (Predigt Nummer 17). „Um
> 3.30 Uhr heute Nacht ist in Bautzen der Husarenhof abgebrannt, in den demnächst
> bis zu 300 Asylbewerber einziehen sollten. Und wenngleich derzeit die Bandursache
> noch ungeklärt ist – mitten in der Nacht standen Menschen dort und haben auslän-
> derfeindliche Parolen gerufen. Der Beifall, die stille Zustimmung sind das wirklich
> Erschreckende. Wenn sich im öffentlichen Raum Ressentiments, Ablehnung bis hin
> zum offenen Hass breit machen, wie immer man das auch bemäntelt – ist das kaum
> noch zu ertragen" (Predigt Nummer 24).

Während die Not der Menschen, die unter Krieg leiden, die Predigtstimmen betroffen und traurig stimmt, evoziert die beobachtbare Fremdenfeindlichkeit im

---

[1]   Bethge, E., Dietrich Bonhoeffer. Theologe, Christ, Zeitgenosse, München 1986, 685.

eigenen Land Entsetzen und Wut. Insbesondere der Anspruch der PEGIDA, sich für das christlich-jüdische Abendland einsetzen zu wollen, wird als Provokation wahrgenommen. Explizit nehmen fünf Predigtstimmen diese Formulierung auf und deuten sie in eigener Weise, wie Predigt Nummer 24 exemplarisch belegt:

> „Und während PEGIDA noch das christlich-jüdische Abendland vermisst, ist es doch die ganze Zeit zu finden. Zum Beispiel hier, in der Kirchengemeinde, in der sich Ehrenamtliche um die Bewohner in der Asylunterkunft sorgen. [...] Wir lassen Menschen nicht vor Stacheldraht stehen. Angela Merkel sagte es so ungewohnt emotional: Wenn wir das machen, dann ist das nicht mehr mein Land. Ich möchte ergänzen: Dann ist das nicht mehr mein christlich-jüdisches Abendland! [...] Mein Abendland hat tausende Ehrenamtliche, die der Not der Geflüchteten mit Taten begegnen statt mit Angstmache – so machen das Christen übrigens seit Anbeginn. Das ist mein Abendland. Hier leben vielleicht keine Heiligen, aber Kinder des Lichts ganz gewiss. Amen" (Predigt Nummer 24).

Die Predigtstimme der Predigt Nummer 24 bemüht sich um den Rückgewinn der Interpretationshoheit über das, was ‚christlich-jüdisch‘ meint. Ihre zurechtweisenden Worte sind Teil des Machtdiskurses um die Deutung der politischen Lage aus christlicher Perspektive. In scharfer Abgrenzung zur Deutung der PEGIDA entfaltet die Predigtstimme ihr Verständnis über das Kernmerkmal des sogenannten christlich-jüdischen Abendlands: die Fürsorge für die Schwachen. So will die Predigtstimme zurechtrücken, was aus ihrer Warte durch die PEGIDA pervertiert wird.

8.   Grundschemen der Idee von der Welt, wie sie ist und sein sollte

Aus der kritisch-narratologischen Analyse aller 29 Predigten lassen sich in Bezug auf die Idee von der Welt, wie sie ist und sein sollte, vier Grundmuster extrahieren. Während das erste Grundmuster (Kapitel IV.8.1.) einen Mangel an Empathie mit Asyl- und Schutzsuchenden und damit emotionale Defizite als Grundproblem der politischen Lage identifiziert, wird im zweiten Grundmuster (Kapitel IV.8.2.) der Undank über die eigene, gute Lebenssituation bzw. der Egoismus als Wurzel der Flüchtlingskrise betrachtet. Dem dritten Schema folgend erscheint das Ausbleiben eines christlichen, öffentlichen Widerstands gegenüber fremdenfeindlichem Denken und Handeln als Grundübel der gegenwärtigen politischen Lage (Kapitel IV.8.3.). Zuletzt wird im vierten Grundschema (Kapitel IV.8.4.) die grundsätzliche Verletzlichkeit und Unsicherheit menschlichen Lebens als Hauptproblem identifiziert, angesichts dessen alle Menschen solidarisch zusammenhalten sollten.

Selten lässt sich eine Predigt nur einem Grundmuster zuordnen. Reintypen sind rar. Oftmals handelt es sich bei den Wirklichkeitserzählungen um Mischformen. So erscheint beispielsweise die Dankbarkeit als eine typisch christliche Perspektive auf das Leben. Die Dankbarkeit über das eigene, gute Leben wiederum evoziert Empathie mit denen, die in Not sind, und den öffentlichen Widerstand gegenüber fremdenfeindlichem Denken und Handeln und gegenüber Personen und politischen Bewegungen, die eine Aufnahme Asyl- und Schutzsuchender ablehnen.

Im Folgenden werden die vier Grundschemata von der Welt, wie sie ist und sein sollte, mit Blick auf die forschungsleitenden Fragestellungen rekonstruiert (Was ist die Ursache des Problems? Worin liegt die Lösung des Problems? Welche Identifikationsangebote werden den Hörer*innen anempfohlen und welche Verantwortung wird ihnen zugesprochen? Welche Rolle nimmt die Predigtstimme ein? Wie werden Personen dargestellt, die die sogenannte Willkommenskultur nicht befürworten und wie werden sie angesprochen?). Angeregt durch das von Jürgen Link entwickelte Grundschema der Kollektivsymbolik[2] werden die Muster zu Gunsten der Anschaulichkeit bildhaft skizziert. Die Abbildungen zeigen „in symbolisch-verdichteter und vereinfachter Form"[3] das Bild von der Welt, wie sie ist und sein sollte.

8.1 Grundschema 1: Von verschlossenen und weiten Herzen – Habt Mitgefühl!

Insbesondere die Predigten Nummer 2, 3, 4, 6, 15 und 16 folgen dem ersten Grundschema, wonach die Ursache der sogenannten Flüchtlingskrise im Fehlen von Empathie mit Asyl- und Schutzsuchenden besteht. Bewusste Ignoranz und berechnender Egoismus, mangelndes Einfühlungsvermögen und Kaltherzigkeit („innere Versteppung") führen dazu, dass Flüchtende Ablehnung erfahren und vor verschlossenen Türen stehen. Die Lösung dieses Problems liegt im Mitgefühl mit Asyl- und Schutzsuchenden, denn die Einfühlung in die Not der Leidenden evoziert Zuwendung und Hilfehandeln. Geflüchtete können sich so geachtet und willkommen fühlen und sie erhalten, worauf sie hoffen: Eine sichere Bleibe und eine gute Zukunft.

Als Vorbild für das richtige, d. h. evangeliumsgemäße Denken und Handeln in dieser Situation dient der barmherzige Samariter. Er lässt sich vom Anblick des Opfers, das unter die Räuber gefallen ist, berühren, wendet sich zu und übernimmt Verantwortung für die Genesung des Geschlagenen. Ebenso sollen die Hörer*innen der Predigt ihre Herzen für die Not der Asyl- und Schutzsuchenden öffnen, sich sorgen und Verantwortung für die Versorgung und Integration der

---

[2]   Vgl. Link, J., Diskursive Rutschgefahren ins vierte Reich? Rationales Rhizom, in: kultuRRevolution 5 (1984), 12–20 und Jäger, S., Kritische Diskursanalyse, 56–57.

[3]   Jäger, S., Kritische Diskursanalyse, 55.

Ankommenden übernehmen. Die Attraktivität des Fürsorgehandelns wird dadurch gesteigert, dass jenen, die Geflüchteten helfen, ein Zugewinn an Lebenssinn und Persönlichkeitsentwicklung in Aussicht gestellt wird. Die Predigtstimme fungiert als Analystin der Lage, als Anklägerin der Missstände und orientierende Richtungsgeberin. Sie markiert das Denken und Handeln der Antagonisten als fern von Gott, die Hilfe für Asyl- und Schutzsuchende dagegen als evangeliumsgemäß und Gott nah (im Geflüchteten begegnet uns Gott). Dieses Grundschema tritt insbesondere in Predigten zu Tage, die sich auf die Not Flüchtender beziehen – wie den Erstickungstod von Flüchtenden in einem Kühllaster und das Auffinden des ertrunkenen Kleinkinds Alan Kurdi.

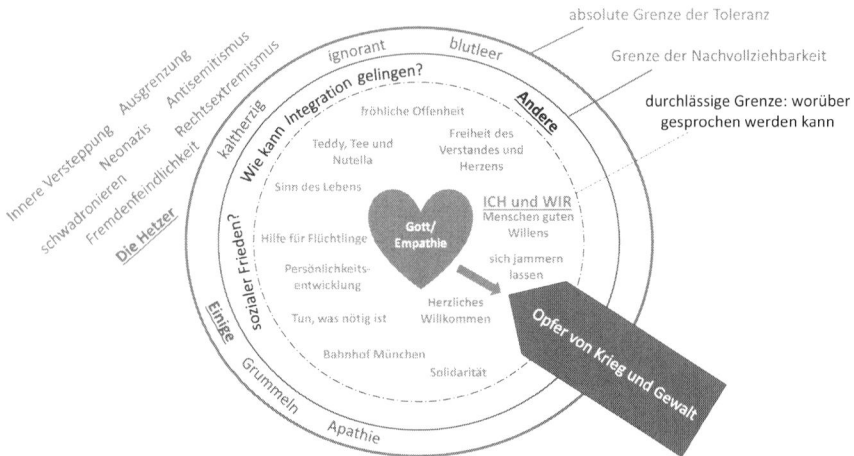

(Abbildung 1) Grundmuster 1 von der Welt, wie sie ist und sein sollte. Im Zentrum steht Gott, in direkter Verbindung zur fürsorgenden Empathie, die beispielhaft im Gleichnis vom barmherzigen Samariter Ausdruck findet.

(Abbildung 2) Grundschema 1: Wertestatus der Figuren im Figurenbestand. Ziel ist das positive Ende der Achse und damit die zupackende Empathie, wie sie im Gleichnis vom barmherzigen Samariter ansichtig wird. Figuren, die Mitgefühl verweigern, kommen am negativen Ende zum Stehen. Jenseits dieser moralischen Achse befinden sich fremdenfeindliche Figuren.

8.2   Grundschema 2: Haben verpflichtet zum Teilen – Vergesst nicht zu danken!

Insbesondere die Predigten 1, 5, 7, 10, 12 und 17 weisen das zweite Grundschema auf, in dem die Ursache der politischen Krise, die durch die Ankunft Asyl- und Schutzsuchender in Deutschland ausgelöst wird, in der mangelnden Bereitschaft, das eigene mit Fremden zu teilen, liegt. Dem Mangel voraus geht die Fehleinschätzung der eigenen Lebenslage. Die meisten Menschen in Deutschland, so die Annahme, wissen gar nicht, wie gut es ihnen geht und dass dieses gute Leben nicht selbstverständlich ist. Angesichts zunehmender Berichterstattungen über Fremdenfeindlichkeit in Ostdeutschland scheinen insbesondere die ehemaligen DDR-Bürger*innen vergessen zu haben, dass sie ihren Wohlstand der Freigiebigkeit anderer verdanken. Die Lösung des Problems liegt in der Einsicht, dass das eigene Leben reich beschenkt ist und dass Empfangenes zum Teilen verpflichtet. Dementsprechend sind die Hörer*innen der Predigt damit beauftragt, ihren eigenen Wohlstand zu erkennen und von dem abzugeben, was sie besitzen.

Als Vorbild für das richtige Denken und Handeln in dieser Situation dient insbesondere der dankbare Samariter. Er hat erkannt, dass seine Genesung ein Geschenk Gottes ist. Daher kehrt er um und lobt Gott. Dieses Gotteslob vollzieht sich in der gegebenen politischen Lage in Form der Fürsorge für Asyl- und Schutzsuchende. Die Bewegung der Gabe ist reziprok. Wer bekommt, der gibt und wird wiederum empfangen. Da die Wirtschaft in Deutschland auf Migration angewiesen ist, lohnt sich Integration auch ökonomisch. So werden alle Menschen in Deutschland, die heute Geflüchteten helfen, eines Tages davon profitieren. Umgekehrt lassen jene das Gotteslob vermissen, die keine Zugwanderten aufnehmen und ihnen keine finanzielle Unterstützung zukommen lassen wollen. Die Predigtstimme übernimmt die Rolle der Ermahnerin. Sie erinnert die Predigtgemeinde daran, selbst auf Gaben angewiesen zu sein und daran, dass die eigenen, guten Lebensumstände nicht selbstverständlich sind. Dieses Grundschema begegnet häufig in Predigten, die Bezug nehmen auf fremdenfeindliche Übergriffe.

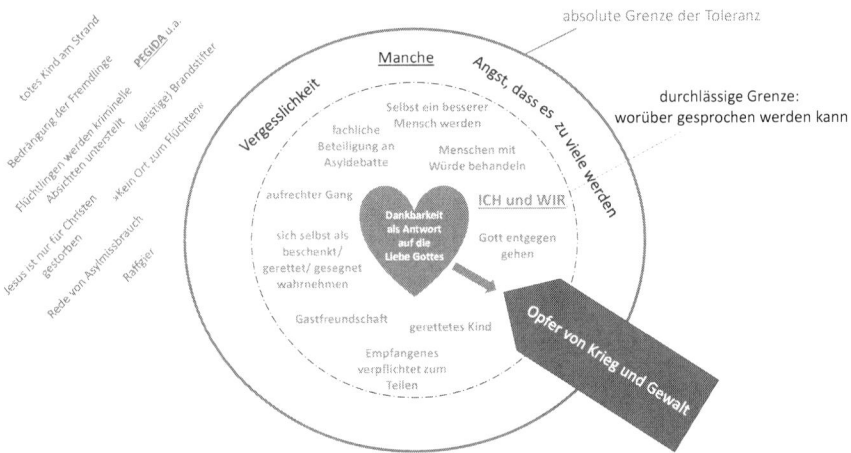

(Abbildung 3) Grundmuster 2 von der Welt, wie sie ist und sein sollte. Im Zentrum steht die Liebe Gottes, die mit Dankbarkeit beantwortet wird und ihr Vorbild beispielsweise in der Figur des dankbaren Samariters findet.

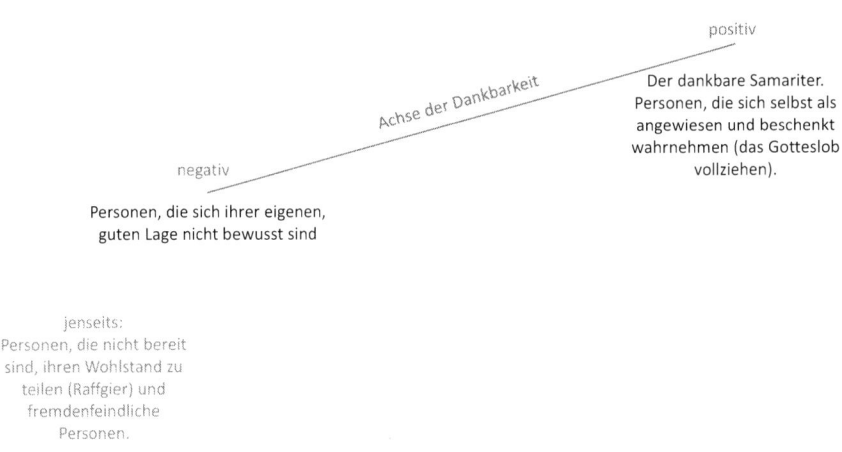

(Abbildung 4) Grundschema 2: Wertestatus der Figuren im Figurenbestand. Ziel ist das positive Ende der Achse und damit die Dankbarkeit, die zum Gotteslob bzw. zum Teilen führt. Vorbild ist der dankbare Samariter. Figuren, die ihre eigene Angewiesenheit und gute Lebenslage nicht erkannt haben, kommen am negativen Ende zum Stehen. Jenseits dieser moralischen Achse befinden sich raffgierige und fremdenfeindliche Figuren.

8.3 Grundschema 3: Zeit des Bekenntnisses – Geht raus auf die Straße!

Insbesondere die Predigten 8, 13, 18, 21, 24 und 25 skizzieren das dritte Grundschema: Als Kern der politischen Krise in Deutschland wird die Xenophobie identifiziert. Angesichts fremdenfeindlicher Ausschreitungen und Übergriffe mangelt es an einem öffentlichen und damit weithin sichtbaren Widerstand (Bekenntnisnotstand). Insbesondere das stillschweigende Zusehen stellt ein eklatantes Problem dar: Es gewährt fremdenfeindlichen Personen und Bewegungen Raum und Stimme und damit Einfluss in der Gesellschaft.

Dem entgegen haben alle Menschen, insbesondere Christen, aktiv Widerstand zu leisten – und das nicht nur im kleinen, privaten Raum (Komfortzone), sondern in aller Öffentlichkeit. Konkret werden die Predigthörer*innen dazu aufgefordert, auf die Straße zu gehen, den Asylprotesten entgegenzutreten und damit öffentlich ihren Glauben zu bekennen. So kann erkennbar werden, dass die Mehrheit der Menschen in Deutschland nicht mit den Fremdenfeinden sympathisiert und dass PEGIDA und andere nicht für ‚das Volk' sprechen. Die Predigtstimme schlägt Alarm. Sie erkennt in den fremdenfeindlichen Positionen und Bewegungen die Wiederauferstehung eines menschenfeindlichen Denkens, das in direkter Verbindung zum Nationalsozialismus steht und erinnert an die Verantwortung für eine humane Gesellschaft, die Christen tragen. Das dritte Grundschema findet sich schwerpunktmäßig in Predigten, die auf Demonstrationen der PEGIDA Bezug nehmen, wieder.

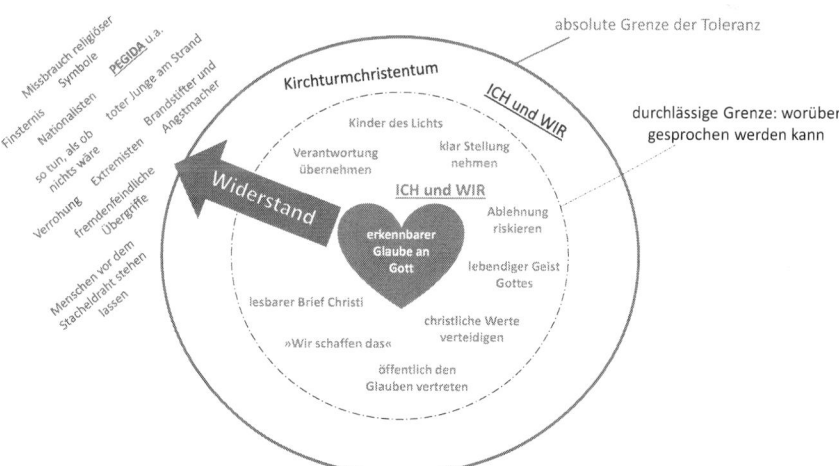

(Abbildung 5) Grundmuster 3 von der Welt, wie sie ist und sein sollte. Im Zentrum steht der öffentlich *erkennbare* Glaube an Gott, wie beispielsweise in Epheser 5,1–9 fordert.

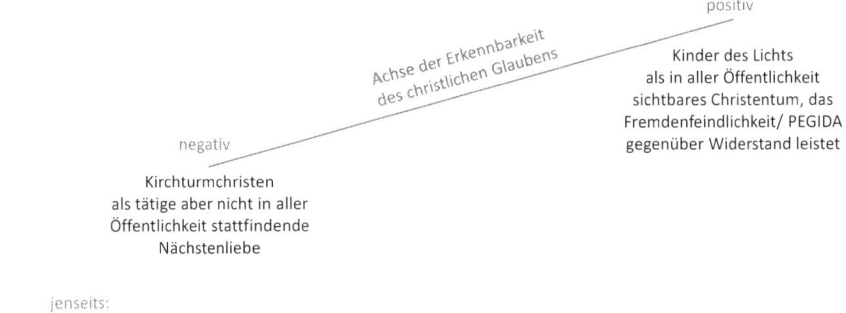

(Abbildung 6) Grundschema 3: Wertestatus der Figuren im Figurenbestand. Ziel ist das positive Ende der Achse und damit die öffentliche Erkennbarkeit des christlichen Glaubens. Vorbild ist Paulus Rede vom lesbaren Brief Christi und den Kindern des Lichts. Figuren, die nur innerhalb ihrer Komfortzone als Christen erkennbar werden, kommen am negativen Ende zum Stehen. Jenseits dieser moralischen Achse befinden sich fremdenfeindliche Figuren wie die PEGIDA.

8.4   Grundschema 4: Lieber lebendig als tot – Haltet zusammen!

Unter den 29 Predigten zeigen insbesondere die Predigten Nummer 11, 14, 17, 18, 22, 26, 27 und 28 das vierte Grundschema auf: Das Grundproblem der sogenannten Flüchtlingskrise liegt in der mangelnden Einsicht darüber, dass alle Menschen im gleichen Boot sitzen. Wer heute gut lebt, tut dies auch auf Kosten von Menschen in weniger privilegierten Ländern. Doch sind alle Menschen von der Unsicherheit und Verletzlichkeit des Lebens gleichsam bedroht. Morgen schon könnten die, denen es heute noch gut geht, ebenso auf der Flucht sein, wie heute die Menschen, die von jenseits des Mittelmeeres Schutz und Zukunft in Europa suchen.

Statt das sichere und geordnete Leben in Deutschland als Normalfall zu betrachten, ist es als ein „Gnadenraum" des Lichts innerhalb der Dunkelheit der Welt wahrzunehmen. Nach diesem Gnadenraum sehnen sich gleichsam alle Menschen. Die Lösung des Problems liegt in der Anerkennung der Lebenswünsche und -hoffnungen aller Menschen – unabhängig davon, wo sie geboren wurden. In der Welt, die nicht bei Trost ist, obliegt es allen Menschen guten Willens, zusammenzuhalten, sich gegenseitig zu unterstützen und so für Versöhnung einzutreten. Vorbild für das rechte Denken und Handeln in dieser Welt ist Gottes Fürsorge für seine Geschöpfe, wie sie sich beispielsweise in der Menschwerdung (Krippe) oder in der Stillung des Sturms (Mt 8,23–27) zeigt. Dementsprechend werden die Hörer*innen der Predigt dazu aufgerufen, sich selbst mit denen zu identifizieren, die heute Hilfe, Schutz und Obdach suchen.

Die Predigtstimme übernimmt eine vermittelnde Funktion. Sie überbrückt scheinbare Differenzen zwischen den Fremden und den eigenen Leuten, indem sie die Angst vor Verletzungen und Veränderungen als Normalfall menschlicher Existenz erklärt (conditio humana) und daran erinnert, dass alle Menschen sicher und gut leben wollen und dass es Gottes gutem Willen entspricht, angesichts von Bedrohungen zusammenzuhalten und füreinander einzustehen. Grundschema vier fand insbesondere in der Passions- und Osterzeit und in Bezug auf terroristische Anschläge in Paris und Brüssel Anwendung.

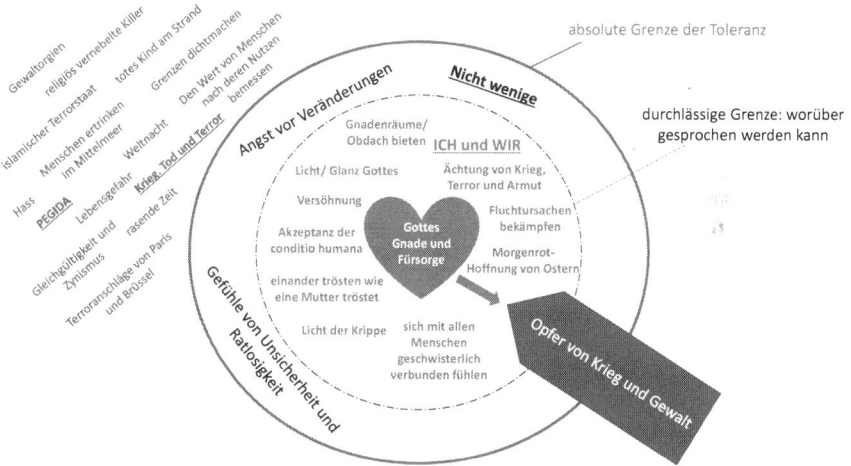

(Abbildung 7) Grundmuster 4 von der Welt, wie sie ist und sein sollte. Im Zentrum steht die Fürsorge und Gnade Gottes, wie sie sich beispielsweise in der Menschwerdung und Auferstehung zeigt.

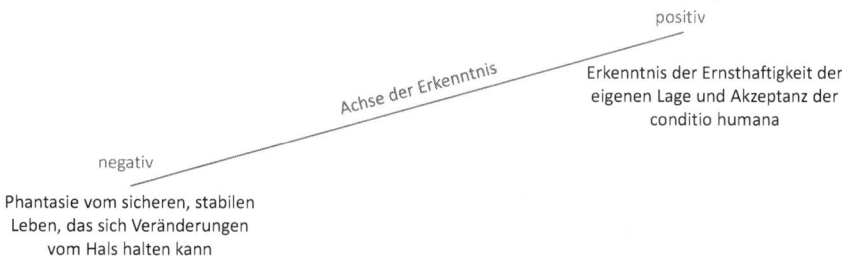

(Abbildung 8) Grundschema 4: Wertestatus der Figuren im Figurenbestand. Ziel ist das positive Ende der Achse und damit die Akzeptanz der Instabilität und Vulnerabilität menschlicher Existenz. Vorbild ist beispielsweise die Menschwerdung Gottes unter prekären Bedingungen und das Leiden Christi am Kreuz. Figuren, die sich in eine Traumwelt flüchten (wie beispielsweise die PEGIDA), in der alles gut ist und bleibt, kommen am negativen Ende zum Stehen.

Insgesamt fällt auf, dass die gedanklichen Grundmuster der Predigten sowohl von politischen Ereignissen in Bezug auf die sogenannte Flüchtlingskrise bestimmt sind als auch von der Perikopenordnung und dem Kirchenjahr. Die allermeisten der analysierten Predigten folgen der Ordnung biblischer Texte und legen mit Blick auf die sogenannte Flüchtlingskrise den Ausschnitt aus der Bibel aus, der für den jeweiligen Sonntag vorgeschlagen ist.

9. Zusammenfassung: Flüchtlinge rein – Nazis raus

Die analysierten Predigten zeigen in ihren Grundmustern ideologische Gemeinsamkeiten auf. Theozentrisch bzw. christozentrisch ausgerichtet steht in der Idee von der Welt, wie sie ist oder sein sollte, Gott bzw. der Wille Gottes, wie er sich in der biblischen Überlieferung offenbart (beispielsweise im Gleichnis vom barmherzigen Samariter), in der Mitte. Dieses Zentrum bildet den Orientierungspunkt für die Erzählung von der Welt, wie sie ist und wie sie sein sollte. Im Vergleich vom Willen Gottes mit der politischen Lage wird Gelingendes und Mangelhaftes identifizierbar, werden Fühlen, Denken und Handeln beurteilbar. Das Gebot zur Nächstenliebe dient als wichtigster Maßstab, mit dem ein Kreis um das Zentrum gezogen wird, der ein Innerhalb und ein Außerhalb markiert.

Innerhalb findet sich das Fühlen, Denken und Handeln, das dem Willen Gottes mehr oder weniger entspricht und damit Anerkennung findet. So soll die Welt sein. Im für legitim erklärten Bereich sind in Bezug auf die Nähe zum Willen Gottes Abstufungen auszumachen: Von höchster Qualität ist die durch positiv konnotierte Gefühle ausgelöste Bereitschaft, Asyl- und Schutzsuchende aufzunehmen und ihnen zu helfen (Herz als Kollektivsymbol). So finden beispielsweise Dankbarkeit und Empathie als Motoren der tätigen Nächstenliebe höchste Anerkennung. Ebenso legitim, aber qualitativ weniger hochwertig wird die Hilfe für Asyl- und Schutzsuchende bewertet, die aus reinem Anstand heraus erfolgt oder mit weniger positiv konnotierten Gefühlen wie Sorge oder Zweifel einhergeht. Die Gefühlslage stellt damit ein wichtiges Kriterium dar, mit dessen Hilfe die Nähe zu Gott innerhalb des legitimen Bereichs genauer bestimmt werden kann. Je intensiver Hilfehandeln und Empathie miteinander verbunden sind, umso näher stehen sie dem Zentrum und desto mehr kommt es zur Übereinstimmung mit dem Willen Gottes.

Entsprechend problematisch erscheint die Einordnung von Desinteresse gegenüber der Not von Asyl- und Schutzsuchenden. Diese Position kommt am ehesten auf der Demarkationslinie zwischen Innen und Außen zum Stehen. Sie erfüllt nicht die für gut erklärten emotionalen und kognitiven Fähigkeiten, steht damit weit entfernt vom ideologischen Zentrum und findet folglich keine Anerkennung. Sie wird aber auch nicht eindeutig der Gegnerschaft zugeschrieben, die der Idee von der Welt, wie sie sein sollte, im Fühlen, Denken und Handeln absichtsvoll zuwiderhandelt. Auch der Standpunkt Asyl- und Schutzsuchender ist schwer zu bestimmen. In manchen Wirklichkeitserzählungen sind sie noch nicht im Innern des Weltbildes angekommen, sondern müssen erst noch dahin geführt werden. In allen Fällen aber kommen Asyl- und Schutzsuchende nicht in der Gottferne zum Stehen. Ihre Position lässt sich daher als schwebend beschreiben – nahe am Zentrum, aber außerhalb des inneren Kreises (Asyl- und Schutzsuchende als Fremde, denen Werte nahezubringen sind) und zugleich schon jetzt dazugehörig (Asyl- und Schutzsuchende als Menschen wie wir und als Nächste, in denen die Helfenden Gott begegnen können).

Für illegitim und bedrohlich (Finsternis, Nacht) wird erklärt, was in direkter Gegnerschaft zum ideologischen Zentrum steht und damit außen, d. h. jenseits der Demarkationslinie, die die Welt, wie sie sein sollte, von der Welt trennt, wie sie ist. Hinter der roten Linie liegt das als falsch bewertete Bewusstsein (Versteppung, Verrohung), das missachtet wird (Hetzer, Rechtsextremisten, Neonazis, PEGIDA).

Der Standpunkt der Erzählung von der Welt, wie sie sein sollte, ist schwerpunktmäßig, aber nicht ausschließlich dem Willen Gottes verpflichtet. Auch die Erfahrung des Versagens von Christen in der NS-Zeit bestimmt die Deutung der Situation und die sogenannte Flüchtlingskrise erscheint damit als doppelte Bewährungsprobe: Angesichts der Not von Menschen haben Christen ihren eigenen Idealen zu entsprechen (Empathie und Hilfe) und zu demonstrieren, dass sie aus Fehlern lernen können und sich die Geschichte nicht wiederholt. So ist rechtsextremistischem und nationalistischem Denken öffentlich erkennbar Widerstand zu leisten.

Die mit dieser Idee von der Welt in den Predigten einhergehende Kommunikation von Achtung und Missachtung vermag zweierlei: Sie profiliert, was für richtig befunden wird und disqualifiziert, was als falsch erachtet wird. Einerseits stärkt sie so das für gottgemäß befundene Bewusstsein und damit auch den Zusammenhalt der sozialen Gruppe (Wir) und zieht alles Fühlen, Denken und Handeln auf das ideologische Zentrum hin (vergewissernde und orientierende Funktion). Andererseits dient die Kommunikation von Missachtung der Abwehr eines falschen bzw. unchristlichen Bewusstseins (distinktive Funktion). Die allen analysierten Predigten gemeinsame Ideologie kann folglich zusammengefasst werden mit den Worten: Flüchtlinge rein – Nazis raus.[4]

---

[4]   Thomas Schlag, der acht Bischofspredigten aus dem Jahr 2016 analysierte, resümiert ebenfalls: „Es zeigt sich durchweg eine erhebliche Emphase in terminologischer Verwendung und Diktion. Schrecken und Angst angesichts der gegenwärtigen Kriegs- und Flüchtlingssituation werden deutlich betont. Die Parteinahme für Menschen in Not sowie die vehemente Kritik an allen Ausgrenzungsstrategien sind unüberhörbar." Schlag, T., Die Predigt als Herausforderung für eine öffentliche Theologie und Kirche. Beispiele aktueller Bischofspredigten des Herbstes 2016, in: Keller, S. (Hg.), Parteiische Predigt. Politik, Gesellschaft und Öffentlichkeit als Horizonte der Predigt, Leipzig 2017, 21–36, 31.

V. Humanitär und leidenschaftlich, tendenziell aber auch ausgrenzend und stigmatisierend. Die Reflexion der Analyseergebnisse

Nachdem die Analyse des Materials einen tiefen exemplarischen Einblick in die Predigtpraxis während der sogenannten Flüchtlingskrise gewährt hat und Typisches für politische Predigten aus dieser Zeit aufgezeigt werden konnte, werden die Analyseergebnisse nun kritisch reflektiert mit Blick auf die eingangs skizzierten Fragestellungen: Wie genau ist die politische Dimension der analysierten Predigten zu beschreiben bzw. was ist die Intention? Welche Rollen nehmen die Predigtstimmen im politischen Konfliktfall ein? Wen sprechen die Ideen von der Welt, die in den Predigten erkennbar werden, an und wen vermutlich nicht? Welche Stärken aber auch Schwächen bergen die identifizierten Ideologien und deren sprachliche Präsentationen?

Zuerst werden dazu Einwände gegenüber humanitär ausgerichteten Beiträgen innerhalb politischer Diskurse diskutiert. Darüber wird noch konkreter beschreibbar, inwiefern die kollektierten Predigten politisch sind (Kapitel V.1.). Anschließend wird beleuchtet, dass moralische Orientierungsangebote einerseits stärkend und (selbst-)vergewissernd, andererseits aber auch ausgrenzend und verächtlichmachend wirken können (Kapitel V.2.), was der Auseinandersetzung mit politischen Gegnern abträglich sein kann, da diese im Schema von gut und böse vorschnell zu Feinden erklärt werden (Kapitel V.3.). Des Weiteren wird gezeigt, dass auch Heldenfiguren ambivalent wirken können. Einerseits laden sie zur Identifikation ein, andererseits stellen sie alles andere in den Schatten. Geflüchtete dienen dann allenfalls dazu, Helden (und Antihelden) in Szene zu setzen (Kapitel V.4.).

Nach dieser Reflexion, die sich hauptsächlich auf Inhalte bezieht, wird die Rhetorik genauer in den Blick genommen. Es wird dargestellt, dass gewisse sprachliche Präsentationen von Asyl- und Schutzsuchenden sowie von politischen Kontrahent*innen gegenläufige Effekte erzielen können. Sprache kann verletzen. Sie birgt die Macht, Ängste vor Fremden zu schüren. Auch vermag sie, Personen ins Abseits zu drängen, statt mit ihnen zu streiten (Kapitel V.5.). Das vorliegende Kapitel sensibilisiert damit für Probleme moralischer Kommunikation.

1.   Liebe Deine Nächsten! Politische Predigten als humanitäre Beiträge zum politischen Diskurs

Schleiermachers Definition der politischen Predigt folgend kann nach der Analyse konkretisiert werden, ob und inwiefern die vorgestellten Predigten politisch sind. Nach Schleiermacher ist nicht das Politische selbst, sondern die Reflexion des Politischen aus religiöser Perspektive Sinn und Zweck der politischen Predigt. Selbst Politik zu betreiben, sich also selbst Macht anzueignen, sich direktiv einzumischen in das Wahlverhalten der Hörer*innen oder als verlängerter Arm von Parteien oder Regierungen zu fungieren, widerspricht den Spezifika der Predigt als einer religiösen Rede.

Die Analyse des vorliegenden Predigtkorpus zeigt, dass alle Predigten im Schleiermacherschen Sinn politische Predigten sind. Sie reflektieren einen gesellschaftlich relevanten Konflikt (die sogenannte Flüchtlingskrise) aus der Perspektive des christlichen Glaubens. Die Quelle der normativen Gesellschaftskritik ist Gott bzw. das Evangelium. Aus dieser Warte heraus wird die politische Situation betrachtet und bewertet. Es wird bemängelt, was den christlichen Ansprüchen nicht Genüge leistet, und für gut befunden, was mit dem Evangelium übereinstimmt. Diakonisch bzw. caritativ motiviert werben die Predigten um Empathie, Solidarität und Erbarmen mit Asyl- und Schutzsuchenden und sind damit humanitär ausgerichtet. Unter dem Diktum „Liebe deine Nächsten!" zielen die Predigten auf die Stärkung des zivilgesellschaftlichen Engagements zugunsten Geflüchteter und auf die Abwehr von Fremdenfeindlichkeit. Eng verbunden mit der humanitären Ausrichtung der analysierten Predigten ist die Bezugnahme auf zielrahmende politische Konflikte. Selten fokussieren sich Predigten auf Gesetze oder politische Maßnahmen (Predigt Nummer 5 beispielsweise hinterfragt die Regelungen der Einzelfallprüfung). Zuallermeist werden die den konkreten Mitteln übergeordneten, rahmenden Zielkonflikte bearbeitet.

Während Einzelfallprüfungen zu den Mitteln der Politik zählen und in diesem Zusammenhang von gerahmten Zielkonflikten die Rede ist, gehören Fragen danach, wer zu einer Bevölkerung dazugehört und was eine Gesellschaft ausmacht, zu den sogenannten rahmenden Zielkonflikten.[1] Ein Beispiel für rahmende Zielkonflikte sind „jene um den Zutritt bzw. Austritt aus dem politischen Gemeinwesen, wie sie allen voran die Einwanderungspolitik [...] betreffen: Wer darf unter welchen Umständen Teil des politischen Gemeinwesens werden?"[2] Diese Zielkonflikte, die konkreten Gesetzgebungen vorausgehen, werden oftmals besonders erbittert ausgetragen, da sie leicht in Identitätskonflikte übergehen können: Wer gehört zur Gesellschaft? Kann eine Gesellschaft bestehen,

---

[1]   Vgl. Frick, M.-L., Zivilisiert streiten. Zur Ethik der politischen Gegnerschaft, Ditzingen 2017, 34ff.
[2]   A. a. O., 34f.

die sich aus Individuen zusammensetzt, die keine kulturellen oder ethnischen oder religiösen Gemeinsamkeiten aufzeigen?

Die analysierten Predigten bezeugen eine Diskussion dieser grundlegenden gesellschaftsrelevanten Fragestellungen aus der Perspektive des christlichen Glaubens. Besonders ansichtig wird der politische Impetus bei jenen Predigten, die den Status Confessiones ausrufen und Personen christlichen Glaubens dazu auffordern, ihre Meinung öffentlich und offensiv zu vertreten und beispielsweise am Friedensgebet teilzunehmen (so Predigt Nummer 13) oder fremdenfeindlichem Denken in Form von Protesten zu widersprechen, wie Predigt Nummer 25 exemplarisch belegt:

> „Gottes Wirklichkeit braucht uns, um sichtbar zu werden. [...] Jesus nachfolgen heißt [...] weiterzugeben, was im Sinne Jesu ist. Jetzt deutlicher denn je. [...] ‚Wer in der Liebe bleibt ...‘ Es sind wirklich große Spuren, in die wir da treten. Und große Zumutungen. Aber so viel wird uns als Kinder des Lichtes zugetraut. [...] Der Unwahrheit entgegenzutreten, auch in unseren Nachbarschaften und Freundeskreisen." (Predigt Nummer 25).

Der Aufruf zum zivilgesellschaftlichen Widerstand richtet sich häufig gegen die PEGIDA und, wenn auch seltener, gegen die AfD und andere europäische Parteien ähnlichen Zuschnitts. Hierbei handelt es sich um Unmutsäußerungen gegenüber einer Partei bzw. gewählten Volksvertretern, wie Predigt Nummer 24 exemplarisch zeigt:

> „Wenn am nächsten Sonntag Bundestagswahl wäre, hätte die Partei ‚Alternative für Deutschland‘ 12,5 %. [...] Damit säße eine Partei im Bundestag, deren Vorsitzende sich dafür ausgesprochen hat, an den Grenzen auch scharf zu schießen. Und wir wissen, auf wen da geschossen werden soll [...]: Da stehen Zivilisten hinter dem Stacheldraht. [...] Die Angst vor dem Terror und die Flut der Flüchtlinge werden von den rechten Parteien in einen Topf geworfen und ordentlich verrührt. Die Nationalisten kochen sich einen Eintopf Angst mit einfachen Antworten" (Predigt Nummer 24).

Mit Ausnahme von Predigt Nummer 5 werden bestehende Gesetze oder aktuell getroffene politische Entscheidungen nicht hinterfragt. Dazu besteht, angesichts der damals in Deutschland praktizierten Asylpolitik, auch wenig Grund, da die Bundesregierung Geflüchtete auch über die üblichen Vorgehensweisen hinaus unterstützte – beispielsweise in Form der sogenannten Grenzöffnung (Deutschland machte vom Selbsteintrittsrecht Gebrauch und ließ Asyl- und Schutzsuchende, die aus Ungarn kamen, ins Land einreisen) und mittels der vorübergehenden Aussetzung der Einzelfallprüfung für Asyl- und Schutzsuchende aus Syrien. Aus Perspektive derer, die sich für die Aufnahme von Geflüchteten aussprachen, bestand kein Anlass, gegen diese politischen Entscheidungen zu protestieren. Stattdessen finden sich in manchen Predigten Sympathiebekundungen gegenüber der Kanzlerin bzw. der Regierung, wie Predigt Nummer 21 exemplarisch belegt:

„Und ich ziehe den Hut vor den Christen, vor den Menschen, die das können, die den Mut besitzen, das zu tun, das auszusprechen und zu sagen. Ich denke da z. B. an die Ansprache unserer Bundeskanzlerin zur Jahreswende. Mich hat das sehr angesprochen. Sie ist nicht von ihrem inzwischen so bekannten Satz abgerückt: Wir schaffen das. Nein, sie hat da viel Mut gemacht, sich den Herausforderungen zu stellen und auch darin eine gute Zukunft für unser Land zu sehen" (Predigt Nummer 21).

Zustimmung und Sympathie gründen dabei nicht auf der Bevorzugung einer bestimmten Partei oder eines Politikers oder einer Politikerin, sondern auf der Nähe der politischen Maßnahmen zum biblischen Liebesgebot. Die politischen Entscheidungen werden als evangeliumsgemäß bewertet. Da, wo politische Organe und Entscheidungträger der geforderten Fremden- und Nächstenliebe nicht nachkommen, wird im Umkehrschluss Kritik geübt, wie Predigt Nummer 8 und 27 exemplarisch belegen:

„Es ist beschämend, dass sich die politisch Verantwortlichen in Europa noch nicht darüber verständigen konnten, wie sie, wie wir diesen Flüchtlingsströmen, dieser humanitären Katastrophe gemeinsam und in einer guten Weise begegnen können – ein Armutszeugnis der besonderen Art! Es ist beschämend, dass sich die politisch Verantwortlichen in Europa stattdessen gegenseitig vorführen und so das Feld den Extremisten überlassen" (Predigt Nummer 8). „So, wie das Bild von dem Kleinkind, das im letzten September um die Welt ging. [...] Du magst der Meinung sein: Warum braucht es erst so ein Bild. [...] Aber es berührt. Selbst den hartgesottenen Isolationspolitiker hat es sprachlos gemacht, für einen Moment" (Predigt Nummer 27).

Angesichts der aktuellen Situation dient das religiöse Gesetz als Norm für das eigene Verhalten – und das durchaus auch innerhalb des Rahmens staatlicher Gesetzgebung, wie Predigt Nummer 7 und 9 verdeutlichen. In Predigt Nummer 24 wird darüber hinaus deutlich, dass sich die Predigtstimme bewusst von Berufspolitikern unterscheidet und damit die weite politische Sphäre (Zivilgesellschaft und öffentliches Christentum) von der engen der politischen Entscheidungträger unterscheidet:

„Nicht alle werden bleiben können, manche werden weiterreisen. Aber dass die Menschen, solange sie hier sind, mit Würde behandelt werden müssen, das muss klar sein" (Predigt Nummer 7). „Natürlich mahnen wir zurecht, dass wir nicht alle nehmen können, das ist ein ganz berechtigtes Anliegen, wir können es in Deutschland nicht und darum dürfen wir es anderswo auch nicht erwarten. [...] Die Frage einer Anerkennung eines Asylantrages, die Fragen einer eher politisch oder wirtschaftlich motivierten Flucht werden wir vor Ort und als einfache Bürger nicht lösen können. Da können wir nur hoffen, dass die Politik vernünftige und weise Entscheidungen trifft, und dafür sollten wir auch unablässig beten" (Predigt Nummer 9). „Ich habe keine Lösung für das Problem des IS, für die Lage in Syrien. Wir einfachen Leute können die globalen politischen Probleme nicht lösen – dafür sind andere berufen. Und ich bete für alle, die Macht und Einfluss besitzen" (Predigt Nummer 24).

Insgesamt lassen sich die Predigten als Fragmente eines Selbstverständnisdiskurses lesen, der durch die humanitäre Not Asyl- und Schutzsuchender motiviert und durch fremdenfeindliche Asylproteste provoziert wird und auf die Frage, wie auf die sogenannte Flüchtlingskrise reagiert werden sollte, selbstbewusst antwortet: „Liebe Deine Nächsten!"

Aus zwei Richtungen kann der für die analysierten Predigten typisch humanitäre Zugang zur sogenannten Flüchtlingskrise kritisiert werden. Mit Blick auf die Lage mobiler Menschen wird bemängelt, dass das Diktum „Liebe Deine Nächsten!" oftmals mit dem gedanklichen Zusatz „und zwar insbesondere das Opfer" verbunden ist. In der Fixierung auf Not und Leid aber, so die Kritik, werden politische Konflikte, die als Ursache aktueller Probleme angesehen werden, nicht selten umgangen: „Eingebunden in die herrschende Aufmerksamkeitsökonomie und die Notwendigkeit, [...] in religiös-politische Rahmen eingebettetes Erbarmen, Mitleid oder Solidarität bewerben und verkaufen zu müssen, wie jede andere Ware auch, untergräbt der Humanitarismus den Raum des Politischen."[3] Probleme und Aporien[4] werden nicht politisch thematisiert, sondern als humanitäre Herausforderungen dargestellt. Dementsprechend sind beispielsweise nicht die nationalstaatlichen Grenzen, die Menschen an Freizügigkeit hindern, Gegenstand der Reflexion, sondern das Leiden der Opfer an den Grenzen. So verhandelt aber „verweist das Opfer in einem unendlichen Zirkel immer nur auf das Opfer und kann nie die Bühne des Politischen betreten"[5]. In diesem Sinne erscheint der rein humanitäre Zugang als zu wenig politisch.

Am Diktum „Liebe Deine Nächsten", das mit dem gedanklichen Zusatz „und zwar vorbehalt- und grenzenlos" einhergeht, wird beanstandet, dass es zu unpolitisch sei, als dass es sich in politische Diskurse einmischen dürfte, da die Forderung einer unbedingten Aufnahme aller Flüchtlinge die „Eigenlogik politischer Rationalität"[6] ignorierte. Der Staat, so die Kritik, ist nicht der barmherzige Samariter. Anders als der Mann, der auf dem Weg von Jerusalem nach Jericho unterwegs ist, kann ein Staat nicht mit vollem Einsatz auf ein Einzelschicksal reagieren, da er zuallererst dem Gemeinwohl verpflichtet ist. Daher ist angesichts der sogenannten Flüchtlingskrise nicht nur zu bedenken, was die Gesinnung gebietet, sondern auch, was verantwortbar erscheint. In diesem Sinne wird am rein humanitären Zugang zur sogenannten Flüchtlingskrise kritisiert, dass

[3]   Friese, H., Flüchtlinge. Opfer – Bedrohung – Helden. Zur politischen Imagination des Fremden, Bielefeld 2017, 91.

[4]   Gegenstand der Predigten sind nicht Aporien politischer Ordnung – wie der Nationalstaat oder das demos, das gezwungenermaßen darüber zu entscheiden hat, wer zum demos gehört und wer nicht: „Das zentrale Kennzeichen der Demokratie ist Autonomie, die Autonomie eines *Demos*, der *Polis*, sich selbst Gesetze zu geben und sich also aus sich selbst zu begründen. [...] Diese Zirkularität – ein Demos entscheidet, wer den *Demos* begründet – eröffnet zugleich das Paradox des originären und arbiträren Moments, der nicht demokratisch ist, entscheidet er doch über Mitgliedschaft, Staatsbürgerschaft, Rechte, Grenzen und ist damit sowohl einschließend als auch ausschließend." Friese, H., Flüchtlinge, 20 [Hervorhebung im Original].

[5]   A. a. O., 95.

[6]   Schlag, T., Die Predigt als Herausforderung für eine öffentliche Theologie und Kirche, 22.

dieser die Moral (Gesinnungsethik) über die Verantwortung bzw. Machbarkeit (Verantwortungsethik) stellt. Ulrich Körtner beispielsweise erklärt: „Das Motto ‚Kein Mensch ist illegal – Refugees Welcome!‘ ist eine gesinnungsethische Handlungsperspektive. Um mögliche Folgen für die Gesamtgesellschaft, das politische Gemeinwesen – und damit womöglich auch für die Flüchtenden selbst – macht sie sich freilich keine ausreichenden Gedanken.“[7] Der „hochmoralische Anspruch“[8] verkenne, dass der Verfassungsstaat – und zwar auch der Staat, der für Zuwanderung offen ist – auf Grenzen und Begrenzungen angewiesen sei und darauf, die Zusammensetzung der Bevölkerung kontrollieren zu können.[9] Und weil der „handlungsfähige Rechtsstaat [...] die entscheidende Voraussetzung für genau jene Zivilgesellschaft [darstellt], die sich gesinnungsethisch für Flüchtlinge und ihre Rechte einsetzt“, wäre es fatal, „wollte die Zivilgesellschaft jenen Ast absägen, auf dem sie sitzt.“[10]

Im Grunde vollziehen beide Perspektiven eine Ideologiekritik: Sie beobachten und analysieren Schwächen humanitär ausgerichteter Denkweisen und kommen zu dem Schluss, dass zu viel auf Ethos und Gefühl und zu wenig auf Realpolitik gesetzt wird. Zwischen den Zeilen liest sich bisweilen gar der Vorwurf, die pathetische Verkündigung der Nächstenliebe sei das Resultat politischer Unbedarftheit. Die analysierten Predigten aber zeigen, dass gesetzliche Asyl- und Einwanderungsbedingungen und damit verbundene weiterführende politische Fragestellungen sehr wohl wahrgenommen werden. Viele Ideen von der Welt, wie sie in den analysierten Predigten zu Tage treten, gestalten sich entlang der bestehenden Asyl- und Einwanderungsgesetze, ignorieren also keinesfalls, dass ein Staat auf Grenzen und Begrenzungen angewiesen ist, wie Predigt Nummer 7 und Nummer 9 exemplarisch belegen:

> „Nicht alle werden bleiben können, manche werden weiterreisen.“ (Predigt Nummer 7). „Natürlich mahnen wir zurecht, dass wir nicht alle nehmen können, das ist ein ganz berechtigtes Anliegen, wir können es in Deutschland nicht und darum dürfen wir es anderswo auch nicht erwarten.“ (Predigt Nummer 9).

Andere Wirklichkeitserzählungen benennen politische Fragestellungen, die mit der Aufnahme Asyl- und Schutzsuchender verbunden sind, wie beispielsweise Predigt Nummer 16 und machen so kenntlich, dass die Humanität nicht alle Fragen zu beantworten weiß und durchaus kritische Einwände gegenüber der Aufnahme Asyl- und Schutzsuchender bestehen:

---

[7]   Körtner, U., Für die Vernunft. Wider Moralisierung und Emotionalisierung in Politik und Kirche, Leipzig [2]2017, 116.
[8]   Ebd.
[9]   Vgl. a. a. O., 117, mit Verweis auf Jellinek, G., Allgemeine Staatslehre (Recht des modernen Staates), Bd. 1), Berlin [3]1914.
[10] Körtner, U., Für die Vernunft, 117.

> „Wie kann Integration gelingen, wenn unser Rechtsstaat Asylverfahren nicht zügig durchführen kann [...]? Welche Zukunft haben die, die heimlich bei Verwandten einziehen [...]? Was sagen wir denen, die durch fleißige Arbeit in unserem Land ihrer Dankbarkeit Ausdruck verleihen wollen, aber keine Arbeitserlaubnis bekommen, weil es Monate, Jahre dauert, bis Verfahren abgeschlossen sind? Diese Fragen sind berechtigt" (Predigt Nummer 16).

Kritische Rückfragen an bestehende staatliche Ordnungen zur Begrenzung von Einwanderung finden sich auch in Predigt Nummer 5. Eine deutliche Ablehnung kontrollierter Einwanderung oder klare Forderungen nach grenzenloser Einwanderung sind aber nicht zu finden.

> „Wie ist das mit der Einzelfallprüfung? Müsste man nicht deutlicher unterscheiden [...]? Müsste man nicht Regeln aufbauen oder einfach nur die Regeln durchsetzen [...]? Wirtschaftsflüchtlinge oder politisch Verfolgte? Aber wären dann die Probleme lösbarer? Wären es dann weniger? Ein paar vielleicht. Trauen wir uns wirklich zu, die Nöte und Schicksale zu qualifizieren; wer ärmer dran ist, die oder jene Familie, der Mann oder diese Frau?" (Predigt Nummer 5).

Typisch für die analysierten Predigten erscheint, die Diskussion weiterführender politischer Fragestellungen anderen zu überlassen, wie die Predigtstimme in Predigt Nummer 24 explizit formuliert. Sie unterscheidet zwischen einem weiten und einem engen Politikbegriff. Gesetze, Verfassungen und Ordnungen sind Angelegenheiten von Politiker*innen, während sich die Predigtstimme selbst als Vertreterin des religiösen Gebots versteht, das über konkrete staatliche Gesetzte hinweg die Notwendigkeit zu humanitärem Handeln betont:

> „Der Epheserbrief fordert ein entschiedenes moralisches Handeln im Alltag eines jeden Christenmenschen. Ich habe keine Lösung für das Problem des IS, für die Lage in Syrien. Wir einfachen Leute können die globalen politischen Probleme nicht lösen – dafür sind andere berufen. Und ich bete für alle, die Macht und Einfluss besitzen, für alle, die große politische Entscheidungen zu fällen haben" (Predigt Nummer 24).

Zuletzt ist in Auseinandersetzung mit den genannten Einwänden festzustellen, dass die analysierten Predigten nicht allein auf die richtige Gesinnung zielen, sondern sich stets auch auf die Verantwortung fokussieren, die aus der inneren Haltung resultiert (vgl. dazu ausführlich Kapitel V.4.).

Die diskutierten Einwände helfen, die politische Dimension der analysierten Predigten genauer zu beschreiben. Aus humanitärer Perspektive mischen sich die Predigten in Fragen nach dem bonum commune ein, wobei sie auf zwei Probleme Bezug nehmen: die Not Asyl- und Schutzsuchender und Fremdenfeindlichkeit. Beiden sozialen Übeln stellen die Predigten emphatisch ein universales, christliches Liebesethos entgegen und ringen so um die Balance of Power zugunsten der Fürsorge für Asyl- und Schutzsuchende. Mithilfe ihrer eigenen Kollektivsymbole (bspw. Samariter und Krippe) beteiligen sie sich am politischen Diskurs und schreiben sich selbst die Rolle der Anwältin der Schwachen zu, die ihre Stimme für die erhebt, die keine Stimme haben. Zu einer elaborierten Kritik an staatlichen Vorgaben und Ordnungen kommt es nicht. Asyl- und Einwanderungsgesetze werden – wenn überhaupt – aus humanitärer Perspektive heraus eher generell hinterfragt. Eine Abschaffung geltender Gesetze wird nicht gefordert. Ebenso wird in keiner Predigt der Versuch unternommen, selbst Gesetze zu formulieren. Vielmehr ist zu beobachten, dass die in den Predigten zu Tage tretenden Ideen von der Welt eine universale christlich-menschenfreundliche Wohltätigkeit als wichtiges Ideal menschlichen Zusammenlebens zur Geltung bringen wollen und daher für möglichst barmherzige Aufnahme- und Aufenthaltsbedingungen plädieren. Im Zuge des darin enthaltenen Selbstverständnisdiskurses haben die analysierten Predigten auch vergewissernde Funktion: Sie entfalten, was ihrem Denkmuster entsprechend Christsein bedeutet und formulieren Identitätsmerkmale, die Orientierung bieten und helfen, sich von anderen Positionen abzugrenzen und sich am eigenen Standpunkt richtig zu positionieren.

2.   Christen sind Christen, keine Nazis. Die orientierende und vergewissernde Funktion politischer Predigten

Die Analyse der kollektierten Predigten aus der Zeit der sogenannten Flüchtlingskrise legt nahe, dass sie hauptsächlich der Intention folgen, moralisch zu orientieren. Konfrontiert mit der Not Asyl- und Schutzsuchender werden dazu im Rahmen der Erzählung von der Welt, wie sie sein sollte, Heldenfiguren entworfen, die einladen, dem christlichen Liebesethos im Denken und Handeln Folge zu leisten und die auch dazu geeignet sind, fremdenfeindlichen Anschauungen gegenüber die eigene Werthaltung zu profilieren. Die Predigten haben damit gleichermaßen orientierende (so sollte es sein) und vergewissernde Funktion (so machen wir es richtig).

Insbesondere in jenen Predigten, die Asylproteste problematisieren und Fremdenfeindlichkeit abwehren wollen, tritt die Predigtstimme selbstbewusst und direktiv als Orientierungsgeberin auf, die klar formuliert, was angesichts der politischen Situation zu tun ist und dementsprechende Bewertungen vornimmt. Sie favorisiert und lobt, was ihrer Anschauung nach evangeliumsgemäß ist, und verwirft, was christlichen Kernüberzeugungen widerspricht, wie die Predigten Nummer 2, 13 und 22 beispielhaft belegen:

> „‚Christus hat keine Hände als unsere Hände‘, hat die Theologin Dorothee Sölle gesagt. Aber unsere Hände hat er, und die sollen wir benutzen, um das Gleiche zu tun wie der Mann aus Samarien. Dabei helfe uns Gott" (Predigt Nummer 2). „[E]s ist nicht zulässig, [...] Stimmung gegen all jene zu machen, die aus Not und Angst zu uns kom-

men" (Predigt Nummer 22). „Morgen werden wieder die marschieren und sich wohl
auch feiern, die dieses christliche Abendland aus meiner Sicht unchristlich verteidigen wollen" (Predigt Nummer 13).

In Bezug auf Fremdenfeindlichkeit und Proteste der PEGIDA gibt es keine Kom-
promisse. Eindringlich werden die Hörer*innen ermahnt, Jesus zu folgen. Der
emphatische Duktus der Predigtstimmen bezeugt das Entsetzen über das Erstarken nationalistischen Denkens. Der Standpunkt der Predigtstimme kann als zutiefst postnazialsozialistisch bezeichnet werden: Die Predigtstimmen ziehen
eine direkte Verbindung zwischen der gegenwärtigen Fremdenfeindlichkeit und
der Erfahrung des Versagens von Christen unter der nationalsozialistischen
Herrschaft. Hier und heute, so legen es viele Predigtstimmen nahe, entscheidet
sich, wer wirklich ein Christ ist. Die Predigtstimmen stellen sich damit nicht nur
in die Nachfolge Christi, sondern auch in die Tradition der Bekennenden Kirche
und der Theologischen Erklärung von Barmen, wie Predigt Nummer 24 und 25
exemplarisch belegen:

> „Lasst euch von niemandem verführen mit leeren Worten. Im Mai 1934, zu der Zeit,
> in der die Nationalsozialisten in Deutschland mit ihren Parolen die Menschen ver-
> führten, fand sich in Barmen [...] eine Versammlung von Christen ein. Bei diesem
> Zusammenkommen wurde eine Erklärung zu Papier gebracht, die bis heute ein
> Grundfeiler unserer Konfession ist. [...] Es ist die sog. Barmer theologische Erklärung.
> In sechs Thesen nimmt sie Stellung zum Christsein in der Welt, auch und gerade in
> der Welt des Nationalsozialismus: Christen haben auf Christus zu hören. Auf nieman-
> den sonst. Nicht auf eine andere Macht, nicht auf eine politische Partei, nicht auf
> eine andere Ideologie. Christen haben auf Christus zu hören. Ohne es direkt zu sagen,
> ist doch mitgesagt, was der geschichtliche Kontext ist: Christen sind Christen, keine
> Nazis. [...] Wir sind Christen, wir sollen anders sein" (Predigt Nummer 24). „Christli-
> che Lieder zu singen und gleichzeitig Fremde auszugrenzen, passt nicht zusammen.
> Abendländische Werte erhalten zu wollen und dafür Brände zu legen, erst recht
> nicht. Brandstiftung steht für die dunkelsten Zeiten des Abendlandes [...]. Lebt als
> Kinder des Lichtes, nicht als Brandstifter" (Predigt Nummer 25).

Die strikte Abgrenzung von nationalistischem Denken und Xenophobie erfolgt
in Form von Postulaten. Die Predigtstimmen setzen beispielsweise in Bezug auf
PEGIDA auf Distinktion statt auf Diskussion. Forderungen von Fremdenfeinden
werden nicht debattiert, sondern, mit Blick auf die deutsche Vergangenheit, entschieden disqualifiziert. Die offensive Abwertung des politischen Gegners rührt
vermutlich daher, dass die „nicht eliminierbare Andersartigkeit des Anderen"[11]
als gefährliche Bedrohung der eigenen, christlichen Identität und damit auch
der humanitär ausgerichteten Gesellschaft wahrgenommen wird. Dafür spricht,
dass in vielen Predigten die Sorge zum Ausdruck kommt, fremdenfeindliche

---

[11]   Krämer, S., Sprache als Gewalt oder: Warum verletzen Worte?, in: Herrmann, S., Krämer,
       S. und Kuch, H. (Hg.), Verletzende Worte. Die Grammatik sprachlicher Missachtung, Biele-
       feld 2007, 31–48, 39.

Denkmuster könnten an Attraktivität gewinnen und weitere Verbreitung finden, wie die Predigten Nummer 8 und 13 exemplarisch belegen.

> „Es ist beschämend, dass sich die politisch Verantwortlichen in Europa [...] gegenseitig vorführen und so das Feld den Extremisten überlassen. Und die haben zwischenzeitlich ganz offensichtlich Gefallen daran zu zündeln – in Deutschland mittlerweile fast jeden Tag" (Predigt Nummer 8). „Wie mit Runen scheinen langsam wieder Worte voller Hass die Herzen der Menschen zu erreichen" (Predigt Nummer 13).

Die Stärke dieser schwarz-weiß gehaltenen Erzählung von der Welt ist ihr vergewisserndes Moment. Wer nicht fremdenfeindlich denkt oder nicht mit PEGIDA marschiert, kommt automatisch auf Seiten der guten Menschen bzw. der richtigen Christen zum Stehen und wird damit in seiner Haltung bestätigt. Darüber hinaus werden Christen als attraktive Persönlichkeiten imaginiert. Sie sind mehr als nur Nicht-Nazis. In vielen der analysierten Predigten werden ihnen weitere, positive Eigenschaften zugeschrieben, wie die Predigten Nummer 1, 16, 21 und 24 exemplarisch belegen. Christen werden als flexibel und warmherzig beschrieben, als weltoffen und sozial sowie emotional und kognitiv kompetent und erfüllen damit die Rolle der sympathischen Held*innen.

> „Es gibt im Juden- und Christentum eine Tradition der Frage nach dem Wesentlichen und dem Tragenden, das alles andere in sich enthält" (Predigt Nummer 1). „Gott [...] lockt uns aus der Reserve, fordert uns heraus, provoziert uns sogar [...]. Einige, viele, im Lauf der Jahrhunderte und Jahrtausende Millionen von Menschen begeistern sich dafür. Sie lassen Gottes Botschaft von Liebe und Gnade ohne Bedingungen an sich heran, von einer Liebe und Leidenschaft, die das ganze Leben für andere riskiert und wagt. Von einer Passion, die eben nicht erst fragt: Wer bist du, was kannst du, was leistest du – sondern die auf andere zugeht, sie freundlich auf- und annimmt. [...] Der Himmel kommt auf die Erde. Lassen wir uns damit beschenken. [...] Und werden oder bleiben wir lebens-, liebens- und leidensfähige Menschen, voller Einfühlsamkeit" (Predigt Nummer 16). „Von einem klaren christlichen Standpunkt her, von einer inneren Beziehung zu Jesus Christus her kann ich offen der Welt begegnen und mich den Herausforderungen stellen" (Predigt Nummer 21). „Christlich sein heißt, fürsorglich zu sein" (Predigt Nummer 24).

Was allgemein gilt, kann auch in Bezug auf die analysierten Predigten beobachtet werden: Kollektive stellen „ihre innere Verbundenheit und Identität durch Abgrenzung nach außen her: Es werden besonders jene Merkmale zur Selbstbeschreibung ausgewählt, die die eigene Besonderheit und Größe hervorheben"[12].

Die Selbstbeschreibung, die die eigene Position zu legitimieren und zu stärken vermag, kann sich aber auch negativ auswirken. Kritisiert wird der Gestus

---

[12]   Weiss, H., Ethnische Stereotype und Ausländerklischees. Formen und Ursachen von Fremdwahrnehmungen, in: Liebhard, K., Menasse E. und Steinert, H. (Hg.), Fremdbilder. Feindbilder. Zerrbilder. Zur Wahrnehmung und diskursiven Konstruktion des Fremden, Klagenfurt/Celovec 2002, 17–37, 17.

moralischer Überlegenheit, mit dem die Welt in Gute und Böse aufteilt wird,[13] denn in einer Welt ohne Zwischentöne laufen Personen, die beispielsweise auf Probleme in Bezug auf Integration oder soziale Gerechtigkeit hinweisen, Gefahr, „als Rechter oder Rassist beschimpft zu werden."[14] Nun machen etliche der analysierten Predigten deutlich, dieses Problem wahrzunehmen, indem sie Sorgen und Ängste in Bezug auf Einwanderung als „berechtigt" bezeichnen. Trotzdem scheint eine Warnung vor zu viel Selbstlob berechtigt, da die Gefahr besteht, selbstgefällig zu reden und so den Kontakt zu den Personen zu verlieren, mit denen eigentlich ein Gespräch geführt werden könnte.

Neben positiv konnotierten, charakterlichen Merkmalen ist für die analysierten Selbstvergewisserungserzählungen auch das Motiv des eigenen Wohlstands von Bedeutung. Die Menschen, die in Deutschland leben, werden durch Erzähl- bzw. Predigtstimmen als privilegiert beschrieben, wie die Predigten Nummer 5, 6, 9 und 10 exemplarisch belegen:

> „Hilfe aus Dankbarkeit, dass es uns gut geht" (Predigt Nummer 5). „Den Staat – also uns alle – wird das Milliarden kosten. Aber weil es uns so gut geht, wie kaum einer anderen Nation, können wir das bezahlen. Ohne dass auch nur ein Kindergarten weniger gebaut und auch nur ein Theater mehr geschlossen wird" (Predigt Nummer 6). „Denn in Not sind nicht wir, denen es in Deutschland nach wir vor sehr gut geht, sondern in Not sind die Flüchtlinge" (Predigt Nummer 9). „Wenn wir in Frieden und Sicherheit leben, dann ist das ein Grund zu großer Dankbarkeit – und ein Anlass, die Früchte dieser langen Friedensperiode zu teilen! [...] Ohne die Hilfe, die uns selber zu Teil geworden ist, wären wir heute nicht in der Lage, mit unseren Kräften anderen zu helfen.' Und da wir in der Lage sind, es zu tun, sollen wir es auch tun!" (Predigt Nummer 10).

An einigen analysierten Predigten erscheint dabei problematisch, dass sie von einem Standpunkt der Wohlhabenden aus die Lage betrachten. Der Hang aber, die eigene solvente Wirklichkeit zu verallgemeinern, ist problematisch, wie in Predigt Nummer 16 besonders deutlich wird. Die Predigtstimme beschreibt sich selbst als gut situiert, weltgewandt und gebildet. Zu Weihnachten gibt es einen wunderschön gebundenen Lyrikband, man kauft Socken im Fachgeschäft und erlebt inspirierende Urlaube im Ausland. Nicht in den Blick kommen bei dieser Wirklichkeitserzählung Personen, deren Lebenswirklichkeit anders aussieht; die keine Gedichte lesen (können), die ihre Socken nicht im Fachgeschäft kaufen, die nur sehr begrenzte finanzielle Mittel zur Verfügung haben und folglich auch nicht selbstverständlich in den Urlaub fahren können und die nicht den Eindruck haben, etwas abgeben zu können von dem Wenigen, was sie besitzen. Nicht im Fokus der Wohlstandsperspektive steht zudem die Sorge, dass Immigration auch Verwerfungen im Sozialsystem zur Folge haben könnte, d. h. dass es zu einem Verteilungskampf im unteren Bereich der Gesellschaft kommen

---

[13] Vgl. Körtner, U., Für die Vernunft, 116.
[14] Ebd.

könnte – wie zum Beispiel im Bereich des Niedriglohnsektors oder auf dem Wohnungsmarkt.[15]

Christiane Burbach, die politische Predigten mit Blick auf das Weltbild analysierte, kommt zu einem ähnlichen Resultat: „Das Weltbild politischer Predigten ist das von geisteswissenschaftlich orientierten Bildungsbürgern.“[16] Und Ruth Conrad beobachtet im Rahmen einer homiletischen Reflexion von Predigthilfen (zu Mt 25,31–46): „Kaum gerät in den Blick, dass der Hörer oder die Hörerin einer möglichen Predigt vielleicht jemand sein könnte, der oder die der Barmherzigkeit bedürftig ist und dem oder der keinerlei ökonomische, strukturelle etc. Kapazitäten für Hilfeleistungen zur Verfügung stehen, da er oder sie selbst arm, obdachlos, krank und einsam ist.“[17] Conrad warnt davor, dass der durch ein Beamtengehalt abgesicherte Predigtstandpunkt droht, weniger sichere Lebenslagen aus dem Blick zu verlieren und eine „A-14-Eliten-Homiletik“[18] zu vertreten.

Insgesamt erscheinen Predigten, die der moralischen Orientierung und der Selbstvergewisserung dienen, ambivalent. Einerseits profilieren sie christliche Kernüberzeugungen, stärken positive Selbstbilder und wirken motivierend. Sie bieten die Möglichkeit, sich der eigenen Identität und des eigenen Standorts innerhalb der Gesellschaft zu vergewissern[19] und vermitteln denen, die der Erzählung von der Welt, wie sie ist und wie sie sein sollte, zustimmen können, das gute Gefühl, auf der richtigen Seite zu stehen. Andererseits aber laufen selbstvergewissernde Predigten Gefahr, selbstgefällig und saturiert und damit auf Personen, die anders denken, abstoßend zu wirken und folglich Auseinandersetzungen zu erschweren oder zu verunmöglichen. Auch ist zu bedenken, dass nicht jeden Sonntag auf der Kanzel der eigene Standort gefeiert oder ständig der Status Confessiones ausgerufen werden kann. Daher lohnt ein Blick auf Möglichkeiten, dem Gebot der Nächsten- und Fremdenliebe Geltung zu verschaffen und dabei mit Personen, die eine andere Meinung als die Predigtstimme vertreten, ins Gespräch zu kommen. Dabei fällt auf, dass die analysierten Predigten Unsicherhei-

---

[15]   Vgl. ebd., 116.
[16]   Burbach, C., Das Weltbild politischer Predigten, in: Pastoraltheologie 84 (1995) 9, 476–486, 478.
[17]   Conrad, R., Parteiisch predigen!? Eine homiletische Analyse theologischer, ekklesiologischer und weltanschaulicher Grundlagen, in: Keller, S. (Hg.), Parteiische Predigt. Politik, Gesellschaft und Öffentlichkeit als Horizonte der Predigt, Leipzig 2017, 83–97, 89.
[18]   A. a. O., 96.
[19]   Vgl. Spanos, J., Flüchtlingsaufnahme als Identitätsfrage. Der Protestantismus in den Debatten um die Gewährung von Asyl in der Bundesrepublik (1949–1993) (Arbeiten zur kirchlichen Zeitgeschichte, Bd. 85), Göttingen 2022, 351: „Schon in den 1950er Jahren etablierte sich mit […] der Kirche als Fürsprecherin der Flüchtlinge […] ein identitätsstiftendes Konzept. […] Biblische Aussagen zur Beherbergung Fremder oder das Motiv von der Heiligen Familie auf der Flucht nach Ägypten ließen sich sowohl auf die geflohenen DDR-Bürger in Berlin-Marienfelde in den frühen 1950er Jahren als auch auf eritreische Flüchtlinge im Frankfurt der 1980er Jahre übertragen.“

ten im Umgang mit Personen aufzeigen, die der Aufnahme von Asyl- und Schutzsuchenden skeptisch gegenüberstehen. In einem dualistischen Weltbild von
Guten und Bösen, von Helden und Antihelden sind sie schwer einzuordnen.

3.   Problemzone Asylkritik. Sind das noch Sorgen oder ist das schon Rassismus?

Seit den Protestmärschen der PEGIDA und dem Auftreten der AfD auf dem politischen Parkett wird unter den Befürworter*innen einer weltoffenen und multikulturellen Gesellschaft darüber diskutiert, wie dem sogenannten Rechtsruck
zu begegnen ist. Muss eine demokratische Gesellschaft – und damit auch die Kirche, da sie sich als Volkskirche versteht – schlichtweg damit leben, dass auch die
politische rechte Flanke besetzt ist? Sollte mit Anhängern der PEGIDA und der
AfD debattiert werden? Dürfen sie überhaupt in Talkshows eingeladen werden
oder bereitet ihnen das nur die Bühne für noch mehr Popularität? Und wer sind
‚die‘ überhaupt – sind das alles Nazis oder gibt es da auch Bürger*innen, die sich
Sorgen machen, die Angst haben vor zu viel Zuwanderung und die ernst zu nehmen sind? Aber sind das eigentlich noch Sorgen oder ist das schon Rassismus?
Verbietet sich das Gespräch über sogenannte fremdenfeindliche Ressentiments
schon per se, um diesen Gedanken keine Anerkennung zu zollen, sie so auch
nicht weiter zu vertiefen oder dem eigenen Image zu schaden (nach dem Motto:
„Wer mit Nazis gut kann, ist selbst ein Nazi"[20])? Und woher kommt überhaupt
die Angst vor Fremden und der Gedanke, eines Tages die eigene Kultur und Identität zu verlieren?

Auch den analysierten Predigten ist eine Unsicherheit in Bezug auf den Umgang mit Personen anzumerken, die die sogenannte Willkommenskultur nicht
befürworten. Während die Figurengruppe, die rechtsextreme Straftaten begeht
(beispielsweise Brandanschläge auf Asylunterkünfte), eindeutig negativ bewertet wird und damit jenseits der roten Linie zum Stehen kommt, wird in einigen
Predigten eine zweite Gruppe ‚Anderer‘ identifiziert, der gegenüber eine eindeutige Bewertung schwerer fällt.

Mal erscheint diese Gruppe als potenzieller Gesprächspartner, mal wird
diese Gruppe tendenziell eher dem Populismus zugeordnet, der von rassisti-
schem Denken geprägt ist. So gibt es einerseits Predigten, die den Willen bzw.
die Ansicht bekunden, nicht alle Personen, die der Aufnahme von Asyl- und
Schutzsuchenden kritisch gegenüberstehen, zu disqualifizieren. Andererseits
gibt es Predigten, die schon kritische Anfragen an die Migrationspolitik als

---

[20]   Saul, P., Art.: Wer mit Nazis gut kann, ist selbst ein Nazi, in: Süddeutsche vom 18. Dezember
2019, veröffentlicht im Internet unter https://www.sueddeutsche.de/politik/uniter-cdu-
sachsen-anhalt-1.4728495 [Stand vom 21. März 2022].

rechtspopulistisch bzw. rassistisch bewerten und dazu tendieren, entsprechende Personen aus der Figurengruppe Wir auszuschließen.

Die analysierten Predigten zeigen damit einen Umgang mit Personen auf, welche die sogenannte Willkommenskultur nicht befürworten, der zwischen zwei Polen pendelt. Einerseits wird gegenüber Sorgen und Bedenken in Bezug auf Migration Verständnis signalisiert, andererseits werden manche Sorgen nicht als berechtigte Einwände anerkannt, sondern als Ausdruck von Rassismus geächtet. Es finden sich auch Predigten, die Asylkritiker*innen gegenüber eine Zwischenposition einnehmen. Sie bemühen sich um eine Differenzierung zwischen Extremen und Gemäßigten mit der Absicht, Brücken zwischen Asylkritiker*innen und -befürworter*innen zu bauen und die eigene Weltsicht so zu kommunizieren, dass sie weder der Xenophobie nach dem Munde reden noch Andersdenkende verprellen. Sowohl das Verständnis als auch die Ächtung von Asylkritikern als auch das Bemühen, einen Mittelweg zu gehen, bergen dabei ideologische Fallstricke und rhetorische Herausforderungen.

Aus Perspektive der Migrations- und Rassismusforschung ist zuerst festzuhalten, dass es sich bei Slogans der Art ‚Überfremdung ist Völkermord' und ‚Multikulti stoppen! Meine Heimat bleibt deutsch!'[21] um Ausrufe handelt, die Zuwanderung pauschal als Gefahr für das Volk bzw. die Nation darstellen. Sie sind diskriminierend[22] und können dem für den Rassismus der Gegenwart typischen Ethnozentrismus zugeordnet werden. Dieser Neo-Rassismus,[23] der die eigene Nation in den Mittelpunkt der Weltanschauung stellt und sie anderen Nationen gegenüber überlegen bewertet, speist sich aus einem doppelten Narrativ. Einerseits steht dahinter die Erzählung vom „heimatlosen Kosmopolitismus" und der „wurzelose[n] Massengesellschaft"[24] und damit ein apokalyptisches Zukunftsszenario, andererseits bildet die Vorstellung einer homogenen Kulturnation, die von einem „stabilen, geistigen Wesenskern"[25] bzw. deutschen Geist getragen wird (der beispielsweise in Literatur und Musik zu finden ist), seine Kulisse. Im Kern geht es um die Überzeugung kultureller Überlegenheit, aus der heraus beispielsweise Muslime vom afrikanischen Kontinent als unzivilisiert und vormodern betrachtet werden.

---

[21] Die Slogans sind Fotografien von PEGIDA Demonstrationen entnommen.
[22] Von Diskriminierung wird da gesprochen, wo Mitglieder einer Mehrheitsgruppe den Mitgliedern einer Minderheitengruppe „gleiches Ansehen oder gleichberechtigte Teilhabe" vorenthalten, und wo Mitglieder einer Minderheitengruppe aufgrund ihrer Gruppenzugehörigkeit sozial auf Abstand gehalten werden. Vgl. Graumann, C. F. und Wintermantel, M., Diskriminierende Sprechakte. Ein funktionaler Ansatz, in: Herrmann, S., Krämer, S. und Kuch, H. (Hg.), Verletzende Worte. Die Grammatik sprachlicher Missachtung, Bielefeld 2007, 147–177, 148.
[23] Vgl. z. B. Balibar, E. und Wallerstein, I., Rasse. Klasse. Nation. Ambivalente Identitäten (deutsch v. Michael Haupt und Ilse Utz), Hamburg ⁶2017.
[24] Friese, H., Flüchtlinge, 85.
[25] Ebd.

Typisch für den Rassismus der Gegenwart ist der Austausch des Begriffs Rasse durch den der Kultur (nicht zufällig wurde der englische Buchtitel ‚Clash of Civilisations‘ mit der Formulierung ‚Kampf der Kulturen‘ ins Deutsche übersetzt).[26] Unabhängig davon aber, ob von Rasse oder Kultur gesprochen wird, zielt diese Weltanschauung auf Ausschluss und Absonderung von Zuwandernden und das auch mithilfe biologistischer Begründungsfiguren. So verbreitet beispielsweise Björn Höcke, seit 2014 Fraktionsvorsitzender der AfD in Thüringen, in Bezug auf seine Anschauung von „Fortpflanzungsstrategien" die These, dem afrikanischen, lebensbejahenden Ausbreitungstyp stünde der deutsche bzw. europäische selbstverneinende Platzhaltertyp gegenüber, so dass die Länder Afrikas die europäische Grenze bräuchten, um zu einer nachhaltigen Bevölkerungspolitik zu finden, d. h. keinen Bevölkerungsüberschuss mehr zu produzieren.[27] Höcke überträgt damit das durch die Biologie beschriebene Fortpflanzungsverhalten von Bakterien, Ameisen, Läusen u. a. (die ‚r-Strategie‘, die aufgrund geringer Überlebenschancen auf eine hohe Reproduktionsrate setzt) auf Menschen des afrikanischen Kontinents, wohingegen den Menschen Europas die Fortpflanzungsweise der Säugetiere (die ‚K-Strategie‘, geringe Zahl von Nachkommen bei höherer Überlebenschance) zugewiesen wird. Nicht zufällig wird die Hörerschaft an den nationalsozialistischen Vergleich von Juden mit Ratten und anderen Schädlingen erinnert. Menschen mit Ungeziefer zu vergleichen, verletzt das menschenrechtliche Prinzip und führt zu einer Inhumanität des Diskurses und der Gesellschaft. „Um dies deutlich zu machen genügt es, sich zu fragen, was man denn üblicherweise gegen Parasiten und Schadtiere unternimmt. Die Antwort ist leicht: Man vernichtet sie rücksichtslos."[28]

Der Ethnozentrismus setzt auf die Betonung kultureller Differenz und wirft damit auch ein negatives Licht auf den gegenwärtigen „Hochwertbegriff"[29] Integration. Nur der Kulturfremde muss integriert werden. Der lateinische Begriff *in tegru* bezeichnet das Unberührte und Reine und so ist der Imperativ zur Integration mit Vorstellungen von einer reinen Kultur oder einer irgendwie reinen Substanz verbunden, die durch das Eindringen Fremder zerstört werden könnte.[30] Schon die Forderung nach Integration sowie das Eingehen auf Sorgen und Ängste in Bezug auf Fremde können damit als rassistisch bewertet werden.[31] Wer nach Integration ruft, so der in postkolonialen Ansätzen aufscheinende

---

[26] Vgl. ebd.
[27] Vgl. Höcke, B., Festrede auf dem Kongress „Ansturm auf Europa" des Instituts für Staatspolitik (21. und 22. November 2015), posted by Panorama und ausschnittsweise veröffentlicht im Internet unter https://www.sueddeutsche.de/politik/afd-thueringen-blanker-rassismus-hoecke-und-die-fortpflanzung-der-afrikaner-1.2780159 [Stand vom 13. Februar 2020].
[28] Frick, M.-L., Zivilisiert streiten, 73.
[29] Lessenich, S., Grenzen der Demokratie. Teilhabe als Verteilungsproblem, Ditzingen 2019, 7.
[30] Vgl. Friese, H., Flüchtlinge, 86.
[31] Vgl. ebd.

Duktus, wandelt in den Fußspuren der Kolonialisten, die aus der Überzeugung ihrer kulturellen Überlegenheit heraus ‚die Wilden' zu domestizieren versuchen. Und wer sich denen, die fremdenfeindliche Ressentiments pflegen, zuwendet, läuft Gefahr, sich zum Handlanger einer menschenverachtenden Ideologie zu machen. Die konsequente Ächtung der sogenannten Ängste und Sorgen gegenüber Fremden erscheint daher durchaus als eine angemessene Reaktion. Denn nicht die kulturelle Gleichschaltung Zugewanderter, sondern deren Inklusion im Modus der Anerkennung kultureller Diversität stellt das Fundament einer liberalen und pluralen Gesellschaft dar.[32]

Ein zu weiter Gebrauch des Begriffs Rassismus aber läuft zugleich Gefahr, jede Form der Kultur- und Religionskritik als inhuman zu markieren und ist mit dem Risiko verbunden, den Diskurs zu Gunsten derjenigen zu verengen, die anderen das Etikett Rassist anhängen können, da Meinungen und Anschauungen von Rassisten erst gar nicht thematisiert werden müssen. So werden dann auch Bedenken gegenüber Zuwanderung tabuisiert, die Skepsis signalisieren, aber nicht fremdenfeindlich sind. Exemplarisch für das Verstummen kultur- und religionskritischer Einwände gegenüber Migration aufgrund des Rassismusvorwurfs erklärt eine Lehrerin: „Ich bin eine homosexuelle Frau. Deshalb bin ich gar nicht so einverstanden damit, dass jetzt viele Männer ins Land kommen, die Frauen als minderwertig erachten und Homosexualität als eine Todsünde ansehen, die ausgemerzt werden muss. Das darf ich aber nicht laut sagen, sonst bin ich gleich Rassist."[33] Tatsächlich wird landläufig davon ausgegangen, dass sich Frauen und Homosexuelle mit Immigranten identifizieren müssten, da sie durch die Erfahrungen von Ausgrenzung miteinander verbunden seien. Die entscheidende Frage aber müsste lauten, warum beispielsweise Frauen die Einwanderung von Männern „aus jenen Regionen der Welt, die in Bezug z. B. auf Frauenrechte einen denkbar schlechten Ruf haben"[34], befürworten sollten bzw. was getan werden müsste, damit der Gleichheitssatz von allen anerkannt und gelebt wird.

Neben der Gefahr, Religions- und Kulturkritik zu tabuisieren, birgt ein zu weiter Rassismusbegriff auch die Gefahr, einzig der politischen Rechten die Thematisierung von Migrationsschwierigkeiten zu überlassen und so allen, die Skepsis gegenüber Migration zeigen und öffentlich aussprechen, auf die politische Rechte zu verweisen. Jegliche Skepsis und jedwedes Misstrauen gegenüber Migration als rassistisch zu deklarieren, ist daher kritisch zu betrachten.

Dem politischen Diskurs abträglich ist auch der Versuch, Ängsten und Sorgen gegenüber Verständnis zu zeigen, aber die Ängste zugleich paternalistisch als Ausdruck von Modernisierungs- und Globalisierungsverlierern zu deuten. Die Globalisierung, so die Erklärung, weckt Ängste und Ablehnung bei denen, die mit dem

---

[32]   Vgl. für diese Positionierung bspw. Friese, H., Flüchtlinge.
[33]   Aus dem Gespräch mit einer homosexuellen Frau.
[34]   Frick, M.-L., Zivilisiert streiten, 42–43 [Ergänzung in Klammern J. W.].

stetigen Wandel der Gesellschaft sozial und intellektuell überfordert sind und für sich selbst keinen Benefit in den veränderten Lebensbedingungen sehen.[35] Diese Interpretation findet sich auch in Predigt Nummer 14 wieder:

> „[D]och merken wir, wie sich auch im Großen die Welt um uns herum verändert, immer deutlicher, immer schneller, immer grundlegender. Und mit all den Veränderungen wächst die Unsicherheit und bei vielen auch die Angst" (Predigt Nummer 14).

Vertreter*innen einer liberalen und multikulturellen Weltgemeinschaft stünden daher vor der Herausforderung, denen die Vorteile der Globalisierung nahezubringen, die kein Verständnis dafür haben: „And the challenge that comes from that is we need to find a new way to narrate globalization to those people, to recognize that for those people who have not necessarily been to university, who haven't necessarily grown up with the Internet, that don't get opportunities to travel, they may be unpersuaded by the narrative that we find persuasive in our often liberal bubbles."[36] Selbstkritisch wird angemerkt, in einer Blase liberalen Denkens verhaftet zu sein und so diejenigen aus den Augen zu verlieren, die nicht den Eindruck haben, von der Globalisierung zu profitieren. Folglich wird die Herausforderung identifiziert, all jenen, die nicht studiert haben, die sich im Internet nicht zuhause fühlen und auch nicht die Möglichkeit haben zu reisen, die Vorteile der Globalisierung mit passenden Narrativen nahe zu bringen.

Diese Erklärung stigmatisiert Personen, die Einwanderung ablehnen oder ihr gegenüber skeptisch sind, als unvernünftig respektive hinterwäldlerisch und versucht den politischen Konflikt durch Psychologisierungsstrategien aufzulösen. Politik wird so umgangen und durch eine Gruppentherapie ersetzt.[37] Problematisch erscheint an der Psychologisierung, dass die Argumente der Asylkritiker*innen im Modus einer paternalistischen Haltung nicht als begründeter Einwand wahrgenommen werden, sondern lediglich als Symptom einer persönlichen Schwäche, so dass man „gar nicht zuzuhören oder die Argumente der anderen für bare Münze [zu] nehmen [braucht], da ja ohnehin nur diffuse ‚Ängste' zum Ausdruck gebracht werden."[38]

---

[35] Vgl. Betts, A., Why Brexit happened and what to do next, posted July 2016, veröffentlicht im Internet unter https://www.ted.com/talks/alexander_betts_why_brexit_happened_ and_what_to_do_next/transcript [Stand vom 10. Februar 2020]. Alexander Betts ist Professor für Forced Migration und International Affairs und Direktor des Refugee Studies Centre an der Universität von Oxford: „Contemporary politics is no longer just about right and left. It's no longer just about tax and spend. It's about globalization. The fault line of contemporary politics is between those that embrace globalization and those that fear globalization."

[36] Betts, A., Why Brexit happened and what to do next, posted July 2016, veröffentlicht im Internet unter https://www.ted.com/talks/alexander_betts_why_brexit_happened_and_ what_to_do_next/transcript [Stand vom 10. Februar 2020].

[37] Vgl. Müller, J.-W., Was ist Populismus, 20.

[38] Ebd.

Zugunsten der Bearbeitung des politischen Konflikts rät der Politikwissenschaftler Jan-Werner Müller daher, den erhobenen Standpunkt des Therapeuten zu verlassen und sich „auf Augenhöhe"[39] mit politischen Kontrahent*innen auseinanderzusetzen. Statt also diejenigen auszugrenzen, die andere ausgrenzen, sei das Gespräch zu suchen. Dabei existiert sehr wohl eine rote Linie, die den Diskurs rahmt: Volksverhetzung oder Aufrufe, gegenüber Migrant*innen Gewalt anzuwenden, stellen einen Straftatbestand dar. Alle anderen Meinungsäußerungen aber, so sehr sie auch der eigenen Meinung widersprechen, sind als ein divergierendes Interesse anzuerkennen.[40] Dem Entsetzen über das Erstarken nationalistischen Denkens Ausdruck zu geben, reicht folglich nicht aus. Mit einem „Aufstand der Anständigen"[41] ist es nicht getan. Stattdessen ist der liberal-demokratische Imperativ einer „Inklusion über alles!"[42] kritisch zu reflektieren, angesichts der Tatsache, dass es Staaten mit Staatsgrenzen und -völkern gibt, die vielen Menschen viel bedeuten, ist diese Aufforderung kaum anschlussfähig.

Beschritten wird so ein Mittelweg. Extremisten stellen einen Fall für das Strafrecht dar. Statt sonstige Asylskeptiker und -kritikerinnen aber zu ächten, sollte der Diskurs gesucht werden – und das auch dann, wenn die politische Meinung des Gegenübers bei einem selbst Gefühle von Ekel und Ablehnung hervorruft. So wird der, der eine alternierende Meinung vertritt, als Gegner wahrgenommen, nicht aber als Todfeind, und Sachargumente werden nicht „mit moralischen Geschützen aus dem politischen Diskurs hinweggefegt, sondern auch dann kritisch behandelt, wenn sie schmerzvoll weit vom eigenen Standpunkt entfernt sind."[43]

Dieser Umgangsmodus fußt auf einer Auffassung von Demokratie, wie sie beispielsweise von der Philosophin Chantal Mouffe vertreten wird. Zentral für Mouffes Anschauung von Demokratie ist das Konzept der Gegnerschaft, das sich vom Konzept der Feindschaft unterscheidet. Während das Feindschema alternierende Meinungen von Diskursen ausschließt, da es mit dem Bösen keinen Dialog geben kann und darf,[44] ist mit der Idee der Gegnerschaft die Vorstellung verbunden, dass Gegner ihre „politischen Konflikte innerhalb eines Rahmens geteilter (demokratischer) Prinzipien"[45] austragen. Mouffe bezeichnet diese Konflikte als agonistisch (agon, gr.: Wettkampf). Anders als deliberative Modelle für den politischen Konfliktfall, die auf Vernunft und Konsens setzen (so beispiels-

39   Ebd.
40   Vgl. a. a. O., 131 und vgl. Frick, M.-L., Zivilisiert streiten, 43.
41   Müller, J.-W., Was ist Populismus, 131.
42   Ebd.
43   Frick, M.-L., Zivilisiert streiten, 30–31.
44   Vgl. a. a. O., 31.
45   A. a. O., 29.

weise das Diskursprinzip von Jürgen Habermas[46]), sind agonistische Konflikte durch „Dissens und Einmütigkeit zugleich"[47] gekennzeichnet. Die politische Gemeinschaft bleibt erhalten, da die Gegner im Rahmen demokratischer Prinzipien miteinander wettstreiten (Einmütigkeit), zugleich wird der Konflikt nicht zugunsten von Konsensformulierungen abgedunkelt, sondern offengelegt und ausgedrückt (Dissens): „Kontrahenten bekämpfen einander, weil sie wollen, dass ihre Interpretation dieser Prinzipien hegemonial wird, stellen aber das legitime Recht ihrer Kontrahenten, für ihre Position zu streiten, nicht infrage. [...] Eine gut funktionierende Demokratie erfordert den Widerstreit demokratischer politischer Positionen. Mangelt es an diesem, so besteht die Gefahr, dass der demokratische Widerstreit durch eine Auseinandersetzung zwischen nicht verhandelbaren moralischen Werten oder essentialistischen Formen der Identifikation ersetzt wird."[48]

Wovor Mouffe warnt, ist in einigen der analysierten politische Predigten zu beobachten. Nicht selten wird dort moralisch postuliert statt gestritten. Oft wird, beispielsweise mit Verweis auf das Gleichnis vom barmherzigen Samariter, die Aufnahme von Asyl- und Schutzsuchenden als ein indiskutables, da göttliches Gesetz reklamiert. Das aus der Perspektive von Prediger*innen unverhandelbare Postulat der unbegrenzten Nächstenliebe überführt den politischen Diskurs in einen moralischen. Es diskreditiert Asylkritiker und -kritikerinnen zu Nicht-Christen und verunmöglicht damit eine Auseinandersetzung mit ihnen. Aus Kontrahent*innen, die für die eigene Position gewonnen werden könnten, werden so Feinde, die nicht mehr als Gesprächspartner in Frage kommen und damit der Neuen Rechten zugeschoben werden.

Andere Predigten bemühen sich um eine Auseinandersetzung mit Asylskeptikerinnen und -kritikern. Dieser Modus, der als zivilisiertes Streiten bezeichnet werden kann,[49] findet sich in jenen Predigten wieder, die sich einerseits klar von Rechtsextremen abgrenzen (diese sind Feinde), anderen Personen gegenüber, die anders denken als man selbst (als Kontrahent*innen verstanden) aber gesprächsbereit sind. Ebenso äußerte sich der damalige EKD-Ratsvorsitzende Heinrich Bedford-Strohm in seiner Rede zum Auftakt der dritten Tagung der 12. Synode der EKD im November 2016 in Magdeburg in Bezug auf den Umgang mit

---

[46] Das Diskursprinzip von Jürgen Habermas gründet auf der Vorstellung vernunftgeleiteter Debatten, in denen Argumente ausgetauscht werden, bis Unterschiede in Auffassungen ausgeglichen sind. Zentral für dieses Prinzip ist die „Idee der freien und vernunftgeleiteten Ausbildung des gemeinsamen Willens" (Habermas, J., Im Sog der Technokratie. Kleine Politische Schriften XII, Frankfurt a. M. 2013, 69, zitiert nach Frick, M.-L., Zivilisiert streiten, 26). Kritisiert wird an diesem vernunftzentrierten Konzept, dass es keine sicheren Kriterien der Vernunft gibt, so dass es zwangsweise dazu kommen muss, dass die einen den anderen die Vernunft absprechen, damit es nicht zu unvernünftigen Entscheidungen kommt. Die demokratische Entscheidungsfreiheit wäre damit ad absurdum geführt.

[47] Frick, M.-L., Zivilisiert streiten, 30.

[48] Mouffe, C., Agonistik. Die Welt politisch denken, Berlin 2014, 29.

[49] Vgl. dazu den Titel der Monographie von Marie-Luisa Frick: Zivilisiert streiten.

politischen Kontrahent*innen. Auch er unterschied zwischen Extremisten bzw. Volksverhetzern auf der einen und Bürger*innen, die „nachvollziehbare" Ängste haben, auf der anderen Seite und kommt damit jenen entgegen, die Zuwanderung skeptisch gegenüberstehen, während er zugleich dazu aufruft, Extremisten gegenüber „klare Kante" zu zeigen. Das Adjektiv „nachvollziehbar" markiert eine deutliche Distanz zur uneingeschränkten Anerkennung von Ängsten gegenüber Fremden. Leider bleibt dabei offen, welche Ängste als nachvollziehbar bewertet werden können. Auch liegt der Akzent nicht auf der Gesprächsbereitschaft, sondern auf der Abgrenzung nach rechts:

> „Für uns als Kirche ist klar, dass nachvollziehbare Ängste von Bürgerinnen und Bürgern ihren Raum, natürlich, ihren Raum in unseren öffentlichen Debatten in unserem Land haben können und haben müssen. Wenn 900.000 Menschen innerhalb nur eines Jahres zu uns kommen, um Schutz vor Terror und Krieg, Gewalt und dem Elend in ihren Herkunftsländern zu suchen, dann, dann ist damit auch für uns als reiches Land natürliche eine große Kraftanstrengung verbunden. [...] Wir müssen klare Kante zeigen gegenüber allen Versuchen, völkisches Gedankengut und rechtsextremistische Kampfrhetorik in unserem Land wieder salonfähig zu machen. Vorstöße in diese Richtung sind Versuche, das Wertesystem in unserem Land zu verschieben – weg vom christlich geprägten Universalismus der Menschenwürde, hin zu einem Nationalismus aus dem in unserer Geschichte nur Gewalt und Leid erwachsen ist. Wir müssen dem klar widersprechen. [...] Es geht nicht um Diskussionsverbote, um Hetzverbote geht es aber schon. Wer unter dem Deckmantel der Meinungsfreiheit gegen andere hetzt, der muss gestoppt werden."[50]

Auch die Orientierungshilfe der Evangelischen Kirche in Hessen-Nassau für Kirchenvorstände zum Umgang mit Rechtspopulismus, um ein weiteres Beispiel aus dem kirchlichen Raum zu nennen, empfiehlt ihren Adressat*innen, „Äußerungen und Kampagnen, die gruppenbezogene Menschenfeindlichkeit erkennen lassen"[51], keine Bühne zu bieten. Wohl aber wird dazu geraten, kritische Gespräche mit denen zu führen, die sich „im Raum der Kirche abwertend oder ausgrenzend verhalten". Dabei warnt die Schrift davor, sich aus falscher Toleranz heraus dazu verleiten zu lassen, „menschenfeindliche Äußerungen nicht deutlich genug zurückzuweisen", und empfiehlt zugleich, nicht in den Modus einer Abgrenzung zu verfallen, die Menschen „noch weiter in rechtsextreme oder rechtspopulistische Positionen" treibt. So legt die Orientierungshilfe eine

---

[50] Bedford-Strohm, H., Rede zum Auftakt der dritten Tagung der 12. Synode der EKD vom 6. November 2016 in Magdeburg, als Video veröffentlicht im Internet unter https://www.youtube.com/watch?time_continue=477&v=lta_btgciTM&feature=emb_title [Stand vom 1. April 2021, Transkript J. W.].

[51] Auch für das Folgende vgl. Kirchenleitung der Evangelischen Kirche in Hessen und Nassau (Hg.), Orientierungshilfe für Kirchenvorstände zum Umgang mit Rechtspopulismus, Darmstadt 2018, veröffentlicht im Internet unter https://unsere.ekhn.de/fileadmin/content/ekhn.de/download/intern/kirchenvorstand/demokratie/Orientierungshilfe_Rechtspopulismus_Kirchenvorstaende_EKHN.pdf [Stand vom 19. Februar 2020].

doppelte Grundhaltung nahe: „Die Person achten – menschenverachtende Äußerungen benennen und ihnen entgegentreten."

Für manche greift dieser Weg des Umgangs mit Asylkritikern und -gegnerinnen zu kurz, da er stets Gefahr läuft, auf fremdenfeindliche Ressentiments in gewisser Weise einzugehen und damit das Problem in der Mobilität von Menschen zu sehen, statt in vorgeordneten Problemen wie beispielsweise den negativen Auswirkungen, die die Existenz von Nationalstaaten mit sich bringt. So legt beispielsweise Heidrun Friese dar: „Mit dem Entstehen des modernen Nationalstaats [...] und dem Verständnis von Souveränität und Staatsbürgerschaft ist politische Mitgliedschaft, sind Rechte und Pflichten auch an ein Projekt gebunden, das die Einheit von Territorium, Gemeinschaft und nationale Identität gefordert hat."[52] Das Deutungsmuster ‚Nation' inkludiert zwangsweise Gegenbegriffe, die in einem asymmetrischen Verhältnis zueinanderstehen. Das Innen ist dem Außen übergeordnet, ebenso wie auch die Zughörigkeit der Nicht-Zugehörigkeit.[53] Statt aber die Forderung nach nationaler Identität und die Existenz von Staatsgrenzen samt ihrer Grenzregime grundlegend zu hinterfragen, um damit dem Menschenrecht auf Freizügigkeit gerecht zu werden,[54] würden mobile Menschen zum eigentlichen Problem erklärt. Dieser sehr weit reichende Ansatz, wonach Staatsgrenzen abgeschafft werden sollten um Einwanderung zu vereinfachen, wird in keiner der analysierten Predigten vertreten.

Dem Weg des zivilisierten Streitens, der die Interessen politischer Kontrahent*innen aufgrund demokratischer Prinzipien als legitim anerkennt, ist die Prämisse eingeschrieben, dass innerhalb der Gegner*innen eine Gruppe existiert, mit der die Auseinandersetzung lohnt. Es handelt sich um die Sympathisant*innen nationalistischen Denkens, d. h. um Personen, die sich (noch) nicht radikalisiert haben und daher noch für alternierende Erfahrungen und Meinungen zugänglich sind. Der Mittelweg kommt damit nicht auf der Hälfte zwischen Rechtsextremisten und Liberalen zum Stehen, sondern in der Mitte von Sympathisanten nationaler Geschlossenheit und Vertreter*innen einer liberalen Weltgesellschaft. Die Unterscheidung zwischen Extremisten einerseits und Personen mit sogenannten fremdenfeindlichen Ressentiments andererseits könnte damit – und sei es auch nur aus einer Klugheitslogik heraus, um ein bestimmtes politisches Ziel verfolgen zu können[55] – hilfreich sein. Deutlich wird in dieser Haltung das Bemühen, den demokratischen Prozess der öffentlichen Auseinandersetzung nicht abbrechen zu lassen und den Kontakt mit jenen nicht zu verlieren, die für den politischen Diskurs und für den christlichen Leitwert der Fremden- und Nächstenliebe noch gewonnen werden könnten.

---

[52] Friese, H., Flüchtlinge, 19.
[53] Vgl. Weiss, H., Ethnische Stereotype und Ausländerklischees, 18f.
[54] Vgl. Jahnel, C., Migration and Justice. Postcolonial Discourse on Migration as Challange and Partner for Theology, in: Bieler, A. (u. a. Hg.), Religion and Migration. Negotiating Hospitality, Agency and Vulnerability, Leipzig 2019, 41–60, 50–51.
[55] Vgl. Frick, M.-L., Zivilisiert streiten, 59.

Dem Mittelweg entsprechend können auch jene Stimmen in den analysierten Predigten interpretiert werden, die von „berechtigen Fragen" sowie „Ängsten" und „Sorgen" sprechen. Vermutlich steht hinter diesen Formulierungen das Bemühen, eine diplomatische Rhetorik zu pflegen, um so Kontrahent*innen zu erreichen, statt diese direkt als Rassisten zu markieren und damit zu diskreditieren, zu brüskieren und so die Möglichkeiten einer gewinnbringenden Auseinandersetzung zu zerstören.

Rassismen in diesem Bemühen aber nicht das Wort zu reden, erscheint als eine rhetorische Aufgabe, die zu bewältigen nicht immer leichtfällt (wie beispielsweise die Formulierung „weil Fremde schwierig sind" aus Predigt Nummer 5 deutlich macht). Fremdenfeindliches Gedankengut nicht zu bestätigen, sondern Asylkritiker*innen mit Asyl- und Schutzsuchenden in einen Kontakt zu bringen, der die politische Meinungsbildung im Sinne der Menschenrechte und christlichen Prinzipien vorwärtsbringt, ist eine große Herausforderung der Predigtpraxis.

4.   Sei ein Held! Erwartungen an die Hörer*innen der Predigt

Die Analyse der Identifikationsangebote für die Hörer*innen der Predigten hat gezeigt, dass sich allein die Heldenfiguren zur Identifikation eigenen. Es fällt leicht, sich in ihnen wiederzuerkennen, da sie durch ein positives Selbstbild gekennzeichnet sind. Die Held*innen werden empathisch und anpackend, vernünftig und spontan, sympathisch und glaubwürdig beschrieben. Exemplarisch dafür steht die Heldin Caroline aus Predigt Nummer 2:

> „Caroline wohnt auf dem Land in der Nähe von Passau. Eines Morgens sah sie in ihrem Vorgarten 17 Leute sitzen, die sie nicht kannte. [...] Nach einigen Augenblicken begriff sie, dass sie gerade zu Fuß über die österreichische Grenze gekommen und jetzt am Ende einer langen Flucht waren. Sie rief bei der Polizei an [...] und während alle auf das Eintreffen der Polizei warteten, schmierte sie für ihre Gäste Brote. ‚Nicht mit Schweinefleisch', fiel ihr ein, deshalb griff sie zum Nutellaglas" (Predigt Nummer 2).

Die Heldenfiguren wollen zu authentischer Christlichkeit anleiten. Dazu wird hochgehalten, wer bzw. was dem Gebot zur Fremden- und Nächstenliebe tatsächlich nachkommt. Gelobt wird die Figurengruppe Wir, wenn sie entsprechend tätig ist:

> „Unsere Landeskirche hat bei diesem Thema schnell reagiert: Die Gründung einer Flüchtlingskirche und die Bereitstellung von 500 000 € wurden im Herbst 2014 beschlossen und dann umgesetzt. Wir engagieren uns miteinander und füreinander, weil wir wissen: Wir sind aufeinander angewiesen" (Predigt Nummer 22). „In der

Diakonie unterscheiden wir nicht, ob Flüchtling oder Nicht-Flüchtling, sondern es
zählt nur der Hilfebedarf. [...] Der Mut und das Engagement zum Helfen wächst! [...]
Daher freuen wir uns, dass wir als Kirchenkreis und Diakonie gemeinsam einen Stel-
lenanteil gerade für die Koordination von Ehrenamtlichen in der Flüchtlingsarbeit
finanzieren können" (Predigt Nummer 11). „Mein Abendland hat tausende Ehrenamtliche, die der Not der Geflüchteten mit Taten begegnen statt mit Angstmache [...].
Hier leben vielleicht keine Heiligen, aber Kinder des Lichts ganz gewiss" (Predigt
Nummer 24).

Insgesamt lassen die Predigten selten Selbstgefälligkeit erkennen. Stattdessen
wird ein Erwartungshorizont aufgespannt, der deutlich macht, dass die Figurengruppe Wir das eigene Ideal noch nicht erreicht hat, wie die Predigten Nummer
2, 9, 13 und 17 belegen:

„Ich bin davon überzeugt, dass es auch für jeden von uns eine Aufgabe gibt, die wir
übernehmen und zeigen können, dass wir solidarisch mit den Flüchtlingen sind, die
in unserer Nähe wohnen. Dann sehen wir sie nicht nur auf Bildern im Fernsehen, im
Internet und in der Zeitung, sondern begegnen ihnen wirklich" (Predigt Nummer 2).
„Und doch ist für mich dann schon die Frage, welche Meinung wir als Christen da
vertreten, ob wir uns auf Stammtischparolen herablassen, oder ob wir Salz der Erde
und Licht der Welt sind, ob wir bürgerschaftliches Engagement zeigen und uns mit
unseren Gaben, Fähigkeiten, mit unserer Zeit und unserem Herzblut in der Flüchtlingsarbeit engagieren, so wie das in A[...], in E[...] und an vielen Orten unseres Landes
geschieht, und zwar oft im Verborgenen" (Predigt Nummer 9). „Sind wir als Gemeinde solch ein Brief? Wir haben große Kirchen mit hohen Kirchtürmen. Aber [...]
[s]ind wir als Brief noch öffentlich erkennbar und auch verstehbar?" (Predigt Nummer 13). „Wir würden unser Leben in alledem auf Glauben, Hoffnung und Liebe gründen. Und wir würden das niemandem verheimlichen. Wir würden allen sagen und es
mit unserer eigenen Existenz ausstrahlen, wie wunderbar es ist, aus dieser Kraft leben zu dürfen. So, liebe Gemeinde, so wäre das, wenn [...] wir nicht immer nur vom
‚christlichen Abendland' reden würden, sondern dieses große Wort ‚christlich' wirklich zur Basis unseres Lebens werden ließen!" (Predigt Nummer 17).

Getauft zu sein oder in den Gottesdienst zu gehen, stellt allein noch kein gutes
Zeugnis aus. Nicht alle, die der christlichen Religion angehören, gehören automatisch zu den Menschen guten Willens. Wohl aber werden sie als potentielle
Schlüsselfiguren in Bezug auf die Notlage der Geflüchteten und die Abwehr von
fremdenfeindlichem Denken angesprochen. Die Unterscheidung zwischen Pseu-
dochristen und authentischen Christen soll die Hörer*innen motivieren, echt zu
sein bzw. zu werden. Damit wird ein öffentliches Christentum als Maßstab gesetzt, das nicht dazu einlädt, sich saturiert zurückzulehnen, sondern dazu aufruft, hinaus zu gehen auf die Straße und sich PEGIDA entgegenzustellen. Auch
reicht es nicht aus, Mitgefühl mit Geflüchteten zu empfinden. Nur die helfende
Tat sowie das öffentlich hörbare Wort kennzeichnen das glaubwürdige Christentum. Folglich ist zu beobachten, dass die Predigten nicht bloß auf Gesinnung,
sondern auch auf Verantwortung zielen: die innere Haltung verpflichtet dazu,
für diese auch aktiv einzustehen.

Den Hörer*innen werden dabei keine „Elite-Helden" als Vorbilder angeboten. Damit unterscheiden sich die Ergebnisse dieser Studie von der Beobachtung der Studie Christiane Burbachs, wonach Predigthörer*innen permanent „mit ihrer moralischen Insuffizienz" konfrontiert werden, da ihnen Vorbilder angeboten werden, die jenseits der eigenen Lebenswirklichkeit liegen. Die Hörer*innen empfangen so die widersprüchliche Botschaft „Du sollst etwas, was du nicht kannst"[56]. In den von Burbach analysierten Predigten „zeigt sich ein deutlicher Hang zu solchen Helden, die in ihrem Handeln weit über die Möglichkeiten durchschnittlicher Gemeindeglieder hinausgehen."[57] In berühmten Personen wie Marin Luther King, Nelson Mandela, Rosa Luxemburg u. ä. begegnen der Hörerschaft herausragende Helden und nicht selten auch noch Märtyrer. Auf diese Weise, resümiert Burbach, „entsteht eine fast übermächtige Konfrontation mit Vorbildern, die Überragendes geleistet haben, und deren Handlungsweise für durchschnittliche Gemeindeglieder eher erdrückend als motivierend wirkt."[58] Besonders demotivierend wirken Vorbilder, die den Märtyrertod erlitten haben.

Die im Rahmen der vorliegenden Studie analysierten Predigten zeigen keinen Hang zu Elite- oder Superhelden auf. Die Vorbilder, die für den richtigen Umgang mit der sogenannten Flüchtlingskrise vorgestellt werden, entsprechen mehr den Held*innen des Alltags: Caroline schmiert Butterbrote, Tobias sitzt in seiner Studentenbude und im Gemeindehaus wird gekocht.[59] Bewusst nehmen manche Wirklichkeitserzählungen sogar Abstand von übergroßen Erwartungen und betonen stattdessen, dass jeder Christ innerhalb der eigenen, alltäglichen Lebenswirklichkeit, beispielsweise im Nahbereich der eigenen Nachbarschaft, Gutes tun kann, wie Predigt Nummer 2 und 22 exemplarisch belegen:

> „Ich bin davon überzeugt, dass es auch für jeden von uns eine Aufgabe gibt, die wir übernehmen und zeigen können, dass wir solidarisch mit den Flüchtlingen sind, die in unserer Nähe wohnen" (Predigt Nummer 2). „Denn es muss ja nicht jeder die Welt retten, sondern an dem kleinen Ort, wo ich bin, kann ich etwas tun" (Predigt Nummer 22).

Während übergroße Vorbilder dazu tendieren, die Hörerschaft zu überfordern und das Gefühl vermitteln, klein zu sein, können lebensnahe Vorbilder motivierend wirken und dazu anregen, tatsächlich Verantwortung zu übernehmen. Typisch für die analysierten Predigten dieser Studie ist damit die Verbindung von positivem Selbstbild mit nachahmbaren Vorbildern. Diese Kombination legt den Hörer*innen nahe, ein Held bzw. eine Heldin im Kleinen zu sein.

---

[56] Burbach, C., Das Weltbild politischer Predigten, 481.
[57] A. a. O., 479.
[58] A. a. O., 480.
[59] Die Heldin Marisa aus Predigt Nummer 2, stellt eine Ausnahme dar. Sie wird zur Märtyrerin. Doch handelt es sich beider dieser Figur eindeutig und für die Hörerschaft transparent gemacht, um eine fiktive Figur aus einem Spielfilm und nicht um eine reale Person wie Martin Luther King o. ä.

Zugunsten der Darstellung der Helden und Antihelden aber treten Geflüchtete in den Hintergrund. Allenfalls dient das Leiden der Flüchtlinge dazu, die moralische Integrität der Held*innen und die niederen Beweggründe der Antiheld*innen in Szene zu setzen: Am Opfer wird der Retter zum Helden. Als individuelle Menschen mit Namen und Biographien, mit Motivationen, Lebenserfahrungen und Hoffnungen, kommen Geflüchtete nur selten in den Blick.

5. „Die Flüchtlinge" und „die Anderen" – Die kritische Reflexion sprachlicher Präsentationen

Im Anschluss an Beobachtungen auf inhaltlicher Ebene steht im Folgenden die kritische Reflexion der sprachlichen Gestaltung der analysierten politischen Predigten im Vordergrund. Zentral geht es um die sprachliche Präsentation von Geflüchteten und politischen Kontrahent*innen: Wie werden Geflüchtete sprachlich dargestellt und welche Wirkung wird damit erzielt? Welche Art der Präsentation von Asyl- und Schutzsuchenden ist besser zu vermeiden, um nicht gegenläufige Effekte zu erzielen, und welche Art der Rede könnte sich stattdessen anbieten? Wie werden Personen, die eine andere Meinung vertreten, beschrieben und welche Wirkung wird damit erzielt? Wie können politische Kontrahent*innen angesprochen werden, um sie für einen politischen Diskurs zugunsten Asyl- und Schutzsuchender zu gewinnen? Ist eine Auseinandersetzung mit Personen, die von ‚Lügenpresse' und ‚verseuchtem Establishment' reden, überhaupt möglich? Welcher Predigtstil bietet sich an, wenn Sachargumente unter Umständen kein Gehör finden? Wie können politische Kontrahent*innen und Geflüchtete dargestellt werden, um der Ambition der Predigt gerecht zu werden? Wie also können Personen mit alternierenden Meinungen angesprochen und Geflüchtete sprachlich so präsentiert werden, dass damit die Akzeptanz gegenüber mobilen Menschen und tätige Nächstenliebe gegenüber Asyl- und Schutzsuchenden gestärkt werden kann?

Typisch für die Figurenkonstellationen innerhalb der analysierten Predigten ist die Darstellung der politischen Akteure in Form des Dramadreiecks. Der Hörerschaft der Predigt sowie allen Menschen guten Willens kommt die Rolle des Retters zu, den Asyl- und Schutzsuchenden die Opferrolle und denen, die sich gegen Zuwanderung oder die Asylpolitik aussprechen oder gar fremdenfeindliche Gewalttaten begehen, die Rolle des Täters. Ambivalenzfrei attribuiert werden Figuren geschaffen, denen gegenüber die Bewertung leicht fällt. Die Täter sind undankbar, herzlos oder dumm. Mit Blick auf rechtsextreme Straftaten sind sie durch und durch böse. Die Guten wiederum sind durch und durch gut

und die Opfer ausschließlich hilflos und bemitleidenswert. So lenkt die Predigtstimme die Wahrnehmung der Hörer*innen in eine eindeutige Richtung: Einzig
die Figur des Retters bietet sich zur Identifikation an.

Die sprachliche Präsentation der Retter, Täter und Opfer ist, so kann vermutet werden, mit der Absicht verbunden, die Akzeptanz gegenüber der Aufnahme
von Asyl- und Schutzsuchenden zu steigern, das diakonische Profil des Christentums und damit die Hilfe für Flüchtlinge zu stärken sowie fremdenfeindliches
und nationalistisches Denken abzuwehren. Doch ist zu beobachten, dass manche
sprachlichen Präsentationen von Asyl- und Schutzsuchenden dazu tendieren,
Ängste vor Fremden zu fördern und Ressentiments zu schüren, während die Darstellung von Personen, die eine andere Meinung vertreten als die der Predigtstimme, ins Abseits gedrängt werden, statt sie für einen politischen Diskurs zugunsten humanitärer Hilfe zu gewinnen.

Die folgenden Überlegungen nehmen sprachliche Präsentationen und die
dazugehörigen sozialen Imaginationen in den Blick, mit denen Flüchtende zu
Opfern bzw. zu einer Bedrohung stilisiert und politische Kontrahent*innen als
dumm und kaltherzig abgestempelt werden. Es wird gezeigt, wie stereotype
Figuren unaufhörlich Differenzen produzieren und damit gute Absichten unter-
laufen. Den Betrachtungen der einzelnen Figurengruppen sind grundsätzliche
Überlegungen aus sprach- und diskurskritischer Perspektive voranzustellen.

Worte sind immer auch Taten. Sprache schafft soziale Fakten. „[I]ndem wir
sprechen, handeln wir.“[60] Sprechen bildet Wirklichkeit nicht einfach ab, sondern
gestaltet diese, d. h. „wir sprechen nicht nur über die Welt, sondern konstituie-
ren unsere Welt als eine soziale Welt auch durch unser Reden“[61]. Beachtenswert
daran ist, dass Kommunikation das Soziale nicht nur hervorbringen, sondern
auch zerstören kann. Wer spricht, kann jemandem etwas antun, kann mit Worten stigmatisieren und diskreditieren, verspotten und bloßstellen. Sprache stellt
damit keinesfalls das Gegenteil von Gewalt dar, sondern trägt auch das Potenzial
in sich, selbst gewalttätig und verletzend zu wirken.

Einer sprachlichen Äußerung ist ihre zerstörerische Wirkung nicht objektiv
zu entnehmen. Die Pragmatik der Äußerung – *wer* also zu *wem* unter *welchen*
Umständen was und vor allem: *wie* gesagt hat“[62] – entscheidet über die Verlet-
zungsdimension der Rede. In Bezug auf die Predigtsituation ist festzustellen,
dass es sich um eine asymmetrische Kommunikationssituation handelt. Die Rednerin steht (zumeist) auf der Kanzel und damit schon räumlich höher als ihre
Zuhörer*innen. Diese befinden sich durch das spezifische Predigtsetting in der
Rolle der Schweigenden. Spontane Zwischenrufe oder Widersprüche von Seiten

---

[60]   Krämer, S., Sprache als Gewalt, 32. Im Anschluss an John Langshaw Austins Abhandlung
       „How to Do Things with Words“ haben insbesondere John Searls Sprechakttheorie und die
       Kommunikationstheorie von Jürgen Habermas darüber aufgeklärt, dass Sprechen die so-
       ziale Welt konstituiert.
[61]   Ebd.
[62]   A. a. O., 35 [Hervorhebung im Original].

der Gemeinde sind in der volkskirchlich geprägten Gottesdiensttradition in
Deutschland nicht erwartbar. Die Hörer*innen sind Predigenden in gewisser
Weise ausgeliefert und damit auch in besonderem Maße verwundbar. Zwar
könnten sie den Gottesdienst verlassen und damit ihren Protest signalisieren,
zumeist aber akzeptiert oder erduldet die Gemeinde die gegebene Situation und
hört die Predigt an, ohne Widerstände zu signalisieren oder sich gegen sprachliche Gewalt direkt zu wehren. Das Amt, das Prediger*innen innehaben und
ihnen geistliche Autorität verleiht, verschärft die asymmetrische Konstellation.
Schnell können sich Hörer*innen gescholten und wie von oben herab behandelt
fühlen und durch Worte verletzt werden.

Gewiss, man kann nur mit einem Stein, nicht aber mit dem Wort Stein eine
Scheibe einschlagen.[63] Dennoch ist Gewalt nicht auf Handgreiflichkeit angewiesen. Auch Worte bergen eine destruktive Kraft. So wie Gewalt neben der physischen auch eine symbolische Dimension aufweist, ist auch eine Person durch
einen zweifachen Körper gekennzeichnet: Sie ist „zugleich physisch-leiblicher
wie auch sozial-symbolisch konstituierter Körper."[64] Aufgrund dieser „Doppel-
körperlichkeit"[65] können Personen auch durch Worte verletzt und verdrängt,
missachtet und so zum Verstummen gebracht werden. Anschaulich wird die
Verletzbarkeit durch Worte in der alltagssprachlichen Formulierung, die davon
spricht, ‚das Gesicht verlieren' zu können. Die Metapher vom Gesichtsverlust bezieht sich auf die sozial-symbolische Dimension des Körpers. In ihr wird ausgedrückt, dass das Gesicht, verstanden als das öffentliche (Selbst-)Bild einer Person, beschädigt werden kann: „[T]he phrase ‚to lose face' seems to mean to be in
wrong face, to be out of face or to be shamefaced."[66] Alle[67] Mitglieder einer Gesellschaft haben ein symbolisches Gesicht, welches das Selbstbild nach außen
darstellt und dazu einerseits von der gesichtstragenden Person selbst gepflegt
wird (welches Bild gebe ich nach außen ab?) und andererseits auf die Wertschätzung und Anerkennung durch andere angewiesen ist und somit auch von außen
gepflegt wird (Bestätigung des Selbstbildes). „Das Gesicht ist folglich etwas, in
das emotional investiert wird, das verloren, erhalten oder vergrößert werden
kann und auf das in Interaktionen stets geachtet werden muss."[68] Erving Goffman spricht in diesem Zusammenhang von face-work, also von einer Arbeit, die

---

[63] Vgl. a. a. O., 37.
[64] A. a. O., 36.
[65] A. a. O., 37.
[66] Goffman, E., On face-work. An analysis of ritual elements in social interaction, in: Psychia-
       try 18 (1955), 213–231, wiederabgedruckt in: Goffman, E., Interaction ritual. Essays on face-
       to-face interaction, Chicago 1967, 5–45, 9.
[67] Brown und Levinson räumen ein, dass beispielsweise Personen mit schweren geistigen Be-
       hinderungen oder Unzurechnungsfähige teilweise davon ausgenommen sind, vgl. Brown,
       P. und Levinson, S. C., Gesichtsbedrohende Akte, in: Herrmann, S., Krämer, S., Kuch, H.
       (Hg.), Verletzende Worte. Die Grammatik sprachlicher Missachtung, Bielefeld 2007, 59–88,
       59.
[68] A. a. O., 60.

dazu dient, das Gesicht zu wahren und Gesichtsbedrohendes abzuwehren: „By face-work I mean to designate the actions taken by a person to make whatever he is doing consistent with face. Face-work serves to counteract ‚incidents' – that is, events whose effective symbolic implications threaten face."[69]

In der Regel wahren Personen voreinander das Gesicht und kooperieren dazu mit dem Selbstbild des Gegenübers (Imagekooperation).[70] Dazu gehört einerseits, das Bedürfnis des Gegenübers auf Lebensraum und Besitz, Willens- und Handlungsfreiheit zu achten (sogenanntes negatives Gesicht) und dementsprechend höflich zu agieren und eine respektvolle Distanz zu wahren, die diesem Bedürfnis Raum lässt. Andererseits gehört dazu, Anerkennung und Wertschätzung zu gewähren und damit das Selbstbild (sogenanntes positives Gesicht) des Gegenübers zu bestätigen, d. h. der Person das zu geben, was sie sich wünscht und benötigt. „Das schließt insbesondere das Begehren ein, angenommen, verstanden, bestätigt, gemocht oder bewundert zu werden."[71]

Im Gegenüber zu Interaktionen, die Anerkennung zollen und Wertschätzung kommunizieren, stehen jene Akte (verstanden als das, „was durch eine verbale oder nonverbale Kommunikation beabsichtigt wird"[72]), die den „Gesichtsbedürfnissen"[73] des Gegenübers widersprechen. Sie können das (Selbst-)Bild beschädigen und verletzen. In Bezug auf das sogenannte negative Gesicht wirken Sprechakte verletzend, die Zwang oder Druck ausüben und damit die persönliche Willens- und Handlungsfreiheit einschränken (wie Befehle, Mahnungen oder Drohungen, aber auch Ratschläge oder Versprechungen). Das positive Gesicht wird durch solche Akte bedroht, die anzeigen, dass sich der Sprecher oder die Sprecherin nicht für die Bedürfnisse und Gefühle des Gegenübers interessiert. Dazu zählen „Ausdrücke der Missbilligung, der Kritik, der Geringschätzung oder des Spotts, Beschwerden und Tadel, Anschuldigungen und Beleidigungen"[74]. Hinzu zählen auch Akte, die signalisieren, dass sich der Sprecher bzw. die Sprecherin nicht um das positive Gesicht der Adressierten kümmert und damit Gleichgültigkeit gegenüber dem Selbstbild kommuniziert (wie beispielsweise

---

[69]   Goffman, E., Interaction ritual, 12.

[70]   Vgl. Karle, I., Praktische Theologie (Lehrwerk Evangelische Theologie 7), Leipzig 2020, 178 mit Verweis auf Goffman, E., Interaktionsrituale. Über Verhalten in direkter Kommunikation, Frankfurt a. M. ⁴1996, 35ff.

[71]   Brown, P. und Levinson, S. C., Gesichtsbedrohende Akte, 61. Zur Veranschaulich wählen Brown und Levinson folgendes Beispiel: „Frau B ist eine leidenschaftliche Gärtnerin. Sie verwendet einen Großteil ihrer Zeit und Mühe auf ihre Rosen. Sie ist stolz auf ihre Rosen und hat es gerne, wenn diese von anderen bewundert werden. Sie ist hoch erfreut, wenn Besucher sagen ‚Oh, was für hübsche Rosen! Ich wünschte, unsere würden so aussehen! Wie machen sie das nur?' und damit implizieren, dass sie genau das wollen, was Frau B gewollt und erreicht hat", ebd.

[72]   A. a. O., 64f.

[73]   A. a. O., 64.

[74]   A. a. O., 66.

heftige Ausdrücke von Emotionalität, die angsteinflößend wirken, oder respekt-
lose Bemerkungen, die das Wertesystem des Gegenübers ignorieren). Auch Ignoranz, als bewusste Nicht-Aufmerksamkeit, kann gesichtsbedrohend wirken.
Sie verwehrt dem Gegenüber das existentielle Bedürfnis, wahrgenommen bzw.
gesehen zu werden.

Neben diesen gesichtsbedrohenden Akten sind innerhalb der Grammatik
verletzender Rede drei Mechanismen bzw. Funktionsklassen beobachtbar: Der
Beginn diskriminierender Rede liegt in der Unterscheidung von ‚Wir' und ‚Sie'
(bzw. von ‚Wir' und ‚die Anderen'). Dieser Trennungsakt, der auch als ‚Othering',
d. h. als Andersmachung, bezeichnet wird, scheidet eine Gruppe ‚Eigener' von
denen, die nicht dazu gezählt werden. Die durch diese Differenzierung hergestellte Distanz wird mithilfe von Differenzpostulaten ausgebaut. Stereotype bzw.
Kategorisierungen nivellieren den Facettenreichtum eines Individuums zugunsten einer simplen Ontologie. Der dritte Mechanismus dient der Herabsetzung
bzw. Abwertung, indem die verwendeten Stereotype eindeutig negativ konnotiert sind. Die Grammatik der Verletzung ist damit gekennzeichnet durch den
Dreischritt aus Trennung, Stereotypisierung und Abwertung.[75]

5.1   Die sprachliche Präsentation der Asylkritiker*innen

In Bezug auf die sprachliche Präsentation der Täterfiguren ist vielen Predigten
die Intention abzulesen, die tätige Nächstenliebe für Asyl- und Schutzsuchende
als Kernmerkmal christlicher Identität zu profilieren und damit zugleich Fremdenfeindlichkeit abzuwehren. Während den Rettern politischer Weitblick, Em-
pathiefähigkeit und echtes Christsein zugeschrieben werden, werden denen, die
die sogenannte Willkommenskultur nicht befürworten oder unterstützen, nie-
dere Beweggründe sowie emotionale und intellektuelle Defizite unterstellt (wie
Raffgier und Egoismus, Kaltherzigkeit und ein beschränkter Horizont, beispielsweise in Predigt Nummer 2, 12 und 16).

Diese sprachliche Darstellung politischer Kontrahent*innen aber kann verletzend wirken und erscheint daher kaum dazu geeignet, eine Meinungsände-
rung anzuregen oder den politischen Diskurs zugunsten von Asyl- und Schutzsuchenden zu stärken. Stattdessen ist damit zu rechnen, dass sich die so darge-
stellte Person diffamiert und ausgeschlossen bzw. diskriminiert fühlt und daher
das Gespräch verlässt und sich fortan nur noch mit denen austauscht, die die
eigene Meinung bestätigen, oder gänzlich zum Verstummen gebracht wird bzw.
den Raum politischer Argumente erst gar nicht mehr betritt.[76]

---

[75]   Vgl. Graumann, C. F. und Wintermantel, M., Diskriminierende Sprechakte, 147–177 und
Krämer, S., Sprache als Gewalt, 43–44.
[76]   Vgl. Frick, M.-L., Zivilisiert streiten, 59.

In der Beschreibung von Asylkritiker*innen treten einige der eingangs vorgestellten Mechanismen verletzender Grammatik zu Tage. Zuerst wird zwischen Wir und Sie (bzw. zwischen Wir und den bzw. die Anderen) unterschieden. Durch diesen Trennungsakt werden Asyl- und Migrationskritiker zu Anderen bzw. Andersartigen erklärt und von der Gruppe Wir separiert. Darüber hinaus wird die hergestellte Distanz mithilfe von Differenzpostulaten weiter ausgebaut, wobei Stereotype bzw. Kategorisierungen die Vielgestaltigkeit von Individuen zugunsten einer einfachen Seinslehre einebnen (so beispielsweise die Rede von den Kaltherzigen und Engstirnigen aus Predigt Nummer 16). Auch eine Herabsetzung durch den Gebrauch eindeutig negativ konnotierter Attributionen tritt zu Tage (beispielsweise „Wort-Verführer" in Predigt Nummer 25 oder „innerliche Versteppung" in Predigt Nummer 6). Die Unterscheidung ‚Anderer' von der eigenen Gruppe und die abwertende Rede über ‚die Anderen' wird insbesondere daran augenfällig, dass nicht mit den politischen Kontrahent*innen gesprochen wird, sondern über sie:

> „[Der] Hauptstadtredakteur des Bayerischen Rundfunks [...] hat nach den Krawallen im sächsischen Heidenau sehr grundsätzlich Stellung genommen [...]. Hören Sie eine[n] Teil seines Kommentars: ‚Es reicht nicht, wenn der Bundespräsident und die Kanzlerin die rechtsradikalen Krawalle in Freital oder Heidenau als beschämend und abstoßend verurteilen. Joachim Gauck und Angela Merkel müssen vor allem zu denen sprechen, die den Krakeelern und Steinewerfern unbewusst Rückhalt geben [...]. Zu den vielen Leuten in deutschen Wohnzimmern, an Stammtischen, oder in manchen Parteizentralen. Die vor sich hin grummeln: So langsam reicht's mit den Flüchtlingen.' [...] [I]ch stimme dem Autor nicht ganz zu. Für die Kanzlerin und den Bundespräsidenten allein wäre es eine nicht zu leistende Aufgabe, ‚denen' zu sagen, dass sie falsch liegen. Die Aufgabe fällt an alle Menschen guten Willens" (Predigt Nummer 6).

Das Predigtbeispiel macht deutlich, dass die Predigtstimme nicht mit Personen spricht, die ein Problem mit Migration bzw. der üblichen Asylpraxis haben, sondern über sie. Zudem werden ‚die Guten' von ‚den Bösen' auf zweierlei Ebene abgesondert: Außen sind jene, die weder örtlich (Kirchenraum) noch in Bezug auf ihre Gesinnung Teil der Menschen guten Willens sind. Im Umkehrschluss sind diese Leute „in deutschen Wohnzimmern, an Stammtischen, oder in manchen Parteizentralen" die abweichenden Anderen bösen Willens, denen nicht einmal bewusst ist, dass sie Gewalttäter unterstützen, womit sie den Menschen guten Willens nicht nur moralisch, sondern auch intellektuell untergeordnet sind. Rechtsradikale und Leute am Stammtisch werden damit relativ unterschiedslos einer Kategorie zugeordnet.

Die in einigen der analysierten Predigten zu Tage tretende verächtlichmachende Sprache kann als bewusst gewählte Demarkationsmaßnahme gewertet werden. Die Predigtstimme zeigt in diesem Falle die sogenannte „klare Kante"[77].

---

[77]   Vgl. beispielsweise Bedford-Strohm, H., Rede zum Auftakt der dritten Tagung der 12. Synode der EKD vom 6. November 2016 in Magdeburg, als Video veröffentlicht im Internet

Sie disqualifiziert Fremdenfeinde und stärkt damit zugleich das Selbstbild der eigenen Gruppe, das sich durch Rechtschaffenheit auszeichnet. Entsetzen und Wut sowie Gefühle von Hilflosigkeit und Ekel, welche offensichtlich bei vielen Predigtstimmen durch die schiere Existenz von Rechtsradikalismus und Xenophobie hervorgerufen werden, können diese Rhetorik erklären. Sie hat die Funktion, ein bestimmtes Denken und Handeln zu missbilligen, Grenzen zu ziehen, Distanz herzustellen und damit die eigene Position zu profilieren. Durch die Unterscheidung von Ingroup und Outgroup wird eine strukturelle Ordnung geschaffen. Angesichts einer komplexen politischen Situation und einer Vielzahl an Handlungsmöglichkeiten wird vereindeutigt, was als richtig gilt und was nicht. Mithilfe der positiven Akzentuierung der eigenen Gruppe steigt überdies der Wert der Ingroup im Vergleich zu dem der Outgroup, was die eigene soziale Identität stärkt (Selbstwertsteigerung).[78]

Doch Ausgrenzung stellt keine Lösung des Problems dar. Gewiss gibt es eine rote Linie jenseits derer, beispielsweise in Fällen von Volksverhetzung, das Strafrecht greift. In allen anderen Fällen ist aber mit Personen, die eine divergierende Meinung vertreten, zu reden, statt sie aus einer Warte moralischer Überlegenheit hinaus zu degradieren.[79] So steht auch die politische Predigt gegenwärtig vor der Herausforderung, sich mit rechtskonservativen Positionen auseinanderzusetzen. Gefordert ist eine pluralismusfähige Toleranz auf der Kanzel. Diese Toleranz „erträgt" (lat.: tolerare) die Auseinandersetzung. Sie nimmt ernst, dass es gegenteilige Meinungen in dem Sinne gibt, dass die entgegengesetzte Position als Herausforderung angenommen wird, die eigene Position argumentationsstark zu vertreten. Angesichts wachsender Sympathien für rechtskonservative Überzeugungen steht die politische Predigt konkret vor der Herausforderung, sich mit nationalistischen Ansprüchen, vermeintlichen und tatsächlichen Ängsten und Ressentiments gegenüber Zuwanderung und den Ursachen von Fremdenfeindlichkeit auseinanderzusetzen, statt diese zu tabuisieren. So verstanden hat Toleranz nichts mit Laisser-Faire oder Laisser-Dire zu tun. Zur Toleranz gehört auch der Streit, da Toleranz immer auch eine Grenze der Toleranz beinhaltet: Toleranz ist nur da gefragt, wo divergierende Positionen bestehen. Umgekehrt wird Toleranz dort nicht benötigt, wo alles einerlei ist.[80] „Zweifellos gibt es das – eine Grenze der Toleranz. [...] Wer dem Hass das Wort redet, den oder die versuchen wir in ihren propagandistischen Möglichkeiten zu begrenzen. Eine grenzenlose Toleranz gefährdet sich selbst."[81] Ehe diese Grenze aber erreicht ist, gilt es, sich auseinanderzusetzen und politische Kontrahent*innen für die eigene Position zu gewinnen, statt nichts mehr von ihnen zu erwarten.

---

unter https://www.youtube.com/watch?time_continue=477&v=lta_btgciTM&feature=emb_title [Stand vom 15. Januar 2018, Transkript J. W.].

[78] Vgl. Graumann, C. F. und Wintermantel, M., Diskriminierende Sprechakte, 151.

[79] Vgl. Müller, J.-W., Was ist Populismus, 131.

[80] Vgl. Grözinger, A., Toleranz und Leidenschaft, 140.

[81] A. a. O., 141.

Aus sprach- und diskurskritischer Perspektive ist zudem darauf hinzuweisen, dass diffamierendes Reden zur selbsterfüllenden Prophezeiung werden kann und unter Umständen gedanklichen Mustern folgt, die eigentlich bekämpft werden sollten. Wer andere als kaltherzig oder ignorant, als egoistisch oder engstirnig bezeichnet, muss damit rechnen, dass sich die so Bezeichneten mit dieser Zuschreibung identifizieren. Anschaulich wird diese Wirkung diskreditierender und die gute Absicht unterlaufender Rede beispielsweise an einem Vorfall, der sich zwischen dem ehemaligen Vizekanzler Sigmar Gabriel und gewaltsam protestierenden Asylgegnern zugetragen hat. Anlass der Diffamierung waren krawallartige Ausschreitungen vor einem Notquartier in Heidenau im August 2015. Nach den fremdenfeindlich motivierten Unruhen besuchte Gabriel Heidenau und erklärte:

> „Kein Millimeter diesem rechtsradikalen Mob. Bei uns zuhause würde man sagen, das ist Pack, das sich hier rumgetrieben hat. [...] Das sind Leute, die haben mit Deutschland nichts zu tun. [...] Die halten sich ja für die Vertreter des wahren Deutschland. In Wahrheit sind das die undeutschesten Typen, die ich mir vorstellen kann. Für die gibt's nur eine Antwort: Polizei, Staatsanwaltschaft und nach Möglichkeit für jeden, den wir da erwischen, auch Gefängnis."[82]

Mit seiner Stellungnahme dreht Sigmar Gabriel den Spieß um. Während die Asylgegner von den Asyl- und Schutzsuchenden behaupten, diese gehörten nicht zu Deutschland, „unterzieht Gabriel nun die ‚Typen' (den ‚Mob', das ‚Pack') ausführlich derselben Prozedur."[83] So werden diejenigen, die andere ausschließen, selbst ausgeschlossen. Über den Gebrauch der Zuschreibung „Pack" knüpft die Stellungnahme überdies an ein Vokabular an, das zur Zeit des Nationalsozialismus üblich war, um Undeutsches zu markieren und zu ächten (Arbeiterpack, Diebespack, Hurenpack, Judenpack, Zigeunerpack u. a.). Ursprünglich bezeichnet der Begriff Pack eine Gruppe gemeinsam jagender Tiere, das den unbedingten Willen zeigt, Beute zu machen. Das Pack ist daher gefährlich: „Es zieht [...] von einer Beute zur nächsten, weil es nicht – wie Zivilisierte – Vorräte anlegen, d. h. durch Arbeit kumulieren kann. Kurz: Die Mitglieder des ‚Packs' lauern

---

[82]   Aus einer Rede Sigmar Gabriels vom August 2015, Transkript von: https://www.youtube.com/watch?v-WCtAKoLyJmM, zitiert nach: Jobst, P., „... das ist Pack, das sich hier umgetrieben hat". Sigmar Gabriel, SPD-Vorsitzender, am 24. August 2015 zu Migration und Flucht, in: DISS-JOURNAL 30 (2015), veröffentlicht im Internet unter: https://www.diss-duisburg.de/2015/11/das-ist-pack-das-sich-hier-rumgetrieben-hat/, 1f. [Stand vom 28. September 2023].

[83]   Jobst, P., „... das ist Pack, das sich hier umgetrieben hat". Sigmar Gabriel, SPD-Vorsitzender, am 24. August 2015 zu Migration und Flucht, in: DISS-JOURNAL 30 (2015), veröffentlicht im Internet unter: https://www.diss-duisburg.de/2015/11/das-ist-pack-das-sich-hier-rumge trieben-hat/, 2 [Stand vom 5. Juni 2018].

und rauben und leben von ‚anderen'.“[84] Mit der Zuschreibung „Pack" hat Gabriel die Randalierer damit „als kriminell und ‚asozial' abgesteckt.“[85]

Der binäre Code aus ‚deutsch' und ‚undeutsch' hat auch Auswirkungen auf diejenigen, die durch die Rede eigentlich in Schutz genommen werden sollten: die Asyl- und Schutzsuchenden. Nicht Menschenrechte stehen im Mittelpunkt der Stellungnahme, sondern die Frage danach, was deutsch ist und was nicht. Immigrant*innen werden so mit einer Idee von der Welt konfrontiert, in der sie zwischen den beiden Kategorien zu wählen haben. Einerseits gibt es das Deutschsein und andererseits das Undeutschsein. Die Rede bedient und verfestigt die Idee von einer Welt, in der es Deutsches und Undeutsches gibt und so verhaken sich reziproke Zuschreibungen in der Logik der Dehumanisierung, die sie eigentlich bekämpfen wollen.[86]

Die Zuschreibung wirkt darüber hinaus weiter. Als Angela Merkel zwei Tage nach Sigmar Gabriels Besuch ebenfalls Heidenau besucht, rufen die dortigen Demonstranten „Wir sind das Pack!" (mittlerweile gab es, Fan-Artikeln gleich, T-Shirts mit demselben Aufdruck zu kaufen). Die externe Zuschreibung hatte sich im Sinne einer selbsterfüllenden Prophezeiung zur Selbstbeschreibung gewandelt. So labeln und etikettieren sich sogenannte Gutmenschen einerseits und sogenanntes Pack andererseits gegenseitig und in Abgrenzung voneinander, während Asyl- und Schutzsuchende als Statisten im Hintergrund des Streits stehen.

Ähnlich verhält es sich mit vielen der analysierten Predigten. Rechtspopulismus und Xenophobie stehen oftmals im Vordergrund der Auseinandersetzung und drängen dann Asyl- und Schutzsuchende ins Abseits. Zudem werden Geflüchtete sprachlich nicht so präsentiert, dass sie zur Identifikation einladen. Mit Blick auf die sprachliche Präsentation von Kontrahent*innen ist festzuhalten: Die Predigt stellt eine besondere Kommunikationssituation dar. Die Zuhörer*innen sind dem Redner bzw. der Rednerin in einem gewissen Sinne ausgeliefert. Daher ist ein sensibler Gebrauch von Sprache und damit auch eine kritische Reflexion der sprachlichen Präsentation von Figuren bzw. Personen geboten. Mit der Absicht, die Solidarität aller Menschen untereinander stärken zu wollen, stehen Prediger*innen vor der Herausforderung, die eigene politische Meinung so darzustellen, dass sie ihrer Verantwortung als Christenmensch und als demokratischer „Mit-Souverän"[87] gerecht werden. Daher hat die Äußerung der eigenen Meinung derart zu erfolgen, dass die „Souveränität der anderen Mit-Souveräne nicht beschädigt"[88] wird. Auch wenn es gegenüber anderen Meinungen manchmal schwerfällt, geht damit die Zustimmung einher, dass zunächst einmal

---

[84]   A. a. O., 3 [Stand vom 5. Juni 2018].
[85]   Ebd. [Stand vom 5. Juni 2018].
[86]   Vgl. a. a. O., 2 [Stand vom 5. Juni 2018].
[87]   Frick, M.-L., Zivilisiert streiten, 63.
[88]   A. a. O., 64.

alle Menschen grundsätzlich das Recht haben, an Diskussionen teilzunehmen. Insgesamt erscheint es empfehlenswert, mit Kontrahent*innen zu reden, statt über sie.

Nach dem Grundsatz der zivilisierten Gegnerschaft sind Äußerungen zu unterlassen, die das Gegenüber kränken, beleidigen oder verhöhnen und damit zum Verstummen bringen oder dazu verleiten, den humanitären Diskurs zu verlassen und sich stattdessen (noch mehr) der Rechten zuzuwenden. Gewiss gibt es besondere Situationen, in denen die Ausgrenzung bestimmter Personen, da sie bestimmte Taten begehen oder bestimmte Reden halten, geboten erscheint, um christlichen Kernüberzeugungen gerecht zu werden.[89] Zugleich ist aber vor der Tendenz zu warnen, alle Personen, die nicht die eigene Meinung teilen, aus der Gruppe der ‚echten' Christenmenschen auszuschließen.

5.2   Die sprachliche Präsentation von Asyl- und Schutzsuchenden

In Bezug auf die sprachliche Präsentation von Geflüchteten sind ähnliche Mechanismen zu beobachten wie bei der Präsentation von Asylkritikern und -gegnerinnen. Zuerst fällt auf, dass in den bisher analysierten Predigten grundsätzlich über Asyl- und Schutzsuchende gesprochen wird, statt sie für sich selbst sprechen zu lassen – sei es, indem betreffende Personen die Kanzel betreten und ihre eigene Sicht der Dinge darlegen oder sei es im Modus der figurengebundenen Mitsicht innerhalb von Narrationen.

Zudem ist festzustellen, dass Asyl- und Schutzsuchende, die in der Zeit der sogenannten Flüchtlingskrise nach Deutschland bzw. Europa kamen, in den analysierten Predigten stets „die Flüchtlinge" genannt werden. Diese Bezeichnung aber ist aus verschiedenen Gründen problematisch. Die Rede von ‚den Flüchtlingen' birgt ein Labeling, das eine Tendenz zur Stigmatisierung aufzeigt und Personen in eine passive Außenseiterrolle zwängt.[90] Auch geht das Flüchtlingslabel mit einer Depersonalisierung und Verdinglichung von Menschen einher, die

---

[89]   „Der Widerstand gegen die Apartheid in Südafrika oder der Widerstand gegen das Hitlerregime mit seinen Gräueltaten waren eindeutige Bekenntnissituationen, in denen die politische Predigt als Kritik an den herrschenden Verhältnissen evident und zwingend war." Karle, I., Herausforderungen politischer Predigt, 1001.

[90]   Vgl. Krause, U., It Seems You Don't Have Identity, You Don't Belong. Reflexionen über das Flüchtlingslabel und dessen Implikationen, in: Zeitschrift für nationale Beziehungen, 23/1 (2016), 8–37, 8.
Die Problematisierung des Begriffs Flüchtling ist nicht neu. Kritik am Begriff findet sich schon in dem von Hannah Arendt verfassten Essay „We Refugees", wie Jonathan Spanos in seiner Studie zur Rolle des Protestantismus in den Debatten um die Gewährung von Asyl darlegt. Vgl. Spanos, J., Flüchtlingsaufnahme als Identitätsfrage, 36.

nicht dazu geeignet ist, vor dem inneren Auge echte, facettenreiche Menschen lebendig werden zu lassen, zu denen eine Beziehung aufgebaut werden könnte. Zuletzt evoziert der Gebrauch großer und diffuser Begriffe wie „die Flüchtlinge" nicht selten auch Bedrohungsgefühle, wodurch die Intention einer Predigt konterkariert werden könnte.

Juristisch ist der Begriff Flüchtling eng gefasst. Demnach ist nicht jede und jeder, die und der aus Not heraus in ein anderes Land geht, ein Flüchtling. Laut Asylrecht umfasst der Begriff ausschließlich Personen, die nach der Genfer Flüchtlingskonvention nach Abschluss eines Asylverfahrens den Flüchtlingsschutz erhalten. Gemäß dem Abkommen über die Rechtsstellung von Flüchtlingen aus dem Jahr 1951 (sogenannte Genfer Flüchtlingskonvention), ergänzt durch das Protokoll über die Rechtsstellung der Flüchtlinge aus dem Jahr 1967, ist völkerrechtlich verbindlich geregelt, wer als Flüchtling gilt. Ein Flüchtling ist laut Artikel 1 (a, 2) des Abkommens eine Person, die „aus der begründeten Furcht vor Verfolgung wegen ihrer Rasse, Religion, Nationalität, Zugehörigkeit zu einer bestimmten sozialen Gruppe oder wegen ihrer politischen Überzeugung sich außerhalb des Landes befindet, dessen Staatsangehörigkeit sie besitzt, und den Schutz dieses Landes nicht in Anspruch nehmen kann oder wegen dieser Befürchtungen nicht in Anspruch nehmen will"[91] und daher jenseits des Herkunftslandes Schutz sucht. Als anerkannter Flüchtling (Konventionsflüchtling) gilt, wem aus diesen Gründen heraus Flüchtlingsschutz gewährt wird.

Nicht als Flüchtling anerkannt und doch schutzberechtigt sind Personen, die aus anderen als den in der Genfer Flüchtlingskonvention genannten Gründen Schutz suchen. So sind Naturkatastrophen, Kriege und Armut zwar keine durch die Genfer Konvention anerkannten Fluchtgründe, zugleich aber verbietet das *Aufenthaltsgesetz,* welches die Ein- und Ausreise und den Aufenthalt von Ausländern in Deutschland regelt, eine Abschiebung, wenn „die Rückführung in den Zielstaat eine Verletzung der Europäischen Konvention zum Schutz der Menschenrechte und Grundfreiheiten (EMRK) darstellt oder dort eine erhebliche konkrete Gefahr für Leib, Leben oder Freiheit besteht"[92] (§ 60, V und VII, AufenthG). Die Betroffenen sind schutzberechtigt. Entsprechend des Asylgesetzes § 4 Abs. 1 wird ihnen subsidiärer Schutz gewährt. Darüber hinaus sind alle Personen asylberechtigt, die im Herkunftsland politisch verfolgt werden und im

---

91 Bekanntmachung des Bundesministers des Auswärtigen vom 25. April 1954 (BGB I, S. 619), Artikel 1 des Abkommens über die Rechtsstellung der Flüchtlinge vom 28. Juli 1951, verkündet mit Gesetz vom 01. September 1953 (BGB. II, S. 559), in Kraft getreten am 22. April 1954, veröffentlicht im Internet unter http://www.unhcr.org/dach/wp-content/uploads/sites/27/2017/03/GFK_Pocket_2015_RZ_final_ ansicht.pdf [Stand vom 5. Januar 2018].

92 Bundesamt für Migration und Flüchtlinge, Erklärung zum Nationalen Abschiebungsverbot durch das Bundesamt für Migration und Flüchtlinge, veröffentlicht im Internet unter: http://www.bamf.de/DE/Fluechtlingsschutz/AblaufAsylv/Schutzformen/AbschiebungsV/abschiebungsverbotnode.html [Stand vom 5. Januar 2018].

Asylverfahren gemäß Artikel 16a des Grundgesetzes anerkannt wurden.[93] Insgesamt kennt das Grundgesetz der Bundesrepublik Deutschland drei Schutzberechtigungen: die Asylberechtigung, den Flüchtlingsschutz und den subsidiären Schutz.[94] Nicht alle, die im Zuge der sogenannten Flüchtlingskrise nach Deutschland kommen, sind folglich im juristischen Sinne als Flüchtling zu bezeichnen. Sehr wohl aber sind viele der Ankommenden schutzsuchend und schutzberechtigt.

Armut stellt nach den Kriterien der Genfer Flüchtlingskonvention keine anerkannte Fluchtursache dar. Wer ein Land verlässt, um in einem anderen Land unter besseren ökonomischen Bedingungen leben zu können, gilt nicht als schutzberechtigt und wird daher nicht als Flüchtling, sondern als Migrant bzw. Migrantin bezeichnet. Abwertend werden Zuwandernde aus ökonomisch prekären Ländern auch als Elends-, Wirtschafts- oder Armutsflüchtlinge bezeichnet. Die Unterscheidung von Flüchtlingen und sogenannten Wirtschaftsflüchtlingen zeigt, dass mobile Menschen Klassifizierungen unterliegen, anhand derer ihnen Bleibe- und Asylrechte zu- bzw. abgesprochen werden.

Das Abkommen über die Rechtsstellung der Flüchtlinge ist eine Reaktion auf die Schicksale der Geflüchteten der beiden Weltkriege. Es ist ein Ergebnis des humanitären Diskurses des 20. Jahrhunderts und gehört zu den ersten Menschenrechtsabkommen der Vereinten Nationen. In den letzten 65 Jahren hat das Abkommen zum Schutz von über 50 Millionen Menschen beigetragen.95 In 146 Vertragsstaaten des Abkommens oder des Protokolls sichert der Flüchtlingsstatus den Betroffenen das Recht auf Schutz und Hilfe. Die Zuordnung zur Kategorie Flüchtling kann Leben retten.

Neben dieser humanitären Funktion dient die Klassifizierung zugleich der Steuerung globaler Zwangsmigrations- und Migrationsprozesse.96 So regelt die Genfer Flüchtlingskonvention, wie Staaten auf Flüchtlinge reagieren können und weniger die Probleme der Flüchtenden selbst.[97] Aus staatenzentrierter Perspektive heraus wird definiert, was einen Flüchtling kennzeichnet, wem der

[93] Vgl. Bundesamt für Migration und Flüchtlinge, Erklärung zur Asylberechtigung durch das Bundesamt für Migration und Flüchtlinge, veröffentlicht im Internet unter http://www.bamf.de/DE/Fluechtlingsschutz/AblaufAsylv/Schutzformen/Asylberechtigung/asylberechtigung-node.html [Stand vom 5. Januar 2018].

[94] Vgl. Bundesamt für Migration und Flüchtlinge, Erklärung zu den Begrifflichkeiten Flüchtling, Asylsuchende, Schutzberechtigte, veröffentlicht im Internet unter: http://www.bamf.de/DE/Fluechtlingsschutz/AblaufAsylv/Schutzformen/schutzformen-node.html [Stand vom 5. Januar 2018].

[95] Vgl. Gräfin Praschma, U., Art.: Bedeutung der Genfer Flüchtlingskonvention, veröffentlicht im Internet unter http://www.bamf.de/DE/Service/Top/Presse/Interviews/20160728-GenferFluechtlingskonvention/graefinpraschma-genverfluechtlingskonvention-node.html [Stand vom 5. Januar 2018].

[96] Vgl. Krause, U., It Seems You Don't Have Identity, You Don't Belong, 13.

[97] Vgl. a. a. O., 14 und vgl. Long, K., Rethinking „Durable" Solutions, in: Fiddian-Qasmiyeh, E., Loescher, G., Long, K. und Sigona, N. (Hg.), The Oxford Handbook of Refugee and Forced

Flüchtlingsstatus gewährt wird und welche Rechte und auch Pflichten damit
verbunden sind. „Somit werden Normen für den Schutz der Flüchtlinge und [...]
für die Handhabung von Flüchtlingen durch Schutzgebende gesetzt."[98] Dieser
Perspektive entsprechend werden Flüchtlinge in den meisten Richtlinien als
„beneficiaries" bezeichnet, d. h. als Empfänger*innen bzw. Nehmer*innen, wohingegen Staaten und Hilfsinstitutionen als Geber bezeichnet werden.[99] Die
binäre Unterscheidung zwischen Geber und Nehmer weist Flüchtlingen eine
passive Rolle zu und stellt sie in ein Abhängigkeitsverhältnis zu wohltätiger
Hilfe.

Interesse verdient in diesem Zusammenhang der Begriff Flüchtling selbst.
Das Suffix -ling dient in der deutschen Sprache dazu, Kleines oder Junges zu bezeichnen (beispielsweise Däumling oder Jährling) oder etwas abzuwerten (wie
mit den Bezeichnungen Emporkömmling, Wüstling, Feigling, Eindringling). Zudem birgt die Endung -ling oftmals eine passive Komponente (wie bei Sträfling,
Schützling). Auch beim Begriff Flüchtling sorgt die Schlusssilbe -ling für einen
abschätzigen Beiklang. Die Wucht des Begriffs Flucht wird durch die Endsilbe
geschmälert und der Begriff Flüchtling tendiert dazu, die Notlage und die Betroffenen zu verniedlichen und herabzuwürdigen[100] und vor dem inneren Auge
das Bild einer deformierten Kreatur zu zeichnen. Das Substantiv Flucht ist ebenfalls negativ besetzt, wie Karl Ahme bereits in den 1950er Jahren darlegte: „Es
muss einmal offen gesagt werden: Das Wort ‚Flüchtling' ist falsch! Falsch deswegen, weil es nicht dem Tatbestand entspricht. Nach unserem deutschen
Sprachempfinden ist Flucht immer ein Zeichen von – sagen wir es ganz grob –
Feigheit. Der Tapfere flieht nicht, der Tapfere hält aus. So liegt schon in dem
Wort ‚Flüchtling' eine moralische Abwertung."[101]

In den analysierten Predigten aus der Zeit der sogenannten Flüchtlingskrise
dominiert die humanitäre Dimension des Begriffs Flüchtling. Im Zentrum steht

---

Migration Studies, Oxford 2014, 475–487, 476 und vgl. Goodwin-Gill, G., The International
Law of Refugee Protection, in: Fiddian-Qasmiyeh, E., Loescher, G., Long, K. und Sigona, N.
(Hg.), The Oxford Handbook of Refugee and Forced Migration Studies, Oxford 2014, 36–47,
36 und vgl. Feller, E., The Evolution of the International Refugee Protection Regime, in:
Journal of Law and Policy 5 (2001), 129–143, 131.

[98] Krause, U., It Seems You Don't Have Identity, You Don't Belong, 15.

[99] Vgl. ebd.

[100] Vgl. Gesellschaft für deutsche Sprache e. V., Pressemitteilung vom 11. Dezember 2015, GfdS
wählt „Flüchtlinge" zum Wort des Jahres 2015, veröffentlicht im Internet unter https://
gfds.de/wort-des-jahres-2015/ [Stand vom 15. März 2020] und vgl. Duden, Das Suffix
„-ling", veröffentlich im Internet unter https://www.duden.de/sprachwissen/sprachrat
geber/Das-Suffix-ling [Stand vom 15. März 2020].

[101] Ahme, K., Das derzeitige Flüchtlingsproblem in der Berliner Sicht, in: Innere Mission und
Hilfswerk der Evangelischen Kirche in Deutschland (Hg.), Flüchtlinge, Vertriebene und
Aussiedler. Ein Bericht über die Flüchtlingstagung der Evangelischen Kirche in Deutschland am 18. und 19. Februar 1958, Stuttgart 1958, 49–61, 54, zitiert nach: Spanos, J., Flüchtlingsaufnahme als Identitätsfrage, 98.

das Wohlergehen von Schutzsuchenden. Den Hintergrund der humanitären Perspektive bilden nicht die Freiheitsrechte aller Menschen, sondern deren Grundbedürfnisse (wie Wärme, Essen, Trinken, Schlaf, Unterkunft, Gesundheit). So interpretiert „sind Flüchtlinge vor allem durch ihr *Leiden* definiert"[102]. Entsprechend zielt die humanitäre Perspektive auch nicht primär auf globale Gerechtigkeit, sondern zuallererst darauf, „Leben zu retten und Leiden zu mindern"[103] und richtet Appelle folglich weniger an Rechtssysteme oder Staaten bzw. staatliche Institutionen als an die Zivilgesellschaft samt ihrer sozialen Verbände und Einzelpersonen. Wenngleich humanitäre Hilfe angesichts des Leids und der Not von Geflüchteten notwendig ist, ist die Tendenz, den Flüchtlingsbegriff humanitär zu verengen, zugleich problematisch.

Zuerst ist zu beobachten, dass mit der Bezeichnung Flüchtling soziale Ein- und Ausgrenzungsprozesse einhergehen, die unter dem Stichwort Labeling kritisch diskutiert werden.[104] Der sogenannte *labeling approach* bzw. Etikettierungsansatz nach Howard Becker macht darauf aufmerksam, dass Personen, deren Handeln von den üblichen Normen abweicht, als Missetäter, Abweichler bzw. Außenseiter bewertet und markiert werden. Vorausgesetzt ist damit ein Regelsetting, das von einer Mehrheit als richtig oder wichtig anerkannt wird, wodurch jene, die sich nicht daran halten, auffallen und in Folge dessen von den anderen gelabelt werden.[105] Es wird ihnen das Etikett angeheftet, nicht regelkonform und damit in einem gewissen Sinne auch nicht normal zu sein. Derart gelabelt kann „ein Mensch das Gefühl haben, dass er nach Regeln verurteilt wird, an deren Aufstellung er nicht beteiligt war und die er nicht akzeptiert, die ihm [...] aufgezwungen werden."[106]

Während Becker den Etikettierungsansatz mit Blick auf Straftäter*innen hin untersucht und entwickelt, ist das sogenannte Labeling inzwischen aus vielerlei Perspektiven untersucht. Dabei konnte beobachtet werden, dass Etikettierungen stigmatisieren und zu sich selbst erfüllenden Prophezeiungen führen können.[107] Wenn zum Bespiel einem älteren Menschen das Etikett ,gebrechlich, unsicher, ängstlich' angehängt und ihm wiederholt gesagt wird, dass er nicht mehr fahrtüchtig sei und es zu einem Unfall kommen könnte, kann es tatsächlich dazu

---

[102] Kersting, D., Flüchtling. Einführung in einen umkämpften Begriff, in: Kersting, D. und Leuoth, M. (Hg.), Der Begriff des Flüchtlings. Rechtliche, moralische und politische Kontroversen, Stuttgart 2020, 1–42, 22 [Hervorhebung im Original].

[103] Ebd.

[104] Vgl. Krause, U., It Seems You Don't Have Identity, You Don't Belong, 8–37.

[105] Vgl. Becker, H. S., Außenseiter, Frankfurt a. M. 1981 und Becker, H. S., Außenseiter. Zur Soziologie abweichenden Verhaltens, Wiesbaden ²2014, bspw. 35–36.

[106] Becker, H. S., Außenseiter. Zur Soziologie abweichenden Verhaltens, 37.

[107] Vgl. a. a. O., 50.

kommen, dass die derart etikettierte Person aus Unsicherheit oder Ängstlichkeit heraus tatsächlich in einen Unfall verwickelt wird.[108]

Ebenso zeigt das Flüchtlingslabel stigmatisierende Tendenzen auf. Neben seiner Schutzfunktion[109] wirkt es wie ein Etikett, das Geflüchtete als von der Norm, d. h. von den Sesshaften bzw. den Staatsbürger*innen abweichend kategorisiert und sie als Opfer markiert und in eine passive Außenseiterrolle bzw. homogene Opfergruppe drängt – und das völlig unabhängig davon, wie sich die betreffenden Personen selbst wahrnehmen. Damit einher geht eine Asymmetrie in der Beziehung zwischen helfenden und Hilfe empfangenden Personen. Erstere sind aktiver und mächtiger, zweitere passiver, schwächer und verletzlicher. „When compassion is exercised in the public space, it is therefore always directed from above to below, from the more powerful to the weaker, the more fragile, the more vulnerable."[110] Die Top-down Konstellation führt auch zu sprachlichen Inbesitznahmen. Beispielsweise sprechen Ehrenamtliche, die sich in einer Kirchengemeinde intensiv in der Flüchtlingshilfe engagieren, nicht selten von „ihren Flüchtlingen"[111].

Besonders Frauen und Kinder werden als Opfer inszeniert. Humanitäre Hilfskampagnen verzeichnen die höchsten Spendeneinnahmen, wenn Kinder in Not präsentiert werden. Auf dem weltweiten Markt der Bilder gilt es, „emotionalen Eindruck zu hinterlassen. Der direkte Blick des Leidenden, dem man kaum ausweichen kann, appelliert im humanitären Opferdiskurs an Gefühl, [...] *Misericordia* und: an Spendenbereitschaft zur Linderung der Not."[112] Bilder von Kindern verstärken die emotionale Rezeption und die Charakterisierung von Geflüchteten als hilflos leidende Opfer. Ein Beispiel dafür ist das Bild von Alan Kurdi, das weltweit Entsetzen und Trauer auslöste und Empathie mit unschuldig leidenden Kindern weckte. Das Bild des toten Jungen eignet sich sehr gut zur Veranschaulichung des Leidens und zur Mobilisierung von Hilfehandeln, da es individuell ist (es handelt sich um einen konkreten Jungen, dessen Name bekannt ist und dessen Tod durch Ertrinken von seinem Vater geschildert wurde) und zugleich universalisierbar. So wird aus der Person Alan Kurdi ‚der tote Junge am Strand' (vgl. Predigt Nummer 2, 7, 8, 9, 10 und 27) bzw. das Kind, das sich gerade deshalb dazu eignet, Mitgefühl zu wecken, da es (präsexuell) auf die ba-

---

[108]   Vgl. Stangl, W., Art.: Etikettierungsansatz, Online Lexikon für Psychologie und Pädagogik, www.https://lexikon.stangl.eu/8341/etikettierungsansatz/ [Stand vom 12. März 2020].

[109]   Betont werden muss, dass die politische Kategorie des Flüchtlings ein machtvolles Instrument des Zugangs zu bestimmten Rechten darstellt, die anderen mobilen Menschen im Umkehrschluss nicht gewährt werden (beispielsweise Staatenlose und subsidiär Schutzberechtigte, Binnenvertriebene und Geduldete oder freiwillige Migrantinnen und Migranten), vgl. Krause, U., It Seems You Don't Have Identity, You Don't Belong, 19.

[110]   Fassin, D., Humanitarian reason. A moral history of the present, Berkeley u. a. 2012, 4.

[111]   Aus dem Gedächtnis zitiert, J. W.

[112]   Friese, H., Flüchtlinge, 50 [Hervorhebung im Original].

sale Verletzlichkeit des menschlichen Lebens verweist.[113] Im Kind sind alle Menschen gleich – gleich hilflos, gefährdet und abhängig von starken, helfenden Händen. „Die soziale Imagination hält für Frauen und Kinder bereit, was sie mobilen Männern [...] verweigert: Das Bild des unschuldigen Opfers.“[114] Anders als männliche Mobilität wird weibliche mit Familie und Fürsorge assoziiert (eine Mutter rettet ihr Kind) und nicht mit Gefahr oder Bedrohung.[115]

Das soziale Bild vom ohnmächtigen, schwachen Opfer ist ambivalent. Durch die Fokussierung des Leidens wird der Flüchtlingsschutz legitimiert, zugleich aber ist damit die Gefahr verbunden, koloniale Abhängigkeitsverhältnisse in postkolonialer Zeit fortzuschreiben, indem Europäer*innen als überlegen helfend inszeniert werden.[116] Auch verstärkt das Label vom ohnmächtig Hilfsbedürftigen die Abhängigkeit der Asyl- und Schutzsuchenden vom „moralischen Wohlwollen“[117] der Stärkeren und setzt Geflüchtete damit unter Druck, die Opferrolle auszufüllen: „Wer nicht genug leidet, oder nicht bereit ist, die zugewiesene Opferrolle zu erfüllen, riskiert, den Schutzanspruch zu verwirken.“[118]

Die viktimisierende Darstellung von Flüchtlingen ist zugleich mit einer Homogenisierung verbunden. Angesichts einer großen Zahl Flüchtender, wie beispielsweise in der Zeit der sogenannten Flüchtlingskrise, werden Individuen als Flüchtlinge in einer Opfergruppe subsumiert, die ihre „unterschiedlichen sozialen, kulturellen, wirtschaftlichen und politischen Hintergründe“[119] nicht abbildet. Einzelne werden so als ein Kollektiv passiver und ohnmächtiger, schwacher und willenloser Körper porträtiert, was eine Aberkennung der individuellen Identität zur Folge hat. Menschen, die nach Freiheit suchen (Freiheit von Krieg, Folter und Gewalt, Freiheit von Polizeiwillkür und Korruption, Freiheit von Armut oder einengenden traditionalen Bindungen usw.)[120], werden so entpolitisiert und dehistorisiert[121] und durch die Unterordnung unter ein Allgemeines als Einzelpersonen unsichtbar. So beispielsweise subsumiert Predigt Nummer 9 die Lebenserfahrungen Einzelner mit den Worten: „Flüchtlingsschicksale sind von unglaublicher Dramatik und Tragik“. In Predigt Nummer 7 wird allen Geflüchteten (Plural) ein Schicksal (Singular) zugesprochen: „Nichts bewegt uns in diesen Tagen mehr als das Schicksal der Flüchtlinge“. Dieses Verfahren der Subsumtion ist Teil der Grammatik der verletzenden Rede. In ihr ist „eine strukturelle

---

[113] Vgl. Jahnel, C., Migration and Justice, 46 und vgl. Friese, H., Flüchtlinge, 51.
[114] Friese, H., Flüchtlinge, 31.
[115] Vgl. a. a. O., 60.
[116] Vgl. Jahnel, C., Migration and Justice, 42 und 47 mit Verweis auf Shildrick, M., Embodying the Monster. Encounters with the Vulnerable Self, London 2002, 77.
[117] Kersting, D., Flüchtling, 25.
[118] Ebd.
[119] Krause, U., It Seems You Don't Have Identity, You Don't Belong, 21.
[120] Vgl. Friese, H., Flüchtlinge, 78.
[121] Vgl. Krause, U., It Seems You Don't Have Identity, You Don't Belong, 514 mit Verweis auf Malkki, L., Refugees and Exile. From „Refugee Studies" to the National Order of Things, in: Annual Review of Anthropology 24 (1995), 495–523, 514.

Gewalt in der Sprache am Werk"[122], da Individuen von anderen zu einer Masse gemacht werden, ohne sich dagegen wehren zu können.[123]

Auch eine Objektivierung von Asyl- und Schutzsuchenden führt das Flüchtlingslabel mit sich. Zuerst stellen Geflüchtete Objekte des Hilfshandelns dar. Verdinglicht werden Geflüchtete aber auch da, wo ihre Arbeitskraft als Argument für die Aufnahme von Asyl- und Schutzsuchenden angeführt wird. Unter dem Zwang, die Hilfe für Geflüchtete begründen zu müssen, wird ihre Aufnahme anhand von Marktkriterien diskutiert, um sie so als einen Gewinn für die Gesellschaft darstellen zu können. Derart argumentieren beispielsweise Predigt Nummer 5 und Predigt Nummer 22:

> „Wie wäre es, wir würden nicht nur die Gefahren sehen, die es zweifellos gibt, sondern auch einmal die Chancen in den Blick nehmen, allein schon die der menschlichen Begegnung, die eine Bereicherung sein können. Aber auch die Chancen für die Wirtschaft. Sind Hilfen zur Integration nicht immer auch Investitionsprogramme in die eigene Wirtschaft?" (Predigt Nummer 5). „Feride und Mohammed hier, die beide vor vielen Jahren in unserem Land Zuflucht gesucht haben, sie haben ihren Platz im Ganzen gefunden. Und nicht nur das, sie leisten eine tolle Arbeit für unsere Gesellschaft. Mohammed hat nach dem Abitur als Krankenpfleger gearbeitet und wird in Zukunft als Mediziner einen wichtigen Dienst tun. Und Feride unterstützt mit ihrer Arbeit bei Asyl in der Kirche Menschen dabei, hier anzukommen und den eigenen Platz zu finden. Jeder Geflüchtete, der es schafft, sich hier ein zufriedenes Leben aufzubauen mit Arbeit, Familie und Freunden ist ein Gewinn für unser Land" (Predigt Nummer 22).

Die wirtschaftliche Perspektivierung von Geflüchteten birgt die Gefahr, die Akzeptanz gegenüber mobilen Menschen von Rentabilitätsrechnungen abhängig zu machen und damit Lebensrechte entlang der Nachfrage nach Arbeitskraft zu verteilen. „Die öffentliche Rede vom gebildeten syrischen Arzt oder der zukünftigen Rentabilität der Facharbeiter ist in diese Rechnung eingebettet und führt nicht nur in der Volkswirtschaftslehre zu erbitterten Kontroversen um die Rentabilität des an den Grenzen oder in den Aufnahmelagern geparkten Humankapitals und seine Trennung in rentabel oder ‚human waste'."[124] Derart kalkuliert sind junge, gebildete Familien den alleinstehenden Männern, Analphabeten, Alten und Gebrechlichen logischerweise vorzuziehen. Ungewollt fördern wirtschaftliche Argumentationen damit die Unterscheidung zwischen Humankapital und „human waste"[125].

---

[122]   Krämer, S., Sprache als Gewalt, 44 im Anschluss an Adorno, T. W., Negative Dialektik, Frankfurt a. M. 1966, 17ff.
[123]   Vgl. Krause, U., It Seems You Don't Have Identity, You Don't Belong, 22.
[124]   Friese, H., Flüchtlinge, 89.
[125]   Ebd.

In Bezug auf die Darstellung der Heldenfigur ist darüber hinaus festzustellen, dass diese stark von der Opferfigur abhängt. Am Opfer wird der Retter zum Helden.[126]

> „Da ist das Bild des toten Jungen am türkischen Strand. [...] Und da ist ein anderes Bild. Das Bild eines kleinen lachenden Flüchtlingsjungen mit einer Polizeimütze auf dem Kopf, der gerade am Münchner Hauptbahnhof angekommen ist. Und daneben ein freundlich lächelnder Polizist, der sie ihm gerade aufgesetzt hat. Eine Uniform, die in den Herkunftsländern so oft Symbol von staatlichem Terror ist. Auf dem Bild ist sie Symbol für einen Staat, der für die Humanität einsteht." (Predigt Nummer 7)

Das Kind als Prototyp des unschuldigen Opfers findet sich hier in zweierlei Weise: Einmal als ertrunkenes Kind und damit als ein Opfer, dem nicht mehr geholfen werden kann. Das andere Kind stellt das gerettete Opfer dar. Das ertrunkene Kind intensiviert damit die Wahrnehmung der Rettung und so auch des Retters. Das Tote setzt das Lebendige in Szene. Der Polizist vermittelt zwischen beiden Bildern. Er repräsentiert die Retter, die den Unterschied machen: Statt Kinder sterben zu lassen, stellt er den Schutzmann dar, der das Kind mit einer kleinen aber bedeutungsvollen Geste zum Lachen bringt. So wird der Retter am Opfer zum Helden. Religiöse Deutungen können der Beziehung zwischen Held*innen und Opfern überdies eine besondere Qualität zuschreiben: Wird der leidende Flüchtling als Gott nah interpretiert und ebenso der Helfer bzw. die Helferin, so handelt es sich um eine geradezu heilige Begegnung:

> „Gott, der gleich nach seiner Geburt mit seiner Familie wegen Gewalt und Terror fliehen und um Asyl im Nachbarland bitten musste, trifft uns in allen, die unsere Hilfe brauchen. [...] Es braucht himmlische Boten mit menschlichen Gesichtern, die in jedem Menschen Gottes unvergleichliches Ebenbild erkennen" (Predigt Nummer 16). „Eine der wichtigsten, wenn nicht gar die großartigste Botschaft der Bibel ist doch, dass der Mensch ein Ebenbild Gottes ist. Jeder Mensch ist damit gemeint, nicht nur weiße nordeuropäische Christen. [...] Im Gesicht eines anderen Menschen erkenne ich etwas von Gott, Gottes Ebenbild. Ein Mensch wendet sich einem anderen zu – und begegnet darin Gott selbst" (Predigt Nummer 22). „Ich bin davon überzeugt, dass es auch für jeden von uns eine Aufgabe gibt, die wir übernehmen und zeigen können, dass wir solidarisch mit den Flüchtlingen sind, die in unserer Nähe wohnen. [...]. Dabei können wir Christus begegnen. Er ist unter denen, die auf Hilfe angewiesen sind [...]. Christus ist einer der Flüchtlinge. Aber wir können ihn auch bei denen finden, die helfen. [...] So kann uns Christus begegnen, wenn wir ins Gespräch kommen mit einer Frau, die einem Flüchtling Deutschunterricht gibt oder mit einem Mann, der jemanden zum Arzt begleitet" (Predigt Nummer 2).

Die Sakralisierung von Opfern ist ein wiederkehrendes Motiv innerhalb der christlichen Tradition. Es entlastet Leidende von Schuldzuschreibungen (Leiden

---

[126]   „It often downgrades the agency of the one, while at the same time it stimulates the ‚secure self' of the other to take moral action", Jahnel, C., Migration and Justice, 47 mit Verweis auf Shildrick, M., Embodying the Monster, 77.

bedeutet nicht Strafe Gottes, sondern Nähe zu Gott, der in Christus selbst leidet)
und verleiht ihnen stattdessen einen besonderen religiösen Status. Die leidende
Maria, die den Leichnam ihres Sohnes in Armen hält, ist bis heute eine Symbol-
figur für die unschuldig leidende Frau, die vielleicht von den Menschen verlassen, von Gott aber gebenedeit ist. Auch Frauen, die flüchten, werden in der medialen Berichterstattung im Rahmen dieser Tradition abgebildet: „Oft erinnern
die Bilder von flüchtenden Frauen dann auch an [...] [die] mater dolorosa, an
Figuren weibliche[r] Aufopferung und erlittener Traumata, die humanitäre An-
klage erhebt und an eine reiche christliche Ikonographie anknüpfen kann, in der
pietà, misericordia, caritas und Nächstenliebe sich als nährende Mutter darstellen."[127]

Opfer und Retter bilden aus christlicher Perspektive eine Gemeinschaft von besonderer Güte. Alle Menschen sind aufgrund ihrer Ebenbildlichkeit Gott zugeordnet. Die Opfer aber ähneln in besonderer Weise dem leidenden Gott, während
die Retter in der Zuwendung zur erniedrigten Kreatur dem fürsorglichen Gott
nachfolgen:

> „Gott bleibt gerade dann bei uns, wenn wir in die Ebene hinabsteigen. Ja, man muss
> es stärker sagen: Gott bleibt nur dann bei uns, wenn wir in die Ebene hinabsteigen.
> [...] Weil Gott selber in die Ebene hinabgestiegen ist! Weil Gott Mensch geworden ist.
> Weil Gott das Leid der Menschen mitgelitten hat. Weil Gott ein Hungriger geworden
> ist, ein Durstiger. Weil Gott ein Nackter geworden ist, ein Kranker. Weil Gott ein Ge-
> fangener geworden ist und ein Fremder" (Predigt Nummer 7).

Die Begegnung zwischen Opfer und Retter kann so als Interaktion gedeutet werden, der ein göttlicher Funke inne liegt bzw. in welcher der göttliche Wille kul-
miniert und die von daher auch besonders gesegnet erscheint. Die Fürsorge für
Geflüchtete ist mit einer Verheißung gekoppelt:

> „Wer die positiven Überraschungen, die sich im Zusammenleben mit Flüchtlingen
> einstellen, nicht haben will, der beraubt sich selber einer Horizonterweiterung. [...]
> Es ist deshalb keine Blauäugigkeit, wenn ich sage, dass wir [...] unglaublich bereichert
> werden. [...] Ich bin immer wieder freudig überrascht, was ich erfahre und lerne von
> Menschen anderer Kulturen, Nationen und Religionen. Das macht das Herz weit und
> den Verstand offen. Der Horizont vergrößert sich. [...] Flüchtlinge, die zu uns kom-
> men, sind [...] ein Einbruch in unsere gewohnte Wirklichkeit. [...] Die meisten Men-
> schen in unserem Land freuen sich darüber, auch über die unerwartete Möglichkeit,
> helfen zu können. Durchaus auch wieder einen Sinn für ihr eigenes Leben zu ent-
> decken. Neue Aufgaben bringen neue Erfüllung" (Predigt Nummer 16).

Predigt Nummer 16 folgt der Tradition, Flüchtlinge als geschichtstheologisches
Medium zu betrachten. „Der Flüchtling ließ sich in [...] verschiedenen histori-
schen Kontexten als göttlicher Fingerzeig darstellen, ob in den 1950er Jahren als
Zeichen des Strafgerichts über die Sünden des deutschen Volkes oder in den

---

[127] Friese, H., Flüchtlinge, 61 [Hervorhebung im Original].

1980er Jahren als Botschafter der verdrängten Schuld der westlichen Industrie-nationen an Zuständen in Ländern des globalen Südens. Als Medium der Gottes-begegnung und der religiösen Erfahrung sollte er die westdeutsche Konsumge-sellschaft aus ihrer Lethargie wecken und somit neue geistige Weiten öffnen."[128] Ähnlich argumentiert auch Predigt Nummer 16. In ihr werden Geflüchtete als Mittel zur Selbstverwirklichung dargestellt. Als Importeure kultureller Impulse aus Ländern jenseits von Europa fungieren sie als Horizonterweiterung. Als Adressaten des Hilfehandelns wirken sie überdies sinnstiftend für die Helferin-nen und Helfer. Geflüchtete dienen so der Füllung einer gefühlten inneren Leere. Sie befriedigen die Suche nach mehr Tiefgang durch existentielle Lebenserfah-rungen. Kritisch betrachtet kann diesbezüglich von einem schmarotzenden Ver-hältnis gesprochen werden: „[D]er Retter ist der Parasit am Opfer"[129].

Andere Predigten formulieren die positiven Auswirkungen, die die Hilfe für Geflüchtete mit sich bringt, vorsichtiger. Insgesamt aber ist zu beobachten, dass Hilfehandeln oftmals dadurch beworben wird, dass es für die Helfenden selbst gut ist und Helfer*innen mittels der Zuwendung zum Opfer zu besseren Men-schen werden. So ist der Held definiert als eine Person, die sich selbst zu ent-wickeln weiß, die sich einreiht in die wechselseitig wirkende Retter-Opfer-Be-ziehung und die in der tätigen Nächstenliebe erst wirklich zu sich selbst findet:

> „Wir erleben dabei: Das gemeinsame Handeln stärkt uns. [...] Das Engagement tut unserer Gemeinschaft gut. Und der Segen, den wir weitergeben, wirkt sich auch auf uns selbst aus" (Predigt Nummer 22). „Wenn es uns gelingt, denen beizustehen, die heute unsere Hilfe brauchen, dann wird uns das verändern, dann wird es bessere Menschen aus uns machen. Und wir werden selbst beschenkt werden in einem Aus-maß, das wir uns heute noch nicht vorstellen können!" (Predigt Nummer 10).

Das Flüchtlingslabel hat dabei aber nicht nur Auswirkungen auf alle, die Men-schen als „Flüchtlinge" betrachten, sondern auch auf Geflüchtete selbst. Das La-beling von außen und die damit verbundenen Identitätszuschreibungen werden einengend und erniedrigend erfahren:[130] „It seems you don't have identity, you don't belong."[131] Die mit dem Flüchtlingsstatus einhergehenden Verhaltens-zumutungen wirken sich überdies negativ aus: „I depend on the decisions of the government, I am living in a foreign country and have to live under the govern-

---

[128]   Spanos, J., Flüchtlingsaufnahme als Identitätsfrage, 350.
[129]   Friese, H., Flüchtlinge, 53, mit Verweis auf Prashad, V., Mother Theresa as the Mirror of Bourgeois Guilt, in: Najmi, S. und Srikanth, R. (Hg.), White Women in Racialized Spaces. Imaginative Transformation and Ethical Action in Literature, Albany 2002, 67–86.
[130]   Vgl. Krause, U., It Seems You Don't Have Identity, You Don't Belong, 23 und 26. Als be-sonders verletzend wird eine Unterscheidung in anerkanntere bzw. beliebtere und weni-ger anerkannte bzw. unbeliebtere Flüchtlinge erlebt. Dies kann zu Neid und Konkurrenz unter Geflüchteten führen.
[131]   A. a. O., 26.

ment decisions and I have to just accept."[132] Geflüchtete erleben, von Strukturen abhängig zu sein, die sie selbst nicht ändern können und internalisieren externe Zuschreibungen. Sie entwickeln ein Verständnis von sich selbst als einem hilflosen und ohnmächtigen und von den Entscheidungen und dem guten Willen anderer abhängigen Opfer. So läuft der Flüchtlingsbegriff auch Gefahr, die Selbstwahrnehmung von Menschen, die nach Sicherheit und Freiheit suchen, zu deformieren.

Die bisherigen Überlegungen machen deutlich, dass die humanitäre Perspektivierung Geflüchteter einerseits notwendigerweise auf die Schutzbedürftigkeit von Menschen in Not hinweist, andererseits aber auch dazu tendiert, Geflüchtete als passive Opfer zu stigmatisieren und damit Leiden zu zementieren. Unter Druck gesetzt, Hilfe für Asyl- und Schutzsuchende jenseits der Menschenrechte begründen zu müssen, besteht außerdem die Gefahr, Geflüchtete aus marktwirtschaftlichen Logiken heraus zu bewerten und damit als Humankapital zu verdinglichen oder sie aus religiösen Motiven heraus sakral aufzuladen, um damit den Retter bzw. die Retterin zu adeln. Geflüchtete werden in beiden Fällen zu etwas für andere gemacht, statt selbst anerkannt zu werden. Überdies macht die Homogenisierung von Individuen unter dem Label „Flüchtlinge" Einzelpersonen unsichtbar. Individuelle Biographien, Fluchtursachen und -hoffnungen verschwinden unter dem Etikett und damit kann die humanitäre Perspektivierung von Geflüchteten soziale Bilder evozieren, die nicht beabsichtigt sind.

Die Subsumption von Individuen unter die Bezeichnung „die Flüchtlinge", wie sie in allen analysierten Predigten zu finden ist, ist problematisch, da durch sie Bilder vor dem inneren Auge entstehen können, die bedrohlich wirken und damit der Intention der Predigten, die Akzeptanz und das Hilfehandeln gegenüber Geflüchteten zu mehren, abträglich sind. Das Bedrohungsszenario, das im Begriff „Flüchtlinge" mitklingt, ist insbesondere seiner Größe und der damit einhergehenden Diffusität geschuldet. Das belegt beispielsweise eine Studie aus Österreich.[133] Mittels vollstandardisierter Interviews wurde erhoben, wie sprachliche Präsentationen Rezeptionen beeinflussen. Überprüft wurde das Wahrnehmungsempfinden des abstrakten und diffusen Begriffs „die Ausländer" im Vergleich zu weniger abstrakten und weniger diffusen sprachlichen Bezeichnungen für sogenannte Fremde wie beispielsweise „die Zuwanderer aus der Türkei". Die Studie belegt, dass der diffuse Ausdruck „Ausländer" negative Rezeptionen zur Folge hat.[134] So stimmten 77 % der Befragten der Aussage zu, dass die in Österreich lebenden „Ausländer" ihren Lebensstil besser an den der Österreicher anpassen sollten. Nur 35 % der Befragten aber stimmten zu, dass die kulturelle Eigenart und Mentalität der „Gastarbeiter" bzw. „der Zuwanderer aus der Türkei" störend ist. Das nebulöse Klischee vom „Ausländer" mit seiner suggesti-

---

[132] A. a. O., 28.
[133] Vgl. Weiss, H., Ethnische Stereotype und Ausländerklischees, 17–37.
[134] Vgl. a. a. O., 25.

ven und aggressiven Semantik löst folglich mehr negative Reaktionen und mehr Ablehnung auf Seiten der Rezipient*innen aus als die Rede über einzelne Gruppen.[135] Der Begriff „Ausländer", so das Ergebnis, ist verächtlichmachend und bewirkt Ausgrenzung. Er wird in der Rezeption angefüllt mit stereotypen Vorstellungen vom armen, verfolgten, unterprivilegierten und unangepassten Fremden und fungiert als Synonym für Kriminalität, Drogenhandel, Sexualverbrechen und den Missbrauch von sozialen Leistungen.[136]

Ähnliches gilt für den Begriff „Flüchtlinge". Der im Plural und Maskulinum verwendete Begriff skizziert ein männliches Paradigma und mediale Bilder forcieren diesen Effekt durch wiederkehrende Bilder von Booten, die überfüllt sind mit jungen, dunkelhaarigen und/oder dunkelhäutigen Männern. Während Frauen und Kindern eher die Opferrolle zugeschrieben wird, wird dem Mann die Rolle des Invasoren zugeschrieben[137]. So ruft der Begriff Flüchtlinge vor dem inneren Auge bedrohliche Bilder hervor.[138]

Insbesondere solche Redeweisen, die den Begriff Flüchtling mit Kollektivsymboliken wie Flut, Strom oder Welle ergänzen, sind heikel. In Predigt Nummer 8 und 9 beispielsweise ist die Rede von „Flüchtlingsströmen" und in Predigt Nummer 24 von der „Flut der Flüchtlinge". Geflüchtete werden so zu einer subjektlosen, chaotischen Naturgewalt stilisiert,[139] die, wie es für eine Flut typisch ist, von außen kommt und das Innere bedroht. In der kollektivsymbolischen Topologie sind „die Flüchtlinge" damit dem chaotischen und bedrohlichen Außen zugeordnet, während die Adressat*innen der Rede im rationalen, geordneten und sicheren Innern zu stehen kommen (so skizziert auch Predigt Nummer 5 Innen und Außen: „[W]ir sind selbst gefragt, demokratische Gleichheitsrechte, ökonomische Freiheit, religiöse Toleranz, Nächstenliebe, bürgerschaftliches Engagement den Fremden als Werte unserer Gesellschaft nahe zu bringen"). Ebenso verstärkt der Begriff „Flüchtlingskrise" die negative Wahrnehmung von Geflüchteten. Ihre Anwesenheit erscheint als potenziell schädlich bzw. krankmachend.[140]

Der große Begriff „Flüchtlinge", so ist mit Blick auf die Predigtpraxis zu formulieren, aktiviert vor dem inneren Auge Stereotype und damit verbunden auch

---

[135] Vgl. a. a. O., 34.
[136] Vgl. a. a. O., 26.
[137] Vgl. Friese, H., Flüchtlinge, 31.
[138] Vgl. Jahnel, C., Migration and Justice, 47: „Migrants, expecially in the plural, are presented as threat."
[139] Vgl. Jäger, M., Jäger, S., Cleve, G. und Ruth, I., Zweierlei Maß. Die Berichterstattung über Straftaten von Deutschen und MigrantInnen in den Printmedien und das Dilemma der JournalistInnen, in: Liebhard, K., Menasse E. und Steinert, H. (Hg.), Fremdbilder. Feindbilder. Zerrbilder. Zur Wahrnehmung und diskursiven Konstruktion des Fremden, Klagenfurt/Celovec 2002, 57–77, 61–63.
[140] Vgl. Friese, H., Flüchtlinge, 34.

negative Klischees. Einerseits wird ein Bild von einem kollektiven Leiden generiert, was Geflüchtete auf die Opferrolle festlegt, andererseits „kann das Bild des
Fremden als bedrohlichem Feind befördert werden und sich damit gerade das
verfestigen, was [...] doch bekämpft werden soll."[141] Insgesamt ist die Rede über
„die Flüchtlinge" nicht in der Lage, Individualität abzubilden und von echten,
facettenreichen, lebendigen Menschen zu sprechen. „Referent der Bilder ist
kaum der gerade verzweifelt um sein Leben kämpfende Einzelne, der immer na-
menlos bleibt, sondern die allgemeine Verwundbarkeit, die Verletzbarkeit, Pre-
karität des Körpers."[142] Durch den großen und diffusen Begriff „ Flüchtlinge"
werden Ängste und Bedrohungsgefühle geschürt und zwar auch dann, wenn dies
durch den Verfasser bzw. die Verfasserin nicht beabsichtigt ist.[143] Aus dieser Beobachtung kann für die Predigtpraxis die Empfehlung abgeleitet werden, möglichst konkret zu predigen, d. h. Geflüchtete als Persönlichkeiten sichtbar werden zu lassen.

6.   Zusammenfassung: Probleme moralischer Kommunikation

Die analysierten Predigten sind als humanitäre Beiträge zu einem politischen
Diskurs zu verstehen. Es handelt sich, insgesamt gesehen, um ein leidenschaftlich und eindringlich vorgetragenes Plädoyer für einen freundlichen und wohl-
tätigen Umgang mit Menschen in Not, das einhergeht mit der Ächtung von
Fremdenfeindlichkeit. Die analysierten Predigten sind folglich parteiisch. Sie
vertreten die Parteinahme Gottes für das Leben, insbesondere für die leidende,
unterdrückte und von Gewalt bedrohte Kreatur.[144] Aus dieser Perspektive heraus
unterscheiden die Predigten zwischen richtigem und falschem Denken und
kommunizieren daher moralisch.

Die kritische Reflexion der Ideen von der Welt und ihrer sprachlichen Präsentationen sensibilisiert für Probleme moralischer Kommunikation: Fungiert
eine politische Predigt als ‚Opferanwältin' oder als ‚Verteidigerin der eigenen
Werte' im Schema des Dramadreiecks, kann sie verletzend wirken. Die Anwältin
der Opfer überblickt die Lage. Ihr Standpunkt ist exponiert, was ihr erlaubt, die
Akteure auf einer moralischen Skala, die von gut bis böse reicht, anzuordnen. Sie
lobt, was für gut befunden wird, und disqualifiziert, was für falsch befunden wird
und verteilt so Achtung und Missachtung.[145] In der Rolle der Anwältin präsen-

---

[141] A. a. O., 32.
[142] A. a. O., 51.
[143] Vgl. Jäger, M., Jäger, S., Cleve, G. und Ruth, I., Zweierlei Maß, 63–64.
[144] Vgl. Engemann, W., Einführung in die Homiletik, 296.
[145] Vgl. Luhmann, N., Paradigm lost. Über die ethische Reflexion der Moral. Rede anlässlich
der Verleihung des Hegel-Preises 1989, in: Luhmann, N., Paradigm lost. Über die ethische

tiert sie die Opfer einseitig als bedürftig und erbarmenswert, die Täter ebenso einseitig als unsozial und gefährlich, sich selbst aber als weitsichtig und rechtschaffen. Auch der Rolle als Verteidigerin christlicher Werte liegt ein Gestus moralischer Überlegenheit nahe. Einerseits zollt die (selbst-)vergewissernde Rede Achtung, sie motiviert und orientiert, andererseits wirkt sie ausgrenzend, missachtend und verletzend. So „gesehen ist moralische Kommunikation nahe am Streit und damit in der Nähe von Gewalt angesiedelt."[146]

Die Emphase, mit der politische Predigten aus der Zeit der sogenannten Flüchtlingskrise zu humanitärer Hilfe aufrufen und ihrer Abscheu gegenüber Fremdenfeindlichkeit Ausdruck verleihen, ist nachvollziehbar. Ausgerichtet am Gebot der Nächstenliebe löst die Gleichzeitigkeit der Bilder von der Not Schutzsuchender und von fremdenfeindlichen Ausschreitungen Bestürzen beim Betrachter aus. Insbesondere die PEGIDA stellt eine Provokation dar, indem sie für sich beansprucht, das abendländische Christentum zu vertreten. Die Predigten reagieren auf diese Lage, in dem sie für eine humanitäre Weltgesellschaft plädieren, Fremdenfeindlichkeit abwehren und die eigene christliche Identität verteidigen. Zugunsten der inneren Verbundenheit der Rechtschaffenen wird der Gegner dabei oftmals verletzt, schließlich sind moralische Werte, im Gegensatz zu politischen Meinungen, nicht verhandelbar. So zeigt sich moralische Kommunikation schnell als unbarmherzig und das nicht nur dem Gegner gegenüber, sondern auch gegenüber dem eigenen Standpunkt, denn wer „moralisch kommuniziert und damit bekanntgibt, unter welchen Bedingungen er andere und sich selbst achten bzw. mißachten wird, setzt seine Selbstachtung ein – und aufs Spiel."[147] Missachtung kann zurückschlagen auf den Missachtenden und führt nicht selten zu einem „Überengagement der Beteiligten"[148], das Gegner zu Feinden macht und zum Abbruch von Kommunikation führt.[149] Deutlich tritt der „polemogene Charakter"[150] von Moral hervor: Moral kann Konflikte verschärfen. Wird beispielsweise ein politischer Konflikt zu einem moralischen erklärt, dann geht es plötzlich um die Entscheidung zwischen Gut und Böse und nicht länger um bessere oder schlechtere politische Optionen.[151] Auch erscheint der, der ausschließlich moralisch argumentiert, nicht selten „hilflos oder arrogant"[152].

Moralische Kommunikation ist folglich selbst nicht immer gut und kritisch auf ihre Wirkung hin zu reflektieren. Der gänzliche Verzicht auf Moral kann

---

Reflexion der Moral. Rede anlässlich der Verleihung des Hegel-Preises 1989, Frankfurt a. M. 1990, 7–48, 18.

[146] A. a. O., 26.

[147] Ebd.

[148] Ebd.

[149] Vgl. Karle, I., Praktische Theologie, 243.

[150] Luhmann, N., Soziologie der Moral, in: Ders., Pfürtner, S. (Hg.), Theorietechnik und Moral, Frankfurt a. M. 1978, 8–116, hier 54, zitiert nach Körtner, U., Für die Vernunft, 29.

[151] Vgl. Körtner, U., Für die Vernunft, 28.

[152] Joas, H., Kirche als Moralagentur?, München 2016, 64.

nicht die Lösung sein. Politische Predigten kommen nicht umhin zu beschreiben, wie die Welt aus der Perspektive des Evangeliums sein sollte. Auch gibt es Situationen, in denen die strikte Ausgrenzung bestimmter Ideologien geboten erscheint, um christlichen Kernüberzeugungen gerecht zu werden. Zugleich ist aber vor der Tendenz zu warnen, Personen, die der eigenen Ideologie widersprechen, pauschal zu missachten und so von Kommunikation auszuschließen. Auch ist sensibel mit der Darstellung von Asyl- und Schutzsuchenden umzugehen, damit sie ihrer Individualität, Autonomie und Würde nicht zu Gunsten eines Nutzenkalküls beraubt werden. Daher stellt sich die Frage, wie in einer Predigt Ideen von der Welt kommuniziert werden können, ohne zu verletzen.

VI. Parteiisch predigen, ohne zu verletzen?

Bei der Lektüre der für diese Studie gesammelten Predigten fällt eine auf, die sich von anderen in Bezug auf die Parameter Figur, Stimme und Fokalisierung unterscheidet. Sie teilt die Intention, die Akzeptanz für mobile Menschen zu mehren und Empathie mit Asyl- und Schutzsuchenden zu stärken, geht in der Kommunikation von der Idee, wie die Welt ist bzw. sein sollte, aber anders vor.

Die Wirklichkeitserzählung erfolgt nicht hauptsächlich im Modus der Übersicht, sondern ist durch externe Fokalisierung und figurengebundene Mitsicht geprägt. Auch ist die Figurendarstellung der Asyl- und Schutzsuchenden nicht wie üblich ein-, sondern mehrdimensional, d. h. die vorgestellten Figuren werden als facettenreiche Individuen erkennbar und in ihrem Fühlen, Meinen und Handeln erkennbar. Wenig Raum nimmt in dieser Erzählung von der Welt die Predigtstimme ein. Stattdessen kommen Asyl- und Schutzsuchende in Form direkter und erlebter bzw. indirekter Rede selbst zu Wort und stellen damit gute Identifikationsangebote dar.

Wie die anderen analysierten Predigten ist auch diese Wirklichkeitserzählung absichtsvoll – in ihr wird eine bestimme Art zu denken und zu handeln als richtig markiert und andere als falsch –, doch zeigt diese Wirklichkeitserzählung nicht die bekannten Probleme moralischer Kommunikation: Diese Predigt argumentiert für die Aufnahme Asyl- und Schutzsuchender aus Afghanistan, ohne dabei Asyl- und Schutzsuchende bzw. Menschen mit Fluchtabsichten oder Asylkritiker zu verletzen. Damit steht die Verfahrensweise dieser Predigt in gewissen Aspekten in Kontrast zu den bisher analysierten.

Die Analyse dieser Predigt (Kapitel VI.1.) und ihre Reflexion (Kapitel VI.2.) ergänzen Typisches für politische Predigten aus der Zeit der sogenannten Flüchtlingskrise und diskutieren die argumentierende Narration als Modus Operandi für humanitär ausgerichtete Predigten.

1. ‚Afghanistan, ein sicheres Herkunftsland?‘

Die Predigt ist Teil einer Andacht, die am 2. Februar 2016 gehalten wurde. Die Andacht steht unter der Überschrift „Gegen rechts" und setzt sich in der Predigt mit der Frage auseinander, ob es sich bei Afghanistan um ein sicheres Herkunftsland handelt. Ist es legitim, Asylanträge von Personen aus Afghanistan abzulehnen? Ist Afghanistan so sicher, dass Rückführungen dorthin möglich sind?

Damit knüpft die Predigt an eine politische Debatte an, die insbesondere durch Aussagen des damaligen Innenministers Thomas de Maizière ausgelöst wurde. In einer Pressekonferenz am 28. Oktober 2015 bezeichnete de Maizière die Tatsache, dass Afghanistan auf Platz zwei der Herkunftsländer von Geflüchteten, die nach Deutschland kommen, stehe, als inakzeptabel.[1] Kritisch betrachtete er insbesondere den Umstand, dass zunehmend auch „Angehörige der afghanischen Mittelschicht, viele auch aus Kabul" nach Deutschland einreisen, um hier Asyl zu beantragen. De Maizière erklärte dazu:

> „Wir sind uns mit der afghanischen Regierung einig, dass die Jugend Afghanistans und die Mittelschichtfamilien in ihrem Land verbleiben sollen und dort das Land aufbauen. Deutsche Soldaten und Polizisten tragen dazu bei, Afghanistan sicherer zu machen. Es sind viele, viele Summen von Entwicklungshilfe nach Afghanistan geflossen. Da kann man erwarten, dass die Afghanen in ihrem Land bleiben. Deswegen sage ich auch heute ganz klar: Die Menschen, die als Flüchtlinge aus Afghanistan zu uns kommen, können nicht alle erwarten, dass sie in Deutschland bleiben können, auch nicht als Geduldete."
>
> De Maizière erläuterte weiter: „Die Sicherheit in Afghanistan ist natürlich nicht so hoch wie anderswo. Ich möchte jetzt nicht den Vorschlag machen, Afghanistan zu einem sicheren Herkunftsland zu machen. Es wird in jedem Einzelfall bei sorgfältigen und rechtsstaatlichen Prüfungen bleiben. Aber wir haben auch ein sehr hohes Maß an Duldungen, insbesondere weil Menschen aus bestimmten Gegenden aus Afghanistan kommen, die unsicherer sind als andere. Aber es kann auf Dauer kein Entscheidungsgrund sein, wenn es sichere Gegenden in einem Land gibt, dass dann nur deswegen es zu Duldungen kommt, weil man aus einem anderen Landesteil kommt. Deswegen werden wir gemeinsam mit der afghanischen Regierung dafür sorgen, dass es auch zu Zurückführungen nach Afghanistan kommt und dass die Entscheidungspraxis anders wird."

Der Innenminister begründet die Absicht, nach Möglichkeit künftig Geflüchtete aus Afghanistan in ihr Herkunftsland zurückzuschicken, im Wesentlichen auf zweierlei Weise: Zuerst ist die Abwanderung von jungen Menschen und von Familien aus dem Mittelstand zu verhindern, da sie für den Wiederaufbau ihres Heimatlandes benötigt werden – was nach Ansicht von de Maizière sowohl im Interesse der afghanischen als auch der deutschen Regierung liegt. Darüber hinaus gibt es in Afghanistan sehr wohl Gegenden, die so sicher sind, dass eine Rückführung in diese Regionen möglich erscheint. Kabul, so lässt der Innenminister erkennen, gehört seiner Ansicht nach zu den sichereren Gegenden.

Vertreter*innen der Oppositionsparteien kritisierten die Einschätzung des Innenministers. Beispielsweise widersprachen Volker Beck, der innenpolitische Sprecher der Grünen, und Alexander Neu, der Verteidigungsexperte der Linken, de Maizière mit der Begründung, dass Afghanistan ein Land sei, in dem es Ver-

---

[1]   Vgl. auch für das Folgende: de Maizière, T., Pressekonferenz des Innenministers am 28. Oktober 2015, veröffentlicht im Internet unter https://www.youtube.com/watch?v=o0H KZHpsxRI [Stand vom 16. Mai 2020], Transkript J. W.

folgungen gebe und Bürgerkrieg herrsche. Zwar möge Afghanistan punktuell sicher sein, diese Situation sei aber nicht stabil und die Legitimität von Rückführungen daher aus menschenrechtlicher Perspektive zweifelhaft.[2] Mit dieser Einschätzung setzt sich die im Folgenden zu analysierende Predigt auseinander.

1.1 Afghanistan ist kein sicheres Herkunftsland! Der erste Eindruck

In der Einleitung der Predigt nennt die Predigtstimme die politischen Fragestellungen:

> „In den ersten drei Wochen dieses Jahres sind in Deutschland jeden Tag tausend Afghanen angekommen. Man denkt manchmal, was treibt eigentlich all diese Menschen nach Deutschland? Ist es wirklich so schlimm in Afghanistan? Oder ist es doch mehr die Sehnsucht nach dem schönen Leben? Klar, diese Anschläge, diese Bomben, aber gibt es nicht doch noch Ecken, in denen man in Frieden leben kann? So jedenfalls die Vorstellung auch von Innenminister Thomas de Maizière.“

Die Fragen werden im Folgenden nicht direkt durch die Predigtstimme beantwortet. Stattdessen setzt eine Erzählstimme ein, die von Zubair Zaheer, einem jungen Afghanen, und dessen Vater erzählt. Zubair Zaheer zieht den Hass der Taliban auf sich, da er bei der Castingshow ‚Afghan Star' (ein afghanisches Pendant zur Sendung ‚Deutschland sucht den Superstar') teilnimmt. Sein Vater, der als Polizist „in einer unsicheren Provinz“ Afghanistans gegen Taliban und Drogenhändler kämpft und damit ohnehin einen gefährlichen Beruf ausübt, wird von den Taliban aufgefordert, seinem Sohn das Singen und die Teilnahme an der Castingshow zu verbieten. Der Vater aber unterstützt seinen Sohn und dessen Traum, ein Star zu werden. Eines Tages wird Zaheers Vater von Taliban überfallen und schließlich findet man seine abscheulich zugerichtete Leiche zusammen mit der Nachricht: „Jeder, der unsere Befehle nicht befolgt, muss sich auf dasselbe Schicksal gefasst machen.“ Die Erzählung soll offensichtlich aufzeigen, dass es sich bei Afghanistan um kein sicheres Land handelt, sondern um eines, in dem Menschen, die sich nicht an die Vorgaben der Taliban halten, brutal ermordet werden. Damit widerspricht diese Darstellung der Einschätzung Thomas de Maizières.

Nach einem Gemeindelied, das auf die erste Erzählung folgt, setzt eine zweite Erzählung ein. Eine Erzählstimme berichtet, unter welch gefährlichen und bedrückenden Bedingungen Ahmad Saaedi, ein Politiker, Ex-Diplomat,

---

2   Vgl. Lückhoff, J., Art.: Flüchtlinge aus Afghanistan. Harsche Kritik an Abschiebung, vom 28. Oktober 2015, veröffentlicht auf dem online Portal des Bayerischen Rundfunks unter: https://www.br.de/nachricht/afghanistan-fluechtlinge-abschiebungen-100.html [Stand vom 16. Mai 2020].

Buchautor und Regierungskritiker, in Kabul lebt. Seit er nur knapp ein Attentat überlebt hat, versteckt er sich in seiner Wohnung. Seine Kinder haben aus Sicherheitsgründen woanders unterkommen müssen. So lebt Ahmad Saaedi abgeschnitten von seiner Familie und leidet unter der Trennung. Er selbst will in Afghanistan bleiben, hofft aber, dass seine Kinder den Gefahren in diesem Land entfliehen können. Über das Telefon erreichen ihn Morddrohungen des Islamischen Staates. Diese zweite Erzählung legt dar, dass Ahmad Saaedi in Kabul nicht sicher ist und widerspricht damit ebenfalls der Einschätzung, dass es sich bei Afghanistan um ein sicheres Herkunftsland handelt.

Am Ende der Predigt wird die Erzählung von Zubair Zaheer, dem jungen Sänger, zum Abschluss gebracht. Zaheer will in Sicherheit leben. Seine Visumsanträge für eine legale Emigration nach Deutschland aber werden abgelehnt. So bleibt für ihn nur die Flucht über den Iran und das Mittelmeer, um nach Europa zu gelangen. Die Gefahr, auf dieser Flucht im Mittelmeer zu ertrinken, so erklärt Zaheer, nimmt er lieber in Kauf als die Aussicht, so sterben zu müssen wie sein Vater. Mit der wörtlichen Rede Zubair Zaheers schließt die Predigt („Lieber ertrinke ich im Meer, als das ich so umkomme wie mein Vater") und beantwortet damit alle Fragen, welche die Predigtstimme am Beginn der Predigt stellte.

An der Predigt fällt auf, dass die Predigtstimme darauf verzichtet, die eingangs gestellten Fragen selbst zu beantworten. Stattdessen werden diese Fragen mittels der Beispielgeschichten beleuchtet und die Hörer*innen damit in die Lage versetzt, selbst zu einer Einschätzung der Lage in Afghanistan zu gelangen und so eigene Antworten zu finden. Die Antwortmöglichkeiten sind dabei nicht beliebig. Die ausgewählten Erzählungen geben eine Richtung vor: Afghanistan ist kein sicheres Herkunftsland.

1.2 Zaheer ist gläubiger Muslim, aber auch ein liberaler Mensch. Die Analyse von Figuren und Figurenkonstellationen

In der ersten Erzählung treten zwei Figurengruppen auf. Im Zentrum der ersten steht die Familie des jungen Afghanen Zubair Zaheer. Sie besteht, so wird erzählt, aus dem Vater, der Polizist ist, und seinen Söhnen. Einer der Söhne ist Zubair. Er arbeitet in einem Büro, hat aber den Wunsch, Sänger zu werden, weshalb er an der Castingshow ‚Afghan Star' teilnimmt. Damit gehört er zu den „afghanischen Teenies", die davon träumen, ein Popstar zu werden.

Dieser ersten Gruppe gegenüber steht die zweite Figurengruppe. Diese umfasst „konservative fromme Afghanen" und insbesondere Taliban als Antagonisten der Familie Zubairs und aller, die gerne Musik hören und tanzen. Taliban bewerten Zubairs Teilnahme an der Castingshow als unislamisch und nicht der

Scharia gemäß. Daher töten sie Zubairs Vater, der ihren Anweisungen nicht folgte, auf grausame Art und Weise.

Zubair und sein Vater sind die Hauptfiguren der ersten Erzählung. Sie stehen für ein Denken und Handeln, das im Gegensatz zum Denken und Handeln der Taliban steht. Die Erzählinstanz beschreibt Zubair dabei als einen ambitionierten Mann, der gut singen kann, gern ein Popstar wäre und daher in einer Castingshow Songs präsentiert, die „in westlichen Ohren" wie eine gewöhnliche Schnulze klingen. So wird Zubair Zaheer als eine Person präsentiert, die die Träume europäischer und amerikanischer Jugendlicher teilt:

> „Es gibt viele gutaussehende Afghanen, Zubair Zaheer, 23, ist einer davon. Man könnte ihn einen Mädchenschwarm nennen, wenn man sieht, wie er in einem Musikvideo seinen Song zum Besten gibt, dazu eine Schönheit mit Geige und wehendem Kleid, Text: ‚Es macht mich ganz verrückt, in dein schönes Gesicht zu blicken!' In westlichen Ohren klingt das wie eine gewöhnliche Schnulze, aber afghanische Teenies hören anders, vor allem solche, die sich für Castingshows im Fernsehen interessieren. Nicht nur Deutschland sucht den Superstar. Afghanistan tut das auch. Dort heißt die Sendung ‚Afghan Star'. Zubair Zaheer hatte Ehrgeiz. Bei ‚Afghan Star' gewinnen und tatsächlich ein Star sein. Ein berühmter Sänger. CDs, Konzerte, eine große Fangemeinde, was man sich so erträumt, er hat auch eine gute Stimme. Und Ausstrahlung."

Die Lieder, die Zubair singt, erscheinen im Westen gewöhnlich, nicht aber in Afghanistan. Die Erzählstimme markiert das Singen von Popsongs als außergewöhnlich („aber afghanische Teenies hören anders"). Zubair wird damit als eine Figur skizziert, die unkonventionell auftritt, damit aber den Sitten konservativen Denkens, den Wertvorstellungen der Taliban im Besonderen, widerspricht:

> „Aber mit der Musik ist das so eine Sache in Afghanistan. Es sind nicht nur die Taliban. Für konservative fromme Afghanen ist Musik gleich Tanz, und Tanz ist nahe an Prostitution. Musik weckt sexuelle Begierden, so sagen sie, und also ist Musik unislamisch."

Zubair erscheint als Exot in einem Sittengemälde, das von restriktiven, konservativen islamischen Verhaltenscodices geprägt ist. Da, wo Zubair lebt, kommen Gesang und Tanz mit Prostitution auf einer Stufe zum Stehen. Zubair stellt damit einerseits eine mutige, andererseits aber auch eine bedrohte Figur dar. Geradezu zerbrechlich wirkt er vor dem Hintergrund einer Gesellschaft, die zutiefst ablehnt, was er sich erträumt. Lebendig und stark wirkt er hingegen in seinen Musikvideos.

An Zubairs Seite steht sein Vater, die zweite Hauptfigur der Erzählung. Der Vater wird als gläubiger Muslim und zugleich als liberal denkend beschrieben. Als Taliban ihn bedrohen, da sein Sohn singt, stellt er sich selbstbewusst hinter Zubair:

> „Zaheer ist gläubiger Muslim, seine ganze Familie ist es, sein Vater war es, aber er
> war auch ein liberaler Mensch, und als die erste Warnung kam, da schlug er sie in
> den Wind. Er solle, so hatten ihm die Taliban übers Telefon mitgeteilt, seinem Sohn
> verbieten, an diesem Gesangswettbewerb im Fernsehen teilzunehmen, es sei gegen
> den Islam, gegen die Scharia. Den Vater beeindruckte das nicht, auch nicht die fol-
> genden Drohungen. Mein Sohn ist erwachsen, er trifft seine eigenen Entscheidun-
> gen, soll er gesagt haben, und offenbar waren es Entscheidungen, mit denen er
> einverstanden war. Jedenfalls hängte er Bilder von seinem Sohn auf und warb für
> ihn.“

Auch der Vater ist eine mehrdimensionale Figur. Einerseits wird er als frommer
Mann beschrieben, andererseits aber teilt er nicht die Ansichten religiös konser-
vativer Afghanen. Obwohl er gläubig ist, akzeptiert er die Ambitionen seines
Sohnes und macht Werbung für ihn. Selbst die Drohungen von Taliban können
ihn nicht von seiner Haltung abbringen. Der Vater erscheint selbstbewusst und
mutig. Er entspricht damit dem Typus der Heldenfigur, die sich Widerständen
gegenüber behauptet und den eigenen Überzeugungen folgt, auch wenn das gefährlich ist:

> „Es war nur die Freude am Singen, die einen Vater das Leben kostete und die dessen
> Söhne nun nur noch an Flucht denken lässt. Möglich, dass das Verhängnis seinen
> Lauf auch genommen hätte, wenn Zubair Zaheer nicht Sänger geworden und weiter
> seiner Büroarbeit nachgegangen wäre. Schließlich hatte der Vater einen Beruf, der
> in Afghanistan dazu geeignet ist, Unheil heraufzubeschwören. Er stand als Polizist in
> einer unsicheren Provinz im Kampf gegen Taliban und Drogenhändler. Doch es war
> das Singen des Sohnes, das den Vater das Leben kostete. [...] Vielleicht wusste er
> nicht, wie riskant das war. [...] Er war mit drei anderen Polizisten unterwegs, als sie
> überfallen wurden. Es kam zu einer Schießerei, die drei Kollegen wurden getötet,
> Zaheers Vater aber fassten die Taliban lebend. Am Ende war da eine schrecklich zu-
> gerichtete Leiche, bei der man einen handgeschriebenen Brief der Mörder fand. Da-
> rin stand: ‚Jeder, der unsere Befehle nicht befolgt, muss sich auf dasselbe Schicksal
> gefasst machen.‘“

Zubairs Vater wird als ein Gerechter skizziert, der gegen das Böse antritt. Als
Polizist kämpft er gegen Verbrechen, Drogenhändler und Taliban. Als liberal
denkender Muslim unterstützt er zudem seinen Sohn und verteidigt ihn vor den
verbalen Attacken der Taliban. Der Vater erfüllt damit die Rolle des Kämpfers
gegen das Unrecht, doch bezahlt er dafür mit seinem Leben und wird so zum
tragischen Opfer. Die handschriftliche Notiz, die bei der Leiche gefunden wird,
stellt auch eine Nachricht an den Sohn dar: Er muss damit rechnen, das Schicksal
des Vaters zu teilen, wenn er sich den sittlichen Vorgaben der Taliban weiterhin
widersetzt.

Nach dem gleichen Muster werden die Figuren in der Erzählung von Ahmad
Saaedi ausgestaltet. Typisch für die Heldenfigur Saaedi ist ihr demokratischer
und regierungskritischer Standpunkt. Der Islamische Staat hat die Rolle des Antagonisten inne. Dieser wird durch und durch böse beschrieben:

> „Es ist ein Abdullah, der anruft. Er fragt, wieso Saaedi sich für Redefreiheit und De-
> mokratie einsetze. Ob er nicht wisse, dass Demokratie das Gesetz der Ungläubigen
> sei. Saaedi fragt zurück, welcher Organisation er, Abdullah, angehöre, und Abdullah
> sagt, er rufe im Namen des ‚Islamischen Staates‘ an, er habe ihm mitzuteilen, dass
> man ihn töten werde, inschallah (so Gott will).“

Die Heldenfigur Saaedi wird mehrdimensional gezeichnet. Einerseits wird deutlich, dass Saaedi ein Opfer des Islamischen Staates ist. Er wird bedroht, verfolgt
und von seiner Familie abgeschnitten. Mehrmals wurde auf ihn geschossen, um
ihn mundtot zu machen:

> „Ahmad Saaedi haben sie in den Kopf geschossen, einmal, zweimal, ‚hier, wollen Sie
> fühlen?‘ Saaedi nimmt die Hand des Besuchers und drückt sie an seine rechte Schläfe,
> ‚fühlen Sie die Kugel?‘ Eine haben sie ihm herausoperiert, aber an die zweite, die an
> der Schläfe, sagen die Ärzte, kommen sie nicht heran, zu gefährlich. Drei Monate ist
> das her, und vor fünf Jahren haben sie schon mal auf ihn geschossen. Jetzt krempelt
> Saaedi ein Hosenbein hoch. Keine Aussage ohne Beweis.“

Saaedi ist aber nicht auf den Opferstatus festgelegt. Die Figur wird auch stark
und mutig dargestellt, intellektuell und in hohem Maße zivilgesellschaftlich engagiert:

> „Ahmad Saaedi, 60: ist Politologe, Ex-Diplomat, Buchautor, Regierungskritiker. Eine
> laute Stimme in der neu erblühenden afghanischen Zivilgesellschaft. Er prangert
> Korruption an, er sagt, Demokratie sei in Afghanistan nur eine Fassade.“

So erscheint die Figur einerseits als starker, politischer Aktivist, aber andererseits auch als verletzlicher Mensch, der Angst um seine Kinder haben muss und
unter der Trennung von seiner Familie leidet:

> „Keines der Kinder ist mehr da, er hat sie woanders unterbringen müssen, Sicher-
> heitsgründe. Er selber, sagt er, wolle nicht weg aus Afghanistan, aber seine Kinder
> müssten dringend weg — ‚sie leiden doch wegen mir.‘ Ahmad Saaedi weint, er will
> seine Kinder um sich haben“.

1.3 Er nickt dem Dolmetscher wortlos zu.
Die Analyse der Fokalisierung

Der erste Blick dieser Wirklichkeitserzählung erfolgt aus der Übersicht. Der Fokalisator hinter der Predigtstimme gibt aus analytischer Distanz heraus eine
konkrete politische Fragestellung zu sehen (Ist Afghanistan ein sicheres Herkunftsland?). Innerhalb der Narrationen herrscht der Modus der externen Fokalisierung vor, zum Teil übergleitend in die figurengebundene Mitsicht.
    Typisch für die externe Fokalisierung ist die Wiedergabe von Handlungen
und Äußerungen einer Figur durch eine Erzählinstanz. In den vorliegenden

Erzählungen ist die Erzählinstanz zugleich Gesprächspartner der Figur und ihr damit nahe. Beide befinden sich im selben Raum, so dass die Hörer*innen der Erzählung durch die Augen der Erzählstimme den Eindruck bekommen, beim Gespräch dabei zu sein, beispielsweise als Saaedis Telefon klingelt:

> „Beim Verabschieden klingelt Saaedis Handy. Er nimmt das Gespräch an und bleibt starr an der Wohnzimmertür stehen. Dann hält er das Telefon ein Stück weg vom Ohr und nickt dem Dolmetscher wortlos zu, er solle mithören. Der Dolmetscher hört und schreibt mit."

Noch näher kommen die Hörer*innen den Figuren Saaedi und Zubair im Modus der externen Fokalisierung, die in die figurengebundene Mitsicht übergeht. Typisch für diese Perspektive ist, dass die Erzählinstanz nicht mehr sieht, als die Figur selbst und die Ereignisse aus ihren Augen zu sehen gegeben werden. Ein Beispiel für den Übergang von der externen in die figurengebundene Mitsicht findet sich in der Szene, in der Ahmad Saaedi zugleich zu sehen gegeben wird und selbst zu sehen gibt:

> „Sie haben hier alle zusammengewohnt, Vater, Mutter, zwei Söhne, eine Tochter. Keines der Kinder ist mehr da, er hat sie woanders unterbringen müssen, Sicherheitsgründe. [...] Ahmad Saaedi weint, er will seine Kinder um sich haben, und er will sie in Sicherheit wissen, aber er weiß, beides geht nicht."

Deutlich aus der figurengebundenen Mitsicht und damit der Figur ganz nah wird der Predigtgemeinde Zubairs Blick auf Fluchtmöglichkeiten zu sehen gegeben: „Lieber ertrinke ich im Meer, als das ich so umkomme wie mein Vater."

1.4   Lieber ertrinke ich im Meer. Die Analyse der Stimme

Die Predigt ist vielstimmig. Wenig Raum nimmt die Stimme der Antagonisten ein (Taliban und Islamischer Staat). Auch die Predigtstimme ist nur kurz zu hören. Sie orientiert die Wahrnehmung der Hörer*innen, indem sie beobachtungsleitende Fragen stellt. Implizit grenzt sich die Predigtstimme damit schon von der Haltung des Innenministers ab, verzichtet aber im Folgenden darauf, ihre Sicht der Dinge zu proklamieren. Sie nimmt weniger die Rolle der Anwältin ein als die der Moderatorin und räumt anderen Stimmen Platz ein bzw. tritt ihre Stimme an Erzählinstanzen und Figuren ab. Typisch für die Erzählstimmen ist ihre Nähe zum Geschehen. Sie treten als Gesprächspartner der Hauptfiguren auf und sprechen im Präsens, so dass der Eindruck entsteht, die Stimmen würden geradezu live berichten.

Anders als in den bislang analysierten Wirklichkeitserzählungen haben in dieser Predigt auch Asyl- und Schutzsuchende eine Stimme. In Form der indirekten bzw. erlebten Rede kann dabei nicht mehr klar zwischen Figurenrede und Erzählstimme unterschieden werden:

> „Am schlimmsten sei für ihn, dass er seine Kinder nicht mehr um sich habe. Sie haben hier alle zusammengewohnt, Vater, Mutter, zwei Söhne, eine Tochter. Keines der Kinder ist mehr da, er hat sie woanders unterbringen müssen, Sicherheitsgründe. Er selber, sagt er, wolle nicht weg aus Afghanistan, aber seine Kinder müssten dringend weg — ‚sie leiden doch wegen mir'.“

Aber auch direkt haben die Protagonisten eine Stimme. Entschlossen und selbstbewusst steht die Stimme der Figur Zubair den Stimmen der Antagonisten gegenüber:

> Taliban: „Jeder, der unsere Befehle nicht befolgt, muss sich auf dasselbe Schicksal gefasst machen.“ Zubair: „Lieber ertrinke ich im Meer, als das ich so umkomme wie mein Vater.“

1.5 Die Analyse der Identifikationsangebote für die Hörer*innen

In Zubair und Saaedi begegnen den Hörer*innen Figuren, die zur Identifikation einladen. Aus direkter Nähe fokalisiert und facettenreich dargestellt erscheinen sie glaubwürdig. Auch werden ihre Gründe für Fluchtabsichten nachvollziehbar dargelegt. Die Sehnsucht der Figuren nach einem Leben in Freiheit (singen zu dürfen, die Regierung kritisieren zu dürfen), wird von den Hörer*innen vermutlich geteilt. Verstärkt wird die Glaubwürdigkeit der Protagonisten der Wirklichkeitserzählung durch ihren faktualen Kern. In Zubair und Saadi begegnen leibhaftige Menschen mit Vor- und Nachnamen, Familien, Berufen und Interessen.

Wenig nahe liegt eine Identifikation mit der Stellungnahme von Thomas de Maizière. Die Beispielerzählungen von Zubair und Saaedi widersprechen der Einschätzung des Innenministers, wonach es sich bei Afghanistan doch um ein Land handeln könnte, in dem Menschen – zumindest in gewissen Regionen – gut leben können. Gar nicht zur Identifikation eignen sich die Antagonisten (Islamischer Staat und Taliban). Sie nehmen in den Erzählungen die Rolle des Widersachers ein und sind auf der moralischen Achse von Gut und Böse eindeutig am negativen Ende positioniert.

1.6   Legale Fluchtmöglichkeiten als Problemlösungsschlüssel. Die Gesamtauswertung der Predigt ‚Afghanistan – ein sicheres Herkunftsland?'

Die Predigt erzählt von einer Welt, in der eine politische Idee der Lebenswirklichkeit scharf gegenübersteht. In dieser Welt gibt es ein Land, in dem Menschen grausamen Verbrechen und Unterdrückungsstrukturen ausgesetzt sind und deshalb woanders leben wollen. Doch gibt es Stimmen von Politikern, die fern dieses Landes der Meinung sind, dass die Einwohner von dort nicht weggehen sollten, da finanzielle, militärische und humanitäre Hilfen in die Verbesserung der Lebensbedingungen investiert würden und diese Gabe zum Dank verpflichte. Die Bürger*innen sollen mit den Hilfestellungen, die von außen kommen, von innen heraus eine neue Gesellschaft aufbauen und die lebensfeindlichen Mächte besiegen. Besonders vom mittelständischen Milieu wird erwartet, sich der Verbesserung der Gesellschaft zu widmen, statt davonzulaufen. Um Abwanderung zu vermeiden und die Hilfeleistungen nicht ad absurdum zu führen, wird überlegt, es Flüchtenden schwerer zu machen, woanders leben zu können. In der Lebenswirklichkeit aber unterliegen die Bürger*innen den lebensfeindlichen Mächten. Zwar bringen sie sich engagiert in die Neuausrichtung der Gesellschaft ein, damit sind sie aber zugleich in Lebensgefahr. Zuletzt können sie sich nicht behaupten. Der Feind siegt. Legale Auswege aus dem Land stellen damit, so die vermutete Aussageabsicht, eine richtige Antwort auf die verfahrene Situation dar.

Schematisch fügt sich diese Erzählung von der Welt, wie sie ist und wie sie sein sollte, in die Erzählungen nach Grundmuster 4 „Lieber Lebendig als tot" ein. Die Lösung der Krise liegt in der Anerkennung der Lebenswünsche und -hoffnungen von Menschen – unabhängig davon, wo sie geboren wurden. In der Welt, die nicht bei Trost ist, obliegt es allen Menschen guten Willens, zusammenzuhalten und sich gegenseitig zu unterstützen – beispielsweise durch legale Fluchtmöglichkeiten.

Besonders für diese Erzählung ist aber, dass die Predigtstimme eine moderierende Rolle einnimmt. Sie lässt die diversen Blickwinkel und Wahrnehmungen zu Wort kommen. Ihre eigene Position wird durch die Erzählungen sehr wohl deutlich, doch verzichtet sie darauf, diese eigens zu formulieren. Im Hintergrund fungiert die Predigtstimme sehr wohl als Opferanwältin, doch bevormundet, verzweckt oder verdinglicht sie die Betroffenen nicht. Die Figuren, die unter die Räuber gefallen sind, halten ihr eigenes Plädoyer.

Auch fällt auf, dass Asylkritiker in dieser Erzählung von der Welt durch eine konkrete Figur repräsentiert werden. In der Stimme des Innenministers kommen ihre Einwände zu Wort, zugleich werden sie nicht mit dem Innenminister gleichgesetzt. Sie werden auch nicht direkt angesprochen. In der Wirklichkeitserzählung werden stattdessen zwei Darstellungen von der Welt, wie sie ist, in journalistischem Stil nebeneinandergesetzt: Die eines Politikers und die von Zivilisten aus Afghanistan.[3] Die Hörer*innen der Predigt werden so in die Lage versetzt, beide Sichtweisen wahrzunehmen und sich ihr eigenes Urteil zu bilden. In der Erzählung von der Lebenswirklichkeit Zubairs und Saaedis werden die Zuhörenden „argumentativ zugerüstet"[4]. Sie kennen nun die Einwände beider Seiten und können dazu Position beziehen.

Anders als in den bislang analysierten Predigten ist die Wirklichkeitserzählung nicht explizit theo- bzw. christozentrisch ausgerichtet. Nicht die Empathie oder die Nächstenliebe ist erster Maßstab der Erzählung und es geht in diesem Falle nicht um die Unterscheidung zwischen gut und böse, sondern um die zwischen richtig und falsch: Wer schätzt die Lage in Afghanistan richtig ein? Der moralische Impetus, Menschen aus Afghanistan Asyl zu gewähren und für sichere Fluchtmöglichkeiten zu sorgen, wird nicht explizit entfaltet. Auch diese Konklusion wird der Hörerschaft überlassen.

2. Die Reflexion des maximalen Kontrasts

Die Predigt „Afghanistan, ein sicheres Herkunftsland?" weist nicht die vorher dargestellten Probleme moralischer Kommunikation auf. In ihr wird deutlich gesagt, was richtig und gut ist, ohne aber die Hörerschaft zu bevormunden oder verächtlich zu machen. Feindbilder beinhaltet die Wirklichkeitserzählung sehr wohl. Islamischer Staat und Taliban werden missachtet, nicht aber die Predigthörer*innen. Das macht die Predigt „Afghanistan, ein sicheres Herkunftsland?" zu einem interessanten Forschungsobjekt mit Blick auf Möglichkeiten, humanitär und den Hörer*innen gegenüber gewaltfrei zu predigen.

Im Grunde ist die Predigt beschreibbar als ein rhetorischer Hybrid, der sich aus Verfahrensweisen, die sich in der Homiletik in Bezug auf ethisches Predigen bereits etabliert haben,[5] zusammensetzt. Besonders interessant erscheint dabei die konkrete Abmischung der Verfahrensweisen. Charakteristisch für diese Pre-

---

[3] Die journalistische Anmutung der Predigt kommt nicht von ungefähr. Die Erzählungen von Saaedi und Zubair stammen aus einem Artikel der Süddeutsche Zeitung vom 15. Februar 2016: Klein, S., Art.: Rettet den Mittelstand. Es sind nicht die Geschundenen in den umkämpften Provinzen, die jetzt aus Afghanistan nach Deutschland flüchten. Es sind die aus den Städten, die es sich leisten können. Wovor flüchten Sie? Ein Besuch in Kabul, in: Süddeutschen Zeitung vom 15. Februar 2016, veröffentlicht im Internet unter: https://www.frnrw.de/images/News/2016/sz_artikel.pdf [Stand vom 5. Juni 2020].

[4] Merle, K., Pluralität gestalten. Das Politische als Dimension der Homiletik, in: Keller, S. (Hg.), Parteiische Predigt. Politik, Gesellschaft und Öffentlichkeit als Horizonte der Predigt, Leipzig 2017, 67–51, 50.

[5] Vgl. Stetter, M., Wie sagen, was gut ist, 159–183.

digt ist die Verschmelzung von Narration und Argumentation im Vordergrund
der Wirklichkeitserzählung, während die Predigtstimme, die in ihrer Haltung
transparent ist und der Predigt eine klare Aussageabsicht zu Grunde legt, in den
Hintergrund tritt.

In der Homiletik haben drei Verfahrensweisen ihren festen Platz im Rahmen
der Gestaltung ethischer Predigten eingenommen: die Narration, die diskursive
Argumentation und die Kenntlichmachung der Subjektivität der vertretenen
Deutung.[6]

Eine Predigt, in der die Haltung der Predigtstimme transparent ist, statt
diese in Form allgemeingültiger Wahrheit zu proklamieren, gewinnt an Glaubwürdigkeit. Durch Anmerkungen wie „ich sehe das so" oder „ich interpretiere
das wie folgt" kennzeichnet die Predigtstimme ihre Sicht der Dinge und die Rezipienten erhalten den Eindruck, der Redner sei aufrichtig. Hinter der Predigtstimme wird eine Person mit eigener Meinung erkennbar und bietet sich damit
auch als Gesprächspartner an. Über die subjektive, exemplarische Deutung wird
den Hörer*innen auch ein Raum „eigenbestimmter Auseinandersetzung und
Stellungnahme"[7] eröffnet. Zeigt sich die Predigtstimme darüber hinaus als kom-
petente, als weitsichtig informierte und reflektierte Gesprächspartnerin, wird
Vertrauen evoziert. Dieses Vertrauen wird weiter gestärkt, wenn den Hörer*innen mit Wohlwollen begegnet wird und ihre Einwände respektiert und sachlich
erörtert werden. Wenig vertrauenswürdig erscheinen hingegen Prediger*innen,
die sich über das Auditorium erheben oder Kontrahent*innen degradieren.[8]

Auch in der Predigt „Afghanistan, ein sicheres Herkunftsland?" wird die
Haltung der Predigtstimme transparent kommuniziert. Der Gebrauch des Personalpronomens Ich ist dafür nicht nötig. Vielmehr drückt die Predigtstimme ihr
Urteil (Afghanistan ist kein sicheres Herkunftsland) in der Auswahl der Beispielgeschichten unmissverständlich aus, ohne aber ihre Meinung zu oktroyieren.

Die diskursive Argumentation stellt die zweite etablierte Verfahrensweise
ethischer Predigt dar. Erörternd ausgerichtet stellen Prediger*innen nicht allein
die eigene Sicht der Dinge dar, sondern imaginieren, benennen und diskutieren
darüber hinaus „gegenläufige Sinnperspektiven und alternative Handlungs-
optionen"[9]. Predigtpersonen setzen die eigene Haltung selbst dem Zweifel aus.
Sie stellen sich Einwänden und lassen aus eigenem Munde abweichende Deutungen vernehmen. Indem die eigene Haltung so als kontingent markiert wird, brechen diskursive Verfahren den „Zirkel strenger Selbstaffirmation"[10] auf. Wenngleich die Predigtperson also einen klaren Standpunkt vertritt, wird zugleich der
Existenz alternativer Argumente Rechnung getragen. Die eigene Haltung muss

---

[6]   Vgl. ebd.
[7]   A. a. O., 181–182.
[8]   Vgl. Karle, I., Herausforderungen politischer Predigt, 1001.
[9]   Stetter, M., Wie sagen, was gut ist, 177–178.
[10] A. a. O., 178.

sich diesen Argumenten gegenüber als tragfähig erweisen. Gelingt es, die Einwände der Hörerschaft in die Überlegungen aufzunehmen, eröffnet das Verfahren diskursiver Argumentation „Dynamiken der Adaption [...], die den Hörenden erlauben, das vertretene Anliegen subjektiv nachzuvollziehen."[11]

Wie die Analyse einiger Predigten, die dieser Studie zu Grunde liegen, zeigt, läuft die diskursive Argumentation im Rahmen humanitärer Absichten aber leicht Gefahr, verletzend zu wirken. Beispielsweise da, wo als Argument für die Aufnahme Asyl- und Schutzsuchender deren ökonomischer Nutzen festgestellt und postuliert wird und Personen, auf eine Objekt- und Opferrolle festgelegt, „funktionalisiert werden für das Heil, die Gottesbegegnung oder den Lebenssinn der potentiellen Predigthörer und -hörerinnen."[12] Daher erscheint es für humanitär ausgerichtete Predigten interessant, wie die Predigt „Afghanistan, ein sicheres Herkunftsland?" argumentiert. Sie nutzt dafür die dritte Verfahrensweise, die sich allgemein mit Blick auf die ethische Predigt bewährt hat: die Narration.

Zwar liegt auch der Narration eine bestimmte Intention inne – mit Bedacht wird die Narration durch Prediger*innen in Entsprechung zur Aussageabsicht der Predigt ausgewählt –, zugleich aber sind Narrationen pränormativ, d. h. strukturell deutungsoffen und wehren sich so gegen allzu bevormundende Vorgaben. Über die Identifikation mit Figuren beispielsweise nehmen die Hörenden unterschiedliche Standpunkte ein. Sie erleben innere Konflikte probeweise mit und sehen vor dem inneren Auge, welche Bedeutung ein allgemeiner Sachverhalt konkret haben kann. Während die Feststellung von Sachverhalten die Hörer*innen mit Informationen konfrontiert, verwickeln Erzählungen mit einer konkreten Situation und stimulieren so Verstehensprozesse auf Seiten der Rezipient*innen. Gute Beispielgeschichten regen die Phantasie an und produzieren einen Sinnüberschuss. In diese Unbestimmtheitsstellen, sogenannte „Enklaven"[13], können die Rezipient*innen mit ihren persönlichen Motiven, Assoziationen und Interessen einziehen. Derart deutungsoffen kommt die Narration der Autonomie der Hörerschaft entgegen. Zugleich aber trägt sie auch der Intentionalität der Predigt Rechnung, denn „als fiktional-literarische Größe finden sich die Narrative der Predigt eingebunden in einen Diskurs, der in der Regel einer deutlich spezifizierten Absicht folgt"[14].

Die Beispielgeschichten von Zubair und Saaedi in der Predigt „Afghanistan, ein sicheres Herkunftsland?" belegen diese Funktion von Narrationen: Sie ermöglichen Identifikation und evozieren Betroffenheit.[15] Darüber hinaus – und

---

[11]   Ebd.
[12]   Conrad, R., Parteiisch predigen, 89.
[13]   Engemann, W., Der Text in der Predigt – Die Predigt als Text. Herausforderungen für Prediger und Hörer, in: Engemann, W. und Lütze, F. (Hg.), Grundfragen der Predigt. Ein Studienbuch, Leipzig ²2009, 111–137, 133.
[14]   Stetter, M., Wie sagen, was gut ist, 169.
[15]   Vgl. Pohl-Patalong, U., Was kann ich wollen, 131.

das ist mit Blick auf humanitär ausgerichtete Predigten von besonderem Interesse – argumentieren die Beispielsgeschichten auch. Sie informieren über die Lage in Afghanistan und bieten der Hörerschaft damit Argumente für eigene Überlegungen und für Gespräche mit anderen. Argumentation und Narration „ergänzen einander, unterstützen sich und wirken zusammen"[16] und dieses Zusammenspiel, das als argumentierende Narration bezeichnet werden kann, scheint für humanitär ausgerichtete Predigten, die auf Auseinandersetzung mit politischen Kontrahent*innen zielen, hilfreich zu sein.

Die argumentierende Erzählung ist der ausschließlich diskursiven Argumentation dahingehend überlegen, dass es wenig gewinnbringend erscheint, politischen Kontrahent*innen „realistische Wahrheitstheorien"[17] entgegenzuhalten, wie es manche Predigt versucht, die vom emotional bereichernden oder wirtschaftlich profitablen Flüchtling erzählt. Derartige Darstellungen von Menschen aus nutzenorientierter Perspektive stellt nicht nur in Bezug auf die Würde der Betroffenen eine Verletzung dar, sondern verkennt auch, dass derjenige, der Fakten darlegt, um einen anderen damit überzeugen zu können, zumeist enttäuscht wird.[18]

Das liegt erstens daran, dass über Ansichten, die nicht nur Teil des Meinungshaushaltes geworden sind, sondern sich darüber hinaus in „der individuellen Weltorientierung verkörpert haben"[19], schwerlich gestritten werden kann. Inkorporierte Anschauungen diskursiv in Frage zu stellen, würde bedeuten, dass deren Vertreter*innen sich selbst teilweise aufgeben müssten, um den eigenen Irrtum einzugestehen: „Ideologisch geschlossene Weltbilder kann man argumentativ gar nicht begegnen, da sie auf einer fundamentalen Ebene mit einer Lebensform verflochten sind"[20]. Zweitens haben Fakten überhaupt nur dann Einfluss auf politische Anschauungen, wenn sie eine Bedeutung haben. Fakten sprechen nicht einfach für sich. Sie sind immer deutungs- und bewertungsbedürftig und können nur dann Meinungen modifizieren, wenn sie für das eigene Weltbild relevant sind.[21] Beispielsweise bedeutet es erst einmal nichts, wenn ich höre, dass Afghanistan kein sicheres Herkunftsland ist. Ich werde nicht nachvollziehen können, was das für die Betroffenen bedeutet, wenn dies nichts mit mir zu tun hat und es mich daher auch nicht interessiert. „Das könnte sich jedoch ändern, falls ich jemanden dort kennenlerne oder zumindest aus zweiter

---

[16]   Stetter, M., Wie sagen, was gut ist, 173.
[17]   Ziegelmann, R., Was sollen wir tun, wenn Argumente scheitern? Überlegungen zum philosophischen Umgang mit dem Populismus im Anschluss an Arendt, in: Kotzur, M. (Hg.), Wenn Argumente scheitern. Aufklärung in Zeiten des Populismus, Münster 2018, 15–32, 20.
[18]   Vgl. a. a. O., 15–32.
[19]   A. a. O., 22.
[20]   A. a. O., 24.
[21]   Vgl. Frick, M.-L., Zivilisiert streiten, 45.

Hand entsprechende Erfahrungen geschildert bekomme und so wenigstens ansatzweise nachempfinde."[22]

Für die Auseinandersetzung mit politischen Kontrahent*innen bedeutet das anzuerkennen, dass Tatsachenpostulate politische Antagonismen nicht einfach aufheben können, sondern Gefahr laufen, die Schließung von Weltanschauungen weiter voranzutreiben.[23] Es empfiehlt sich daher dort anzusetzen, wo Personen „noch erfahrungssensibel sind"[24]. Schon Schilderungen aus zweiter Hand haben dabei das Potenzial, Weltanschauungen zu irritieren, was mit Blick auf den Modus Operandi der politischen Predigt als Empfehlung gelten kann: Von Erzählungen, die Fakten Bedeutung verleihen, darf etwas erwartet werden.

Dabei ist von den tragenden Köpfen rassistischer Ideologien vermutlich weniger zu erwarten als vom gemäßigteren Rand und daher erscheint Hanna Arendts Unterscheidung von Parteimitgliedern und Sympathisanten für die politische Predigt interessant, da sie ein „topographische[s] Modell einer sich von der Realität abkapselnden ideologischen Formation"[25] zeichnet. Im Innern dieser Formation findet sich die höchste Zustimmung zur realitätsverleugnenden Fiktion. Hier ist die Erfahrungsverweigerung und „Lernblockade"[26] am höchsten. Am Rande aber ist die Verflechtung mit der Fiktion loser gewebt. Von Personen, die vom Zentrum der Weltanschauung weiter entfernt stehen, kann erwartet werden, dass sie irritierbarer und ansprechbarer sind. Mit ihnen, so die These, kann man reden. Sie können auf Brüche im Weltbild aufmerksam gemacht werden und sind, im Vergleich zu denen, die sich bereits radikalisiert haben, noch in der Lage, Erfahrungen wahrzunehmen, die der rechten Ideologie widersprechen.

Um Erfahrungen wahrnehmen zu können, ist auch der Modus der Fokalisierung entscheidend. Asyl- und Schutzsuchenden nahe zu kommen, sie in ihrem Erleben zu sehen zu geben, oder aber die Lage aus ihrer Sicht heraus zu sehen zu geben, stellen eine gute Möglichkeit dar, nicht paternalistisch über Geflüchtete zu sprechen, sondern sie selbst und ihre Wahrnehmung in den Fokus zu rücken. In jedem Falle ist zu beobachten, dass eine distanzierte Betrachtung als Rede über Geflüchtete aus einer übergeordneten Warte heraus Distanz beim Betrachter und der Betrachterin evoziert. Umgekehrt kommen die Hörer*innen der Predigt der Figur in einer Erzählung umso näher, je näher der Fokalisator der Figur steht und je detaillierter und anschaulicher diese zu sehen gegeben wird. Die Predigthörer*innen werden so in die Lage versetzt, „die vertretene Auffassung subjektiv nachzuvollziehen."[27] Wird eine Figur aus der Nähe dargestellt, so kann sie als aufklärendes Beispiel für Wirklichkeit dienen. Je konkreter dieses Beispiel

---

[22] A. a. O., 46.
[23] Vgl. ebd.
[24] Ziegelmann, R., Was sollen wir tun, wenn Argumente scheitern, 26.
[25] A. a. O., 25.
[26] Ebd.
[27] Karle, I., Herausforderungen politischer Predigt, 1001.

ist, desto eher bietet es sich zur Identifikation an und desto leichter können beispielsweise Fluchtursachen und -motive nachvollzogen werden.

Unspezifische Beispiele tragen wenig aus bzw. können die Absicht der Predigt sogar konterkarieren, wie die Analyse des Gebrauchs des diffusen Begriffs ‚die Flüchtlinge' aufgezeigt hat. „In einer alles ‚offen' lassenden Argumentation, die weder in der Problemanzeige noch in ihren Perspektiven konkret wird, entwickelt die Predigt keinen Erschließungsraum, keine Anhaltspunkte, an denen sich die Hörer orientieren könnten."[28] Konkrete Beispiele hingegen „markieren einen Klärungs- oder Handlungsbedarf bzw. tragen ansatzweise zur Klärung bei"[29]. Anschauliche Beispiele bieten Informationen und unterstützt so die Hörer*innen, die geschilderte Situation differenziert wahrnehmen und analysieren zu können.[30] Es ist dabei nicht entscheidend, ob es sich beim angeführten Beispiel um ein faktuales oder ein fiktives handelt. Auch das mit Hilfe der Fantasie antizipierte Bespiel vermag „schlagartig ein Fenster [zu] öffnen, eine Tür auf[zu]stoßen, durch die man einen überraschenden Blick in die Wirklichkeit des [...] Lebens gewinnt."[31] In Bezug auf die Darstellung Geflüchteter aber kommt ‚echten Beispielen' eine besondere Bedeutung zu: Sie haben das Potenzial, Einblick in individuelle Fluchtursachen und -motivationen zu gewähren, informativ zu sein und damit die Meinungsbildung der Rezipient*innen zu unterstützen.

Darüber hinaus werden Hörende durch gute Beispielgeschichten argumentativ zugerüstet.[32] Ihnen werden Perspektiven zur Verfügung gestellt, die der „ethischen Selbstbestimmung des Einzelnen dienen"[33] und Argumente für das „selbstbestimmte – unter Umständen agonale – Aushandeln gemeinschaftlichen Zusammenlebens"[34] darstellen. Auch aus diesem Grund macht es wenig Sinn, wenn eine Predigt die Gültigkeit moralischer Urteile einfach nur behauptet. Sie muss sie plausibilisieren.[35]

Das genaue Beispiel widerspricht dabei nicht dem Prinzip der Offenheit, welches für politische Predigten in der pluralen Gesellschaft geboten erscheint. Wird ein Beispiel möglichst konkret ausformuliert, dient es der Autonomie der Hörerschaft. Es befähigt die Hörer*innen der Predigt, sich selbst ein Urteil bilden zu können. Von daher ist zwischen faktischer und taktischer Offenheit zu unterscheiden. Während eine faktische Offenheit diffuse Mitteilungen macht und damit Beliebigkeit suggeriert, ermöglicht die taktische Offenheit den Empfänger*innen, sich die Bedeutung des Beispiels selbst erschließen zu können,

---

[28]   Engemann, W., Einführung in die Homiletik, 160.
[29]   A. a. O., 159.
[30]   Vgl. Karle, I., Herausforderungen politischer Predigt, 1005.
[31]   Engemann, W., Einführung in die Homiletik, 159.
[32]   Vgl. Merle, K., Pluralität gestalten, 50.
[33]   Ebd.
[34]   Ebd.
[35]   Vgl. ebd.

statt bevormundet zu werden.[36] Sein aufklärendes und meinungsbildendes Potenzial erhält ein Fallbeispiel insbesondere durch seine Details. Diese markieren es als individuell und so auch als glaubwürdig. Die Stimmigkeit eines Beispiels wird dadurch generiert, dass es nicht für alle und alles zutrifft und keine Allgemeingültigkeit beansprucht. Während Beispiellisten, die dem Versuch geschuldet sind, alle denkbaren Lebenserfahrungen aufzureihen und damit jeden und jede in die Darstellung einzubinden, Diffusität und damit Beliebigkeit ausdrücken, wirft das konkrete Beispiel einen Anker in der Wirklichkeit und zeichnet so vor dem inneren Auge eine erlebbare Situation, die aufgrund ihrer Eindrücklichkeit von den Hörer*innen selbst mit eigenen Erfahrungen versprochen werden kann bzw. eigene Ideen evoziert. Zwangsläufig ist ein Beispiel immer nur ein mögliches Abbild von Wirklichkeit neben vielen anderen. Gute Beispiele sind „kontingent': Sie sind einzigartig, sie überraschen durch ihre Abweichung vom Klischee, so dass das jeweils in den Fokus gerückte Handeln, Reden oder Erleben innerhalb der geschilderten Gesamtsituation mit allen ihren Details eine spezifische Pointe enthält."[37]

So verhält es sich auch mit den Beispielgeschichten von Zubair und Saaedi. Sie repräsentieren nicht alle Personen, die in Afghanistan leben. Ihre Biographien erscheinen besonders (Ex-Diplomat und Schlager-Star) und lassen doch Ableitungen über das Leben der Menschen in Afghanistan zu, denn die Hauptfiguren der Erzählungen existieren wirklich, sie haben einen Namen, eine soziale Identität und ihre individuellen Erfahrungen werden derart geschildert, dass die Hörer*innen die Einschätzung, dass es sich bei Afghanistan nicht um ein sicheres Herkunftsland handelt, nachvollziehen können. Vor dem Hintergrund dieser Überlegungen liegt es nahe, Asyl- und Schutzsuchende im Rahmen eines Gottesdienstes oder einer Predigt selbst zu Wort kommen zu lassen und ihnen Raum zu geben, eigene Erfahrungen zu schildern, oder aber – wo dies nicht möglich ist oder nicht angebracht erscheint[38] – ihre Sicht der Dinge zumindest so darzulegen, dass die Hörer*innen eine lebendige Person mit Lebenserfahrungen, Fähigkeiten und Bedürfnissen in ihrer konkreten Lebenssituation imaginieren und sich so ein eigenes Urteil bilden können.

In der Zusammenschau teilt die Predigt „Afghanistan, ein sicheres Herkunftsland?" die Intention der anderen, bislang analysierten Predigten. Auch sie will die Hilfe für Asyl- und Schutzsuchende und die Akzeptanz von mobilen Menschen stärken. Dazu geht sie moralisch orientierend und selbstvergewissernd (es ist richtig, Menschen aus Afghanistan zu helfen) sowie abgrenzend vor (gemäß

---

[36] Vgl. Engemann, W., Einführung in die Homiletik, 160.
[37] Ebd.
[38] Es gibt gute Gründe, Geflüchtete nicht vor ein Auditorium zu stellen, um sie ihre Geschichte selbst erzählen zu lassen. Sprachbarrieren, Schamgefühle und auch die Angst vor politischer Verfolgung bzw. der Wunsch, anonym zu bleiben, können Personen daran hindern, öffentlich aufzutreten. In diesen Fällen bietet es sich an, für Geflüchtete das Wort zu ergreifen und ihre Geschichte so zu präsentieren, dass die Würde der Person gewahrt bleibt.

dem Titel der Andacht „Gegen Rechts"). Neu an dieser Predigt ist, dass sie von Not Betroffene selbst argumentieren lässt und sie nicht bloß als passive Opfer, sondern auch als aktiv Handelnde zu sehen gibt. In Form der argumentierenden Narration stellt sie Identifikationsmöglichkeiten mit Asyl- und Schutzsuchenden bereit und wirkt zugleich informierend. Sie gewährt exemplarisch Einblick in die Lebenswirklichkeit von Menschen in Afghanistan und ermöglicht der Hörerschaft so, sich ein eigenes Bild von der Lage in Afghanistan zu machen und argumentationsfähig zu werden. Ohne Asylkritiker oder -gegner offensiv zu diffamieren, favorisiert die Wirklichkeitserzählung eine bestimmte Einstellung gegenüber der Aufnahme Asyl- und Schutzsuchender aus Afghanistan. Die Beispielgeschichten sind durchaus dramatisch (Zubairs Vater wird grausam ermordet, auf Saaedi wird geschossen und er wird von seiner Familie getrennt), dienen aber zugleich der sachlichen Auseinandersetzung mit einer politischen Fragestellung, da auf moralische Postulate und Appelle der Art „Handle So!"[39] verzichtet wird. So wird auch in der Predigt „Afghanistan, ein sicheres Herkunftsland?" die Ideologie „Flüchtlinge rein – Nazis raus" erkennbar, ohne aber in einen Gestus moralischer Überlegenheit zu verfallen. Die Möglichkeiten, mit politischen Kontrahent*innen ins Gespräch zu kommen, erscheinen damit recht gut – zumindest mit Blick auf Personen, die sich noch nicht radikalisiert haben und noch erfahrungssensibel sind.

Neben den Wirklichkeitserzählungen, die primär Mitgefühl mit Asyl- und Schutzsuchenden evozieren wollen und diese ausschließlich als Opfer darstellen, und jenen, die primär auf Selbstvergewisserung nach Innen und auf Abgrenzung von Kontrahent*innen setzen und dabei den eigenen Standpunkt erhöhen, stellt die Predigt „Afghanistan, ein sicheres Herkunftsland?" einen weiteren Typus politischer Predigten aus der Zeit der sogenannten Flüchtlingskrise dar. Dieser zielt auf moralische Orientierung mittels Verfahren, die Asyl- und Schutzsuchenden eine Stimme geben und sie so ihr eigenes Plädoyer halten lassen. Die Nähe zu den Figuren, die mittels Figurenbeschreibungen, Stimmenverteilung und Fokalisierungsstrategien erreicht wird, rückt die Perspektive von Schutzbedürftigen in den Mittelpunkt, statt über sie zu reden oder allgemein zu postulieren, welches Denken, Fühlen und Handeln Asyl- und Schutzsuchenden gegenüber richtig und gut ist. So gelingt es der Wirklichkeitserzählung zu sagen, was gut bzw. richtig ist, ohne dabei Asyl- und Schutzsuchende zu bevormunden oder Asylgegner*innen zu degradieren.

Einwände auf inhaltlicher Ebene können auch dieser politischen Predigt gegenüber vorgebracht werden. Als genuin humanitärer Beitrag zum politischen Diskurs lassen sich aus ihr beispielsweise keine „erschöpfenden Handlungsanweisungen für Fragen einer langfristigen Migrationspolitik ableiten"[40]. Nicht

---

[39] Karle, I., Herausforderungen politischer Predigt, 1001.
[40] Körtner, U., Für die Vernunft, 123–124.

thematisiert wird beispielsweise auch, dass es zur Schutzverantwortung gegenüber Asyl- und Schutzsuchenden dazugehört, die sogenannten Aufnahmekapa-
zitäten einer Gesellschaft zu berücksichtigen.[41] Das Meiden dieser Fragestellungen aber erscheint typisch für Predigten, die politische Problemlagen aus christlicher Perspektive heraus wahrnehmen und zum Nachdenken anregen wollen.

---

[41]   Vgl. a. a. O., 126–127.

VII. Fazit: Ideologie und Rhetorik politischer Predigten aus der Zeit der sogenannten Flüchtlingskrise

In den Jahren 2015 und 2016 kommt es in Europa zur sogenannten Flüchtlingskrise. Es ist eine Krise, die sich zusammensetzt aus der Not Asyl- und Schutzsuchender, aus politischen Unstimmigkeiten zwischen den europäischen Ankunftsländern und aus Protesten gegen die Aufnahme von Asyl- und Schutzsuchenden, die mit nationalistischen und fremdenfeindlichen Inhalten auf sich aufmerksam machen. So wehren sich PEGIDA und AfD gegen die Aufnahme von Asyl- und Schutzsuchenden, insbesondere von Personen muslimischen Glaubens, mit der Absicht, die deutsche Leitkultur zu bewahren bzw. das sogenannte christlich-jüdische Abendland zu verteidigen.

Die Kirchen ergreifen Partei für die Menschen in Not. Mit Spendenaktionen, Unterbringungsmaßnahmen, Integrationsinitiativen und auch im Rahmen der Verkündigung mischen sie sich ein in den politischen Diskurs zur sogenannten Flüchtlingskrise. Eine religiöse Einmischung in politische Belange aber wird durchaus auch skeptisch betrachtet. Politischen Predigten wird beispielsweise die Kritik entgegengebracht, diese würden den Verantwortungsbereich der Religion unangemessen überschreiten. Das Engagement der Kirchen aber kann nicht von gesellschaftlichen Belangen getrennt werden. Da sich Gott in Christus den Menschen zuwendet, hat das Evangelium immer auch eine politische Dimension und deshalb wird auch auf der Kanzel Politisches thematisiert. So nehmen Prediger*innen in der Nachfolge Christi am Diskurs der Menschheit um ein gutes Leben für alle teil. Sie mischen sich ein in die Balance of Power – und das idealerweise nicht, um selbst zu herrschen, sondern um christliche Perspektiven in gesellschaftlich relevante Diskurse einzubringen und so Machtverhältnisse zugunsten Schwächerer auszubalancieren. Insofern entspricht eine politische Predigt dem Evangelium. Sie will das Zusammenleben mitgestalten und ist auch parteiisch, denn mit ihr treten Prediger*innen absichtsvoll in die Parteinahme Gottes für seine Geschöpfe ein.

Politische Predigten sind aber auch heikle Reden. Ersten geht die Person, die politisch predigt, das Risiko ein, sich zu irren. Verfehlungen christlicher Prediger in der Zeit des Nationalsozialismus beispielsweise begründen die Skepsis gegenüber politischen Predigten.[1] Zweitens wird in einer demokratischen und plu-

---

[1] Vgl. Karle, Isolde, Praktische Theologie, 243.

ralen Gesellschaft der oder die als überheblich wahrgenommen, der oder die vorgibt, die einzig richtige Ansicht zu vertreten. Homiletisch ist deshalb vor Predigten mit zu hoher Intentionalität abzuraten. Zugunsten der Interpretationshoheit der Hörerschaft ist eine übergriffige und bevormundende Rede zu vermeiden und das Evangelium partnerschaftlich und gewaltfrei zu verkünden. Statt zu proklamieren oder einseitig zu appellieren, sollten Predigten Verstehensräume eröffnen, innerhalb derer sich die Predigthörer*innen selbst orientieren und sich selbst ein Urteil bilden können.

Während der sogenannten Flüchtlingskrise kam es in Deutschland zu Gewaltakten. Es kam zu Übergriffen auf Unterkünfte von Asyl- und Schutzsuchenden. Bei Asyl-Protesten hingen Puppen, die Politik*innen darstellen sollten, am Galgen, während gleichzeitig Menschen im Mittelmeer ertranken oder auf andere Art auf ihrer Flucht ums Leben kamen. Diese Gemengelage forderte Prediger*innen heraus. Wie wurde der politischen Situation auf der Kanzel begegnet? Wie wurde die sogenannte Flüchtlingskrise gedeutet? Welche Ursachen für die Krise wurden identifiziert und welche Problemlösungen imaginiert? Worauf zielten die Predigten ab? Was sollen die Predigten bei der Hörerschaft bewirken? Welche Strategien wurden angewandt, um dem Gebot der Fremden- und Nächstenliebe Geltung zu verschaffen? Wie wurden dabei Asyl- und Schutzsuchende dargestellt und wie wurde mit politischen Kontrahent*innen umgegangen? Welche Idee von der Welt, wie sie ist bzw. wie sie sein sollte, wurde in politischen Predigten kommuniziert und wie wurde sie kommuniziert? Da es in Bezug auf Reden weder einen Inhalt ohne Form gibt noch eine Form ohne Inhalt, waren damit sowohl die Ideologie einer politischen Predigt, wie sie aus ihrem Inhalt rekonstruiert werden kann, als auch ihre sprachliche Gestaltung Gegenstand dieser Untersuchung.

Die auf Grundlagen der Literatur- und Filmwissenschaften entwickelte kritisch-narratologische Methode hilft, eine Predigt ganz ähnlich wahrzunehmen wie eine Erzählung oder einen Film. Mit ihr werden die in einer Predigt vorfindlichen Figuren und Figurenkonstellationen, Fokalisierungen und Stimmen kontrolliert untersucht. Wem wird die Schuld an dem Problem gegeben? Wem wird zugetraut, das Problem zu lösen? Wer ist aktiv und wer ist passiv? Welche Figur nimmt welche Rolle ein? Wer entwickelt die entscheidenden Perspektiven? Wer spricht und wer bleibt stumm? Mit Blick auf die Hörerschaft ermöglichte die Analyse, begründete Vermutungen über die Rezeption einer Predigt aufzustellen (Welche Figur und welcher Standpunkt bietet sich zur Identifikation an?) und damit die mögliche Wirkung ideologischer Denkmuster samt ihrer sprachlichen Präsentationen zu reflektieren.

Alle analysierten Predigten, so zeigen die Analyseergebnisse, verfolgten das Ziel, ihren Hörer*innen für die politische Situation eine prinzipielle, evangeliumsgemäße Orientierung zu bieten. Theozentrisch bzw. christozentrisch ausgerichtet standen Ideen von der Welt, wie sie ist oder sein sollte, wie sie Gottes Willen entspricht, in ihrem Zentrum. Die in den Predigten zu Tage tretenden

Figuren wurden um dieses Ideal herum platziert. Held*innen sind dem Heiligen nahe, Unentschiedene noch davon entfernt, während Feind*innen jenseits der Demarkationslinie zum Stehen kommen, innerhalb derer noch ein gewisser Konsens besteht.

Manche Predigten zielten mehr auf die Abwehr von Fremdenfeindlichkeit und nationalistischem Denken, andere mehr auf die Förderung von Hilfe für und Empathie mit Asyl- und Schutzsuchenden. Gemeinsam war beiden das gedankliche Muster „Flüchtlinge rein – Nazis raus". Die analysierten Predigten zeigten keinerlei Toleranz gegenüber politisch rechten Ansichten und nicht wenige interpretierten die politische Situation als außerordentlichen Bekenntnisfall. Vergleiche von der akuten politischen Situation mit der nationalsozialistischen Ära machen deutlich, dass Prediger*innen die Verfehlungen von Christen in der Vergangenheit nicht wiederholen, sondern mit aller Deutlichkeit Partei für Verfolgte und Bedrängte ergreifen wollten. Unmissverständlich werden echte Christen von falschen Christen unterschieden: „Christliche Lieder zu singen und gleichzeitig Fremde auszugrenzen passt nicht zusammen. Abendländische Werte erhalten zu wollen und dafür Brände zu legen, erst recht nicht. [...] Wer Jesus nachfolgt, hetzt nicht mit den Hetzern! Wer Jesus nachfolgt, läuft nicht hinter den Verführern!" (Predigt Nummer 25).

Insgesamt stellten die Predigten Teile eines Selbstverständnisdiskurses dar, der durch die Not Asyl- und Schutzsuchender angetrieben und durch fremdenfeindliche Asylproteste hervorgerufen wurde. Selbstbewusst postulierten sie: ‚Liebe Deine Nächsten!' Als christlich-humanitäre Beiträge zum politischen Diskurs zielten die Wirklichkeitserzählungen dabei insbesondere auf die innere Haltung ihrer Hörerschaft und bearbeiteten zuallermeist die, den konkreten politischen Mitteln übergeordneten, rahmenden Zielkonflikte (Wie ist Menschen in Not zu begegnen?).

Sehr typisch für das analysierte Material sind Wirklichkeitserzählungen, deren Figuren in Form des Dramadreiecks zueinander positioniert sind. Lebensfeindliches (wie Krieg und Armut) sowie Fremdenfeindlichkeit erfüllen die Rolle von Antagonisten. Durch und durch böse werden Rechtsradikale dargestellt („die Hetzer, die ihre Ausländerfeindlichkeit und ihren Antisemitismus [...] ausleben" aus Predigt Nummer 16, „innere Versteppung" aus Predigt Nummer 6 und „bösartig irgendwo rechts im Schutz der Dunkelheit herausgekotzt", ebenfalls aus Predigt Nummer 6). Auch Personen, die sich uninteressiert gegenüber der Not Asyl- und Schutzsuchender zeigen, werden kritisch dargestellt („Einige [...] halten ihre Fenster und Türen geschlossen, weil sie Angst haben oder weil sie mit dem Schicksal dieser Menschen nichts zu tun haben wollen", Predigt Nummer 2).

Moralisch schwieriger einzuordnen sind Figuren, die der Aufnahme Asyl- und Schutzsuchender kritisch, aber nicht grundsätzlich ablehnend gegenüberstehen. Manche Wirklichkeitserzählungen räumen ihnen einen „berechtigt[en]" (Predigt Nummer 16) Platz in der Nähe der ideologischen Mitte ein, anderen fällt die Beurteilung dieser Figurengruppe schwerer („Oder geht es uns eigentlich darum, dass wir ahnen, dass irgendwann der Punkt kommt, wo es uns selbst weh tut, weil wir weniger haben als bisher", Predigt Nummer 5). Wieder andere verorten diese Figurengruppe eher schon außerhalb des Toleranzbereichs christlicher Weltanschauung („Die einen fragen vordergründig, sie wollen keine Antworten suchen" aus Predigt Nummer 20, „ihre Wirkung hat vor allem zu tun mit einer allgemein verbreiteten Angst vor Fremden und vor dem Fremden, die in vielen Menschen steckt. Sie wirkt vor dem Hintergrund diffuser Verlustängste und einer Sehnsucht nach ungestörter Sicherheit, die uns Zäune hochziehen und Tore zuwerfen lässt" aus Predigt Nummer 6). Zwar erhalten Einwände gegenüber der damaligen Asylpolitik in mancher Predigt eine Stimme, diskutiert aber werden sie nicht und in der Zusammenschau der Predigten fällt auf, dass die Predigtstimmen der Figurengruppe der skeptisch Fragenden selbst skeptisch gegenüberstehen.

Die Heldenfiguren hingegen werden als Vorbilder präsentiert. Typischerweise als Held*innen des Alltags inszeniert fällt es leicht, sich mit ihnen zu identifizieren („während alle auf das Eintreffen der Polizei warteten, schmierte sie für ihre Gäste Brote. ‚Nicht mit Schweinefleisch', fiel ihr ein, deshalb griff sie zum Nutellaglas", Predigt Nummer 2). Moralisch integer dargestellt, und das sowohl in Bezug auf ihr Innenleben als auch auf ihr Handeln, werden sie durch Predigt- und Erzählstimmen als evangeliumsgemäß bewertet. Ihren Heldenstatus erlangen die Figuren durch ihre Beziehung zur dritten Instanz des Dramadreiecks, dem Opfer.

Asyl- und Schutzsuchende werden zuallermeist als leidende Menschen dargestellt. Hilflos und angewiesen besetzen sie die Rolle der Empfänger*innen bzw. Nehmer*innen. Deutlich wird die humanitäre Not durch Erzähl- und Predigtstimmen benannt und beklagt („Sie bleiben halbtot und traumatisiert auf der Strecke", Predigt Nummer 3). Dabei fungiert das Schicksal Alan Kurdis, festgehalten in einem Presse-Foto, als ein Kollektivsymbol unmenschlichen Leidens („[Ich empfinde] tiefe Trauer und Mitgefühl und zugleich Scham, fast will ich sagen Schuld darüber, dass so etwas passieren muss und wir schauen dabei zu. Es ist beschämend, dass sich die politisch Verantwortlichen in Europa noch nicht darüber verständigen konnten, wie sie, wie wir diesen Flüchtlingsströmen, dieser humanitären Katastrophe gemeinsam und in einer guten Weise begegnen können – ein Armutszeugnis der besonderen Art!", Predigt Nummer 8). Ein Identifikationsangebot aber stellt die Figur des Flüchtlings kaum dar. Eindimensional auf die Opferrolle festgelegt, erscheint sie beschädigt und gesichtslos. Die Figurendarstellungen evozieren selten mentale Modelle realistischer Individuen. Predigt- und Erzählstimmen erzählen über sie, während der Standpunkt der Figurengruppe unbesetzt bleibt. Ihre Sicht der Dinge wird nicht erkennbar. Die Figur des Flüchtlings ist in der Regel blind und stumm und findet sich in der passiven Objektposition wieder. Sie ist das Ziel der rettenden Handlung durch die Protagonist*innen und so wird der Retter am Opfer zum Helden.

In Bezug auf das Parameter der Fokalisierung fällt auf, dass der Modus der Übersicht überwiegt, so dass die politische Lage aus einer übergeordneten Warte heraus zu sehen geben wird. Figuren und Problemkonstellationen werden distanziert betrachtet („Der Vater aus Syrien mit dem Kleinkind auf dem Arm, der Minderjährige aus Afghanistan, die Frau aus Eritrea, junge Männer aus Libyen. Sie sind da" aus Predigt Nummer 22, „unsere Welt ist nicht bei Trost [...]. Man kann schon verzweifeln, wenn man mit einem Gefühl der Ohnmacht vor sinnlosen Gewaltorgien steht, deren Brutalität jede Vorstellungskraft übersteigt", Predigt Nummer 17). Allenfalls werden Heldenfiguren aus der Nähe zu sehen geben. Sowohl Asyl- und Schutzsuchenden als auch den Antagonist*innen kommt die Hörerschaft nicht wirklich nahe.

Die Funktion von Erzähl- und Predigtstimmen ist vergleichbar mit der einer Opferanwältin, die ein Plädoyer zugunsten von Asyl- und Schutzsuchenden hält. Sie klagt die Verbrechen der Feindfiguren an und wirbt um Solidarität mit den Opfern, in dem sie einerseits deren Leiden betont und andererseits deren Mehrwert für die Gesellschaft bewirbt („Wie wäre es, wir würden nicht nur die Gefahren sehen, die es zweifellos gibt, sondern auch einmal die Chancen in den Blick nehmen, allein schon die der menschlichen Begegnung, die eine Bereicherung sein können. Aber auch die Chancen für die Wirtschaft" aus Predigt Nummer 5, „Feride und Mohammed hier, die beide vor vielen Jahren in unserem Land Zuflucht gesucht haben, sie haben ihren Platz im Ganzen gefunden. Und nicht nur das, sie leisten eine tolle Arbeit für unsere Gesellschaft", Predigt Nummer 22). Die Hörer*innen der Predigt werden ähnlich einer Jury als gute Gegenmacht angesprochen. Sie sollen die Opfer ins Recht setzen.

Das erhobene Material weist dabei nicht die Grenzüberschreitungen auf, die politischen Predigten bisweilen vorgeworfen werden. Der Zugang zur politischen Situation ist christlich-humanitär geprägt. Einmischungen in konkrete politische Maßnahmen sind selten und werden, wenn überhaupt, nur vorsichtig angedacht („Wie ist das mit der Einzelfallprüfung? [...] Trauen wir uns wirklich zu, die Nöte und Schicksale zu qualifizieren; wer ärmer dran ist, die oder jene Familie, der Mann oder diese Frau?", Predigt Nummer 5). Auch vermag das Material den Einwand, humanitäre Denkweisen würden zu viel auf Ethos und Gefühl und zu wenig auf Realpolitik und Verantwortung setzen, insofern zu widerlegen, als dass die Predigten einerseits zwischen Religion und Politik unterscheiden („Ich habe keine Lösung für das Problem des IS, für die Lage in Syrien. Wir einfachen Leute können die globalen politischen Probleme nicht lösen – dafür sind andere berufen", Predigt Nummer 24) und andererseits Verantwortlichkeiten benennen, die mit dem Ethos der Fremden- und Nächstenliebe verbunden sind („Wir tun vor Ort, was wir tun können. Das Presbyterium stellt [...] das leerstehende Pfarrhaus nebenan als Wohnraum für Flüchtlinge zur Verfügung" aus Predigt Nummer 10, „Ich bin davon überzeugt, dass es auch für jeden von uns eine Aufgabe gibt, die wir übernehmen und zeigen können, dass wir solidarisch mit den Flüchtlingen sind, die in unserer Nähe wohnen", Predigt Nummer 2).

Auch räumt manche Predigtstimme ein, dass die Humanität nicht alle politischen Fragen in Bezug auf Migration und Asyl zu beantworten weiß („Geflüchtete kommen, viele. Sehr viele. Das macht [...] unsicher. Kann unser Land so viele Menschen aufnehmen, ohne dass es den eigenen Leuten dadurch schlechter geht? Können wir so viele Menschen integrieren [...]?", Predigt Nummer 24). Die Predigtstimmen signalisieren die Erkenntnis, dass sich ein Staat nicht um jedes Einzelschicksal kümmern kann („Nicht alle werden bleiben können, manche werden weiterreisen. Aber dass die Menschen, solange sie hier sind, mit Würde behandelt werden müssen, das muss klar sein", Predigt Nummer 7).

Insgesamt ist den kollektierten Predigten die Intention zu entnehmen, Predigthörer*innen moralisch zu orientieren bzw. zu vergewissern. Sozialen Übeln stellen die Wirklichkeitserzählungen dazu eindringlich das christliche Liebesethos entgegen und zollen dem Anerkennung, was als gut und richtig befunden wird. Was als böse bzw. falsch erachtet wird, wird von Erzähl- und Predigtstimmen hingegen verurteilt. Mithilfe von Figurendarstellungen, Fokalisierungsstrategien und Stimmen kommunizieren die Wirklichkeitserzählungen Achtung und Missachtung. Insbesondere Predigten, die Fremdenfeindlichkeit entgegentreten, treten als restriktive Stimmen auf, die zeigen, wie der politischen Krise aus christlicher Perspektive heraus zu begegnen ist. Unmissverständlich wird favorisiert und gelobt, was als evangeliumsgemäß bewertet werden kann, und verworfen, was dem Gebot der Fremden- und Nächstenliebe nicht entspricht. In diesem Sinne ist es für die analysierten Predigten durchaus typisch, die Welt in Gute und Böse einzuteilen.

Derart schwarz-weiß gehaltene Erzählungen von der Welt haben eine starke, vergewissernde Funktion für jene Hörer*innen, die ihnen zustimmen können. Sie kommen auf Seiten der guten Christen zum Stehen und werden so in ihrem Denken und Handeln bestätigt. Die Anerkennung wirkt sich motivierend aus und stabilisiert positive Selbstbilder. Durch die Abgrenzung nach außen wird zudem die Verbundenheit nach innen gestärkt.

Die positive Selbstbeschreibung kann sich aber auch negativ auswirken. Sie läuft nicht nur Gefahr, selbstgefällig und saturiert zu wirken und damit Personen auszuschließen, die keine Möglichkeiten sehen oder haben, sich für Asyl- und Schutzsuchende zu engagieren, sondern auch jene auszugrenzen und Feindfiguren zuzuordnen, die erst noch für das Engagement für Geflüchtete gewonnen werden wollen. Insbesondere Personen, die die Aufnahme von Asyl- und Schutzsuchenden skeptisch betrachten, nicht aber gänzlich ablehnen, können durch hochmoralische Appelle verprellt werden. Tendenziell werden sie dem rechten Spektrum zugeordnet, da man ihnen in einer dualistischen Weltanschauung automatisch die dunkle Seite zuschreibt.

Der Umgang mit Asylkritik und -skepsis ist eine Problemzone. Wird jegliche Form von Kultur- und Religionskritik als rassistisch bewertet, besteht das Risiko, einzig der politischen Rechten die Diskussion von Schwierigkeiten, die mit Einwanderung verbunden sein können, zu überlassen. Umgekehrt scheint der Versuch, Ängsten und Sorgen Verständnis entgegenzubringen, schwierig, da Migranten dadurch zusätzlich alienisiert werden („weil Fremde schwierig sind", Predigt Nummer 5). Auch werden Asylkritiker*innen nicht selten psychologisiert in der Art, dass ihnen unterstellt wird, von gesellschaftlichen Veränderungen schlicht überfordert zu sein (sogenannte Modernisierungs- und Globalisierungsverlierer). Derartige Deutungen sprechen Personen die Fähigkeiten und mithin das Recht ab, ihre Meinung in den politischen Diskurs einzubringen und verunmöglichen so eine konstruktive Auseinandersetzung.

Demokratischer könnte es zugehen, wenn Asylkritiker*innen nicht gleich als Feinde, sondern als Gegner*innen wahrgenommen würden, mit denen sich die Auseinandersetzung eventuell lohnt. Das Prinzip der politischen Gegnerschaft (agonistische Konfliktführung nach Chantal Mouffe) könnte helfen zu streiten, statt moralisch nicht verhandelbare Werte zu deklamieren. In der Annahme, dass es in der Gegnerschaft eine Gruppe gibt, die sich noch nicht radikalisiert hat, also noch erfahrungsoffen ist, erscheint es für humanitär ausgerichtete Predigten zielführend, auf Denkmuster und sprachliche Präsentationen zu verzichten, die Gegner*innen verletzen.

Auch in Bezug auf sprachliche Präsentationen Asyl- und Schutzsuchender sind Mechanismen verletzender Rede zu erkennen. Als „die Flüchtlinge" gelabelt werden Personen viktimisiert. Sie werden als von der Norm abweichend kategorisiert und in eine passive Außenseiterrolle gedrängt. Als „Flut" bezeichnet (bspw. in Predigt Nummer 8, 9 und 24) verlieren sie ihre individuellen Identitäten. Verdinglicht und verzweckt werden sie als „Chancen für die Wirtschaft", beworben (Predigt Nummer 5). Derartiges Reden über Asyl- und Schutzsuchende erschwert nicht nur die Identifikation mit ihnen, sondern vermag auch gegenläufige Effekte auszulösen: Die Bezeichnung „die Flüchtlinge" kann mentale Modelle einer gesichtslosen Masse von Körpern provozieren und damit Bedrohungsgefühle hervorrufen. Ängste vor Asyl- und Schutzsuchenden können so gefördert und Ressentiments verstärkt werden.

Die homiletische Diskussion der sprachlichen Gestaltung der analysierten Predigten verdeutlicht, dass Sprache mächtig ist. Sie vermag zu inkludieren und zu exkludieren. Sie kann Anerkennung zollen und verwehren, achten und missachten. Einerseits bedarf es der Worte und Begriffe, um zu vereindeutigen, wovon die Rede ist. Andererseits gehen mit Bezeichnungen auch Kategorisierungen und Attributionen einher und damit aufwertende und abwertende Konnotationen. Die Trennung von „wir" und „sie" (sogenanntes Othering), Stereotypisierungen (Nivellierung des Facettenreichtums eines Individuums) und Abwertungen (Ausdrücke von Missbilligung, Beleidigungen) als typische Mechanismen gesichtsverletzender Sprache können Personen beschädigen und zum Verstummen bringen.

Offensiv zum Schweigen gebracht werden sollen Rechtsextremist*innen. Zweifellos gibt es Grenzen der Toleranz, jenseits derer nicht mehr diskutiert werden kann, sondern der Ausschluss aus der Ingroup zu vollziehen ist oder das

Strafrecht greift. Doch werden Asylkritiker*innen sowie Asyl- und Schutzsuchende oftmals zugunsten des eigenen, positiven Selbstbildes an den Rand gedrängt und damit werden gedankliche Muster bedient, die eigentlich bekämpft werden sollten.

Die homiletische Untersuchung profiliert die Herausforderung, humanitär ausgerichtet zu predigen, ohne die Souveränität von Mitmenschen zu beschädigen. Argumentierende Narrationen im Modus der figurengebundenen Mitsicht bieten dazu relevante Hinweise. Die Analyse einer Predigt, die in Bezug auf die Parameter Figuren, Fokalisierung und Stimmen im Kontrast zu den anderen Predigten steht, führt das vor. Kommen Asyl- und Schutzsuchende selbst zu Wort, indem die politische Lage den Predigthörer*innen aus ihrer Sicht heraus zu sehen gegeben wird, können typische Probleme moralischer Kommunikation vermieden werden. Individuelle Wirklichkeitserzählungen, die aus der Warte der Betroffenen heraus geschildert werden, erleichtern die Identifikation mit Asyl- und Schutzsuchenden. Sie erhalten einen Namen, eine Identität und ein realistisch vorstellbares Leben. Konkrete Einblicke in Lebensbedingungen von Geflüchteten bzw. Personen mit Fluchtabsicht evozieren dabei nicht nur Betroffenheit. Sie ermöglichen es auch, Empathie mit einer fremden Person zu entwickeln und sind informativ. Sie geben Auskunft über Lebenswirklichkeiten an einem anderen Ort auf dieser Erde. Sie plädieren gewaltfrei für die Aufnahme von Asyl- und Schutzsuchenden und stellen der Hörerschaft zugleich Argumente zur Verfügung, sich selbst eine Meinung bilden und sich in Streitgesprächen mit politischen Gegner*innen positionieren zu können. Die Schilderung der politischen Lage im Modus der figurengebundenen Mitsicht und in Verbindung mit direkter bzw. erlebter Rede stellt die Figuren Zubair und Saadi aus der Predigt „Afghanistan, ein sicheres Herkunftsland?" nicht einseitig als Opfer oder als Helden dar, sondern zeichnet dynamische, mehrdimensionale und damit glaubwürdige Personen, zu denen die Hörer*innen durch die Fokalisierung auch eine gefühlte Nähe aufbauen können. Statt das Gebot der Fremden- und Nächstenliebe zu proklamieren oder Barmherzigkeit direktiv einzufordern, wirkt die theozentrisch ausgerichtete Ideologie im Hintergrund der argumentierenden Narration: Sie lenkt die Auswahl der Beispielgeschichten, den Modus der Fokalisierung, räumt Stimmen Platz ein und begegnet der Hörerschaft gewaltfrei.

Während Narrationen eher die Funktion, Betroffenheit zu erzeugen, zugeschrieben wird und diskursive Argumentationen eher mit dem Ziel verbunden sind, Einwänden zu begegnen, indem Fakten dargelegt werden, vereint das Beispiel die Stärken beider Verfahrensweisen. Die argumentierende Narration verleiht Fakten Bedeutung. Sie ermöglicht der Hörerschaft, probeweise die Perspektiven anderer einzunehmen, unbekannte Lebenslagen besser zu verstehen und Argumente für die eigene Urteilsbildung und für Gespräche mit anderen zu sammeln. Diese Verfahrensweise erfüllt ihren Zweck aber auch nur dann, wenn Ideologie und Rhetorik auf Auseinandersetzung zielen und sich weder mit dem Opferpostulat noch mit der Ächtung von Kontrahent*innen begnügen. Denn selbstverständlich können argumentierende Narrationen auch so präsentiert werden, dass sie exkludierend, übergriffig oder gesichtsverletzend wirken.

Entschieden plädieren die analysierten politischen Predigten für die Aufnahme Asyl- und Schutzsuchender. Couragiert treten sie Rechtsextremismus und Xenophobie entgegen. Sie erweitern den politischen Diskurs damit um eine genuin christlich-humanitäre Perspektive. Die humanitäre Absicht dann aber auch in humaner Sprache zu präsentieren, stellt, so legen es die Ergebnisse der vorliegenden Studie nahe, eine zentrale Herausforderung für die Predigtpraxis dar.

Literaturverzeichnis

Adorno, T. W., Negative Dialektik, Frankfurt a. M. 1966

Ahme, K., Das derzeitige Flüchtlingsproblem in der Berliner Sicht, in: Innere Mission und Hilfs-werk der Evangelischen Kirche in Deutschland (Hg.), Flüchtlinge, Vertriebene und Aus-siedler. Ein Bericht über die Flüchtlingstagung der Evangelischen Kirche in Deutschland am 18. und 19. Februar 1958, Stuttgart 1958, 49–61

Albrecht, C. und Anselm, R., Öffentlicher Protestantismus. Zur aktuellen Debatte um gesell-schaftliche Präsenz und politische Aufgaben des evangelischen Christentums (Theologi-sche Studien, Bd. 4), Zürich 2017

Bal, M., Narratology. Introduction to the theory of narrative, Toronto/Buffalo/London [4]2017

Balibar, E. und Wallerstein, I., Rasse. Klasse. Nation. Ambivalente Identitäten (deutsch v. Mi-chael Haupt und Ilse Utz), Hamburg [6]2017

Becker, H. S., Außenseiter, Frankfurt a. M. 1981

Ders., Außenseiter. Zur Soziologie abweichenden Verhaltens, Wiesbaden [2]2014

Bednarz, L., Die Angstprediger. Wir rechte Christen Gesellschaft und Kirchen unterwandern, München 2018

Bendikowski, T., Helfen. Warum wir für andere da sind, München 2016

Bethge, E., Dietrich Bonhoeffer. Theologe, Christ, Zeitgenosse, München 1986

Blumer, H., Der methodologische Standort des symbolischen Interaktionismus, in: Arbeits-gruppe Bielefelder Soziologen (Hg.), Alltagswissen, Interaktion und gesellschaftliche Wirklichkeit, Bd. 1, Reinbek b. H. 1973, 80–146

Ders., What's Wrong with Social Theory?, in: American Sociological Review 19 (1954), 3–10

Bohlender, M., Art.: Ideologie. I. Philosophisch, in: RGG[4], Bd. 4, Tübingen 2001, 25–27

Bonhoeffer, D., Ethik, hrsg. v. Tödt, I. und Tödt, H. E. (u. a.), DBW 6, Gütersloh Sonderausgabe 2015

Brown, P. und Levinson, S. C., Gesichtsbedrohende Akte, in: Herrmann, S., Krämer, S., Kuch, H. (Hg.), Verletzende Worte. Die Grammatik sprachlicher Missachtung, Bielefeld 2007, 59–88

Bude, H., Art.: Fallrekonstruktion, in: Bohnsack, R., Marotzki, W. und Meuser, M. (Hg.), Haupt-begriffe Qualitativer Sozialforschung, Opladen & Farmington Hills [2]2006, 60–61

Burbach, C., Das Weltbild politischer Predigten, in: Pastoraltheologie 84 (1995) 9, 476–486

Conrad, R., Weil wir etwas wollen! Plädoyer für eine Predigt mit Absicht und Inhalt (Evange-lisch-katholische Studien zu Gottesdienst und Predigt, Bd. 2), Neukirchen-Vluyn 2014

Dies., Art.: Sine vi, sed verbo. „Frieden" als Aufgabe christlicher Predigt, in: Deutsches Pfarrer-blatt 5 (2016), 256–261

Dies., Parteiisch predigen!? Eine homiletische Analyse theologischer, ekklesiologischer und weltanschaulicher Grundlagen, in: Keller, S. (Hg.), Parteiische Predigt. Politik, Gesell-schaft und Öffentlichkeit als Horizonte der Predigt, Leipzig 2017, 83–97

Daiber, K.-F., Verschränkung der Orte. Politische Predigt, in: Ders. (Hg.), Predigt als religiöse Rede. Homiletische Überlegungen im Anschluss an eine empirische Untersuchung, Mün-chen 1991, 172–185

Dierse, U., Art.: Ideologie I., in: HWPh, Bd. 4, Basel 1976, 158–164

Ders., Art.: Ideologie III, in: HWPh, Bd. 4, Basel 1976, 173–185

Drews, A., Gerhard, U. und Link, J., Moderne Kollektivsymbolik. Eine diskurstheoretisch orientierte Einführung mit Auswahlbibliographie, in: Internationales Archiv für Sozialgeschichte der deutschen Literatur, 1. Sonderheft Forschungsreferate, Tübingen 1985, 256–375

Eco, U., Das offene Kunstwerk, Frankfurt a. M. 1977

Eder, J., Die Figur im Film, Marburg [2]2014

Egli, A., Erzählen in der Predigt. Untersuchungen zu Form und Leistungsfähigkeit erzählender Sprache in der Predigt, Zürich 1995

Engemann, W., Semiotische Homiletik. Prämissen, Analysen, Konsequenzen, Tübingen/Basel 1993

Ders., Der Text in der Predigt – Die Predigt als Text. Herausforderungen für Prediger und Hörer, in: Engemann, W. und Lütze, F. (Hg.), Grundfragen der Predigt. Ein Studienbuch, Leipzig [2]2009, 111–137

Ders., Einführung in die Homiletik, Tübingen [2]2011

Ders., Art.: Predigt. V. Kommunikationstheoretisch und rezeptionsästhetisch, in: RGG[4], Bd. 6, Tübingen 2003, 1601–1606

Evangelische Kirche von Westfalen, Zur aktuellen Situation der Flüchtlinge. Eine Erklärung der Leitenden Geistlichen der evangelischen Landeskirchen Deutschlands, in: Dossier „Flucht und Asyl", Bielefeld, [2]2015

Fassin, D., Humanitarian reason. A moral history of the present, Berkeley (u. a.) 2012

Feller, E., The Evolution of the International Refugee Protection Regime, in: Journal of Law and Policy 5 (2001), 129–143

Finnern, S., Narratologie und biblische Exegese. Eine integrative Methode der Erzählanalyse und ihr Ertrag am Beispiel von Matthäus 28 (Wissenschaftliche Untersuchungen zum neuen Testament, 2. Reihe, Bd. 285), Tübingen 2010

Freedens, Art.: Ideology, in: Craig, E. (Ed.), Concise Routledge Encylopedia of Philosophy, London/New York 2000, 381–382

Frick, M.-L., Zivilisiert streiten. Zur Ethik der politischen Gegnerschaft, Ditzingen 2017

Friedemann, K., Die Rolle des Erzählers in der Epik, 1910, Nachdruck Darmstadt 1969

Friese, H., Flüchtlinge. Opfer – Bedrohung – Helden. Zur politischen Imagination des Fremden, Bielefeld 2017

Geertz, C., Dichte Beschreibung. Beiträge zum Verstehen kultureller Systeme, Frankfurt a. M. 1978

Genette, G., Fiktion und Diktion, übers. v. Heinz Jatho, München 1992

Ders., Die Erzählung. Aus dem Französischen v. Andreas Knop, hrsg. v. Vogt, J., München 1994

Goffman, E., On face-work. An analysis of ritual elements in social interaction, in: Psychiatry 18 (1955), 213–231

Ders., Interaction ritual. Essays on face-to-face interaction, Chicago 1967

Ders., Interaktionsrituale. Über Verhalten in direkter Kommunikation, Frankfurt a. M. [4]1996

Goodwin-Gill, G., The International Law of Refugee Protection, in: Fiddian-Qasmiyeh, E., Loescher, G., Long, K. und Sigona, N. (Hg.), The Oxford Handbook of Refugee and Forced Migration Studies, Oxford 2014, 36–47

Grass, G., Die Blechtrommel, Darmstadt 1959

Graumann, C. F. und Wintermantel, M., Diskriminierende Sprechakte. Ein funktionaler Ansatz, in: Herrmann, S., Krämer, S. und Kuch, H. (Hg.), Verletzende Worte. Die Grammatik sprachlicher Missachtung, Bielefeld 2007, 147–177

Grözinger, A., Toleranz und Leidenschaft. Über das Predigen in der pluralistischen Gesellschaft, Gütersloh 2004

Ders., Politische Predigt, in: Kusmierz, K. und Plüss, D. (Hg.), Politischer Gottesdienst (Praktische Theologie im reformierten Kontext, Bd. 8), Zürich 2013, 37–58

Habermas, J., Im Sog der Technokratie. Kleine Politische Schriften XII, Frankfurt a. M. 2013

Haller, M., Die „Flüchtlingskrise" in den Medien. Tagesaktueller Journalismus zwischen Meinung und Information (Eine Studie der Otto Brenner Stiftung), Frankfurt a. M. 2017

Herms, E., Art.: Politik. I. Sozialwissenschaftlich, in: RGG[4], Bd. 6, Tübingen 2003, 1449–1451

Iser, M., Gesellschaftskritik, in: Göhler, G., Iser, M. und Kerner, I. (Hg.), Politische Theorie. 25 umkämpfte Begriffe zur Einführung, Wiesbaden [2]2011, 142–157

Jäger, M., Jäger, S., Cleve, G. und Ruth, I., Zweierlei Maß. Die Berichterstattung über Straftaten von Deutschen und MigrantInnen in den Printmedien und das Dilemma der JournalistInnen, in: Liebhard, K., Menasse E. und Steinert, H. (Hg.), Fremdbilder. Feindbilder. Zerrbilder. Zur Wahrnehmung und diskursiven Konstruktion des Fremden, Klagenfurt/Celovec 2002, 57–77

Jäger, S., Kritische Diskursanalyse. Eine Einführung, Münster [7]2015

Jahnel, C., Migration and Justice. Postcolonial Discourse on Migration as Challange and Partner for Theology, in: Bieler, A. (u. a. Hg.), Religion and Migration. Negotiating Hospitality, Agency and Vulnerability, Leipzig 2019, 41–60

Jannidis, F., Figur und Person. Beitrag zu einer historischen Narratologie (Narratologia Bd. 3), Berlin/New York 2004

Jellinek, G., Allgemeine Staatslehre (Recht des modernen Staates, Bd. 1), Berlin [3]1914

Joas, H., Kirche als Moralagentur?, München 2016

Josuttis, M., Zum Problem politischer Predigt, in: Evangelische Theologie 29 (1969), 509–522

Ders., Praxis des Evangeliums, München 1974

Karle, I., Funktionale Differenzierung und Exklusion als Herausforderung und Chance für Religion und Kirche, in: Soziale Systeme 7 (2001), 100–117

Dies., Herausforderungen politischer Predigt, in: ThLZ 142 (2017) 10, 995–1006

Dies., Praktische Theologie (Lehrwerk Evangelische Theologie 7), Leipzig 2020

Karpman, S., Fairy tales and script drama analysis, in: Transactional Analysis Bulletin 7/26, 1968, 39–43

Käßmann, M., Politisch predigen, in: Dinkel, C. (Hg.), Kanzelreden. Vierte Predigtreihe, Stuttgart 2011, 13–17

Kaufmann, R., Art.: II. Zur Debatte. Homo ideologicus und die Gefahr des Postideologischen, in: Rundbrief (Lehrstuhl für Religionsphilosophie und vergleichende Religionswissenschaft), Nr. 33, Dresden 2009, 15–27

Kayser, W., Das Problem des Erzählers im Roman, in: The German Quaterly 29 (1956), 225–238

Kersting, D., Flüchtling. Einführung in einen umkämpften Begriff, in: Kersting, D. und Leuoth, M. (Hg.), Der Begriff des Flüchtlings. Rechtliche, moralische und politische Kontroversen, Stuttgart 2020, 1–42

Klein, C. und Martínez, M., Wirklichkeitserzählungen. Felder, Formen und Funktionen nichtliterarischen Erzählens, in: Klein, C. und Martínez, M. (Hg.), Wirklichkeitserzählungen. Felder, Formen und Funktionen nicht-literarischen Erzählens, Stuttgart 2009, 1–13

Kneer, G. und Nassehi, A., Niklas Luhmanns Theorie sozialer Systeme. Eine Einführung, München 1993

Körtner, U., Für die Vernunft. Wider Moralisierung und Emotionalisierung in Politik und Kirche, Leipzig [2]2017

Krämer, S., Sprache als Gewalt oder: Warum verletzen Worte?, in: Herrmann, S., Krämer, S. und Kuch, H. (Hg.), Verletzende Worte. Die Grammatik sprachlicher Missachtung, Bielefeld 2007, 31–48

Krause, U., „It Seems You Don't Have Identity, You Don't Belong". Reflexionen über das Flüchtlingslabel und dessen Implikationen, in: Zeitschrift für nationale Beziehungen, 23/1
(2016), 8–37

Lange, E., Zur Theorie und Praxis der Predigtarbeit, in: Ders., Predigen als Beruf. Aufsätze zu
Homiletik, Liturgie und Pfarramt, hrsg. v. Rüdiger Schloz, München [2]1987, 9–51

Lessenich, S., Grenzen der Demokratie. Teilhabe als Verteilungsproblem, Ditzingen 2019

Link, J., Diskursive Rutschgefahren ins vierte Reich? Rationales Rhizom, in: kultuRRevolution
5 (1984), 12–20

Ders., Über Kollektivsymbolik im politischen Diskurs und ihren Anteil an totalitären Tendenzen, in: kultuRRevolution 17/18 (1988), 47–53

Long, K., Rethinking „Durable" Solutions, in: Fiddian-Qasmiyeh, E., Loescher, G., Long, K. und
Sigona, N. (Hg.), The Oxford Handbook of Refugee and Forced Migration Studies, Oxford
2014, 475–487

Luhmann, N., Wahrheit und Ideologie, in: Ders., Soziologische Aufklärung, Bd. 1, Opladen 1970,
54–65

Ders., Soziologie der Moral, in: Ders., Pfürtner, S. (Hg.), Theorietechnik und Moral, Frankfurt
a. M. 1978, 8–116

Ders., Paradigm lost. Über die ethische Reflexion der Moral. Rede anlässlich der Verleihung
des Hegel-Preises 1989, in: Luhmann, N., Paradigm lost. Über die ethische Reflexion der
Moral. Rede anlässlich der Verleihung des Hegel-Preises 1989, Frankfurt a. M. 1990, 7–48

Ders., Gesellschaftsstruktur und Semantik. Studien zur Wissenssoziologie der modernen Gesellschaft, Bd. 3, Frankfurt a. M. [4]2012

Ders., Systemtheorie und Gesellschaft, hrsg. v. Schmidt J. und Kieserling, A., Berlin 2017

Luther, H., Predigt als Handlung. Überlegungen zur Pragmatik des Predigens, in: Beutel, A.
(u. a. Hg.), Homiletisches Lesebuch. Texte zur heutigen Predigtlehre, Tübingen 1986, 222–
239

Malkki, L., Refugees and Exile. From „Refugee Studies" to the National Order of Things, in: Annual Review of Anthropology 24 (1995), 495–523

Mannheim, K., Ideologie und Utopie, Frankfurt a. M. [3]1952

Martínez, M. und Scheffel, M., Einführung in die Erzähltheorie, München [10]2016

Mauz, A., In Geschichten verstrickt. Erzählen im christlich-religiösen Diskurs, in: Klein, C. und
Martínez, M. (Hg.), Wirklichkeitserzählungen. Felder, Formen und Funktionen nicht-literarischen Erzählens, Stuttgart 2009, 192–216

Meinhard, I., Ideologie und Imagination im Predigtprozess. Zur homiletischen Rezeption der
kritischen Narratologie (Arbeiten zur Praktischen Theologie, Bd. 24), Leipzig 2003

Merle, K., Pluralität gestalten. Das Politische als Dimension der Homiletik, in: Keller, S. (Hg.),
Parteiische Predigt. Politik, Gesellschaft und Öffentlichkeit als Horizonte der Predigt,
Leipzig 2017, 67–51

Morgenthaler, C., Seelsorge. Lehrbuch Praktische Theologie, Bd. 3, Gütersloh 2009

Mouffe, C., Agonistik. Die Welt politisch denken, Berlin 2014

Müller, J.-W., Was ist Populismus? Ein Essay, Berlin [3]2006

Pohl-Patalong, U., Was kann ich wollen? Politische Predigt zwischen Intentionalität der Predigenden und Freiheit der Hörenden, in: Keller, S. (Hg.), Parteiische Predigt. Politik, Gesellschaft und Öffentlichkeit als Horizonte der Predigt, Leipzig 2017, 125–136

Prashad, V., Mother Theresa as the Mirror of Bourgeois Guilt, in: Najmi, S. und Srikanth, R.
(Hg.), White Women in Racialized Spaces. Imaginative Transformation and Ethical Action
in Literature, Albany 2002, 67–86

Rat der Evangelischen Kirche in Deutschland, Das rechte Wort zur rechten Zeit. Eine Denkschrift des Rates der Evangelischen Kirche in Deutschland zum Öffentlichkeitsauftrag der Kirche, Gütersloh 2008

Schlag, T., Die Predigt als Herausforderung für eine öffentliche Theologie und Kirche. Beispiele aktueller Bischofspredigten des Herbstes 2016, in: Keller, S. (Hg.), Parteiische Predigt. Politik, Gesellschaft und Öffentlichkeit als Horizonte der Predigt, Leipzig 2017, 21–36

Schlegel, L., Handwörterbuch der Transaktionsanalyse. Sämtliche Begriffe der TA praxisnah erklärt, Freiburg i. Br. ^{2}2002

Schleiermacher, F., Die praktische Theologie nach den Grundsäzen der evangelischen Kirche im Zusammenhange dargestellt, aus Schleiermachers handschriftlichem Nachlasse und nachgeschriebenen Vorlesungen hrsg. v. Frerichs, J., 1850, Nachdruck Berlin/New York 1983

Schmid, W., Elemente der Narratologie, Berlin/Boston 2014

Schmitz, B., Prophetie und Königtum. Eine narratologisch-historische Methodologie entwickelt an den Königsbüchern (Forschungen zum Alten Testament, Bd. 60), Tübingen 2008

Schneider, R., Grundriß zur kognitiven Theorie der Figurenrezeption am Beispiel des viktorianischen Romans, Tübingen 2000

Scholz, S., Ideologien des Verstehens. Eine Diskurskritik der neutestamentlichen Hermeneutiken von Klaus Berger, Elisabeth Schüssler Fiorenza, Peter Stuhlmacher und Hans Weder, Tübingen 2008

Schreiber, S., Der politische Jesus. Die Jesusbewegung zwischen Gottesherrschaft und Imperium Romanum, in: Münchener Theologische Zeitschrift 64 (2013), 174–194

Shildrick, M., Embodying the Monster. Encounters with the Vulnerable Self, London 2002

Spanos, J., Flüchtlingsaufnahme als Identitätsfrage. Der Protestantismus in den Debatten um die Gewährung von Asyl in der Bundesrepublik (1949–1993) (Arbeiten zur kirchlichen Zeitgeschichte, Bd. 85), Göttingen 2022

Stetter, M., Wie sagen, was gut ist? Überlegungen zu drei Verfahren ethischer Predigt, in: Schwier, H. (Hg.), Ethische und politische Predigt. Beiträge zu einer homiletischen Herausforderung, Leipzig 2015, 159–183

Stoellger, P., Art: Ideologie. II. Wissenssoziologisch. 1. Religionsphilosophisch, in: RGG^4, Bd. 4, Tübingen 2001, 27–28

Stübing, J., Art.: Theoretisches Sampling, in: Bohnsack, R., Marotzki, W. und Meuser, M. (Hg.), Hauptbegriffe Qualitativer Sozialforschung, Opladen & Farmington Hills ^{2}2006, 154–156

Theißen, G., Zeichensprache des Glaubens. Chancen der Predigt heute, Gütersloh 1994

Ders., Die politische Dimension des Wirkens Jesu. Ulrich Duchrow zum 65. Geburtstag, in: Stegemann, W. (u. a. Hg.), Jesus in neuen Kontexten, Stuttgart 2002, 112–122

Vogd, W., Systemtheorie und rekonstruktive Sozialforschung – eine Brücke, Opladen & Farmington Hills ^{2}2011

Weiss, H., Ethnische Stereotype und Ausländerklischees. Formen und Ursachen von Fremdwahrnehmungen, in: Liebhard, K., Menasse E. und Steinert, H. (Hg.), Fremdbilder. Feindbilder. Zerrbilder. Zur Wahrnehmung und diskursiven Konstruktion des Fremden, Klagenfurt/Celovec 2002, 17–37

Ziegelmann, R., Was sollen wir tun, wenn Argumente scheitern? Überlegungen zum philosophischen Umgang mit dem Populismus im Anschluss an Arendt, in: Kotzur, M. (Hg.), Wenn Argumente scheitern. Aufklärung in Zeiten des Populismus, Münster 2018, 15–32

Ziemer, J., Art.: Seelsorge I. Zum Begriff, in: RGG^4, Bd. 7, Tübingen 2008, 1110–1111

Online-Quellen

Bedford-Strohm, H., Rede zum Auftakt der dritten Tagung der 12. Synode der EKD vom 6. November 2016 in Magdeburg, als Video veröffentlicht im Internet unter: https://www.youtube.com/watch?time_continue=477&v=lta_btgciTM&feature=emb_title [Stand vom 15. Januar 2018]

Betts, A., Why Brexit happended and what to do next, posted July 2016, veröffentlicht im Internet unter: https://www.ted.com/talks/alexander_betts_why_brexit_happened_and_what_to_do_next/transcript [Stand vom 10. Februar 2020]

Biermann, K. (u. a.), Art.: Der Terror der anderen, in: Zeit Online vom 23. Februar 2016, veröffentlicht im Internet unter: http://www.zeit.de/politik/deutschland/2016-02/rassismus-gewalt-notunterkuenfte-gefluechtete-rechter-terror [Stand vom 15. September 2016]

Bundesamt für Migration und Flüchtlinge (Hg.), Aktuelle Zahlen zu Asyl. Tabellen, Diagramme, Erläuterungen. Ausgabe Dezember 2015, veröffentlicht im Internet unter: http://www.bamf.de/SharedDocs/Anlagen/DE/Downloads/Infothek/Statistik/Asyl/aktuelle-zahlen-zu-asyl-dezember-2015.pdf?__blob=publicationFile [Stand vom 27. Oktober 2017]

Dass. (Hg.), Aktuelle Zahlen zu Asyl. Tabellen, Diagramme, Erläuterungen. Ausgabe Dezember 2016, veröffentlicht im Internet unter http://www.bamf.de/SharedDocs/Anlagen/DE/Downloads/Infothek/Statistik/Asyl/aktuelle-zahlen-zu-asyl-dezember-2016.pdf?blob=publicationFile [Stand vom 27. Oktober 2017]

Dass. (Hg.), Aktuelle Zahlen zu Asyl. Tabellen, Diagramme, Erläuterungen. Ausgabe September 2017, veröffentlicht im Internet unter: http://www.bamf.de/SharedDocs/Anlagen/DE/Downloads/Infothek/Statistik/Asyl/aktuelle-zahlen-zu-asyl-september-2017.pdf?__blob=publicationFile [Stand vom 27. Oktober 2017]

Dass. (Hg.), Erklärung zu den Begrifflichkeiten Flüchtling, Asylsuchende, Schutzberechtigte, veröffentlicht im Internet unter: http://www.bamf.de/DE/Fluechtlingsschutz/Ablauf Asylv/Schutzformen/schutzformen-node.html [Stand vom 5. Januar 2018]

Dass. (Hg.), Erklärung zum Nationalen Abschiebungsverbot durch das Bundesamt für Migration und Flüchtlinge, veröffentlicht im Internet unter: http://www.bamf.de/DE/Fluechtlingsschutz/AblaufAsylv/Schutzformen/AbschiebungsV/abschiebungsverbotnode.html [Stand vom 5. Januar 2018]

Dass. (Hg.), Erklärung zur Asylberechtigung durch das Bundesamt für Migration und Flüchtlinge, veröffentlicht im Internet unter: http://www.bamf.de/DE/Fluechtlingsschutz/AblaufAsylv/ Schutzformen /Asylberechtigung/asylberechtigung-node.html [Stand vom 5. Januar 2018]

Bundesminister des Auswärtigen, Bekanntmachung vom 25. April 1954 (BGB I, S. 619), Artikel 1 des Abkommens über die Rechtsstellung der Flüchtlinge vom 28. Juli 1951, verkündet mit Gesetz vom 01. September 1953 (BGB. II, S. 559), in Kraft getreten am 22. April 1954, veröffentlicht im Internet unter: http://www.unhcr.org/dach/wp-content/uploads/sites/27/2017/03/GFK_Pocket_2015_RZ_final_ ansicht.pdf [Stand vom 5. Januar 2018]

de Maizière, T., Pressekonferenz des Innenministers am 28. Oktober 2015, veröffentlicht im Internet unter: https://www.youtube.com/watch?v=o0HKZHpsxRI [Stand vom 16. Mai 2020]

Domradio, Art.: Dom soll keine Kulisse für Pegida-Bewegung sein. „Das ist eine Signalwirkung", in: Domaradio.de vom 2. Januar 2015, veröffentlicht im Internet unter: https://www.dom radio.de/themen/k%C3%B6lner-dom/2015-01-02/ dompropst-feldhoff-dom-soll-keine-kulisse-fuer-pegida-bewegung-sein [Stand vom 27. März 2018]

dpa, Art.: Innenministerium zu Pegida-Ablegern. Von wegen besorgte Bürger. Rechtsextremisten steuern und beeinflussen Zusammenkünfte von Pegida. Vor allem sechs Bundesländer stehen dabei im Fokus, in: taz.de vom 2. Dezember 2015, veröffentlicht im Internet unter: http://www.taz.de/!5257729/ [Stand vom 24. Mai 2018]

Duden, Das Suffix „-ling", veröffentlicht im Internet unter: https://www.duden.de/sprachwis sen/sprachratgeber/Das-Suffix-ling [Stand vom 15. März 2020]

Evangelische Kirche von Westfalen, Zur aktuellen Situation der Flüchtlinge. Eine Erklärung der Leitenden Geistlichen der evangelischen Landeskirchen Deutschlands, in: Dossier „Flucht und Asyl", ²2015, veröffentlicht im Internet unter: https://www.evangelisch-in-west falen.de/fileadmin/user_upload/Service/Materialservice/EKvW_DOSSIER_Flucht_Asyl-2-Auflage 11 -2015.pdf [Stand vom 27. März 2018]

Evangelischen Kirche in Hessen und Nassau (Hg.), Orientierungshilfe für Kirchenvorstände zum Umgang mit Rechtspopulismus, Darmstadt 2018, veröffentlicht im Internet unter https://unsere.ekhn.de/fileadmin/content/ekhn.de/download/intern/kirchenvorstand/demokratie/Orientierungshilfe_Rechtspopulismus_Kirchenvorstaende_EKHN.pdf [Stand vom 19. Februar 2020]

Gaugele, J., Quoos, J. und Zinkler, D., Art.: Bedford-Strohm: „Für Humanität gibt es keine Obergrenze". Eine Verträglichkeitsprüfung für die Entscheidungen der neuen Regierung. Das fordert Heinrich Bedford-Strohm, Ratsvorsitzender der EKD, in: Berliner Morgenpost vom 29. Oktober 2017, veröffentlicht im Internet unter: https://www.morgenpost.de/politik/article212380099/Bedford-Strohm-Fuer-Humanitaet-gibt-es-keine-Obergrenze.html [Stand vom 27. März 2018]

Gesellschaft für deutsche Sprache e. V., Pressemitteilung vom 11. Dezember 2015, GfdS wählt „Flüchtlinge" zum Wort des Jahres 2015, veröffentlicht im Internet unter https://gfds.de/wort-des-jahres-2015/ [Stand vom 15. März 2020]

Gräfin Praschma, U., Art.: Bedeutung der Genfer Flüchtlingskonvention, veröffentlicht im Internet unter: http://www.bamf.de/DE/Service/Top/Presse/Interviews/20160728-Gen ferFluechtlingskonvention/graefinpraschma-genverfluechtlingskonvention-node.html [Stand vom 05. Januar 2018]

Haller, M., Die „Flüchtlingskrise" in den Medien. Tagesaktueller Journalismus zwischen Meinung und Information (Eine Studie der Otto Brenner Stiftung), Frankfurt a. M. 2017, veröffentlicht im Internet unter: https://www.otto-brenner-stiftung.de/fileadmin/user_da ta/stiftung/2_Wissenschaftsportal/03_Publikationen/AH93_Fluechtingskrise_Haller_201 7_07_20.pdf [Stand vom 26.03.2018]

Hanisch, A. und Jäger, M., Das Stigma Gutmensch, in: Diss-Journal 22 (2011), veröffentlicht im Internet unter http://www.diss-duisburg.de/2011/11/das-stigma-gutmensch/ [Stand vom 13. Dezember 2017]

Höcke, B., Festrede auf dem Kongress „Ansturm auf Europa" des Instituts für Staatspolitik (21. und 22. November 2015), posted by Panorama und ausschnittsweise veröffentlicht im Internet unter: https://www.sueddeutsche.de/politik/afd-thueringen-blanker-rassis mus-hoecke-und-die-fortpflanzung-der-afrikaner-1.2780159 [Stand vom 13. Februar 2020]

Institut für Arbeitsmarkt- und Berufsforschung, Forschungszentrum des Bundesamtes für Migration und Flüchtlinge und Sozio-oekonomisches Panel, Art.: Geflüchtete Menschen

haben eine hohe Bildungsorientierung. Erste repräsentative Befragung von seit 2013 eingereisten Geflüchteten, Presseinformation vom 15.11.2016, veröffentlicht im Internet
unter: http://www.bamf.de/SharedDocs/Pressemitteilungen/DE/2016/20161115-052-pm_
iab-bamf-soep-befragung-gefluechtete.html [Stand vom 6. November 2017]

Institut für Arbeitsmarkt- und Berufsforschung, Kurzbericht. Aktuelle Analysen aus dem Institut für Arbeitsmarkt- und Berufsforschung, 24/2016, www.iab.de/161115, www.bamf.de/
161115 und www.diw.de/161115 [Stand vom 6. November 2017]

Jobst, P., „... das ist Pack, das sich hier umgetrieben hat". Sigmar Gabriel, SPD-Vorsitzender, am
24. August 2015 zu Migration und Flucht, in: DISS-JOURNAL 30 (2015), veröffentlicht im
Internet unter: https://www.diss-duisburg.de/2015/11/das-ist-pack-das-sich-hier-rum
getrieben-hat/ [Stand vom 5. Juni 2018]

Jury für das Unwort des Jahres 2015, Art.: Unwort des Jahres 2015, veröffentlicht im Internet
unter: www.unwortdesjahres.net/unwort/das-unwort-seit-1991/2010-2019/, [Stand vom
30. Mai 2018]

Kämper, V., Art.: Mehr als 1600 Delikte. Zahl rechter Gewalttaten gegen Flüchtlinge steigt dramatisch, in: Spiegel Online vom 15. Dezember 2015, veröffentlicht im Internet unter:
http://www.spiegel.de/politik/deutschland/fluechtlinge-1610-delikte-in-zusammenhang-
mit-unterkuenften-a-1067825.html [Stand vom 13. September 2016]

Klein, S., Art.: Rettet den Mittelstand. Es sind nicht die Geschundenen in den umkämpften
Provinzen, die jetzt aus Afghanistan nach Deutschland flüchten. Es sind die aus den Städten, die es sich leisten können. Wovor flüchten Sie? Ein Besuch in Kabul, in: Süddeutsche
Zeitung vom 15. Februar 2016, veröffentlicht im Internet unter: https://www.frnrw.de/
images/News/2016/sz_artikel.pdf [Stand vom 5. Juni 2020]

kna/epd/bar, Art.: Altbischof Krause. Christliche Symbole bei Pegida-Demo „pervers", in: Die
Welt vom 5. Januar 2015, veröffentlicht im Internet unter https://www.welt.de/regiona
les/nrw/article136026490/Christliche-Symbole-bei-Pegida-Demo-pervers.html [Stand
vom 27. März 2018]

Lückhoff, J., Art.: Flüchtlinge aus Afghanistan. Harsche Kritik an Abschiebung, vom 28. Oktober
2015, veröffentlicht auf dem online Portal des Bayerischen Rundfunks unter: https://
www.br.de/nachricht/afghanistan-fluechtlinge-abschiebungen-100.html [Stand vom 16.
Mai 2020]

Ludwig-Mayerhofer, W., Art.: Sensibilisierendes Konzept, sensibilisierender Begriff (engl.: Sensitizing Concept), veröffentlicht im Internet: ILMES – Internetlexikon der Methoden der
empirischen Sozialforschung, unter: http://wlm.userweb.mwn.de/Ilmes/ilm_s29.htm
[Stand vom 26. April 2019]

Leubecher, M., Art.: „Die Partei" kapert Pegida-Marsch mit Homo-Plakat, in: Welt.de vom 2. Dezember 2014, veröffentlich im Internet unter: Polizeibericht Drucksache 18/6992 des Bundestages, veröffentlicht im Internet unter: http://dipbt.bundestag.de/dip21/btd/18/
069/1806992.pdf [Stand vom 13. September 2016]

Merkel, A., Bundeskanzlerin Dr., auf der Pressekonferenz mit dem österreichischen Bundeskanzler Werner Faymann am 15. September 2015, veröffentlicht im Internet unter:
https://www.bundesregierung.de/Content/DE/Mitschrift/Pressekonferenzen/2015/09/
2015-09-15-merkel-faymann.html [Stand vom 1. Juni 2018]

Nolte, Paul, Warum die AfD-Erfolge an die Dreißiger Jahre erinnern. Paul Nolte im Gespräch,
Süddeutsche Zeitung vom 22. Juni 2016, veröffentlicht im Internet unter: www.sued
deutsche.de/politik/paul-nolte-im-gespraech-warum-die-afd-erfolge-an-die-dreissiger-
jahre-erinnern-1.30430 [Stand vom 28. September 2023]

Rietz, C., und Schmalenbach, M., Art.: „Kirchen sollten keine Ersatzpartei sein", in: zeit-online vom 11. November 2016, veröffentlicht im Internet unter: http://www.zeit.de/2016/47/markus-soeder-kirche-glauben-engagement [Stand vom 1. Februar 2018]

Saul, P., Art.: Wer mit Nazis gut kann, ist selbst ein Nazi, in: Süddeutsche vom 18. Dezember 2019, veröffentlicht im Internet unter: https://www.sueddeutsche.de/politik/uniter-cdu-sachsen-anhalt-1.4728495 [Stand vom 21. März 2022]

Stangl, W., Art.: Etikettierungsansatz, Online Lexikon für Psychologie und Pädagogik, veröffentlicht im Internet unter:www.https://lexikon.stangl.eu/8341/etikettierungsansatz/ [Stand vom 12. März 2020]

tsp/epd/dpa, Art.: Pegida in Dresden. Kirchenvertreter nennen Pegida unchristlich, in: Der Tagesspiegel vom 5. Januar 2015, veröffentlicht im Internet unter: https:// www.tagesspiegel.de/politik/pegida-in-dresden-kirchenvertreter-nennen-pegida-unchristlich/11185530.html [Stand vom 16. Mai 2018]

Weiß, V., Art.: Sind sie das Volk? Pegida – die Patriotischen Europäer gegen die Islamisierung des Abendlandes, in: bpb.de (Bundeszentrale für Politische Bildung) vom 6. Januar 2015, veröffentlicht im Internet unter: http://www.bpb.de/politik/extremismus/rechtspopulismus/199153/sind-sie-das-volk-pegida-die-patriotischen-europaeer-gegen-die-islamisierung-des-abendlandes [Stand vom 24. Mai 2018]